AGOSTINHO

DAVID VINCENT MECONI & ELEONORE STUMP (Org.)

# AGOSTINHO

EDITORA
IDEIAS&
LETRAS

Direção Editorial:
Marlos Aurélio

Conselho Editorial:
Avelino Grassi
Fábio E. R. Silva
Márcio Fabri dos Anjos
Mauro Vilela

Tradução:
Jaime Clasen

Copidesque:
Leo Agapejev de Andrade

Revisão:
Thiago Figueiredo Tacconi

Diagramação:
Tatiana A. Crivellari

Capa:
Vinício Frezza

Coleção Companions & Companions

Título original: *The Cambridge companion to Augustine*
© Cambridge University Press, 2001
40 West 20th Street, New York, NY 10011-4211, USA
ISBN: 978-1-107-68073-9 (Paperback) / 978-1-107-02533-2 (Hardback)

Todos os direitos em língua portuguesa, para o Brasil,
reservados à Editora Ideias & Letras, 2020

3ª impressão

Rua Barão de Itapetininga, 274
República - São Paulo /SP
Cep: 01042-000 – (11) 3862-4831
Televendas: 0800 777 6004
vendas@ideiaseletras.com.br
www.ideiaseletras.com.br

**Dados Internacionais de Catalogação na Publicação (CIP)**
**(Câmara Brasileira do Livro, SP, Brasil)**

*Agostinho* / David Vincent Meconi e Eleonore Stump, (Org.)
(Tradução: Jaime Clasen)
São Paulo: Ideias & Letras, 2016
(Companions & Companions)

ISBN 978-85-65893-93-0

1. Agostinho, Santo, Bispo de Hipona, 354-430
2. Filosofia I. Meconi, David Vincent.
II. Stump, Eleonore. III. Série.

16-00064                                                                                   CDD-189.2

**Índices para catálogo sistemático:**
1. Agostinianismo: Filosofia medieval    189.2

# Abreviaturas

## Obras de Santo Agostinho

| Abreviatura | Títulos em latim | Títulos em português |
|---|---|---|
| c. Acad. | Contra Academicos | Contra os acadêmicos |
| adn. Job | Adnotationes in Job | Anotações ao livro de Jó |
| agon. | De agone Christiano | A luta cristã |
| bapt. | De baptismo | O batismo |
| b. vita | De beata vita | A vida feliz |
| b. conjug. | De bono conjugali | A dignidade do matrimônio |
| cat. rud. | De catechizandis rudibus | A catequese aos principiantes |
| civ. Dei | De civitate Dei | Cidade de Deus |
| conf. | Confessiones | Confissões |
| cons. Ev. | De consensu evangelistarum | Da concordância dos evangelistas |
| cont. | De continentia | A continência |
| corrept. | De correptione et gratia | A correção e a graça |
| dial. | De dialectica | A dialética |
| div. qu. | De diversis quaestionibus octoginta tribus | Oitenta e três questões diversas |
| doc. Chr. | De doctrina christiana | A doutrina cristã |
| en. Ps. | Enarrationes in Psalmos | Comentários aos Salmos |
| ench. | Enchiridion ad Laurentium de fide spe et caritate | Manual de fé, esperança e caridade |
| ep. (epp.) | Epistulae | Cartas |
| ep. Jo. | In epistulam Ioannis | Comentário à carta de João |
| ep. Rm. inch. | Epistulae ad Romanos inchoata expositio | Início da exposição da carta aos Romanos |
| ex. Gal. | Expositio Epistulae ad Galatas | Exposição da carta aos Gálatas |

| | | |
|---|---|---|
| ex. prop. Rm. | Expositio quarundam propositionum ex epistula Apostoli ad Romanos | Exposição de alguns textos da carta aos Romanos |
| c. Faust. | Contra Faustum Manicheum | Contra Fausto Maniqueu |
| f. invis. | De fide rerum invisibilium | A fé no que não se vê |
| f. et symb. | De fide et symbolo | A fé e o símbolo dos apóstolos |
| c. Gaud. | Contra Gaudentium Donatistarum episcopum | Contra Gaudêncio, bispo donatista |
| Gn. litt. | De Genesi ad litteram | Comentário literal ao Gênesis |
| Gn. litt. imp. | De Genesi ad litteram imperfectus liber | Comentário literal ao Gênesis (incompleto) |
| Gn. adv. Man. | De Genesi adversus Manichaeos | Comentário sobre o Gênesis em réplica aos maniqueus |
| gr. et lib. arb. | De gratia et libero arbitrio | A graça e o livre-arbítrio |
| gr. et pecc. or. | De gratia Christi et de peccato originali | A graça de Cristo e o pecado original |
| haer. | De haeresibus | As heresias |
| imm. an. | De immortalitate animae | A imortalidade da alma |
| Jo. ev. tr. | In Johannis evangelium tractatus | Tratados sobre o evangelho de João |
| c. Jul. imp. | Opus imperfectum contra Julianum | Obra incompleta contra Juliano |
| lib. arb. | De libero arbitrio | O livre-arbítrio |
| mag. | De magistro | O mestre |
| mend. | De mendacio | A mentira |
| c. mend. | Contra mendacium | Contra a mentira |
| mor. | De moribus ecclesiae catholicae et de moribus Manichaeorum | Dos costumes da igreja católica e dos costumes dos maniqueus |
| mus. | De musica | A música |
| nat. b. | De natura boni | A natureza do bem |
| nat. et gr. | De natura et gratia | A natureza e a graça |
| ord. | De ordine | A ordem |

| | | |
|---|---|---|
| pecc. mer. | De peccatorum meritis et remissione | Castigo e perdão dos pecados |
| perf. just. | De perfectione justitiae hominis | Perfeição da justiça do homem |
| persev. | De dono perseverantiae | O dom da perseverança |
| praed. sanct. | De praedestinatione sanctorum | A predestinação dos santos |
| c. Prisc. | Contra Priscillianistas et Origenistas | Contra os priscilianistas e origenistas |
| qu. | Quaestiones in Heptateuchum | Questões sobre o Heptateuco |
| qu. Ev. | Quaestiones Evangeliorum | Questões sobre os evangelhos |
| qu. vet. T. | De octo quaestionibus ex Veteri Testamento | Oito questões do Antigo Testamento |
| quant. | De quantitate animae | A dimensão da alma |
| retr. | Retractationes | Retratações |
| rhet. | De rhetorica | A retórica |
| c. Sec. | Contra Secundinum Manicheum | Contra o maniqueu Secundino |
| s. | Sermones | Sermões |
| s. Dom. mon. | De sermone Domini in monte | O sermão do Senhor na montanha |
| Simpl. | Ad Simplicianum | Questões diversas a Simpliciano |
| sol. | Soliloquia | Solilóquios |
| spec. | Speculum | O espelho |
| spir. et litt. | De spiritu et littera | O espírito e a letra |
| Trin. | De Trinitate | A Trindade |
| util. cred. | De utilitate credendi | Da utilidade de crer |
| vera rel. | De vera religione | Da verdadeira religião |

## Edições padrão das obras de Santo Agostinho

BA     Bibliothèque Augustinienne, *Oeuvres de Saint Augustin*. Paris: Desclée de Brouwer 1949-

CCL     Corpus Christianorum, Series Latina. Turnhout: Brepols, 1953-

CSEL  Corpus Scriptorum Ecclesiasticorum Latinorum. Viena: Tempsky, 1865-
PG    Patrologiae Cursus Completus, Series Graeca. MIGNE, J. P. (Ed.). Paris: Garnier, 1857-1866
PL    Patrologiae Cursus Completus, Series Latina, MIGNE, J. P. (Ed.). Paris: Garnier, 1844-1864

# Sumário

*Sobre os autores* – 13

*Prefácio* – 19

*Introdução* – 21
 Eleonore Stump e David Vincent Meconi, S. J.

## Parte I – *A natureza de Deus*

1. A natureza divina: ser e bondade – 39
 Scott MacDonald

2. O conhecimento eterno de Deus segundo Agostinho – 63
 John C. Cavadini

3. Agostinho sobre a vida trinitária de Deus – 91
 Lewis Ayres

## Parte II – *Relação de Deus com o mundo*

4. Tempo e criação em Agostinho – 113
 Simo Knuuttila
5. Agostinho sobre o mal e o pecado original – 131
 William E. Mann
6. Jesus Cristo, o conhecimento e sabedoria de Deus – 143
 Allan Fitzgerald, O. S. A.

## Parte III – *Natureza humana*

7. A alma humana: o caso de Agostinho para o dualismo corpo-alma – 161
   BRUNO NIEDERBACHER, S. J.
8. Agostinho sobre o conhecimento – 181
   PETER KING
9. Agostinho sobre o livre-arbítrio – 209
   ELEONORE STUMP

## Parte IV – *Excelência humana*

10. A ética de Agostinho – 235
    TIMOTHY CHAPPELL
11. A doutrina de Agostinho sobre deificação – 257
    DAVID VINCENT MECONI, S. J.

## Parte V – *Vida política e eclesial*

12. Filosofia política de Agostinho – 283
    PAUL WEITHMAN
13. Céu e a "ecclesia perfecta" em Agostinho – 307
    DAVID VINCENT MECONI, S. J.

## Parte VI – *Linguagem e fé*

14. Fé e razão – 335
    JOHN PETER KENNEY
15. Agostinho sobre a linguagem – 355
    PETER KING
16. Hermenêutica e leitura da Escritura – 377
    THOMAS WILLIAMS

## Parte VII – *Legado de Agostinho*

17. Legado de Agostinho: êxito ou fracasso? – 399
    KARLA POLLMANN

*Referências* – 419

*Índice remissivo* – 441

# Sobre os autores

LEWIS AYRES é professor de Teologia Católica e Histórica na Universidade de Durham, Reino Unido. Entre outras publicações, ele é autor de *Augustine and the Trinity* (Cambridge, 2010) e *Nicaea and its legacy: an approach to fourth century trinitarian theology* (2004), e coeditor (com Frances Young e Andrew Louth) de *The Cambridge history of early christian literature* (Cambridge, 2004). Faz parte do corpo editorial de *Modern theology, journal of early christian studies* e de *Augustinian studies*. Trabalha atualmente num livro sobre exegese patrística entre 150 e 250 d.C., e coedita (com Medi Ann Volpe) o *Oxford handbook of catholic theology*.

JOHN C. CAVADINI é professor de Teologia e McGrath-Cavadini Director do Institute for Church Life na Universidade de Notre Dame. Completou a faculdade em 1975 na Wesleyana e, além de receber um MA de Marquette, recebeu também um MA, um M.Phil. e um Ph.D. da Yale University. As suas principais áreas de pesquisa e ensino são a teologia patrística e medieval antiga, com interesse especial na teologia de Agostinho e na história da exegese bíblica, tanto oriental como ocidental, bem como na recepção e interpretação do pensamento político no Ocidente.

TIMOTHY CHAPPELL é professor de Filosofia na Open University. Formou-se no Magdalen College, Oxford, e na Faculty of Divinity, em Edimburgo. Anteriormente ensinara em universidades incluindo Oxford, Manchester e UEA. Foi *Visiting Professor* na Universidade de British Columbia em Vancouver, na Universidade de Oslo, na Universidade de Reykjavik, na School of Latin and Greek e Centre for Ethics, Philosophy, and Public Affairs em St. Andrews, e no Institute for Advanced Studies in the Humanities, em Edimburgo. Desde 2000 é tesoureiro da Mind

Association e Associate Editor e Reviews Editor da revista *The philosophical quarterly*. Seus livros incluem *Understanding human goods* (2003), *Reading Plato's Theaetetus* (2005), *Ethics and experience* (2009) e *Knowing what to do: virtue, imagination, and platonism in ethics* (2014).

ALLAN FITZGERALD, O. S. A., é o diretor do Augustinian Institute (desde 2009) e membro do Departmento de Teologia e Estudos Religiosos na Villanova University (desde 1972). Editor da revista publicada por Villanova University, *Augustinian studies*, de 1989 até 2012, é também o editor-geral de *Augustine through the ages: an encyclopedia* (1999). Os seus artigos sobre penitência, Ambrósio, e Agostinho foram publicados em *Revue des études augustiniennes et patristiques; Connaisance des pères; Angelicum; Augustiniana; Augustinian studies; Revista agustiniana* e *Augustinianum*. Lecionou também no Istituto Patristico "Augustinianum" de 1997 a 2009.

JOHN PETER KENNEY é professor de Estudos Religiosos no Saint Michael's College. Anteriormente foi professor de Religião e de Humanidades no Reed College e depois reitor do College em Saint Michael's. Estudou Literatura Clássica e Filosofia no Bowdoin College e completou o seu Ph.D. em Estudos Religiosos na Brown University. É autor de *Mystical monotheism: a study in ancient platonic theology* (1991), *The mysticism of Saint Augustine: rereading the Confessions* (2005) e *Contemplation and classical christianity: a study in Augustine* (2013).

PETER KING é professor de Filosofia e Estudos Medievais na Universidade de Toronto; anteriormente lecionou na Universidade de Pittsburgh e na Ohio State University. De Agostinho, traduziu *Against the academicians* e *The teacher* para a Hackett Publishing Company e, mais recentemente, *The free choice of the will, grace and free will* e outros escritos para a Cambridge University Press. É autor de vários ensaios em todas as áreas da filosofia medieval e escreveu amplamente sobre Agostinho.

SIMO KNUUTTILA é professor de Ética Teológica e Filosofia da Religião na Universidade de Helsinki. Suas publicações incluem *Modalities in medieval philosophy* (1993), *Emotions in ancient and medieval philosophy* e numerosos artigos sobre história da lógica, semântica, filosofia da mente e teologia filosófica. É também editor de muitos livros sobre a história da filosofia e editor gerente de *The new synthese historical library*.

SCOTT MACDONALD é professor de Filosofia e *Norma K. Regan Professor* em Estudos Cristãos na Cornell University. Os seus interesses investigativos incluem filosofia antiga e medieval, pensamento cristão primitivo, teologia filosófica e questões em psicologia moral e filosofia da ação – especialmente as ligadas ao livre-arbítrio, responsabilidade moral e raciocínio prático. Publicou amplamente nestas áreas e atualmente trabalha em projetos sobre as obras de Agostinho: *Confissões, De trinitate* e *De genesi ad litteram*.

WILLIAM E. MANN é o *Marsh Professor of Intellectual and Moral Philosophy Emeritus* na Universidade de Vermont. Os seus interesses investigativos estão sobretudo nas áreas da filosofia da religião e filosofia medieval; nestas áreas ele se concentra em teologia filosófica, metafísica e ética. Editou *The Blackwell guide to the philosophy of religion* e *Augustine's confessions: critical essays*. Colaborou com ensaios para a coleção Cambridge Companions sobre Duns Escoto, Abelardo e Anselmo, e *The Cambridge history of medieval philosophy*. É o editor de *Augustine's confessions: philosophy as autobiography* (2014).

DAVID VINCENT MECONI, S. J., é professor no Departamento de Estudos Teológicos na Saint Louis University. Tem uma licença pontifícia em Patrologia da Universidade de Innsbruck e um D.Phil. em História Eclesiástica da Oxford University. Publicou amplamente na área do pensamento patrístico, com especialidade em filosofia e teologia de Agostinho. Seus livros mais recentes incluem o *Annotated confessions of Saint Augustine* (2012) e *The one Christ: Saint Augustine's theology of deification* (2013). Em

2013 foi presidente da Jesuit Philosophical Association e, em 2014, foi o *Patricia H. Imbesi Fellow of Augustinian Studies* na Villanova University.

BRUNO NIEDERBACHER, S. J., é professor associado de Filosofia no Departamento de Filosofia Cristã na Universidade de Innsbruck. Seus principais interesses estão na filosofia medieval e na metaética, especialmente em epistemologia moral. É autor de *Glaube als Tugend bei Thomas von Aquin* (2004), *Erkenntnistheorie moralischer Überzeugungen* (2012), e coeditor de *Theologie als Wissenschaft im Mittelalter* (2006). Colaborou em *Personal identity and resurrection: how do we survive our death?* (2010) e *The Oxford handbook of Aquinas* (2012).

KARLA POLLMANN é formada em Literatura Clássica, Teologia e Educação, e atualmente é professora de Literatura Clássica na Universidade de Kent, Canterbury, professora-assistente de Teologia na Universidade de Århus, Dinamarca, e professora extraordinária na Stellenbosch University, África do Sul. É amplamente conhecida por suas monografias sobre poesia na Antiguidade tardia, sobre a hermenêutica de Agostinho e seu contexto cultural, e um comentário, com introdução e texto, sobre a *Tebaida* 12, de Estácio, que se tornaram obras de referência. Completou um projeto internacional e interdisciplinar sobre a recepção de Agostinho através das épocas, projeto financiado por Leverhulme Trust (*cf.* www.st--and.ac.uk/classics/after-augustine), que resultou na publicação do *Oxford Guide to the Historical Reception of Augustine* (2013). É coeditora de várias revistas acadêmicas internacionais em Literatura Clássica e Teologia, possui várias obras acadêmicas de prestígio e foi membro dos Institutos de Estudos Avançados em Princeton, e em Wassenaar, nos Países Baixos. Tem fama internacional de conferencista; proferiu as *Eleventh Annual Augustine Lectures* em 2007, em Malta, sob o patrocínio do presidente da República, e a quarta *Fliedner Lecture on Science and Faith* em Madri, em maio de 2013.

ELEONORE STUMP é a professora de Filosofia *Robert J. Henle* na Saint Louis University, onde leciona desde 1992. Publicou extensivamente sobre filosofia da religião, metafísica contemporânea e filosofia medieval. Seus livros incluem seu principal estudo *Aquinas* (2003) e o seu amplo tratamento do problema do mal, *Wandering in darkness: narrative and the problem of suffering* (2010). Ela deu as Gifford Lectures (Aberdeen, 2003), as Wilde Lectures (Oxford, 2006) e as Stewart Lectures (Princeton, 2009). Foi presidente da *Society of christian philosophers,* da *American catholic philosophical association* e da *American philosophical association, Central division*; e é membro da *American academy of arts and sciences.*

PAUL WEITHMAN é professor de Filosofia *Glynn Family Honors Collegiate* na Universidade de Notre Dame, onde ensina desde 1990. É autor de numerosos artigos sobre filosofia política contemporânea, ética e teoria política medieval. Seu livro mais recente é *Why political liberalism? On John Rawls's political turn* (2010).

THOMAS WILLIAMS é professor e presidente de Estudos Religiosos e professor de Filosofia na Universidade de South Florida. É coautor, com Sandra Visser, de *Anselm* (2008), tradutor de *Anselm: basic writings* (2007) e *Augustine: on free choice of the will* (1993), editor de *The Cambridge companion to Duns Scotus* (2003), e coeditor, com Arthur Hyman e James J. Walsh, de *Philosophy in the Middle Ages*, 3. ed. (2010). Colaborou em *Cambridge history of medieval philosophy* (2009), em *Blackwell Companion to the philosophy of action* (2010), em *Oxford handbook to Thomas Aquinas* (2012) e em *History of ethics* (2013), no *Cambridge companions to Anselm* (2005), *Abelard* (2004) e *Medieval philosophy* (2003). Artigos seus apareceram em revistas como *Anglican theological review; Modern theology; Philosophy and literature; Apeiron; Faith and philosophy; Journal of the history of philosophy* e *Archiv für Geschichte der Philosophie.*

# Prefácio

Este volume é uma versão enormemente revisada do *Cambridge companion to Augustine* anterior. Aquela versão foi coeditada por um de nós, Eleonore Stump, junto a Norman Kretzmann. Quando assumiu o projeto que culminou no volume anterior, Norman sabia que estava morrendo de cancro; o volume anterior foi um dos últimos projetos conjuntos na longa e frutuosa colaboração entre ele e Eleonore Stump. Com a morte dele, o campo da história da filosofia perdeu um dos seus mais completos especialistas, e estamos tristes que este volume revisado não se beneficiou com o seu cuidado, atenção e competência.

Contudo, o volume se aproveitou da capacidade de seus muitos novos colaboradores, bem como do competente trabalho dos colaboradores anteriores. Tirou proveito também de seu novo editor, David Vincent Meconi, S. J., cujo conhecimento em patrística e história da teologia foram inestimáveis na ampliação desta coleção. Apreciamos a ajuda e o conselho de Hilary Gaskin, como também o trabalho de toda a nossa equipe de produção em Cambridge em cada fase da produção deste volume.

Gostaríamos também de exprimir a nossa grande gratidão a Barbara Manning, a assistente administrativa deste projeto; a Andrew Chronister e a Joel Archer, o assistente de pesquisa para o volume inteiro. A habilidade administrativa de Barbara Manning e o seu inteligente manejo das complexidades deste projeto foram de inestimável ajuda. Andrew Chronister fez revisão cuidadosa e muito competente das provas de muitas destas páginas. O trabalho paciente e a ajuda competente de Joel Archer com referências, citações e revisão das provas foram vitais para o êxito do projeto.

Finalmente, dedicamos este volume a Norman Kretzmann e a John Kavanaugh, querido amigo, colega professor e amante do pensamento de Agostinho, e irmão na Sociedade de Jesus, que morreu depois de uma breve doença, alguns meses antes de o livro ser impresso.

# Introdução

*ELEONORE STUMP E DAVID VINCENT MECONI, S.J.*

É difícil superestimar a importância da obra e da influência de Agostinho, tanto em sua época como na subsequente história da filosofia ocidental. Até o século XIII, quando pode ter tido um competidor em Tomás de Aquino, ele foi o filósofo mais importante do período medieval. Muitas de suas opiniões, inclusive a sua teoria do estado, sua explicação do tempo e eternidade, sua compreensão da vontade, sua tentativa de resolver o problema do mal, sua exposição do conhecimento de Deus, sua teoria da linguagem e sua abordagem da relação entre fé e razão continuaram a ter influência até a época atual.

A obra de Agostinho é um campo bem cultivado; uma vez, porém, que a sua produção literária é estimada em 5,4 milhões de palavras, o campo da produção intelectual agostiniana continua a render uma colheita abundante. Passou-se cerca de uma década desde a primeira edição do *Cambridge companion to Augustine*. Durante esse tempo, a reflexão sobre a vida e as atividades de Agostinho continuaram a dar muito fruto. Enquanto a primeira edição de *Cambridge companion to Augustine* representou um excelente estudo histórico e filosófico, novos estudos importantes sobre os principais aspectos do pensamento de Agostinho apareceram e foram feitas novas obras sobre os temas tratados por ele. Além disso, há muitas novas traduções inglesas anotadas de sua obra, bem como novos estudos sobre sua vida e época.

A década passada de pesquisa, portanto, ocasiona um importante repensar do *Cambridge companion to Augustine*. Na avaliação, pensamos que este volume revisado devesse ser estruturado melhor porque suas seções refletem temas mais naturais ao próprio pensamento de Agostinho do que o volume original. Infelizmente, esta reestruturação exigiu que fossem omitidos deste volume alguns ensaios muito bons que se encontram no original.

No entanto, a reestruturação permitiu que encomendássemos novos e ótimos ensaios sobre temas que ou não estavam no volume original, ou foram manejados de modo diferente nele. O resultado é este volume, que substitui o agora obsoleto primeiro *Companion*. Embora algumas contribuições do volume anterior tenham sido reimpressas neste, algumas com importantes revisões, onze dos dezessete capítulos são novos; e nove colaboradores foram acrescentados.

Aurélio Agostinho nasceu em 13 de novembro de 354, filho de mãe católica, Mônica, e Patrício, um romano pagão leal. Mônica teria tido todos os seus filhos (Navígio, Perpétua e Agostinho) marcados com o sinal da cruz cristã e suas línguas purificadas com o sal bento, quando cada um deles veio ao mundo. Agostinho cresceu numa região do nordeste da Numídia, na pequena cidade de Tagaste (Souk Ahras na Argélia de hoje).

Os aspectos mais formadores de seus primeiros anos estão bem relatados em suas *Confissões*. Primeiro frequentou a escola na próspera cidade de Madauro (onde nasceu o influente escritor romano Apuleio). Depois de ter passado um ano ocioso em sua casa por causa de restrições financeiras, Agostinho foi estudar na antiga metrópole de Cartago, em 370. Lá, destacou-se em retórica.

Por meio do estudo do livro de Cícero *Hortêncio* (agora perdido), que era uma exortação ao amor da sabedoria, Agostinho apaixonou-se pela filosofia. Aos dezoito anos de idade e cheio tanto de sucesso como de busca, o ambicioso Agostinho procurava não apenas a verdadeira sabedoria, mas também a afeição humana. Estabeleceu um relacionamento com uma mulher, que tomou como concubina em vez de esposa, e os dois tiveram um filho, Adeodato.

Agostinho acabou ficando descontente com a sua vida em Cartago, onde ensinava oratória desde 376, e em 383 viajou para Roma para tentar a sorte.

Em Roma, ficou desalentado com os estudantes e perturbado com o não cumprimento deles em pagar os seus honorários combinados de professor. Em 384, viajou alegre para Milão, onde, por meio da influência do famoso senador romano Símaco, garantiu um posto como retor imperial.

Em todo esse tempo, Agostinho estava numa odisseia espiritual.

O seu interesse pela filosofia tinha crescido, mas não era capaz de encontrar uma resposta satisfatória para o problema do mal. Visto que a seita maniqueia oferecia uma resposta, Agostinho foi atraído pelos maniqueus enquanto ainda estava em Cartago. Mani (*ca.* 205-274) era um místico persa cuja religião epônima afirmava que o mundo visível é o resultado de um eterno conflito entre dois princípios opostos igualmente poderosos. O *summum malum* e o *summum bonum* entremisturaram-se, dando lugar a um cosmos que é composto de contrários em luta – bem e mal, luz e trevas, corpos materiais muito pesados e "corpos" mais leves, etéreos, e assim por diante. Nesse mundo, um principal desejo maniqueu é ser libertado de tais divisões por meio da gnose e do ritual.

Agostinho tornou-se "ouvidor" dos maniqueus em 373. A cosmogonia dualista deles fornecia a ele uma teodiceia simples, e foi adepto da seita maniqueia por quase uma década. No entanto, o seu tumultuado encontro com o muito celebrado bispo maniqueu Fausto, bem como a leitura de Agostinho de livros neoplatônicos, começaram a dissipar sua fé de que os maniqueus estavam certos.

Por meio do neoplatonismo, Agostinho finalmente chegou à fé na existência de uma ordem imaterial. Sejam quais forem os autores neoplatônicos que Agostinho leu enquanto era o retor imperial em Milão, eles o levaram à fé de que Deus não é um ser composto extenso. Não havendo ainda uma distinção acadêmica clara entre "filosofia" e "teologia", Agostinho combinou esses dois aspectos do neoplatonismo no seu próprio pensamento ao mesmo tempo em que ouvia os sermões de Ambrósio (*ca.* 340-397), que era bispo de Milão nesse tempo. Agostinho estava na basílica quando Ambrósio pregava sobre os capítulos iniciais do Gênesis nos primeiros meses do inverno de 385. Esses sermões deram a Agostinho, observador penetrante, um excelente exemplo de como ler as Escrituras num nível muito mais sofisticado do que ele fizera até então. Pelas exposições que Ambrósio fazia dos textos bíblicos, Agostinho chegou a perceber que o cristianismo no qual fora introduzido enquanto criança era realmente um mero simulacro de uma fé mais profunda e mais erudita. Reconheceu que Ambrósio percebia muitas camadas de significado na Bíblia e era capaz de explicar o sentido dos textos bíblicos com uma sutileza hermenêutica que Mônica e outros professores cristãos de sua juventude não eram capazes de explicar-lhe. A apreciação de Agostinho do poder da alegoria permitiu-lhe ler a Bíblia com uma nova profundidade; e o seu platonismo lhe deu a segurança filosófica pela qual pôde avaliar as conclusões filosóficas de sua recém-abraçada fé cristã ortodoxa.

Embora estivesse no seu caminho para a sabedoria cristã que ele buscava, Agostinho ainda não estava sem as suas aspirações mundanas. Ele livremente permitiu que a mãe de seu filho fosse afastada dele ("ela foi arrancada de meu lado, sendo considerada um obstáculo ao meu casamento": *conf.* 6.15.25; BOULDING, 2004, p. 156) como mera inconveniência e empecilho para o seu *status* ascendente nas fileiras imperiais. Ele então estabeleceu um relacionamento com outra mulher até que sua noiva chegasse à idade de se casar.

Durante este tempo central na vida de Agostinho, ele ficou cheio de perturbação interior. Sentia-se miserável, apesar de suas conquistas; em sua própria opinião, era incapaz de ver um caminho para a verdadeira felicidade. Nessa condição, ele ouviu a história de Mário Vitorino, outro orador romano, que deixara os confortos de um cargo imperial para se tornar um filósofo cristão (*cf. conf.* 8.2.3-8.5.10). Ouviu também a história de Antão do Egito, que deixara tudo para trás para servir a Deus em oração constante e simplicidade hermética (*cf. conf.* 8.6.15). Cheio de poder com essas narrativas, Agostinho confidenciou ao seu amigo Alípio: "O que é isto? O que ouviste? Surgem indoutos e são arrebatados ao céu (*cf.* Mt 11,12), enquanto nós, com toda a nossa doutrina insensata, nos revolvemos em carne e sangue" (*conf.* 8.8.19). Buscando alguma solução na contemplação e conversação, Alípio e Agostinho foram para a privacidade de um jardim em Milão, onde estavam e, de repente, Agostinho "ouviu uma voz de uma casa próxima – talvez a voz de um menino ou de uma menina, não sei –, cantando e repetindo: 'toma e lê, toma e lê' ". Lembrando-se da história de Antão sendo movido por um verso da Escritura escolhido ao acaso, Agostinho tomou uma cópia das cartas de Paulo e deu com Romanos 13,13-14: "Não em comilanças e bebedeiras, não em contendas e emulações, mas revestidos do Senhor Jesus Cristo, nem cuideis da carne em suas concupiscências" (*conf.* 8.12.29). Bastou esse momento para convencer Agostinho do cuidado providencial de Deus por toda a sua vida. Convertido nesse momento, foi para casa encontrar-se com a sua mãe Mônica para lhe contar a sua alegria recém-encontrada e o seu desejo de se tornar cristão católico.

Agora Agostinho sabia que tinha de "retirar a atividade da [sua] língua do mercado do palavrório" (*conf.* 9.2.2). Decidiu renunciar à sua carreira secular e estilo de vida mundano. Depois das férias de outono de 385 (de 23 de agosto a 15 de outubro), ele oficialmente renunciou; e com Mônica, seu filho Adeodato e alguns amigos seletos, saiu da cidade e foi para uma pequena aldeia fora de Milão, Cassicíaco. Lá, na *villa* do seu benfeitor Verecundo, Agostinho passou os meses entre setembro de 385 e abril de 386 preparando-se para o batismo. Durante esse período quase monástico de sua vida, ele gozou de tempo e lazer necessários para contemplar e escrever. Nos primeiros diálogos, que surgem desse tempo, vemos um jovem filósofo mergulhado na tradição de Platão e procurando entender Deus, a alma e o anseio humano por felicidade. Os títulos das obras desse tempo são reveladores: *Contra academicos, De beata vita, De ordine, De immortalitate animae* e os *Soliloquia* (um termo que Agostinho cunhou aqui). Batizado por Ambrósio na noite do Sábado Santo, em 24 de abril de 387, Agostinho (junto a Mônica e Adeodato) fez os preparativos necessários para a viagem de volta à África. Devido ao bloqueio marítimo provocado por uma guerra civil de curta duração, o grupo foi forçado a adiar a sua viagem; e, no porto romano da cidade de Óstia, Mônica morreu. Com Adeodato, Agostinho passou o resto de 387 até agosto de 388 em Roma, onde retomou alguns dos seus mais concentrados ataques contra o maniqueísmo.

Agostinho voltou para Tagaste com a esperança de continuar a vida experimentada em Cassicíaco, uma vida de "ócio deificado" (*ep.* 10.2). Por quase três anos (388-391), Agostinho, Adeodato (que morreria durante esse tempo, com cerca de dezesseis anos de idade) e aproximadamente uma dúzia de homens levavam uma vida de convivência intelectual, oração e liturgia, e estudo filosófico. Certo dia, porém, Agostinho deixou a comunidade para viajar para Hipona (em latim: *Hippo Regius*) a fim de entrevistar um possível novo candidato (admitindo que ele pensasse que era seguro porque já havia bispo e supostamente presbíteros bastantes; *cf. s.* 355.2). Hipona era uma cidade costeira com cerca de 30.000 habitantes, com cristãos católicos competindo contra cristãos donatistas e um forte culto não cristão. O bispo católico, Valério, estava ficando velho, e o seu fraco domínio do dialeto púnico nunca permitiu que ele interagisse em contexto real, cotidiano, com seu rebanho. Assim, tendo ouvido falar da chegada de Agostinho, bispo Valério estava preparado para pedir-lhe que considerasse apresentar-se para a ordenação sacerdotal. Depois de alguma perturbação interior e discernimento, Agostinho pediu de fato para ser ordenado, e em 391 ele se tornou padre católico. Com permissão especial para pregar (uma tarefa então normalmente reservada apenas ao bispo), Agostinho foi rapidamente reconhecido como um pensador dotado e hábil orador. O idoso Valério queria segurar o promissor Agostinho e garantir que ele ficasse em Hipona. Valério então pediu, e recebeu, permissão para fazer de Agostinho bispo auxiliar em 395. Dado que dois bispos numa diocese era comumente proibido (como constava do sexto cânon do Concílio de Niceia), Agostinho tinha de obter o apoio da maioria do clero, especialmente do metropolita da Numídia, arcebispo Megálio. Por isso, a fim de mostrar que a sua conversão cristã era verdadeira e que ele não era o simpatizante pagão que fora quando partiu da África anos antes, pôs-se a escrever suas *Confissões*.

Embora nenhum concílio eclesial importante tivesse ocorrido durante o episcopado de Agostinho, esses 35 anos de liderança marcaram a filosofia ocidental mais do que o tempo de exercício de qualquer bispo local desde então. Tanto os líderes eclesiásticos como os magistrados romanos procuravam o bispo de Hipona tanto para conselho prático como para aprovação ou condenação de várias posições teológicas. Os seus escritos durante esse tempo foram ocasionais, nunca sistemáticos, respondendo a exigências e questões de suma importância para grupos muito diferentes em torno do Mediterrâneo. Agostinho contribuiu para todas as áreas da filosofia, entrelaçando temas muito diversos de tal maneira que tentar desembaraçá-los seria fazer violência ao seu pensamento. Assim, por exemplo, Agostinho escreveu muito sobre a natureza da vontade, mas suas opiniões sobre o livre-arbítrio são também parte integrante de sua posição sobre a relação entre fé e razão, sua opinião sobre as virtudes e os vícios, sua tentativa de refutar o maniqueísmo, donatismo e pelagianismo, e muitas outras questões.

Pelo final de sua vida, Agostinho sabia que não podia conduzir o seu povo por muito tempo e procurou garantir a unidade e o bem da Igreja que ele trabalhara tão duro e por tanto tempo para promover. Em 26 de setembro de 426, o idoso bispo reuniu o seu presbitério na *Basilica pacis* de Hipona e, da mesma maneira que Valério tinha chamado Agostinho trinta anos antes, Agostinho nomeou o jovem padre Heráclio seu sucessor episcopal. Depois voltou sua atenção para consolidar a sua obra filosófica e teológica. Em 428, Agostinho sentou-se com seu secretário de muito tempo, Possídio, e estabeleceu a estrutura de sua produção literária. No *Indiculum* e nas mais populares *Retractationes*, Agostinho proporcionou uma cronologia e um sumário de todas as suas obras doutrinais importantes e homilias. Esses dias de retrospecção rapidamente chegaram ao fim. Em 429, o general vândalo Genserico e seu exército (cristão ariano) invadiram o norte da África provindo da Espanha. Em meados de 430, eles tinham avançado facilmente para o leste. Hipona foi sitiada; a maior parte da cidade sofreu, mas a biblioteca de Agostinho foi milagrosamente poupada. Com a ameaça vândala cada vez mais perto, Agostinho, com 76 anos, sucumbiu a uma febre. Morreu em Hipona aos 28 de agosto de 430 recitando os salmos que copiara e colocara na parede, ao lado de sua cama. Possídio sobreviveu aos vândalos e usou o resto dos seus anos de vida organizando e supervisando a cópia dos escritos de Agostinho, bem como compondo a primeira biografia do seu mestre e guia.

Nessa *Vida de Agostinho*, Possídio diz que os escritos de Agostinho

> nos mostram de maneira tão brilhante como a luz da verdade permite que alguém veja que esse sacerdote, tão aceitável e tão caro a Deus, viveu de maneira virtuosa e sã ("recte ac sane") [...] e ninguém é capaz de ler o que ele escreveu sobre assuntos divinos sem grande proveito. (§ 31)

E com certeza Possídio tinha razão. Os escritos de Agostinho tiveram uma poderosa influência durante todos os séculos desde então, e são uma testemunha da beleza da verdade e da integridade de uma vida obstinada com a sabedoria.

Muitos dos temas de preocupação de Agostinho são tratados nos capítulos que seguem. Os dezessete ensaios reunidos aqui estão divididos em seis partes principais. Cada parte representa uma área importante do pensamento de Agostinho, embora, dada a natureza dos seus escritos e interesses, haja uma inevitável superposição dos ensaios. O epílogo descreve a sua enorme influência sobre as gerações subsequentes.

De todos os diversos tópicos importantes para ele, Agostinho sustentou desde cedo que se preocupava em conhecer apenas Deus e a alma (*sol.* 1.2.7). A primeira parte é, por conseguinte, intitulada "A natureza de Deus" e contém três capítulos que examinam as opiniões de Agostinho sobre vários atributos divinos.

Scott MacDonald abre o volume com "A natureza divina: ser e bondade". O autor mostra que a metafísica que Agostinho aprendeu da tradição platônica proporcionou-lhe uma rica estrutura pela qual Agostinho foi mais capaz de compreender a explicação cristã de Deus. No alto dessa estrutura estava o Deus incriado, com as mentes imateriais criadas logo abaixo e todas as coisas materiais perto da base da estrutura. Devido a sua conexão entre Deus e matéria, tal arranjo ontológico negava o dualismo maniqueu e o seu desprezo pela matéria. Permitia que Agostinho visse toda a criação como participante no próprio ser e bondade de Deus.

Em "O conhecimento eterno de Deus segundo Agostinho", John Cavadini mostra a importância do reconhecimento de Agostinho que o conhecimento que Deus tem das criaturas é eterno, não temporal. Para Agostinho, posto que o conhecimento de Deus é eterno, é perfeito e imutável. Dado que o conhecimento que Deus tem de todas as coisas nunca é imperfeito, não pode ser aumentado. No entanto, nada na imutabilidade de Deus exclui sua responsabilidade para com as criaturas, segundo Agostinho. Cavadini acentua corretamente a opinião de Agostinho de que o conhecimento de Deus é concomitantemente ajuda humana também, e chama atenção para seu interesse na presciência de Deus da doação de si mesmo à humanidade na Cruz.

Segundo a doutrina cristã, Deus não é simplesmente bondade ou ser, mas também uma Trindade de pessoas. Em seu "Agostinho sobre a vida trinitária de Deus", Lewis Ayres apresenta Agostinho como herdeiro de séculos de pensamento sobre a Trindade. Com a sua mente filosófica aguçada, contudo, Agostinho não simplesmente herda uma tradição, mas a faz progredir, mostrando que Deus não *tem* tudo, mas antes é tudo o que tipicamente se diz que Deus tem. Por exemplo, Deus não *tem* sabedoria ou misericórdia; ao invés, Deus é sabedoria e misericórdia. Na Trindade, cada uma das pessoas divinas é o que é apenas em relação com as outras pessoas da Trindade; cada pessoa da Trindade é como se fosse uma relação subsistente. Por esta razão, as três pessoas distintas ainda são somente um Deus. Como Agostinho entende a doutrina da Trindade, a união entre as três pessoas divinas é amor. Há na Trindade uma perfeita unidade de um amante, do amado e do amor que os une. Finalmente, na visão de Agostinho, o Pai envia o Filho para dar o Espírito aos seres humanos, de modo que os que recebem o amor de Deus estão aptos para serem unidos com Deus para sempre.

A segunda parte é "Relação de Deus com o mundo", e inclui três capítulos sobre as opiniões de Agostinho acerca da relação de Deus com o mundo.

O primeiro é o capítulo "Tempo e criação em Agostinho" de Simo Knuuttila, que se concentra a respeito dos comentários de Agostinho sobre o *Gênesis* ao explicar e iluminar a explicação influente dele sobre o tempo e a eternidade. A insistência de Agostinho sobre a criação "do nada" habilita-o a ver este mundo como o resultado de Deus estabelecer todas as coisas que possam existir através das "razões seminais", uma doutrina que ele certamente encontrou no platonismo e em várias formas de estoicismo. Como Agostinho vê, antes da criação não havia tempo; mas, como parte da criação, o próprio tempo é dependente da realidade de movimento e da consciência das almas racionais. Por este motivo, Knuuttila traça a teoria psicológica agostiniana do tempo, especialmente como ele se apropria das percepções de Aristóteles, mas também como anexa seus próprios conceitos dinâmicos do passado como memória e do futuro como antecipação.

O capítulo seguinte é o de William E. Mann, "Agostinho sobre o mal e o pecado original". Agostinho lutou com o problema do mal. Como pode um Deus onisciente, onipotente, perfeitamente bom permitir o mal e seus efeitos deletérios em seu mundo? Mann examina as reflexões de Agostinho sobre a aparente incompatibilidade entre conhecimento de Deus e problema do mal. Discute também o ensinamento de grande influência de Agostinho sobre o pecado original (um termo que o próprio Agostinho cunhou e introduziu na teologia filosófica cristã). E apresenta a concepção agostiniana do mal como a privação do ser e da bondade. Estas coisas juntas nos dão a compreensão de Agostinho de um mundo no qual tanto Deus como o mal existem.

O capítulo de Allan Fitzgerald, "Jesus Cristo, o conhecimento e sabedoria de Deus", fecha esta seção acentuando o foco de Agostinho sobre Cristo como o redentor do mal do mundo depois da Queda. Respondendo às imagens pagãs de Jesus, Agostinho sustenta que Cristo é muito mais do que um sábio ou justo. Ao invés, Cristo é plenamente divino e ao mesmo tempo humano. Como Deus, Cristo é sabedoria e justiça de Deus; como humano, em seu estado encarnado, Cristo torna disponível a todos os seres humanos a sabedoria e justiça que eles precisam a fim de alcançar felicidade. Esta compreensão da mediação de Cristo forneceu a Agostinho um "método espiritual" (como Fitzgerald o chama) que vê em Cristo tanto a Verdade que Deus é como também o caminho da verdade para os seres humanos. Fitzgerald mostra que os escritos de Agostinho sobre Jesus acentuam o seu papel simultâneo de Deus e homem, tanto o dador como o dado, tanto o destino como o caminho.

A terceira parte, "Natureza humana", tem a ver mais especificamente com a natureza humana.

O primeiro ensaio é de Bruno Niederbacher, "A alma humana: o caso de Agostinho para o dualismo corpo-alma". O autor especifica que Agostinho nunca estabeleceu definitivamente a origem da alma, mas ficou aberto a várias possibilidades filosóficas. Discute a explicação agostiniano da realidade metafísica da alma humana, descrevendo os seus sete níveis de grandeza, as suas ações respectivas, a relação entre a alma e o corpo e, finalmente, a imortalidade da alma. Niederbacher termina explorando três argumentos agostinianos para a imortalidade da alma.

"Agostinho sobre o conhecimento", de Peter King, elucida cinco áreas importantes da teoria do conhecimento de Agostinho. A primeira é a crítica que este faz do ceticismo. King mostra as razões de Agostinho para pensar que é mais racional aceitar que os seres humanos podem conhecer a verdade do que retirar assentimento das alegações de conhecer. Em seguida, ele considera o papel desempenhado pela iluminação na epistemologia de Agostinho e suas opiniões sobre conhecimento interior (o conhecimento que se tem da própria condição cognitiva). Finalmente, King explica a importância do conhecimento empírico para Agostinho e suas intuições em epistemologia social.

Em seu capítulo "Agostinho sobre o livre-arbítrio", Eleonore Stump trata da luta de Agostinho para entender a natureza da liberdade da vontade humana. Existiram controvérsias famosas sobre esta faceta do pensamento agostiniano, de tal maneira que é um tanto difícil acreditar que os seus participantes possam estar lendo os mesmos textos de Agostinho. Stump afirma que grande parte do problema provém do fato que teorias contemporâneas sobre o livre-arbítrio formaram as lentes através das quais os estudiosos leram os textos de Agostinho e que essas teorias são inadequadas para captar a sua posição. O capítulo dela, portanto, começa com uma cuidadosa consideração de várias teorias da liberdade da vontade a fim de delinear uma teoria não pesquisada em filosofia contemporânea, mas muito iluminadora da própria posição de Agostinho. Com esta teoria é possível produzir um compromisso mais ou menos irênico entre interpretações conflitantes da explicação agostiniana do livre-arbítrio.

A quarta parte, "Excelência humana", examina as opiniões de Agostinho acerca do bem-estar humano. Inclui dois capítulos que tratam da compreensão que o filósofo tem da natureza de um desenvolvimento humano da pessoa. Houve desacordo acerca da atitude de Agostinho para com a vida boa para os seres humanos. A sua insistência sobre a necessidade humana de graça levou alguns estudiosos a acentuar demais as passagens mais sombrias encontradas em seu pensamento, especialmente nas obras tardias. Mas como defendem estes dois ensaios, a teoria ética de Agostinho depende de relacionamentos pessoais, enquanto o seu entendimento da plenitude da vida humana é explicado como uma comunhão eterna com Deus.

Em "A ética de Agostinho", Timothy Chappell mostra que, na ética de Agostinho, a virtude é uma questão de comunhão e caridade. Ao fazer isso, Chappell avalia as opiniões de Agostinho acerca de guerra justa, da organização adequada dos amores humanos, da sexualidade humana e do caso particularmente debatido de falar a verdade. Chappell defende que a teoria moral de Agostinho é mais bem caracterizada como uma ética de segunda pessoa, como Chappell a caracteriza. Finalmente, o autor afirma que, para Agostinho, a ética tem como sua fonte um anseio da pessoa humana por Deus. O que motiva uma pessoa para a virtude verdadeira, portanto, não é uma contabilidade moral ou medo de castigo, mas o amor de Deus.

O capítulo de David Vincent Meconi, "A doutrina de Agostinho sobre deificação", mostra como o que é comumente associado aos padres gregos está de fato no coração da explicação agostiniana da beatitude também: a apreciação da divindade por parte da humanidade. "Tornar-se Deus" era a meta da investigação filosófica em toda a Antiguidade tardia. Meconi mostra que, se Agostinho pode empregar o termo *deificação* de maneira frugal, ele, entretanto, explica a linguagem bíblica e de credo com várias imagens de deificação. Meconi defende que para Agostinho a vida humana excelente é a vida da adoção divina, da partilha na natureza de Deus e até de "tornar-se Cristo".

Na quinta parte, "Vida política e eclesial", dois capítulos examinam as reflexões de Agostinho sobre a natureza da sociedade humana.

O ensaio de Paul Weithman, "Filosofia política de Agostinho", mostra que, embora Agostinho nunca se considerasse um filósofo político, elementos influentes de filosofia política se encontram, no entanto, por todos os seus escritos. De maneira recorrente, Agostinho está interessado no comportamento correto dos líderes políticos, no papel da coerção civil, no uso da propriedade privada, na escravidão, nas relações entre Igreja e Estado e, talvez o mais importante, na natureza da guerra justa. Contudo, dado que os interesses de Agostinho estão baseados numa crença de que há um destino, para os seres humanos, não encontrado no âmbito terreno, a sua filosofia política vê a sociedade humana mantida junta ou pelo amor a si ou pelo amor a Deus. Para Agostinho, há duas maneiras mutuamente exclusivas de viver no mundo, duas maneiras de se esforçar pela beatitude que todos buscam.

Em seu capítulo "Céu e a 'ecclesia perfecta' em Agostinho", David Vincent Meconi examina a opinião de Agostinho da meta final para os seres humanos, porque a compreensão de Agostinho dessa meta dá forma a muitas de suas outras posições filosóficas. Meconi mostra que, para Agostinho, o céu não é uma simples volta ao paraíso anterior à Queda, mas é uma autêntica melhora da condição humana original e uma consumação final, na qual a pessoa humana se torna eternamente perfeita. Meconi analisa também as questões espinhosas da doutrina agostiniana da predestinação. Termina defendendo que, para Agostinho, o céu não é um reino distante, mas uma realidade viva que começa já durante a vida na terra.

A sexta parte está centrada em "Linguagem e Fé". Os três capítulos desta seção explicam o relato de Agostinho sobre conhecimento humano de Deus e interpretação humana da comunicação de Deus com os seres humanos.

Em "Fé e razão", John Peter Kenney investiga a opinião de Agostinho de que a razão humana é indispensável para assentir ao credo. Para Agostinho, a fé é necessária para uma vida boa, mas não é suficiente, porque a fé religiosa exige o uso adequado da razão humana. Como muitos outros escritores clássicos, Agostinho definiu a meta da vida terrena como a obtenção da sabedoria divina. Para Agostinho, no entanto, a sabedoria inclui o uso da razão, disciplina moral racional e um reconhecimento racional de uma inquietude por Deus.

"Agostinho sobre a linguagem", de Peter King, analisa a explicação de Agostinho sobre a natureza da linguagem. King admite que Agostinho não apresenta uma "teoria do significado" em nenhum sentido moderno. Agostinho, porém, reconheceu que o significado é o veículo de comunicação do qual se depende quando falantes e ouvintes estão envolvidos em comunicação, e refletiu sobre isso em vários escritos. King explica a distinção de Agostinho entre signos naturais e signos dados, bem como sua opinião da relação de comunicação escrita com linguagem oral. King termina elucidando as visões de Agostinho da ambiguidade incorporada da linguagem e a necessidade de interpretação.

Porque uma explicação dos princípios adequados da interpretação da linguagem é também importante para a leitura dos textos bíblicos, na opinião de Agostinho, o último capítulo desta parte é de Thomas Williams, "Hermenêutica e leitura da Escritura". O autor mostra que Agostinho pensou amplamente sobre a interpretação de um texto, mas especialmente sobre a revelação de Deus nos textos bíblicos. Williams destaca não apenas a caridade intelectual que Agostinho mostra ao comparar diferentes interpretações do mesmo texto, mas também sua opinião de que a caridade é a meta de toda comunicação.

No último capítulo, "Legado de Agostinho: êxito ou fracasso?", Karla Pollmann traça o legado de Agostinho. O próprio Agostinho visou controlar a história de sua vida pela composição de suas *Confissões* e também procurou dar forma à recepção e interpretação de suas obras através de suas *Retratações*. É impossível exagerar o impacto das obras de Agostinho na filosofia ocidental. Pollmann mostra o duradouro poder do pensamento de Agostinho indicando, primeiro, o amplo corpo de escritos pseudoagostinianos grandemente populares no período medieval tardio e, depois, os muitos pensadores modernos e contemporâneos que dependem dele. Ela destaca as teorias políticas de Agostinho a este respeito, mas realça também temas agostinianos em obras sobre sexualidade, amor e amizade. Dada a vasta influência que Agostinho exerceu através dos séculos, Pollmann conclui que sua influência não pode ser reduzida a uma trajetória única. Ao invés, as vicissitudes de sua recepção constituem um legado com muitos sobressaltos que, afirma Pollmann, nos diz mais sobre os leitores de Agostinho do que sobre o próprio Agostinho.

Agostinho de Hipona mostrou ser uma importante figura filosófica-chave desde a Antiguidade tardia, passando pela Idade Média, até os dias atuais. Suas visões de Deus e da relação de Deus com a ordem criada, suas reflexões sobre a natureza dos seres humanos e da excelência humana, bem como sua filosofia social e política, sua abordagem da linguagem e interpretação de textos continuam a influenciar o pensamento filosófico sobre esses temas. Seu pensamento mostrou ser tão importante e de tão longo alcance que não é possível tentar apresentá-lo totalmente, de maneira exaustiva, num volume conciso. No entanto, os capítulos que seguem dão contribuições importantes para o projeto em andamento, de compreender e avaliar o pensamento de Agostinho.

# PARTE I
*A natureza de Deus*

# 1 A natureza divina: ser e bondade*

SCOTT MACDONALD

Em 386, com 32 anos de idade, Agostinho converteu-se ao cristianismo. Ele conta a história nas *Confissões*; os acontecimentos complexos e dramáticos que constituem sua conversão levaram à exitosa conclusão uma pesquisa que ele começou quando adolescente em Cartago com sua leitura do *Hortensius* de Cícero. Cícero inspirou nele um desejo apaixonado pela espécie de imortalidade que vem com a sabedoria (*conf.* 3.4.7-8). Depois de mais de uma década de pesquisas infrutíferas, Agostinho finalmente descobriu que a sabedoria pela qual tanto anelara havia de ser encontrada com o Deus do cristianismo. A descoberta veio num momento de visão intelectual na qual Agostinho entreviu, e assim chegou finalmente a entender, a natureza divina. "Foi então" – conta ele – "que vi tuas [de Deus] 'coisas invisíveis pala inteligência das coisas criadas' [Rm 1,20]" (*conf.* 7.17.23).[1]

No entanto, Agostinho aprendeu depressa, descobrindo que onde a sabedoria há de ser encontrada não é onde há de ser alcançada, e assim a sua visão intelectual de Deus não levou por si só a sua busca a um fim. A fim

---

* Apresentei versões deste capítulo em conferências na Cornell University e na Universidade de Toronto. Sou grato aos ouvintes nessas ocasiões por terem ajudado na discussão. Sou grato também a Robert Pasnau e Eleonore Stump pelos comentários à redação anterior.

1   Todas as traduções são minhas. Para as *Confissões*, porém, consultei e, às vezes, baseei-me na tradução de H. Chadwick (CHADWICK, 1991b). Para *De libero arbitrio* consultei a tradução de T. Williams (WILLIAMS, 1993). NT: Para esta tradução em português foi usado o original latino que consta da *Patrologia latina* e suas traduções em italiano e espanhol. As traduções em português são incompletas, mas mesmo assim, as disponíveis na internet foram consultadas. Por isso não serão mais apresentadas notas ou observações dos autores acerca da sua fonte de tradução para o inglês. As nuanças da tradução inglesa foram levadas em consideração, pois muitas vezes têm importância para o texto e à tese do autor (*cf.* próxima nota de tradução). Todas as citações de Agostinho em português são de responsabilidade do tradutor.

de ser capaz de aderir a Deus em amor, ele precisava de cura moral de uma espécie que nenhuma iluminação meramente intelectual poderia dar. Mas o que quer que fosse necessário para completar a conversão de Agostinho ao cristianismo, está claro que a compreensão dada por sua visão intelectual de Deus foi central para isso.[2] Ele não podia ser cristão a menos que, e até que, tivesse se convencido de que a concepção cristã da natureza divina proporciona conhecimento do Deus verdadeiro. Além disso, é claro para ele que a sua visão intelectual de Deus satisfazia essa condição puramente cognitiva de Deus. Imediatamente em seguida à visão ele relata: "Eu amava a *ti* [Deus] e não a um fantasma [imagem sensorial] em teu lugar" e "eu não tinha nenhuma dúvida sobre a quem devia aderir" (*conf.* 7.17.23)

## Visão intelectual de Deus

No livro 7 das *Confissões*, Agostinho conta sua visão de Deus mais de uma vez. Aqui está a parte principal do primeiro relato (doravante *Passagem da primeira visão*: PPV):[3]

[PPV]
1. E alertado pelos livros dos platônicos a voltar para mim mesmo, entrei
2. no meu interior, guiado por ti [Deus], e pude fazê-lo,
3. porque te fizeste meu auxílio. Entrei e vi com o olho da minha alma,
4. como quer que ele fosse, acima do mesmo olhar da minha alma, acima da minha mente,
5. uma luz imutável [...]. Ela transcendia a minha mente não como o azeite sobre a
6. água, nem como o céu sobre a terra, mas estava acima de mim, porque ela
7. própria me fez, e eu embaixo, porque feito por ela. Quem

---

2  Os acontecimentos descritos no Livro 8 de *Confissões*, que culminam na célebre crise ocorrida no jardim (8.12.28-29), fazem um relato do que mais é preciso.
3  Há controvérsias acerca das passagens de visão em *Confissões 7*. Para visões diferentes da minha, *cf.* Courcelle (1968, cap. 4, parte III) e O'Donnell (1992, p. 434-446).

8. conhece a verdade, conhece esta luz, e quem a conhece, conhece a eternidade. O amor conhece-a.

9. Oh, eterna verdade e verdadeiro amor e amorosa eternidade! Tu és o meu Deus, por ti suspiro dia e

10. noite. E quando te conheci pela primeira vez, tu me tomaste, para que visse que

11. o que eu via é Ser, e que eu que via isso ainda não sou Ser*. E

12. deslumbraste a fraqueza do meu olhar, brilhando intensamente sobre mim, e estremeci

13. de amor e horror [...] e disse: "Porventura nada é verdade, já que ela não está difundida

14. pelos espaços materiais finitos e infinitos?" E tu me gritaste de longe: Pelo contrário,

15. eu sou quem sou [Ex 3,14]. E ouvi, tal como se ouve no coração, e

16. já não havia absolutamente nenhum lugar para dúvida. (*conf.* 7.10.16)

Este primeiro relato da visão intelectual de Agostinho é um bom lugar para começar uma investigação de seu pensamento maduro acerca da natureza divina, porque ele nos dá uma espécie de introdução aos principais elementos e princípios estruturais de sua concepção recém-encontrada de Deus. Além do mais, visto no seu contexto, nas *Confissões,* o relato destaca os tipos de interesses filosóficos que eram particularmente importantes para Agostinho, os interesses que ele julgava que uma concepção adequada de Deus devia tratar.

A primeira passagem de visão identifica claramente duas das três mais importantes influências formadoras da compreensão de Agostinho acerca da natureza divina. Primeiro, ele deixa claro que o Deus que encontrou é o Deus das Escrituras cristãs. Naturalmente, *Confissões* como um todo dirige-se ao Deus da cristandade e, portanto, é ao Deus cristão que Agostinho se dirige diretamente aqui. Agora ele vê que esse mesmo Deus tornou-se seu guia e ajuda íntima (PPV linhas 2-3) e a isso atribui o alcance final de sua visão da atividade de Deus (PPV 10). Além disso, e mais impressionante,

---

* NT: Uma das controvérsias de que o autor fala na nota 3 é sobre este texto e suas traduções.

o Deus da visão de Agostinho identifica-se como o Deus de Moisés, o Deus cujo nome mais íntimo é "Eu sou quem sou" (PPV 15). A partir desse ponto, Agostinho nunca duvidou de que as Escrituras cristãs, devidamente explicadas e entendidas, apresentam a verdade acerca da natureza divina.

A segunda influência evidente na passagem de visão é o platonismo. Agostinho considerava o seu encontro com certos livros platônicos como um momento decisivo crucial em sua trajetória para o cristianismo. Como a passagem de visão sugere, esses livros forneceram-lhe importantes princípios metodológicos para o seu pensamento sobre o divino: eles o advertiram a olhar dentro de sua alma, e olhar com o olho da mente (PPV 1-5). Realmente, o platonismo forneceu a Agostinho um rico repertório de ideias e argumentos que ele usaria para articular a concepção cristã de Deus. Nesta passagem, as alusões e os ecos de Plotino são tão proeminentes como os temas escriturísticos: o Deus de Moisés é a luz imutável que transcende a mente, a verdade eterna e o próprio ser. A certeza madura de Agostinho sobre a verdade da concepção cristã do mundo andava junto a sua convicção de que as Escrituras cristãs exigem cuidadosa investigação teórica e explicação, caso a verdade sobre Deus que elas exprimem deva ser entendida. As ferramentas que achou mais úteis nessa tarefa foram, antes de tudo, as da filosofia platônica.[4]

A terceira influência importante na formação do pensamento maduro de Agostinho acerca de Deus não está explícita na passagem de visão que estamos examinando. Mas se lermos a passagem no contexto mais amplo fornecido pela narrativa de *Confissões*, podemos ver o papel claro que o maniqueísmo desempenha na formação da concepção de Deus que Agostinho começa a articular aqui. Os primeiros compromissos intelectualmente sérios foram com a teologia maniqueia, que por toda a sua vida permaneceu uma espécie de companheira de suas opiniões maduras. Quando era maniqueu, Agostinho acreditara que Deus era uma massa luminosa estendida infinitamente pelo espaço; agora ele vê que o verdadeiro Deus é incorpóreo e infinito sem extensão (PPV 13-16). Quando era maniqueu,

---

4 Cf. a avaliação reflexiva do platonismo em *De civitate Dei* 8.3-11. Para uma discussão útil, cf. Menn (1998, parte I).

Agostinho imaginara Deus sujeito a ataque, corrupção e violação nas mãos de um poder rival; agora ele vê que o verdadeiro Deus é imutável e incorruptível (PPV 4-5). Quando era maniqueu, Agostinho acreditara que havia duas substâncias divinas independentes em conflito entre elas; agora a sua visão permite que ele veja que o verdadeiro Deus é ser em si, a fonte de todo o resto que existe (PPV 11).

Agostinho nos diz que a sua visão intelectual de Deus ocorreu num piscar de olhos. Mas *Confissões* deixa claro que a caminhada que o levou a esse ponto crucial foi longa. Para compreender o que Agostinho viu em sua visão intelectual, e qual foi a importância de ele ver isso, precisamos seguir a trajetória de sua caminhada intelectual desde o maniqueísmo, através do platonismo, para uma compreensão do Deus da cristandade.

### Estadia com os maniqueus

Segundo *Confissões*, quando Cícero inspirou Agostinho a buscar a sabedoria, ele voltou-se primeiro para a tradição religiosa em que fora criado, o cristianismo. Mas perdeu rapidamente a paciência com as Escrituras cristãs e passou para o lado dos maniqueus. A esperteza verbal e o racionalismo autoconfiante dos maniqueus contrastavam vivamente, para ele, com o cristianismo católico (*conf.* 3.6.10). Agostinho passou a década seguinte de sua vida associado, de uma maneira ou de outra, a eles.

Agostinho explica a sua suscetibilidade em relação às crenças maniqueias por referência à sua condição intelectual do tempo:

> Eu não sabia da existência de outra realidade que verdadeiramente é ("aliud vere quod est"), e quando eles me perguntaram: [1] "De onde vem o mal?" e [2] "Deus está limitado por uma forma corpórea, tem cabelos e unhas?" [...] era como se eu fosse astutamente estimulado a lançar a minha sorte com os loucos enganadores. (*conf.* 3.7.12) [5]

---

5 A passagem continua mencionando uma terceira questão, sobre a aparente imortalidade dos patriarcas bíblicos, que deixo de lado.

Ele considera estas duas questões como desafios maniqueus ao cristianismo ortodoxo, que visa expor o que os maniqueus percebiam como o absurdo da crença cristã católica. O cristianismo afirma que há um Deus supremamente bom, criador e fonte de tudo o que existe. Mas então, dado que o mal existe, o cristianismo parece incoerente: ou o mal vem do Deus supremamente bom (o que é absurdo) ou não vem (e neste caso Deus não é o criador de tudo o que existe).[6] Ao contrário, como Agostinho o entendia, o maniqueísmo tinha uma resposta pronta para a primeira questão. Há duas fontes últimas das coisas, um Deus bom e um poder hostil independente do Deus bom. O mal não deriva do primeiro, mas do segundo, e é consequência do êxito do poder mau em sua luta cósmica contra o Deus bom.[7]

A segunda questão dos maniqueus ridiculariza a crença cristã de que Deus criou os seres humanos à própria imagem de Deus (Gn 1,26). Dado que os seres humanos têm corpos finitos com cabeças e mãos, pareceria que o Deus a cuja imagem eles foram feitos deve ter características da mesma espécie. Os maniqueus pensavam que possuíam uma concepção mais sofisticada da natureza divina: o Deus bom é uma espécie de luz infinitamente estendida pelo espaço.

A reconciliação de Agostinho com o cristianismo dependeu de ele descobrir ou desenvolver respostas satisfatórias a esses desafios maniqueus. Mas no começo de sua busca da sabedoria, a sua ignorância juvenil deixou-o indefeso contra eles.

> [1*] Eu não sabia que o mal existe apenas como privação de bem [...]. Como podia vê-lo se minha visão com meus olhos não iam além do corpo e com minha mente não ia além das imagens sensíveis? [2*] Além disso, eu não sabia que Deus é Espírito [Jo 4,24], não algo cujos membros têm comprimento e largura e que tem uma massa. (*conf.* 3.7.12)

---

6   Cf. *De libero arbitrio* 1.2.4.
7   Cf. *De moribus ecclesiae catholicae* (1).10.16; *De moribus Manichaeorum* (2).3.5; *De natura boni* 41-44.

Ele acena aqui para respostas acabadas que finalmente dará em nome do cristianismo. Mas essas respostas estariam disponíveis a ele apenas depois da visão intelectual contada no Livro 7.[8]

Agostinho via que no fundo de cada uma dessas duas questões maniqueias surgia a questão de como pensar de maneira adequada acerca da natureza divina e, a partir deste ponto na narrativa, essa questão leva *Confissões* adiante. Agostinho identifica regularmente a ineficácia de sua busca da sabedoria e suas próprias loucuras e frustrações intelectuais como o resultado de ignorância ou erro em relação à natureza de Deus. Às vezes ele coloca o problema em termos gerais: "Eu ignorava o que pensar da tua substância ou qual caminho conduziria ou reconduziria a ti" (*conf.* 6.5.8). Mais frequentemente, ele faz diagnósticos mais específicos: "Eu pensava que tu, Senhor Deus e Verdade, eras um corpo luminoso e imenso, e eu um fragmento desse corpo" (*conf.* 4.16.31); e "quando eu queria pensar em meu Deus, não sabia imaginar senão massas corpóreas, pois não me parecia que pudesse existir o que não fosse tal" (*conf.* 5.10.19). Ao olhar para trás, para esse período maniqueu de sua vida, Agostinho se via como incapaz de conceber qualquer espécie de realidade não corporal e, consequentemente, incapaz de imaginar Deus de qualquer maneira que não fosse corporal. É impressionante a importância que ele atribui a esses erros e limitações conceituais: "Essa era a causa *mais importante* e talvez a única de meu inevitável erro" (*conf.* 5.10.19).[9]

Como estas descrições que Agostinho faz das suas dificuldades conceituais sugerem, livrar-se inteiramente dos erros que herdara dos maniqueus dependeria, de maneira crucial, de conseguir conceber realidade incorpórea. Agora estamos em posição de apreciar o efeito transformador do encontro de Agostinho com o platonismo.

---

8 A primeira questão é explicitamente decidida em 7.12.18-16.22, em seguimento imediato da visão de Agostinho. A segunda questão é resolvida pela própria visão.
9 A dificuldade de Agostinho em conceber Deus em termos não corporais persiste mesmo depois que ele começou a se afastar dos maniqueus; cf. *Confissões* 5.14.24-25 e 7.1.1.

## Ascensão intelectual: aproximar-se de Deus a partir de baixo

Durante o seu período maniqueu, a atenção de Agostinho tinha se focalizado no mundo corporal externo. Por isso o seu pensamento ficara preso à experiência sensorial. Ele só podia imaginar aquilo do que podia fazer uma imagem sensorial. Mas o platonismo o aconselhou a abandonar o mundo corpóreo e voltar-se para dentro, usando o olho de sua própria alma racional. Ao fazer isso, ele descobriu um espantoso âmbito novo. A incorporeidade, imutabilidade e eternidade, que caracterizam pensamentos puramente intelectuais, são as pistas que levaram Agostinho, aos poucos, à própria natureza divina.

A passagem de visão com a qual começamos fornece o esboço mais simples da volta para dentro de inspiração platônica e movimento para cima, que culminaram na visão que Agostinho tem de Deus. Em outros lugares, ele nos conta mais acerca da estrutura filosófica desse redirecionamento de seu pensamento. A sua discussão mais detalhada disso ocorre no Livro 2 de *De libero arbitrio*, no qual ele transforma a sua subida intelectual num elaborado argumento para a existência de Deus.[10]

Agostinho começa estabelecendo uma hierarquia que separa em categorias gerais e classifica as naturezas que compreendem o Universo: existência, vida e intelecto.

Portanto, acima da natureza – que apenas existe, sem viver nem compreender, como acontece com os corpos inanimados – vem a natureza que não somente existe, mas que também vive, sem contudo ter a inteligência, como acontece com a alma dos animais; e, por sua vez, acima dessa última vem aquela natureza que ao mesmo tempo existe, vive e entende, aquela que é a mente racional no homem. (*lib. arb.* 2.6.13)

A sua estratégia será argumentar que há uma natureza que é superior à mente racional do ser humano, uma natureza que ele identificará como divina (*lib. arb.* 2.6.14, 2.15.39). A fim de descobrir isso, ele sobe na

---

10 A segunda passagem de visão em *Confissões* 7 (17.23) fornece uma espécie de resumo do argumento em *De libero arbitrio* 2.

hierarquia de naturezas, voltando a atenção, primeiro, dos corpos (a primeira e mais baixa categoria na hierarquia) para a alma (a natureza constitutiva tanto da segunda como da terceira categoria), e depois, dentro de sua própria alma, desde a parte sensorial (uma parte encontrada tanto nos seres humanos como nos animais não humanos) para a razão: "uma espécie de cabeça ou olho de nossa alma [...] que não pertence à natureza dos animais não humanos" (*lib. arb.* 2.6.13).[11]

Tendo chegado até a razão – que é o que há de mais alto em nós –, ele se concentra sobre as capacidades perceptivas características da razão e as espécies de objetos com os quais nos põe em contato, os objetos de pensamento puro. À guisa de exemplo, Evódio, o interlocutor de Agostinho no diálogo, sugere primeiro que eles considerem "a estrutura e a verdade do número", entendendo por isso fatos aritméticos e relações do tipo expresso por tais verdades como "sete mais três são dez" (*lib. arb.* 2.8.20-21). O próprio Agostinho acrescenta o exemplo da unidade matemática indivisível que é a base de todo número.[12] Mais tarde ele introduz na discussão uma coleção de verdades avaliativas e normativas *a priori,* tais como "a sabedoria deve ser buscada com diligência", "as coisas menos boas devem ser subordinadas às melhores" e "o eterno vale mais que o temporal" (*lib. arb.* 2.10.28). Ele pensa que essas verdades são constitutivas da própria sabedoria e por isso são normativas para todo aquele que a possuir. Ademais, todo aquele que é capaz de contemplá-las reconhecerá a sua verdade. O exame de todos esses vários exemplos leva Agostinho a três conclusões: os objetos inteligíveis dessas espécies são independentes de nossas mentes, incorpóreos e superiores à razão. Em suma, as linhas principais do seu raciocínio são as seguintes (*lib. arb.* 2.8.20-12.34):[13]

1. Os objetos inteligíveis devem ser independentes das mentes particulares porque são comuns a todo aquele que pensa. Quando chega

---

11   Cf. também *De libero arbitrio* 2.3.8-6.13.
12   Em outros lugares ele apela para entidades geométricas, por exemplo, a linha reta geométrica (*conf.* 10.12.19).
13   Uso "objeto inteligível" para cobrir todas as espécies de exemplos para os quais Agostinho apela. NT: Na tradução, às vezes, usa-se também "objeto de compreensão".

a compreendê-los, uma mente individual não os altera de maneira alguma, não pode torná-los sua posse exclusiva ou transformá-los em partes de si mesma. Além disso, a mente, mais do que formá-los ou construí-los, descobre-os, e a sua compreensão deles pode ser mais ou menos adequada. Dessas observações Agostinho conclui que devem existir objetos inteligíveis independentemente de mentes humanas individuais.

2. Os objetos inteligíveis devem ser incorpóreos porque são eternos e imutáveis. No entanto, todos os objetos corpóreos, que percebemos pelos sentidos corporais, são contingentes e mutáveis. Além disso, certos objetos inteligíveis – por exemplo, a unidade matemática indivisível – claramente não podem ser encontrados no mundo corpóreo (dado que todos os corpos são extensos e, portanto, divisíveis). Esses objetos inteligíveis não podem, portanto, ser percebidos por meio dos sentidos; devem ser incorpóreos e perceptíveis apenas pela razão.

3. Os objetos inteligíveis devem ser superiores à razão porque a julgam. Agostinho quer dizer com isso que esses objetos inteligíveis constituem um padrão normativo para medir as nossas mentes (*lib. arb.* 2.5.12 e 2.12.34). Referimo-nos a objetos e verdades matemáticas para julgar se as nossas mentes compreendem matemática ou não, e em que medida. Consultamos as regras da sabedoria para julgar se uma pessoa é sábia ou não, e em que medida. Por força da relação normativa deles com a razão, Agostinho argumenta que esses objetos inteligíveis devem ser superiores a ela, como um juiz é superior ao que julga. Além disso, a natureza intrínseca desses objetos mostra que eles são superiores à razão. Eles são eternos e imutáveis; pelo contrário, a mente humana é claramente mutável. Agostinho afirma que, uma vez que é evidente a todos que o consideram, o imutável é superior ao mutável (está entre as regras da sabedoria que ele identifica), segue-se que esses objetos estão acima da razão.

Agostinho desenvolve as primeiras duas conclusões em apoio à terceira. Mas se lembrarmos seus relatos das dificuldades em que seu pensamento pré-cristão acerca da natureza divina se atolara, podemos ver importância independente para a segunda conclusão. Nas *Confissões,* Agostinho relata que a sua incapacidade de conceber qualquer coisa incorpórea era a "mais importante e praticamente a única causa" de seus erros. O argumento de *De libero arbitrio* mostra como Agostinho conseguia, com a ajuda da orientação e do argumento platônicos, superar a sua limitação cognitiva. Ao se concentrar em objetos perceptíveis apenas pela mente e pela observação de sua natureza, em particular a sua eternidade e imutabilidade, Agostinho chegou a ver que certas coisas que claramente existem, a saber, os objetos do domínio inteligível, não podem ser corpóreas. Quando ele grita, no meio de sua visão da natureza divina: "Porventura nada é verdade, já que ela não está difundida pelos espaços materiais finitos e infinitos?" (PPV 13-14), ele está reconhecendo que é a descoberta da verdade inteligível que primeiro o liberta para compreender a realidade incorpórea.[14]

Agostinho mostrou estar certo até agora chamando a nossa atenção para as características dos objetos inteligíveis de várias espécies. Mas a conclusão que ele quer tirar no final não é que haja muitas coisas superiores à razão (inclusive as muitíssimas verdades numéricas e as chamadas regras de sabedoria), mas que haja uma coisa assim, o Deus único da cristandade. Por isso ele precisa argumentar que os muitos objetos inteligíveis são de certa maneira uma coisa particular. Esta parte do seu argumento não é de modo algum plenamente explícita, e o próprio Agostinho reconhece a dificuldade de deixar o argumento claro (*lib. arb.* 2.11.30-32). Mas podemos vê-lo fazer a transição decisiva na seguinte passagem:

> É certamente claro que [sabedoria e número] são ambos verdadeiros, de fato imutavelmente verdadeiros. Por isso, não [se] pode negar que haja uma verdade imutável que contenha (*continentem*) todas essas coisas que são imutavelmente verdadeiras. (*lib. arb.* 2.11.32-12.33)

---

14 Comparar os relatos de Agostinho sobre ver a natureza *invisível* de Deus (*conf.* 7.17.23 e 7.20.26) e descobrir que Deus é infinito sem ser infinitamente extenso (*conf.* 7.14.20 e 7.20.26). Comparar também o argumento em *Soliloquia* 2.2.2 de que a verdade existe eternamente.

É difícil saber exatamente o que fazer com a metáfora da contenção nessa última passagem, e assim saber exatamente como conceber a própria única verdade imutável. Agostinho parece querer mover nossa atenção além das próprias verdades inteligíveis distintas – os fatos (ou proposições) distintos, por assim dizer – e orientar-nos para o que elas têm em comum, a sua verdade. Reconhecemos que cada uma delas é verdadeira, de fato imutavelmente verdadeira. Verdade imutável, portanto, é uma coisa singular compartilhada por todas as diferentes verdades inteligíveis. É a única acima das muitas, ou a única na qual as muitas estão contidas.

Em outras passagens Agostinho prefere a analogia da luz à da contenção. Quando Evódio resiste à afirmação de Agostinho de que a sabedoria é uma coisa singular comum a todos os que pensam, baseado em que diferentes pessoas buscam sabedoria em coisas diversas, Agostinho responde com uma analogia: assim como o Sol é algo singular apesar do fato de vermos muitas coisas à sua luz, a sabedoria pode ser uma coisa singular, apesar de diferentes pessoas perceberem e perseguirem diversos bens à sua luz. De maneira semelhante, Agostinho supõe que o olho da alma é capaz de ver várias verdades imutáveis devido à luz lançada sobre elas pela própria verdade imutável (*lib. arb.* 2.9.27). Em *De libero arbitrio,* a metáfora da luz permanece amplamente no plano de fundo, mas nas passagens de visão em *Confissões*, ela vem para a frente: "entrei no meu interior [...] e vi com o olho de minha alma, como quer que ele fosse [...] uma luz imutável que transcendia a minha mente" (PPV 1-5).

Sejam quais forem as obscuridades nesse passo decisivo no argumento de Agostinho, está claro que ele supõe que essa inferência completa a estratégia que ele tem seguido na prova. "Eu te havia prometido, se te lembras, de haver de provar que existe uma realidade muito mais sublime do que a nossa mente e nossa razão. Ei-la diante de ti: é a própria verdade" (*lib. arb.* 2.13.35).

## Supremacia divina: conceber Deus da maneira mais alta possível

A estratégia de Agostinho em *De libero arbitrio* 2 – provar que Deus existe demonstrando que há algo superior à razão – parece depender da suposição de que o que é superior à razão deve ser Deus. Evódio, porém, detecta a suposição não discutida e faz objeção a ela: "Se eu pudesse descobrir algo superior (*melius*) à parte mais excelente (*optimum*) de minha natureza, eu *não* a chamaria logo Deus" (*lib. arb.* 2.6.14). Ele insiste que Agostinho prove não apenas que há algo superior à razão, mas que haja algo a que nada é superior ("quo est nullus superior"). A objeção de Evódio causa certo embaraço no diálogo (*lib. arb.* 2.6.14). E ele está certo em estar perturbado porque Evódio insiste num ponto com o qual o próprio Agostinho está firmemente comprometido. Agostinho considera como uma espécie de princípio diretivo do seu pensamento acerca da natureza divina que Deus deva ser supremo, ou seja, aquele ao qual nada pode ser superior ou melhor. No Livro 1 do diálogo, Agostinho exortara Evódio a aderir exatamente a este princípio, dizendo a ele que "conceber de Deus a opinião mais excelente possível é o começo mais autêntico da piedade" ("optime namque de Deo existimare verissimum est pietatis exordium") (*lib. arb.* 1.2.5). No Livro 2, quando Evódio protesta contra a estratégia de prova proposta por Agostinho, ele está apenas insistindo nesse princípio piedoso.

Em *De doctrina christiana*, Agostinho sugere que a noção de supremacia é parte do próprio conceito do divino. Ele nos diz que:

> quando o som da palavra *deus* chega aos ouvidos de alguém que sabe latim, a pessoa é levada a pensar numa natureza suprema (*excellentissimam*) e imortal. Porque quando alguém pensa nesse Deus dos deuses[...] pensa de tal maneira que seu pensamento se esforça para alcançar algo acima do que não há nada melhor ("aliquid quo nihil melius sit") ou mais sublime. (*doc. Chr.* 1.6.6-7.7)

Agostinho reconhece que as pessoas podem ser confusas ou ignorantes acerca de que espécie de coisa é aquela acima da qual nada pode existir. Por isso há religiões de vários tipos. No entanto, "todos concordam que é Deus que eles colocam acima (*anteponunt*) de todas as outras coisas" (*doc. Chr.* 1.7.7).

Agostinho toma como equivalentes as noções de ser supremo (*summe, optime*), ser do qual nada pode ser superior ou melhor ("aliquid quo nihil melius sit"), e de sumo bem ("summum bonum"). Por isso ele toma como uma espécie de verdade conceitual que Deus não apenas seja supremo, mas que Deus seja o sumo bem. Categoria ontológica e categoria de valor, portanto, coincidem – o ser supremo é o sumo bem. Além disso, assim como todos concordam que é Deus que eles colocam acima de todas as outras coisas, cada um procura felicidade no bem supremo. No entanto, nem todos entendem o que realmente é o bem supremo.[15]

O próprio pensamento pré-cristão de Agostinho acerca da natureza divina exemplifica esses pontos. Acompanhando os maniqueus, ele rejeitava o cristianismo em parte por sua suposta crença de que Deus tem uma forma corpórea como a de um corpo humano. Agostinho preferia a compreensão maniqueia de Deus, que ele considerava superior. Mas esse mesmo episódio do seu passado revela as limitações do princípio de que Deus é supremo. Durante os seus anos com os maniqueus, Agostinho esforçava-se para pensar Deus como o mais alto possível. Mas como esse pensamento estava preso por imagens sensórias, seus pensamentos mais altos erraram desastrosamente o alvo. Se o princípio da supremacia divina tinha alguma utilidade no seu pensamento acerca de Deus, devia ser suplementado por outros princípios que dessem direção substantiva para completar o conteúdo do conceito do Deus supremo. Que tipo de natureza é de fato suprema? Que atributos específicos devem caracterizar algo que não tem nada que lhe seja superior? O platonismo fornecia a Agostinho princípios suplementares importantes para essa necessidade.

Pelos relatos de Agostinho dos acontecimentos em *Confissões* 7, parece que o platonismo começou a afetar o seu pensamento acerca da natureza divina mesmo antes das dramáticas ocorrências descritas nas passagens de visão. No começo do Livro 7, ele relata um acontecimento preliminar positivo.

---

15  Cf. *De libero arbitrio* 2.9.27; *De moribus ecclesiae catholicae* (1).3.5.

Esforçava-me por te conceber como supremo, único e verdadeiro Deus, e, com todo o meu ser, acreditava que tu és incorruptível, e inviolável, e imutável, porque, não sabendo por que razão nem por que modo, no entanto via claramente e estava certo de que aquilo que é corruptível é inferior àquilo que não é corruptível, e aquilo que é inviolável, sem qualquer hesitação eu punha-o antes do que é violável, e que o que não está sujeito a nenhuma espécie de mudança é superior àquilo que pode sofrer mudança. (*conf.* 7.1.1)

Aqui, as novas crenças de Agostinho eram de que Deus é incorruptível, inviolável e imutável. Mas é interessante para os nossos propósitos o tipo de raciocínio que ele identifica como base delas: Deus é supremo e, dado que incorruptibilidade (por exemplo) é melhor que corruptibilidade, por isso Deus deve ser incorruptível. O mesmo modelo de raciocínio, *mutatis mutandis*, é feito com a inviolabilidade e a imutabilidade divinas. De fato, dados os princípios apropriados de classificação, o mesmo esquema pode funcionar como ferramenta de construção, especificando atributo por atributo, uma determinada concepção da natureza divina. (Podemos chamar o padrão geral de *o argumento a partir da supremacia divina*).

Nisto, Agostinho não nos diz como ele adquiriu certeza acerca desses princípios particulares de classificação. Mas é claro que o seu progresso com o platonismo o levou a isso. Mesmo que ele não tivesse chegado ao ponto de buscar a verdade que transcende a sua mente (o que acontece mais tarde, no Livro 7), parece que alcançou o ponto de reconhecer certas regras imutáveis *a priori* de sabedoria, das quais são exemplos os princípios de classificação que levam a essas inferências particulares.[16]

Na construção que Agostinho faz da hierarquia das naturezas, os princípios comparativos de classificação do tipo requerido pelo argumento a partir da supremacia divina funcionam de modo independente do princípio de que Deus é supremo: a existência que é caracterizada pela vida é melhor do que a existência na qual falta vida, por isso as coisas vivas estão

---

16 Cf. *Confissões* 7.17.23; *De libero arbitrio* 2.10.28; *De doctrina christiana* 1.8.8. Agostinho credita aos platônicos a descoberta histórica desses tipos de princípios (*civ. Dei* 8.6).

acima dos corpos inanimados; a vida que é caracterizada pelo entendimento é melhor do que a vida na qual falta o entendimento, por isso os seres humanos estão acima dos animais não humanos. A construção da hierarquia pode prosseguir sem qualquer conhecimento explícito da existência ou da natureza de Deus. Mas os mesmos princípios comparativos de classificação podem também ser usados no argumento a partir da supremacia divina. Uma vez que a vida é melhor do que a existência inanimada, Deus há de ser caracterizado pela vida; uma vez que uma vida caracterizada pela sabedoria é melhor do que uma vida na qual falta a sabedoria, Deus há de ser caracterizado pela sabedoria; e uma vez que uma vida caracterizada por sabedoria imutável é melhor do que uma vida cuja sabedoria é mutável, Deus há de ser caracterizado pela sabedoria imutável (*doc. Chr.* 1.8.8).

Nas mãos de Agostinho o argumento a partir da supremacia divina produz uma lista impressionante de atributos divinos: incorporeidade, eternidade, imutabilidade, incorruptibilidade, inviolabilidade, vida e sabedoria, entre outros. A sua subida intelectual para a verdade imutável que transcende a mente humana identifica muitos atributos, tais como esses. Agostinho naturalmente supõe que essas duas abordagens convergem no único e mesmo ser, ou seja, que a própria verdade transcendente seja o Deus supremo, o mais alto ser na hierarquia das naturezas e o bem supremo. Resta, porém, que a prova em *De libero arbitrio* 2 nunca estabelece essa identidade. O argumento a partir da supremacia divina pode garantir que a natureza divina incluirá incorporeidade, eternidade e imutabilidade. Mas o argumento em *De libero arbitrio* 2 não parece dar-nos qualquer segurança firme de que a verdade incorpórea, eterna e imutável que é superior às nossas mentes será também o único Deus verdadeiro ao qual nada é superior.

### O ser: a natureza mais íntima de Deus

Agostinho acreditava que o tipo de progresso gradativo, que o argumento a partir da supremacia divina torna possível, é de certo modo superficial. O que ele procurava, e o que a sua visão intelectual de Deus finalmente lhe deu, é um vislumbre da natureza mais íntima de Deus, uma compreensão do divino que é unificadora e profundamente explicativa tanto dos múltiplos atributos divinos como do Universo no qual Deus ocupa o posto supremo.

Podemos ver o tipo de compreensão que Agostinho buscava se olharmos de novo para a passagem do começo de *Confissões* 7: "Com toda a minha alma eu acreditava que és incorruptível, inviolável e imutável, embora eu não soubesse por que nem como" (*conf.* 7.1.1). Aqui Agostinho relata progresso, mas também admite que falta o acompanhamento do entendimento. Ele quer dizer que ainda não vê como adequar estas novas crenças com suas outras crenças, numa visão coerente de Deus e do lugar de Deus no mundo. O argumento a partir da supremacia divina mostra que o verdadeiro Deus é incorruptível. Na mente de Agostinho, esse resultado expôs a incoerência da teodiceia maniqueia (*conf.* 7.2.3). Mas o argumento a partir da supremacia divina não fornecia, por si só, a Agostinho uma explicação alternativa. A esta altura, nas *Confissões*, Agostinho precisa ainda descobrir duas coisas: que há coisas existentes que não são corpóreas; e que Deus é o verdadeiro ser.

Já vimos como a subida intelectual de Agostinho levou-o a descobrir algo que é ao mesmo tempo corpóreo e claramente existente, a saber, a própria verdade imutável. As passagens de visão das *Confissões* também mostram claramente a descoberta que Agostinho fez do fato de que Deus é o próprio ser, aquele que é verdadeiro e supremamente. De fato, Agostinho apresenta essa descoberta ocorrendo no ápice de sua subida intelectual e dando-lhe sua mais profunda visão da natureza divina. Podemos ver a preeminente importância do seu reconhecimento que Deus é Ser prestando atenção tanto às características retóricas da passagem de visão que temos examinado como ao lugar que a passagem ocupa no contexto mais amplo das *Confissões*.

Em primeiro lugar, quando Agostinho conta a sua subida intelectual para Deus, alcança o ponto alto dramático com estas linhas: "Quando te conheci pela primeira vez, tu me tomaste para que eu visse que o que eu via é Ser, e que eu que não via isso ainda não sou ser. E deslumbraste a fraqueza do meu olhar, brilhando intensamente sobre mim, e estremeci de amor e de horror" (PPV 10-13). Quando Agostinho entende isso, Deus o levantara com a finalidade de mostrar-lhe que o objeto de sua visão é o Ser. A visão de fato é mero vislumbre – ele não podia suportá-la e sumiu imediatamente. Ele, no entanto, assume que viu a verdadeira natureza de Deus e viu que ela era Ser. Agostinho deixa este ponto claro ao ligar a sua visão de Deus como verdadeiro ser com o nome divino da Escritura. Deus não só ergueu Agostinho de modo que ele pudesse ver que Deus é Ser (*esse*), mas também falou a ele, como Deus falou a Moisés da sarça-ardente, de modo que ele pudesse saber que o nome de Deus é "Eu sou quem sou" ("ego sum qui sum"). Agostinho supôs naturalmente que o nome divino mais íntimo exprime a natureza mais íntima de Deus. A sua caracterização de Deus como Ser, como aquele que verdadeiramente é, dá expressão filosófica a essa ideia bíblica fundamental.[17]

Em segundo lugar, que Agostinho entendeu a visão de Deus como Ser enquanto clímax de sua subida intelectual está confirmado pela estrutura que *Confissões* dá para a longa pesquisa que a visão (em parte) conclui. Como vimos, Agostinho censurou a sua ignorância pelos compromissos intelectuais enganados que caracterizaram a sua estadia com os maniqueus: "Eu não sabia da existência de outra realidade que verdadeiramente é ('aliud vere quod est')" (*conf*. 3.7.12). Essa confissão direcionada no Livro 3 encontra o seu alvo na visão que Agostinho tem de Deus como Ser, como aquele que verdadeiramente é. Ele nos diz: "Assim, num golpe de vista trepidante [minha mente] chegou ao que é ('id quod est')" e "eu estava certo que *eras* tu ('certus esse te') [...]. Estava certo que tu verdadeiramente és ('vere te esse')" (*conf*. 7.17.23 e 10.26). A ignorância fundamental de Agostinho de que Deus é a realidade que verdadeiramente é paralisou a sua busca de sabedoria; sua visão de Deus dispersa essa ignorância.

De todos esses epítetos filosoficamente carregados que Agostinho usa para caracterizar a natureza divina, esperaríamos que expressões como "ser" (*esse*), "verdadeiro ser" ("vere esse"), "aquele que é" ("id quod est") e "o que

---

17  Ex 3,14 é especialmente importante para Agostinho. Cf., por exemplo, *De doctrina christiana* 1.32.35 (citado na nota a seguir), *De natura boni* 19 e *De civitate Dei* 12.2 (passagens citadas na nota 21), e *De civitate Dei* 8.11.

verdadeiramente é" ("id quod vere est") nos aprofundassem mais na compreensão madura que Agostinho tem da natureza de Deus do que qualquer outro, mais profundamente até do que "luz", "verdade" ou "sabedoria". Então, o que Agostinho quer dizer quando identifica Deus com o que verdadeiramente é?

*Independência ontológica e necessidade*: o reconhecimento de Agostinho de que Deus é o verdadeiro ser é acompanhado pela consciência de que outros seres que não são Deus são distintos dele e dependem de Deus para o ser deles. Aquele que verdadeiramente é possui o seu ser por si mesmo e independentemente das outras coisas. Portanto, não pode deixar de ser. Outras coisas existentes têm o ser de uma maneira, como se mostra pelo fato de que existem, mas de uma maneira que lhes falta ser: a sua existência é contingente e dependente.[18]

*Monismo cosmológico*: Agostinho afirma que o Universo consiste fundamentalmente apenas de realidades existentes, isto é, de naturezas ou substâncias que têm ser (*conf.* 7.15.21). Ademais, aquele que é realmente é a fonte de todo ser: toda natureza existente deve ser ou aquilo que verdadeiramente é, ou a espécie de coisa que para o seu ser depende daquele que verdadeiramente é.[19] Como Agostinho coloca a questão: "Se procuras alguma coisa estritamente contrária a Deus, não encontrarás absolutamente nada, pois só o não-ser é contrário ao ser. Portanto, não há nenhuma natureza contrária a Deus" (*mor.* [2].1.1).[20]

Agostinho tira importantes conclusões antimaniqueias desse monismo cosmológico (*conf.* 13.30.45). Dado que Deus é o que verdadeiramente é, não pode haver dois princípios divinos independentes. Ademais, se Deus é o verdadeiro ser, o mal não pode ser uma natureza ou substância existente.

---

18  *Cf. De doctrina christiana* 1.32.35: "Pois aquele que é sumamente (*summe*) e primordialmente (*primitus*) é absolutamente imutável, e que plenamente pôde dizer: 'Eu sou aquele que sou' e 'Dirás a eles: aquele que é mandou-me a vós'. As outras coisas existentes não poderiam existir sem ele, e são boas à medida que receberam o seu ser". *Cf.* também *Confissões* 11.4.6.
19  *Cf. Confissões* 12.7.7; *De moribus Manichaeorum* (2).9.14; *De vera religione* 18.35-6; *De natura boni* 1 e 10; *De civitate Dei* 8.6.
20  *Cf.* também *Confissões* 12.11.11; *De natura boni* 19.

Se existisse, dependeria de Deus para a sua existência. Mas sendo Deus o bem supremo, ele dá apenas ao que é bom. O mal, portanto, não pode ser um princípio independente de Deus nem uma natureza dependente dele para sua existência (*conf.* 7.12.18-13.19).

*Criação*: Agostinho desenvolve a sua versão do monismo cosmológico dentro de um relato filosófico da doutrina cristã da criação. Todas as coisas existentes que não são Deus dependem dele para o seu ser. Dizer que elas dependem de Deus para serem é dizer que Deus as faz, isto é, causa tanto a sua existência como o fato de serem as espécies de coisas que são. Ao fazê-las, Deus não precisa de nenhuma ajuda de qualquer outro ser independente e não usa nenhuma matéria ou material independente, preexistente – as duas possibilidades são excluídas pelo monismo cosmológico. Além disso, Deus não faz coisas a partir de sua própria substância, ou seja, as coisas que Deus faz não são, de modo algum, partes da substância divina – essa possibilidade exigiria ou que Deus fosse corrompido ou que as criaturas mutáveis, contingentes fossem iguais a Deus. Deus faz coisas do nada (*conf.* 11.5.7, 12.7.7, 13.13.48; *vera rel.* 18.35-36; *nat. b.* 1 e 24-27; *civ. Dei* 7.29-30). O fato de as coisas terem sido criadas por Deus *ex nihilo* explica a sua contingência, mutabilidade e corruptibilidade. Deus dá a elas o ser, mas porque elas são feitas, e feitas do nada, não são o verdadeiro ser. São tingidas de não-ser, assim como aquele que verdadeiramente é não é.

Agostinho vê que a doutrina da criação, como o monismo cosmológico no qual ele a fundamenta, é incompatível com o maniqueísmo. Segundo a doutrina da criação, a alma humana é uma das criaturas de Deus, não uma parte da substância divina presa na matéria. A matéria também é criada por Deus; não é o instrumento ou veículo de um poder divino hostil. De fato, tudo o que existe (que não seja Deus) é criado por Deus e é, portanto, bom à medida que tem ser (*conf.* 7.12.18, 13.31.46).

*Imutabilidade*: O atributo que Agostinho liga mais intimamente com o verdadeiro ser é a imutabilidade. Muitas vezes ele discute esses atributos juntos, e os considera exigindo-se mutuamente.[21] A sua compreensão da

---

21  Por exemplo, *De natura boni* 19: "De modo divinamente esplêndido o nosso Deus disse ao seu servo: 'Eu sou aquele que sou' e 'dirás aos filhos de Israel: aquele que é mandou-me

natureza da mudança fornece a ligação conceitual entre eles. Agostinho concebe a mudança como consistindo de perda e aquisição de ser.²² O que muda cessa de ser o que era e vem a ser o que não era. Mas o que verdadeiramente é não pode perder ou adquirir ser. Então, o que verdadeiramente é deve ser imutável. Do contrário, para algo ser imutável ele precisa ser tal que não possa perder ou adquirir ser. Mas apenas o que verdadeiramente é pode ser desse tipo. Portanto, o que é imutável deve também ser o que verdadeiramente é.

A imutabilidade divina e o verdadeiro ser de Deus se envolvem, assim, mutuamente, mas é claro que Agostinho vê a concepção de Deus como aquele que verdadeiramente é como o teoricamente mais fundamental desses dois componentes centrais de sua compreensão da natureza divina. A melhor evidência desse fato é que a concepção de Deus como aquele que verdadeiramente é unifica a explicação que Agostinho dá da natureza divina e explica seus outros componentes principais. O fato de Deus ser aquilo que verdadeiramente é explica não apenas a imutabilidade divina, mas também, como vimos, a independência e necessidade divinas, o fato de Deus ser a única fonte e criador de todas as outras coisas existentes, e a compatibilidade da existência do mal com a incorruptibilidade e a bondade divinas. É por isso que sua descoberta de que Deus é o ser verdadeiro deu a Agostinho certeza e compreensão sem precedentes: mostravam a ele a única fonte conceitual da qual fluem os outros atributos divinos e por virtude da qual eles podem ser explicados e juntados numa concepção cristã coerente da realidade. O conceito intimamente ligado de imutabilidade não tem a mesma fecundidade teórica para o pensamento de Agostinho acerca da natureza divina.

*Eternidade e simplicidade*: A concepção de Agostinho acerca da mudança consistindo na aquisição e perda de ser também funda sua compreensão tanto da eternidade divina como da simplicidade divina. Agostinho

---

a vós'. Ele é em sentido verdadeiro, pois é imutável. Toda mudança faz não ser mais o que ora. Portanto, aquele que é imutável é em sentido verdadeiro"; e *De civitate Dei* 12.2: "Deus disse: 'Eu sou aquele que sou'. Pois Deus é existência num grau supremo – ele é de maneira suprema – e é, portanto, imutável".

22  Cf. também *De Trinitate* 5.2.3 e 7.5.10; *Confissões* 7.10.16, 7.11.17, 11.4.6 e 11.7.9; *De moribus Manichaeorum* (2).1.1 e *De civitate Dei* 12.2.

supõe que um ser que experimenta o tempo muda necessariamente, pois a sua cognição será (sucessivamente) afetada pelas modalidades temporais de futuro, presente e passado: o que se antecipa como futuro virá à experiência como presente e depois será lembrado como passado. Ao contrário, o ser divino, aquele que verdadeiramente é, não pode mudar dessa maneira, e assim deve abranger todas as coisas no presente eterno (*civ. Dei* 11.21). "Na eternidade, nada passa, mas tudo está presente" (*conf.* 11.11.13).[23] Agostinho argumenta que o próprio tempo está entre as criaturas de Deus e passa a existir com a criação do Universo (*conf.* 11.13.16-14.17).

Por semelhantes razões Agostinho afirma que aquilo que realmente é deve ser metafisicamente simples. "Diz-se, portanto, que é simples a natureza que não possui algo que possa perder, ou se um é quem tem e outro o que tem, como um vaso pode ter um líquido, o corpo uma cor, o ar a luz ou o calor, a alma a sabedoria" (*civ. Dei* 11.10). Agostinho argumenta que em casos em que uma substância de uma coisa e seus atributos – o que é e o que *tem* – não são a mesma coisa, é possível que a coisa persista por meio da aquisição ou perda de atributos. Mas o que verdadeiramente é não pode perder nem adquirir ser. Por isso, a substância e os atributos de Deus devem ser idênticos.[24] "Diz-se que são simples as coisas que são principal e verdadeiramente divinas porque em tais coisas substância e qualidade são o mesmo" (*civ. Dei* 11.10).

*Supremacia*: Finalmente, Agostinho argumenta que aquele que verdadeiramente é é aquele que existe ou existiu da maneira máxima possível. E dado que ser da maneira máxima possível é ser supremo, aquele que verdadeiramente é deve ser supremo: "Uma vez que se compreendeu [aquilo do qual não há nada melhor ou superior] [...] vê-se logo que o que existe do modo sumo e primário é o que se diz ser o mais verdadeiramente" (*De moribus Manichaeorum* [2].1.1). A esta altura, a abordagem de Agostinho a Deus através da noção da supremacia divina e sua abordagem à visão de Deus por meio da subida intelectual através do âmbito da verdade inteligível se juntam.

---

23  Cf. também *Confissões* 9.10.24 e a extensa discussão sobre a eternidade divina em *Confissões* 11.4.6-14.17.
24  Cf. também *De Trinitate* 7.1.1-3.9 e *De civitate Dei* 8.6.

A sua visão intelectual daquele que verdadeiramente é finalmente identifica de maneira determinada a natureza para a qual aponta o princípio de que Deus é supremo.

Como estas considerações mostram, quando Deus levantou Agostinho "de modo que ele pudesse ver que aquilo que estava vendo é o Ser", Deus permitiu que ele vislumbrasse a própria natureza íntima de Deus. Agostinho não alimentou nenhuma ilusão de que assim ele tinha adquirido conhecimento completo e perfeito do Deus infinito e inefável. Mas também nunca duvidou que, nessa visão momentânea, ele adquirira uma profunda compreensão suficiente para a sua vida – suficiente, quer dizer, para fundar uma explicação unificada, coerente e filosoficamente rica da natureza divina, do seu lugar na realidade e da sua relação com a própria alma.

# 2 O conhecimento eterno de Deus segundo Agostinho

JOHN C. CAVADINI

> Quem dentre os homens pode conhecer (*scire*) o desígnio (*consilium*) de Deus? Quem poderá pensar (*cogitare*) o que quer (*velit*) o Senhor? Porque os pensamentos dos mortais são tímidos, e incertas as nossas descobertas. O corpo corruptível sobrecarrega a alma, e a morada terrena acabrunha o espírito (*sensum*) de múltiplos pensamentos.

Esta passagem da *Sabedoria*, de Salomão (Sb 9,13-15), aqui tomada da citação que Agostinho faz na *Cidade de Deus* 12.15.1, talvez seja o melhor resumo do ensinamento de Agostinho acerca do conhecimento eterno de Deus.[1] O erro mais primário que uma pessoa pode fazer, com referência ao conhecimento de Deus, é subestimar a unicidade e a superioridade da mente de Deus, e medi-la excessivamente por um padrão humano. É a articulação dessa unicidade que é o tema subjacente de todas as discussões de Agostinho sobre o assunto.

Para Agostinho, isto significará basicamente a insuficiência, até da filosofia, em dar uma adequada razão do que parece ser um tema quase unicamente filosófico, a sabedoria eterna de Deus. Isto é verdadeiro apesar das indubitáveis áreas de acordo entre os ensinamentos filosóficos pagãos e a doutrina cristã, que pode parecer amplo bastante à primeira vista. Portanto, na nossa discussão deste tema, temos de ser cuidadosos para não dar a impressão de que o que estamos fazendo é separar um corpo estável

---

1 Este tema recebeu excelente tratamento em estudos cuja profundeza filosófica um breve ensaio como este não pode captar. Um guia útil para os estudos das questões levantadas pela sabedoria eterna de Deus e sua relação ao tempo como são importantes para o estudo de Santo Agostinho pode ser encontrado em O'Daly (1999, 135-150). As notas de G. Bardy *et al.* aos Livros 8-12 de *Cidade de Deus* em BA, *Oeuvres de Saint Augustin*, volumes 34-35, ainda são indispensáveis e oferecem um bom guia para a literatura até a data da publicação, em 1959.

de ensinamento filosófico que descreverá o pensamento de Agostinho sobre a sabedoria eterna de Deus e o que, depois, quem quiser passar da filosofia para a teologia pode avançar para o que a revelação cristã acrescenta a esse corpo de conhecimento filosófico.

### Concordando com os filósofos

Naturalmente, o próprio Agostinho tenta-nos a pensar dessa maneira. Afinal de contas, quem mais do que os filósofos se identificou com a transcendência de Deus invocada pela *Sabedoria* de Salomão? Os platônicos especialmente oferecem áreas de acordo que evocam o assentimento incondicional de Agostinho:

> Estes filósofos que, pela ilustre fama são considerados superiores a todos os outros, tiveram a intuição que Deus não é nenhum corpo e por isso na busca de Deus transcenderam todos os corpos. Tiveram a intuição que no Deus sumo nada é mutável e por isso na busca de Deus transcenderam toda alma e todos os espíritos mutáveis [...]. Segue-se que todos eles só podem vir a ser através dele que simplesmente é. (*civ. Dei* 8.6)

Os platônicos certamente encontraram o caminho para uma consciência da unicidade e superioridade de Deus, incluindo, de alguma maneira, a sua transcendência acima de todos os seres comutáveis e mutáveis como nós mesmos. Deus é transcendente porque é totalmente simples: para Deus, todos os atributos de Deus são idênticos uns aos outros e com o ser de Deus, de modo que "para ele, existir é o mesmo que viver, compreender, estar feliz". A dupla marca distintiva da unicidade do ser de Deus é a sua imutabilidade e simplicidade. "Devido a esta imutabilidade e a esta simplicidade, os platônicos compreenderam que Deus fez todos os seres e por nenhum pôde ser feito" (*civ. Dei* 8.6). A transcendência de Deus acima de tudo o que existe o constitui como origem dos seres.

Isto significa que existe em Deus a "ideia original" ou "forma" ("primam speciem": *civ. Dei* 8.6) de todas as coisas, a primeira, imutável e, portanto, incomparável forma de todas as coisas, o "primeiro princípio das coisas" ("rerum principium"). Poder-se-ia tomar isso como uma descrição da eterna sabedoria de Deus: é a "ideia" eterna para todas as coisas que não são Deus. Deus é criador porque sua "ideia" ou "forma" é que dá existência a tudo o mais, à medida que tudo deve ter forma ou ideia para existir.

Participação nesta forma ou ideia é também a "luz da mente humana, tornando possível toda aquisição de conhecimento" (*civ. Dei* 8.7). Como a "ideia" ou "forma" do Bem é o Sumo Bem, é também o objeto próprio de todo amor. Assim Platão unira os três ramos da filosofia – natural, racional (lógica) e moral – na única fonte transcendente a todas elas. Consequentemente, os platônicos

> admitem (*confitentur*) um Deus acima de toda espécie de alma, que fez não só este mundo visível [...] mas toda espécie de alma em absoluto, um Deus que faz feliz a alma racional e inteligente [...] por participação em sua luz imutável e imaterial. (*civ. Dei* 8.2)

Num sentido, portanto, vendo o mundo físico e sentindo interiormente o mundo da alma e da mente, nós "vemos" a mente de Deus, a ideia original de acordo com a qual todas as coisas sensíveis vieram à existência. De certo modo, vemos o conhecimento eterno de Deus e podemos "ascender" a uma contemplação da mente de Deus quando contemplamos tudo o que é informado por sua ideia eterna. São Paulo leva-nos a esperar que este fosse o caso. Agostinho aplica de modo característico aos platônicos o que Paulo diz em Romanos 1,19-20: "é o próprio Deus que lhes desvenda o que de Deus pode ser conhecido. Pois as suas realidades invisíveis se tornaram visíveis à inteligência através de suas obras criadas, bem como por seu eterno poder e divindade" (*civ. Dei* 8.6). É ainda mais tentador ver, na doutrina da simplicidade imutável de Deus, na doutrina da "ideia" de Deus que dá forma a tudo o que é mutável e realidade composta, um corpo de ensinamento filosófico que é destacável do que é conhecido pela revelação como independentemente verdadeiro.

## Além do acordo

Contudo, devemos ser cuidadosos nesta abordagem. Na *Cidade de Deus*, Agostinho realmente começa a sua discussão do ensinamento platônico como parte de uma extensa crítica.

Ele começa o Livro 8 anunciando a sua intenção de discutir "teologia" – e, diz ele, "tomo esta palavra grega no sentido de raciocínio ou discurso acerca da divindade ('de divinitate rationem sive sermonem')" (*civ. Dei* 8.1.) – com os filósofos. Mas a sua intenção não é simplesmente discutir, mas "refutar todas as opiniões vazias ('vanas opiniones') dos filósofos" na medida em que se referem à "teologia". Isso inclui todos os filósofos que "estão de acordo que existe uma divindade e que esta cuida das coisas humanas", entre os quais os platônicos são os primeiros exemplos. Contudo, todos esses filósofos

> não pensam que o culto (*cultum*) a um Deus imutável seja suficiente para a obtenção de uma vida feliz mesmo depois da morte, mas supõem que para isso muitos deuses devem ser adorados, deuses que foram criados e instituídos por aquele. (*civ. Dei* 8.1)

Parece quase um detalhe técnico essa falta de culto, detalhe facilmente eliminado e que não implica nenhuma invasão das áreas de ensinamento sobre os quais há acordo, a saber, a existência de um verdadeiro Deus imutavelmente simples e seu cuidado pelos assuntos humanos (uma espécie de providência).

Um pouco mais adiante no texto, porém, Agostinho usa São Paulo de novo, desta vez para articular a sua crítica, continuando em Romanos a partir de onde tinha parado em 8.6:

> Pois onde está dito que por meio das coisas criadas Deus revelou as suas perfeições invisíveis, acessíveis à inteligência [Rm 1, 21], também está dito que não prestaram ao próprio Deus o seu legítimo culto, rendendo a outros seres que não o mereciam as honras divinas que só a Ele são devidas: *Realmente, embora tenham conhecido Deus, não o glorificaram como Deus e não lhe deram graças, mas perderam-se*

*nos seus pensamentos ("in cogitationibus suis") e o seu coração insensato* (insipiens) *se obnubilou. Apelidando-se a si próprios de sábios tomaram-se loucos* (stulti) *e substituíram a glória de Deus incorruptível por imagens de homens corruptíveis, aves, quadrúpedes e répteis.* (civ. Dei 8.10, Rm 1,21-22)

Esta análise oferece uma avaliação mais crítica da sabedoria do filósofo, indicando a "escuridão" e a "loucura" que desmentem a pretensão de ser "sábio", uma espécie de anulação difundida da verdade em futilidade e loucura. Provavelmente não há uma passagem mais associada de maneira característica com a crítica de Agostinho ao platonismo do que esta passagem de Romanos, porque ele vê (por um lado) a percepção indiscutida deles da transcendência de Deus como fonte de todos os outros seres e (por outro lado) a disposição deles em permitir o culto aos outros deuses, como uma discrepância tão óbvia que ele pediu inspeção mais detalhada das áreas de acordo, para ver até onde realmente há acordo. E é assim que o argumento prossegue na *Cidade de Deus*. Quão perto está o verdadeiro acordo quando examinado na perspectiva da revelação bíblica?

## Um precedente

Resulta que a sabedoria de Deus desde toda a eternidade, e sua relação com o conhecimento e os acontecimentos temporais, é um precedente perfeito. À medida que Agostinho prossegue com a sua discussão sobre a criação, que começa no Livro 11, a questão é levantada considerando-se como a sabedoria eterna de Deus se relaciona com o mundo do tempo e da mudança. Já vimos que estão relacionados porque o mundo do tempo e da mudança é, de certa maneira, a "ideia" eterna de Deus realizada num ambiente temporal. Olhando para ela numa perspectiva de São Paulo, há uma exatidão formal, básica, sobre ela, mas no ensinamento há apenas uma correspondência impessoal de tipo e arquétipo. Não há ninguém para adorar e ninguém a quem dar graças, e isso "obscurece" a verdade vista, como se fosse corrompida por uma deficiência que vicia. À medida que se expõe o ensinamento bíblico sobre a criação, a verdade do ensinamento filosófico sobressai como uma capacidade de ajudar a explicar o ensinamento bíblico, a dar compreensão dele. O ensinamento filosófico por si só é como um elemento radioativo com meia-vida curta. Sua verdade é uma formalidade, uma "ideia", que ganha conteúdo material apenas à medida que for usada na explicação da revelação. De outro modo, sua verdadeira formalidade é instável e ela "definha na futilidade" em compreensões que são falsas.

### *Cidade de Deus*, Livro 11: Criação

O Livro 11 inicia a discussão da criação com uma invocação da autoridade da Escritura. A autoridade da Escritura solicita a nossa confiança concernente às coisas que estão fora de alcance ("remota") de nossos sentidos tanto interiores como exteriores (*civ. Dei* 11.3). A mente deve ser treinada e sanada pela fé a fim de ser capaz, primeiro, de suportar e, depois, de aderir à luz imutável de Deus e gozar dela (*civ. Dei* 11.2). Os platônicos podem saber o destino para o qual viajamos, mas a fé fornece um caminho para o Deus dos seres humanos através do ser humano que foi Deus, *o Mediador entre Deus e os homens, o homem Cristo Jesus* (*civ. Dei* 11.2, 1Tm 2.5). Os filósofos platônicos estão "mais perto da verdade que os outros", mas "estão muito afastados dela" (*civ Dei* 11.5), e porque eles estão muito longe, veem o único caminho que alguém de muito longe pode ver, sem detalhe e distorcido pela distância.

Uma leitura atenta do texto de Agostinho mostra que não é, porém, a simples distância em si que distorce, mas, poderíamos dizer, Agostinho acusa os filósofos com um investimento na distância. A diferença absoluta entre Deus, o eternamente imutável, e as criaturas mortais mutáveis é uma distância que cabe aos filósofos, por assim dizer, administrar. Como profissionais, como filósofos, eles "*apelidam-se de sábios*". A própria distância é uma evocação da dificuldade do que eles realizaram ao "*reconhecer Deus*" e seu orgulho na realização. Nessa dinâmica, o Mediador se torna, por assim dizer, um competidor, e assim eles querem tirar o mediador do caminho como desagradável, desnecessário, ou no máximo um caminho entre outros: eles "consideram que essas homenagens de culto deveriam ser prestadas a muitos deuses". Mesmo considerando o Mediador uma opção possível entre muitas, ele deve ser empurrado para o lado. O que os filósofos se recusam a reconhecer é que não há de se colocá-lo de lado, porque ele é realmente tanto a meta como o caminho (*civ. Dei* 11.2). Aceitar a mediação da Meta que foi aproximada significaria abandonar o prestígio de mediar a distância: eles "*reconhecem Deus*", mas "*não dão graças a ele*". A fé acabará elevando a visão, mas a fé que se tornou visão tem o mesmo conteúdo que tinha quando era apenas fé, quer dizer, o Mediador. Por um lado, ele nunca perde a sua humanidade, como Agostinho explica, enfim, no Livro 22. Por outro lado, ele é aquele eternamente caracterizado pela misericórdia revelada nessa humanidade, que por isso não é extrínseca à pessoa dele. A misericórdia e a compaixão são parte de sua essência eterna. A fé no Mediador não nos leva simplesmente aonde os filósofos chegaram pelo seu próprio esforço, ou chegariam pelo seu próprio esforço finalmente, porque ele é o conteúdo dessa visão e à medida que é uma visão do conhecimento eterno de Deus inclui esse caráter misericordioso, inextricavelmente ligado à Encarnação. É uma visão da espécie de Deus que quis tornar-se Encarnado.

Continuando com a discussão no Livro 11, o ponto básico que os filósofos veem é que a "ideia" de Deus, sua sabedoria, é eterna e imutável:

> Não que o conhecimento de Deus mude de alguma maneira, que o futuro, o presente e o passado afetem esse conhecimento de três maneiras diferentes. Com Deus não acontece o mesmo que conosco. Ele não olha em frente para o futuro, não olha diretamente para o presente, não olha para trás para o passado. É totalmente diferente a sua maneira de conhecer, ultrapassando muito acima e de muito longe o que experimentamos e podemos imaginar [...]. Ele vê tudo sem nenhuma espécie de mudança. (*civ. Dei* 11.21)

Isto significa que o conhecimento de Deus das coisas temporais existe independentemente do tempo: "Deus conhece os acontecimentos no tempo sem quaisquer atos temporais de conhecimento, assim como move os acontecimentos no tempo, sem nenhum movimento temporal nele mesmo" (*civ. Dei* 11.21).

De fato, se o conhecimento de Deus das criaturas não fosse eterno, perfeito e imutável, ele não teria sido capaz de produzir as obras que produziu na perfeição delas, porque ele não teria sabido se teria de acrescentar algo para completar a perfeição de suas obras depois que as fez (*civ. Dei* 11.21). Noutras palavras, não se pode acrescentar nada ao conhecimento de Deus, pois ele é eternamente completo. "Se Deus criou sabendo, ele criou coisas que ele já conhecia", e isto tem a implicação surpreendente, diz Agostinho, que "este mundo não poderia ser conhecido por nós se não existisse; mas, se não tivesse sido conhecido por Deus, não poderia existir" (*civ. Dei* 11.10). Se existe um terreno comum formal, filosófico, é este, embora seja importante notar que o terreno comum pode ser visto como tal porque as doutrinas filosóficas da imutabilidade e da simplicidade de Deus estão sendo usadas para ajudar a entender o ensinamento bíblico.

## O desígnio de Deus: um plano eterno

A passagem do livro da *Sabedoria* (Sb 9,13-15) citada no começo deste capítulo é uma pista do que mais está envolvido aqui, além das áreas de acordo. O conhecimento eterno que Deus tem do mundo não é simplesmente o conhecimento "objetivo" ou "desinteressado" de um projeto vivo ou um programa de computador. O ponto de partida fundamental de Agostinho é a noção bíblica do *consilium* de Deus, de seu "conselho" ou "plano" ou "desígnio", no sentido de "intenção": *Quem dentre os homens pode conhecer o desígnio de Deus?* (Sb 9,13). Ele apela para esta ideia para responder às críticas da noção bíblica da criação.

Agostinho menciona, sem citar o nome, uma crítica maniqueia do relato bíblico da criação, que, por sua vez, faz eco à crítica epicureia das versões filosóficas da criação, como a opinião platônica: "Por que o Deus eterno decidiu fazer o céu e a terra num tempo particular e não antes?"

(*civ. Dei* 11.4). Uma defesa platônica, comumente aceita em outras escolas filosóficas que defendem a mesma espécie de doutrina da criação, seria que não há nenhum começo de criação no tempo, mas que o mundo, "de uma maneira que quase não é inteligível, está sempre sendo feito". Isto protege a imutabilidade de Deus porque protege Deus de ter mudança de mente ou uma súbita nova ideia, e assim preserva Deus como Criador enquanto resgata o divino do mito.

Agostinho, porém, acha a sua defesa inconsistente com a ideia bíblica de um "plano" eterno de Deus. Se, como os platônicos concordarão, a alma experimenta agora a miséria da qual precisa ser libertada, a miséria, pelo menos, não pode ser coeterna com Deus, e deve ser uma novidade que o conhecimento eterno de Deus deve ainda acomodar de alguma maneira. Ao se recorrer à ideia de ciclos infindos de alternância entre miséria e libertação, protege-se a imutabilidade de Deus ao custo de afirmar que não há verdadeira novidade no mundo e que tudo existe em ciclos infinitos (*civ. Dei* 11.4). Mas isso condena a alma à miséria sem fim, porque mesmo em sua felicidade temporária ela deve aguardar uma volta à miséria, ou então estar ignorante dessa volta e, neste caso, a sua ignorância compromete a sua felicidade. Mas se a libertação é cabal e completa, então há de novo uma novidade genuína a esclarecer.

Agostinho usa a ideia bíblica de "plano" de Deus para avançar. Se essa libertação não tem parte no "plano eterno de Deus" ("in aeterno [...] consilio"), então Deus não é o autor da felicidade, ou ele apenas mudou a sua mente. Portanto, assim como essa genuína novidade poderia ser parte do plano eterno de Deus sem alterar a sua imutabilidade, também o mundo poderia ter sido criado no tempo "sem qualquer mudança em seu eterno propósito e desígnio" ("aeternum consilium voluntatemque"). Então não se trata simplesmente de conhecimento de Deus, mas de intenções de Deus, de "plano" de Deus, de ato integrado de conhecimento e vontade de Deus, refletidos no mundo temporal no qual é possível perda e ganho genuínos, permanentes, no qual a alma pode perseverar e mudar permanentemente de miséria mortal para felicidade imortal, o mundo da história, como vemos nas narrativas bíblicas nas quais o plano de Deus é levado a cabo. Nesta longa passagem Agostinho não discute a sua via para a existência de tal plano, mas usa argumentação filosófica para ajudar a engendrar compreensão do que tal plano possa significar.

A defesa filosófica proveniente dos ciclos preserva a dependência do mundo em relação a Deus como uma dependência de uma "ideia" eterna, imaginando o mundo reproduzindo, em modalidade temporal, como uma série infinita de ciclos dos mesmos acontecimentos, a eternidade da ideia. Mas, pergunta Agostinho (usando mais a analogia do espaço do que do tempo), o que essa defesa realmente ganha em relação à ideia epicureia de que o mundo é uma série irracional de combinações atômicas (*civ. Dei* 11.5)? Sua própria racionalidade, ironicamente, sua tentativa de abstrair da história para proteger Deus da representação mitológica de uma ação divina poderosa que é mutável, ao agir dentro do mundo de tempo e espaço como parte desse mundo, priva esse mundo de um verdadeiro "plano" ou história. Mas isso é algo que só se pode ver quando se tem um verdadeiro "plano" com o qual compará-lo. No começo da discussão toda, Agostinho insistiu que a crença de que Deus fez o mundo em lugar nenhum está mais bem atestada do que nas Sagradas Escrituras (*civ. Dei* 11.4). Esta não é uma linha descartável. A noção bíblica da criação não é simplesmente uma moção de derivação de uma fonte transcendente (algo que se pode ver em sua beleza pura, *civ. Dei* 11.4), mas antes de um plano intencional, um verdadeiro ato que pode ser narrado (embora de maneira mística), o "princípio" não do tempo e do espaço, mas de uma história, a qual, exatamente como ela teve um verdadeiro começo, tem um verdadeiro fim.

Agostinho continua explicando que, de fato, quando a Bíblia diz: "No princípio Deus criou o céu e a terra" (*civ. Dei* 11.6), a palavra "princípio" indica a criação do próprio tempo – mas não exatamente como uma condição formal de existência de algo que não é Deus, mas tempo como parte de um *plano* no qual haverá "histórias" genuínas que serão levadas à fruição no "descanso" de Deus, e no descanso seremos capazes de ver como as obras de Deus cumpriram a promessa profética envolvida na própria noção do misterioso descanso de Deus (*civ. Dei* 11.8). Portanto, o tempo não é um subproduto ou um declínio da eternidade, mas foi intencionado, planejado como o substrato da história verdadeira.

A questão disponível, então, para análise filosófica não é simplesmente a relação entre o conhecimento eterno e a realidade temporal, mas se há uma história real a ser contada em toda parte, e o que essa história possa ser. Se uma criatura racional cair na miséria, e for permanentemente restaurada por Deus na felicidade, e se o filósofo concordar com esse ensinamento, como a Escritura proclama, então o filósofo, diz Agostinho, concordará também, como já notou, que isso aconteceu "sem alterar a imutabilidade do plano de Deus", querendo dizer seu "plano eterno" (*civ. Dei* 11.4). Assim não há nenhum mito, pois a natureza divina não muda. Mas dado que o conhecimento eterno de Deus, a sua "ideia", não é simplesmente uma consciência impessoal abstrata, mas, ao contrário, um "plano", não há uma redução a ciclos sem fim.

### Quem? Como? Por quê?

Agostinho prossegue comentando que para estas três perguntas relativas à criação do mundo – Quem? Como? Por quê? – as respostas da Escritura são: "Deus", "por meio de sua Palavra" e "era bom". Platão vê isto: "a razão mais válida para criar é que boas obras pudessem ser realizadas por um bom Deus", e Agostinho opina que ele pode ter aprendido isso pela leitura do Gênesis ou, simplesmente, como Romanos 1,20 diz, vendo as coisas invisíveis de Deus desde a criação. Mas é abstrata a compreensão que Platão tinha do que "bom" significa ou, podemos dizer, é filosoficamente coagida. Isso fica claro se acompanharmos a implicação trinitária destas perguntas, como Agostinho faz mais adiante no Livro 11:

> Realmente, foi o Pai do Verbo quem disse: "Faça-se". E dado que a criação foi realizada por sua palavra, sem dúvida pelo Verbo que se fez. E a expressão "Deus viu que era bom" indica bastante claramente que Deus criou não por necessidade ou para a satisfação de uma coisa de que precisava, mas por bondade; ele criou porque

a sua criação era boa [...]. E se é exata a interpretação do Espírito Santo como bondade, então nos é dada a conhecer toda a Trindade nas suas obras. Daqui vem a origem, a iluminação (*informatio*) e a felicidade (*beatitudo*) da cidade santa constituída pelos santos anjos no alto. (*civ. Dei* 11.24)

O Verbo de Deus é idêntico à Sabedoria de Deus, a "ideia" por meio da qual todas as coisas são feitas (*civ. Dei* 11.4, 7, 10). O relato trinitário da criação revela a absoluta liberdade de Deus em criar, contra opiniões como a do mito maniqueu, que equivale a uma declaração de que Deus precisava criar a fim de refrear e conter incursões contra ele por parte do poder mau primitivo (*civ. Dei* 11.22), embora Deus de algum modo amadurecesse através do processo de combate ao mal. Tampouco Deus precisava de algo a não ser de seu Verbo igual a ele, nem ter qualquer outra razão para criar o mundo além de sua própria bondade, na pessoa do seu Espírito (*cf. civ. Dei* 12.18 sobre como é incorreto falar do ter ou ser de Deus numa "condição" [*disposição*] como se algo pudesse ser acrescentado a ele).

A criação não remedia uma necessidade que Deus tem de aumentar Deus de alguma maneira, e assim ele está perfeitamente livre para ser ele mesmo, não constrangido por "necessidades" de Deus. A criação leva por toda parte as marcas da liberdade com que foi criada:

> Por que também todos os animais, mesmo os irracionais, aos quais não é dado fazer semelhantes reflexões, desde os imensos dragões até os exíguos vermezinhos, indicam que querem existir e evitar a extinção [...]. E também as árvores e todas as plantas, sem sensibilidade para evitarem, com movimentos exteriores, o perigo de destruição, lançam para o ar os cimos dos ramos, mergulham no solo as extremidades das suas raízes para dele colherem o sustento e assim, à sua maneira, esforçam-se por conservarem o ser? (*civ. Dei* 11.27)

Esses "traços" (*vestigia, civ. Dei* 11.28) da Trindade existem mesmo nos objetos inanimados que "sobem para o alto ou mergulham nas profundezas ou ficam suspensos no meio, de modo a conservar a sua existência na situação para a qual por natureza estão adaptados" (*civ. Dei* 11.27). Não são livres, mas por sua "medida, peso e número", ou seja, por terem, ainda que em nível baixo, uma identidade individual, eles ainda remontam sua origem na liberdade de Deus, a liberdade de ser eles mesmos e não uma função de uma grande necessidade cósmica. Os seres humanos, naturalmente, não são apenas "vestígios", mas a própria imagem da liberdade de Deus, em forma criada (*civ. Dei* 11.26, 28). A beleza do mundo não é simplesmente a reprodução de uma "ideia" eterna, mas é uma marca de sua natureza como dom livre que continua "aparecendo" num reflexo aparentemente infinito de tracejado jubilante.

> Todavia, se não há ciência nas sensações dos animais privados de razão, há neles, porém, pelo menos uma certa semelhança de ciência. As outras coisas do mundo corpóreo chamam-se sensíveis não porque sintam, mas porque são sentidas [...]. Estes [plantas e árvores] e todos os seres corporais têm na natureza as suas causas latentes, mas fazem aparecer à percepção dos sentidos as suas qualidades, resultando daí bela a estrutura do mundo visível. Parece até que, sendo incapazes de conhecer, querem dar-se a conhecer. (*civ. Dei* 11.27)

Toda a criação é livre para ser ela mesma, livre para autoexpressão e, como tal, é toda uma multifacetada refração da liberdade de Deus que deu o Universo, por assim dizer, a si mesmo.

### *Cidade de Deus*, Livro 12

Mais adiante há mais sobre a Trindade, mas por enquanto o problema do conhecimento eterno de Deus e da sua relação com o tempo volta de novo com força redobrada em *Cidade de Deus* 12, porque aí o assunto é especificamente a criação dos seres humanos, e sem dúvida isso ocorreu a partir da revelação bíblica, não no princípio do tempo, mas num momento definido no tempo, e por isso é um ato genuinamente novo de Deus dentro do tempo. Ele levanta a questão de por que Deus fez isso nesse tempo e não em outro. Por que tão tarde?

Várias soluções filosóficas incluem a ideia de que a raça humana, como o próprio mundo, de fato é eterna, embora envolvida num ciclo infinito de crescimento e redução, e assim, em cada ciclo, a raça humana parece surgir recentemente de uns poucos indivíduos num dado tempo (*civ. Dei* 12.10). Em outras palavras, o mundo em si não teve começo, uma posição refutada antes, no Livro 9 (*civ. Dei* 12.13, referindo-se a 11.5). Outra posição é que existe, por assim dizer, um número infinito de princípios do mundo (combinados por igual número de destruições do mundo); ou que há um número infinito de princípios e fins do mesmo ciclo de acontecimentos repetidos num mundo (*civ. Dei* 12.15). Estas são todas variações sobre as teorias cíclicas que vimos no Livro 9 e pretendem reconciliar o conhecimento imutável de Deus com os acontecimentos mutáveis do tempo.

Agostinho responde primeiro filosoficamente, argumentando que isso significaria que a alma imortal alterna sempre entre "falsa felicidade e genuína miséria", dado que a alma que alcançou a felicidade depois da morte é feliz simplesmente por ignorância de sua volta futura à miséria ou, pior ainda, sabe que a miséria está vindo no próximo ciclo (*civ. Dei* 12.14). A razão, Agostinho parece pensar, pode ter um vislumbre da verdade – não é racional pensar que "felicidade" significa algo quando se sabe que não há nenhuma realização permanente ou genuína, nenhum fim de nenhuma história, no Universo. A razão pode ver que a felicidade devida à ignorância não é realmente verdadeira. Mas este argumento da razão apenas, de fato, não é prova, mas um apelo à razão para ver razão, para considerar a posição da revelação. Agostinho desenvolve até chegar a um apelo à Escritura: "*Cristo morreu uma vez só por todos os nossos pecados*"; e "*ressuscitado dentre os mortos já não morre; a morte não voltará a dominá-lo*" (*civ. Dei* 12.14, citando Rm 6,9). Aqui está uma declaração de um acontecimento irrepetível, único, o eixo em redor do qual giram todas as histórias, por assim dizer. Em vista de Romanos 6,9 devemos rejeitar as teorias dos ciclos, incluindo interpretações superficiais, filosóficas de Gênesis *via* Eclesiastes (*civ. Dei* 12.14):

Não é de admirar que, perdidos nos seus ciclos, não encontrem nem entrada nem saída, porque não sabem como tiveram início e qual fim terão o gênero humano e a sua existência terrena. Não podem penetrar *a profundidade de Deus* (1Cor 2,10, *altitudinem*), porque ele, embora sendo eterno e sem início, a partir de um determinado início deu origem ao tempo e ao homem, que não tinha criado antes e que criou no tempo, não com um [desígnio] súbito e repentino ("non tamen novo et repentino"), mas de acordo com o seu plano imutável e eterno ("inmutabili aeternoque consilio"). (*civ. Dei* 12.15)

O "plano" de Deus não é simplesmente o seu conhecimento eterno, mas o seu conhecimento como inseparavelmente unido à sua vontade e, neste sentido, poderia-se dizer seu propósito ou intenção que, sendo de Deus e sendo totalmente livre, é insondável:

Quem será capaz de sondar essa profundeza insondável, de penetrar nessa profundeza impenetrável pela qual Deus fez o homem como ser temporal, quando nenhum homem existira antes, sem mudança de vontade ("non mutabili voluntate"), e de um só homem multiplicou o gênero humano? (*civ. Dei* 12.15)

O que se encontra, portanto, em *todo* acontecimento histórico único, como tal, é uma profundeza de mistério que é insondável, que resiste à análise filosófica:

Pensem os homens o que quiserem, julguem e disputem como lhes aprouver, mas *segundo a tua profundeza* ("altitudinem tuam"), que nenhum homem pode conhecer (*nosse*), *multiplicaste os filhos dos homens* [Sl 12,8]. É verdadeiramente um profundo mistério ("altum est") ter [Deus] sempre existido e ter querido fazer o primeiro homem a partir de determinado tempo sem o ter feito antes, sem ter mudado o desígnio nem a vontade ("consilium voluntatemque"). (*civ. Dei* 12.15)

No acontecimento histórico irrepetível nós nos encontramos a contemplar uma realidade que é insondável em sua profundidade, porque é um traço ou imagem de algo insondável em sua profundeza, do mistério da liberdade de Deus assim como está expresso desde toda a eternidade no seu "plano" ou "conselho". Esse plano contém eternamente uma promessa para os seres humanos, que a vida eterna, segundo Tito 1,2-3, que – ou realmente, *Quem* – é o Verbo coeterno de Deus, eternamente predestinado a ser dado aos seres humanos (*civ. Dei* 12.17).

## O sentido é dissolvido por infinitudes?

A objeção apresentada, que afinal vem de Aristóteles, é que "as coisas infinitas estão além da compreensão de qualquer conhecimento ('nulla infinita ulla scientia posses compreendi')", querendo dizer que nenhuma mente, mesmo a de Deus, pode compreender uma série infinita como é a série dos números, e que, portanto, Deus tem uma concepção finita de todas as coisas que ele criou, mas, para evitar qualquer inatividade da parte de Deus, de maneira que Deus esteja sempre ativo mas não criando uma infinidade incompreensível, o que é criado deve ser um conjunto finito de eventos que se repete a si mesmo sem fim – ciclos de novo (*civ. Dei* 12.18). Agostinho diz que "a fé deveria rir dessas teorias, ainda que a razão não possa refutá-las", embora ele passe a mostrar como a razão pode refutá-las. O principal problema, de novo, é que esses especuladores

> medem pela sua mente humana, mutável e limitada, a mente divina absolutamente imutável ("mentem divinam omnino immutabilem"), capaz de abarcar qualquer infinidade e enumerar todas as inúmeras possibilidades, sem passar numa sucessão de um pensamento ao outro, a infinita série dos números. Acontece com eles o que diz o Apóstolo: *comparando*, pois, *eles mesmos a si mesmos não entendem* [2Cor 10,12]. Eles, de fato, devem cumprir com uma decisão nova ("novo consilio faciunt") tudo o que lhes vier à mente ter de fazer (pois suas mentes são mutáveis). Assim não é Deus, pois não o podem pensar, mas é a eles próprios que põem em lugar dele nos seus pensamentos; e não é Deus, mas eles próprios, que eles comparam não a Deus, mas a si. (*civ. Dei* 12.18)

Aparentemente, como foi insinuado no princípio deste capítulo, essa substituição da mente de Deus por uma mente humana mais familiar é uma projeção da qual até os filósofos mais sublimes são culpados.

De qualquer forma, "descanso" e "atividade" são a mesma coisa do ponto de vista de Deus. Deus nunca é sujeito passivo de disposições como "descanso", mas ele "sabe como estar ativo enquanto descansa, e em descanso na sua atividade ('novit quiescens agere e agens quiescere')", porque "pode aplicar a uma nova obra não um novo desígnio, mas um plano eterno ('potest ad opus novum non novum, sed sempiternum adhibere consilium')" (*civ. Dei* 12.18). Não há nenhuma mudança de vontade ou intenção (*voluntas*), pois pela mesmíssima vontade que proibiu coisas de existirem num momento antes, foram trazidas à existência depois. Agostinho comenta que Deus demonstra uma maneira maravilhosa, para os que são capazes de ver, a sua bondade livre, gratuita ("gratuita bonitate") ao criar, porque ele não precisara da criação antes que a criou, e a sua felicidade não aumentou depois de criada. Voltamos, então, à liberdade de Deus como a base e garantia de acontecimentos históricos únicos, verdadeiros, e à intrínseca admiração ligada a tais eventos.

Argumentando ainda a partir da razão, Agostinho indica que, segundo Platão, Deus criou o mundo usando números, e a Escritura concorda que Deus pôs todas as coisas em ordem "com medida, número e peso" (Sb 11,20). Isto implica que

> toda infinitude é, num modo que não podemos exprimir ("ineffabili modo"), finita para Deus, porque não é incompreensível para o seu conhecimento (*scientia*), e toda criatura individual, não importa quantas sejam ou quão diferentes são umas das outras, já está contida na presciência eterna de ("aeterna praescientia") Deus. (*civ. Dei* 12.19)

Noutras palavras, infinidades não derrotam a inteligibilidade. Podem intimidar-nos ao se declarar que toda realidade temporal é cíclica, mas não intimidam a Deus, dado que elas são relativizadas na inteligibilidade pelo plano eterno de Deus. A singularidade da história não ameaça a "racionalidade" de Deus, mas antes a racionalidade de Deus garante a inteligibilidade de até um número infinito de indivíduos e acontecimentos únicos.

Agostinho continua a argumentar, de novo, a partir da irracionalidade da posição que possa haver verdadeira felicidade se houver ciclos de alternada miséria e libertação da miséria. É irracional, sugere ele, defender o conhecimento eterno que Deus tem de suas obras exigindo que suas criaturas se conformem com as supostas condições de Deus conhecê-las e assim alternar sem fim entre miséria mortal e libertação temporária. Isso equivale a dizer que nossa miséria é contínua. A felicidade que ignora a miséria vindoura é falsa e enganosa. Aqui Agostinho apela para a razão, mas, de novo, não fica claro que o argumento seja mais do que um apelo aos instintos racionais dos filósofos (lembrando o exemplo de Porfírio, trazido pela primeira vez em 10.30, que parecia estar convencido por esse tipo de argumento ao discordar do que se acreditava que Platão tinha ensinado sobre o assunto). A intenção podia não ser que o argumento se sustentasse, mas tentar mostrar pelo menos a racionalidade de voltar, contra os ciclos, para o "caminho reto, que é Cristo" (*civ. Dei* 12.21; *cf.* Jo 14,6) e para a vida eterna dos santos, que "refuta [os ciclos] completamente" (*civ. Dei* 12.20).

### Outras considerações trinitárias

A fim de dar-se plenamente conta das implicações para o conhecimento de Deus desde toda a eternidade, incluindo o autoconhecimento de Deus, devemos voltar-nos, momentaneamente, para a questão da Trindade, começando pela Encarnação. Agostinho diz que a Encarnação é uma dessas coisas que somos "incapazes de descobrir por nós mesmos" tanto com nossos sentidos exteriores como com nossa visão interior (*civ. Dei* 11.3), porque ela envolve uma verdade de algo que Deus *fez*, de algo que Deus *se tornou*. Agostinho já tinha explicado isso no Livro 9:

Esse Mediador, do qual participamos e por participação alcançamos a nossa felicidade, é o Verbo de Deus, não criado, pelo qual foram criadas todas as coisas [...]. O próprio Deus, o Deus que é feliz e dá a felicidade, tornou-se (*factus*) participante de nossa natureza humana. (*civ. Dei* 9.15).

Ele permaneceu (*mansit*) acima dos anjos na forma de Deus, mas quis (*voluit*) ficar abaixo dos anjos na forma de um servo, e ao fazer isso, ele nos leva não aos anjos, mas à Trindade (*civ. Dei* 9.15). Esse "querer" é, obviamente, parte do "plano" ou "desígnio" eterno de Deus, de sua sabedoria eterna.

É fácil deixar passar as surpreendentes incongruências, ou incongruências aparentes, que essas passagens sobre a Encarnação contêm, exemplificadas da maneira mais completa nos usos do verbo *facere*: Deus, que é imutável, fez (*fecit*) o mundo, mas ele mesmo não é feito; no entanto, Deus "foi feito" ou "tornou-se" (*factus*) algo que ele não tinha sido antes, participante de nossa natureza humana, num ponto particular no tempo. A linguagem filosófica que vimos até agora não pode explicar isso. O Deus que a filosofia descreve como eternamente imutável parece ter uma narrativa, se for para acreditar na autoridade da Escritura. Aqui, muito resumida, está uma ilustração do modo como um relato filosófico é verdadeiro, a saber, à medida que ajuda a "entender" a proclamação bíblica. Neste caso, a linguagem da imutabilidade de Deus serve para indicar, não para dissolver, a magnitude do mistério de Deus, porque a linguagem filosófica não tem a última palavra, todavia não está descartada. A natureza de Deus permanece não mudada e imutável, mas ainda há uma narrativa! *Alguém* eterno tem uma narrativa, mesmo que nenhuma *coisa ou natureza* eterna mude. *Alguém* eterno se torna algo, algo de fato acontece no tempo para esse alguém, e assim chegamos à ideia da Trindade e devemos, ao encerrarmos, aceitar alguma das discussões importantes no Livro 10.

## A Mente do Pai

Este alguém é o Verbo, a "ideia" original, a "Mente do Pai", como o platônico Porfírio o chamaria, que é *alguém* em relação com o Pai e o Espírito Santo (contra os sabelianos), mas não *algo* diferente (*civ. Dei* 10,24; *cf.* 11.10). Ele não é um "princípio" (*principium*) separado, um de três, mas, coigual com o Pai e o Espírito Santo, é *o* princípio ou primeiro princípio. Ele "assume" a natureza humana, inclusive a alma humana, "de uma maneira única e inefável (*ineffabili*)", "permanecendo imutável ('incommutabiliter') em seu próprio ser ('in se')", dando assim o seu amor (*dilectionis*) aos seres humanos, pelo qual eles podem ir a ele (*civ. Dei* 10.29). Deus não muda, no entanto há uma história a ser contada, uma história genuína, e é acerca do amor de Deus.[2]

## Loucura eterna

Pois agora estamos em condições de perceber de maneira mais plena o que está envolvido no eterno conhecimento de Deus? – tendo presente que a criação é realizada no Verbo eterno de Deus, esse mesmo Verbo que não é um dos três *principia*, mas *o principium*, o próprio Deus uno. O Verbo, igualmente o *principium* com o Pai, *se tornou carne e habitou entre nós* (*civ. Dei* 10.24, Jo 1,14), "estendendo uma mão" de compaixão e misericórdia

---

[2] De maneira famosa, Agostinho mostra que os platônicos, ao verem de alguma maneira o Pai e a Mente do Pai, bem como um terceiro ser entre eles, "veem, em certo sentido, embora de muito longe e com visão entenebrecida ('utcumque, etsi de longinquo, etsi acie caligante'), a pátria na qual devemos encontrar nossa casa; mas não andam pelo caminho (*via*) que conduz a ela" (*civ. Dei* 10.29; *cf.* 10.23-24). Eles veem alguma coisa, da maneira que se pode ver algo de muito longe e com visão distorcida, mas não puderam dar uma explicação da Trindade, o Deus que é absolutamente livre para amar, para ter uma história e todavia permanecer o Deus incomutável verdadeiro. O orgulho deles destorce-lhes a visão porque eles têm interesse em manter Deus distante, de modo que o fato de eles conseguirem entrevê-lo permanece um marcador da sabedoria prestigiosa deles. É por isso que eles não "reconhecem a graça de Deus através de Jesus Cristo", Deus que se aproximou de nós. Eles "veem" Deus, mas não o "reconhecem".

para os que estão caídos, ao oferecer a sua vida como sacrifício no qual ele próprio foi tanto sacerdote como vítima (*civ. Dei* 10.20).

Que espécie de "sabedoria" ou "conselho" é esse? A sabedoria desse "plano" é *loucura, estupidez, estultícia* (*stultitiam*), como Agostinho afirma, fazendo suas as palavras de São Paulo:

> Onde está o sábio? Onde está o escriba? Onde está o investigador deste século? Da sabedoria deste mundo não fez Deus loucura? Já que o mundo, pela sua sabedoria, não conheceu Deus na sabedoria de Deus, a Deus aprouve salvar os crentes pela loucura que pregamos. Porque os judeus procuram sinais e os gregos procuram a sabedoria. Nós, porém, pregamos Cristo crucificado, escândalo para os judeus e loucura para os gentios, mas para os chamados, judeus e gregos, poder e sabedoria de Deus. Porque a loucura de Deus é mais sábia do que os homens, e a fraqueza de Deus é mais forte que os homens. (1Cor 1,20-25, em *civ. Dei* 10.28)

Agostinho comenta imediatamente a seguir que essa "loucura" de Deus "de fato é graça", "rejeitada como loucura e fraqueza por aqueles que se julgam sábios e fortes por sua virtude" (*civ. Dei* 10.28). Noutras palavras, ela é rejeitada por aqueles que têm orgulho de sua felicidade provisória, que realmente é apenas um apego a uma negação da miséria porque confiam na sua sabedoria e força. Mas leva a miséria, indisfarçada pela ilusão filosófica, a ver a "loucura" da Cruz e aceitá-la como sabedoria, a "graça que sana os enfermos ('sanat infirmos'), não os que alardeiam soberbamente sua falsa felicidade, mas os que confessam humildemente a sua verdadeira miséria" (*civ. Dei* 10.28).

Porfírio, diz Agostinho, talvez o mais sincero dos filósofos, não reconhece a necessidade da graça. Numa passagem em que comenta a afirmação de Platão de que ninguém alcança a perfeição da sabedoria nesta vida, Porfírio comenta que "depois desta vida, todos aqueles que vivem a vida que está de acordo com o entendimento ('secundum intellectum') receberão da providência e da graça de Deus tudo o que precisarem para o seu cumprimento" (*civ. Dei* 10.29). Porfírio pode até ver que isso significará a rejeição de ciclos de alternação entre miséria e a (chamada) felicidade, pelo menos para algumas pessoas (*civ. Dei* 10.31, com Agostinho antecipando o argumento contra os ciclos, que fará depois nos livros 11 e 12).

Essa explicação filosófica da graça é, no entanto, filosófica. Fica bem aquém da "loucura" divina. É graça configurada para o regime de "virtude e sabedoria" do progresso próprio, não é "loucura" suficiente. É, com efeito, graça para aqueles que a merecem, que viveram a vida de intelecto, a vida de acordo com a "mente ou entendimento do Pai". Lembramos que a versão platônica dessa mente não é um primeiro princípio junto ao Pai, nem se encarnou, algo que nada nem ninguém mereceria não importa quão virtuoso ou poderoso, a suprema instância da graça e, portanto, da liberdade de Deus. Nessa rendição filosófica de graças, o Deus platônico não é "livre", não tem nenhum "plano" ou desígnio além de uma "ideia" impessoal, nenhuma graça que pudesse não reduzir o "poder e sabedoria" do filósofo e, certamente, nenhum amor. Essa "Mente" não é um "sacerdote", no sentido de alguém que consuma um sacrifício, sem falar também em sacrifício (*civ. Dei* 10.31). Assim, o conhecimento eterno de Deus, como Agostinho o vê, está, apesar dos pontos de contato formais, muito distante mesmo da concepção filosófica descrente, por melhor que possa ser.

De fato, na melhor das hipóteses, a visão filosófica descrente aproxima-se da sua máxima distorção da verdade porque tenta controlar a liberdade de Deus ao interpretar essa liberdade como "loucura", não como sabedoria, e ao interpretar o seu amor como "fraqueza", não como "poder", tentando, ao invés, controlar a sua graça. Colocando de uma maneira diferente, é precisamente o caráter histórico dessa graça que ofende a sensibilidade filosófica, sua opacidade precisamente como um auto-oferecimento concreto na história. "Por que justamente agora?" e "Por que tão tarde?" são as perguntas feitas pelos filósofos ao "plano" do Deus cristão que, portanto, possivelmente não pode ser o procurado "caminho universal para a libertação da alma" (*civ. Dei* 10.32) precisamente porque está historicamente especificado e localizado em vez de algo que pode ser abstraído do tempo e da historia e, como tal, eterno. Saber o conhecimento eterno de Deus é conhecer o "grande Mestre" ("ille magister"), Deus, que se fez desprezível aos olhos dos orgulhosos que tinham muita vergonha em admitir que precisavam de cura, e em que medida. Conhecer esse Deus é conhecer um Deus eternamente, imutavelmente e irredutivelmente *tolo*, cujo "plano", eternamente presente a ele mesmo e imutável, é a "loucura da pregação", a Cruz do seu próprio sacrifício, um Deus que está, portanto, eternamente disposto a esse sacrifício de sua própria vida na história, como história, porque qualquer outra coisa seria menos amável, menos um dom de si. O sofrimento da natureza divina seria mito. Seria maniqueísmo, no qual Deus não é verdadeiramente livre para amar, mas antes é obrigado a criar como parte de uma estratégia de autodefesa (*civ. Dei* 11.22).

## O crepúsculo dos deuses

E a filosofia? A doutrina filosófica, como um meio para ajudar a explicar o ensinamento bíblico, auxilia na critica das mitologias como o maniqueísmo apresenta. Mas, por si só, ela realmente cumpre a sua promessa de uma sabedoria que deixa para trás os relatos mitológicos do mundo em sua própria reação contra os poetas e os deuses? Na análise de Agostinho, a filosofia, na melhor das hipóteses, pode banir os poetas e criticar a representação mitológica do divino; contudo, Agostinho mostra que ela não faz isso dissolvendo a história em ciclos repetitivos sem fim de miséria alternando com felicidade ignorante, a fim de preservar um relato do conhecimento de Deus que é eterno e imutável. O preço do conhecimento eterno de Deus é a miséria de todo o resto:

> É intolerável aos ouvidos devotos ouvir a opinião expressa que depois de passar por esta vida com todas as suas grandes calamidades [...] e chegamos à visão de Deus e entramos na bem-aventurança na contemplação da luz imaterial através da participação em sua imortalidade imutável [...] que alcançamos essa felicidade apenas para sermos obrigados a abandoná-la, sermos arremessados daquela eternidade, daquela verdade, daquela felicidade, para de novo nos envolvermos na infernal mortalidade, na torpe estupidez, nas execráveis

misérias onde se perde a Deus, onde se detesta a verdade, onde a felicidade é procurada em imundas iniquidades; e ouvir isso é acontecer sempre de novo, como aconteceu antes, incessantemente, em intervalos periódicos, à medida que as idades se sucedem; e tudo isto para que seja possível para Deus conhecer as suas obras com ciclos estabelecidos que eternamente vão e vêm, trazendo com eles nossa falsa felicidade e verdadeira infelicidade [...]. E isto porque Deus não poderia repousar de sua atividade criadora, nem compreender, com o seu conhecimento, uma infinidade de coisas. (*civ. Dei* 12.21)

O conhecimento eterno do Deus filosófico está ameaçado pela história e, portanto, esse Deus, limitado pela história, deve retirar-se dela. Há apenas um lugar para retirar-se da história – o mito. Ele é limitado por sua própria transcendência. Acaba sendo uma versão mais rarefeita do Deus maniqueu. A história, em seu momento único não repetido, em qualquer tempo do qual tudo pode estar perdido, cerca esse Deus a fim de não ser "contaminado" por ela (*civ. Dei* 9.17, falando da carne).

E assim os deuses, banidos da luz filosófica, acham-se perfeitamente bem-vindos no crepúsculo, onde estão disponíveis para receber os sacrifícios do culto teúrgico. Até Porfírio sabe que os benefícios da teurgia são, na melhor das hipóteses, marginais e que os deuses que são cultivados são perigosos ao máximo, no entanto o Deus filosófico é assim pesado por sua própria transcendência, que ele não pode ou não quer intervir na história para aliviar a sua miséria. Alguém tem de fazer isso, ainda que como paliativo (para não dizer ópio), daí os deuses e o consentimento platônico do seu culto. O Deus dos filósofos acaba sendo uma projeção das próprias mentes dos filósofos. Ao defender os ciclos, "não é realmente em Deus que estão pensando [...] ao invés, eles se imaginam no lugar de Deus" (*civ. Dei* 12.18). Ansiosos para *dizerem que são sábios*, eles imaginam um Deus distante da história, de fato eles o *mantêm* distante da história por suas teorias, aplicados como são em preservar o seu *status* prestigioso de *sábios*, como os árbitros da transcendência de Deus através de sua virtude e sabedoria:

Todos os que estão afastados da virtude da filosofia, que é árdua e de poucos, na tua opinião devem buscar os teurgos, para se fazerem purificar não na sua alma intelectual, mas, pelo menos, na sua alma espiritual. E como aqueles que não gostam de filosofar são incomparavelmente em muito maior número, a maior parte é forçada a frequentar os teus mestres, que se dedicam a práticas ocultas e proibidas, do que os das escolas platônicas. Realmente, foi isto que te prometeram os imundos demônios, fingindo-se deuses etéreos de quem te fizeste o pregador e mensageiro. (*civ. Dei* 10.27)

Os deuses não desaparecem com a filosofia. Há muito do divino para caber nas teorias filosóficas e eles continuam aflorando nos lugares mais improváveis. Como os movimentos involuntários embaraçosos do corpo resultantes da concupiscência (*civ. Dei* 14.16-17), desmentindo de maneira torpe o mito da autossuficiência em desobediência a Deus, de modo que os deuses reaparecem às margens da filosofia, incomodamente contradizendo o mito do Deus cercado por seu próprio conhecimento eterno. Daí se segue que, longe de banir o mito, a filosofia é adicta ao mesmo. O projeto de construir uma esfera pura de controle intelectual e de autopurificação depende de os deuses darem o que devem como o acesso secundário ao qual menos almas devem recorrer para socorro. Como o Deus uno está restringido pela unicidade da história e, portanto, é de novo mitologizado até em sua abstração, os deuses reaparecem, pedindo culto daqueles que não podem purificar-se pela filosofia e forçando aqueles que supostamente podem alcovitá-los.

### A chama viva do amor

Mas o Deus real paga pessoalmente o preço da história, desde toda a eternidade, apenas por puro, ativo e generativo amor. Não é exatamente o pensamento que conta nesse dom, mas é, por assim dizer, o dom da criação, enquanto dom, que é pago. Em vez de pagar a sua própria transcendência com a miséria humana, Deus "compra" a liberdade criada com seu sangue, não por alguma necessidade, mas porque ele é amor e manifesta o seu poder na fraqueza. Olhando as escolhas que os atores livres fazem em liberdade, e tentando perguntar por que, por exemplo, alguns anjos caíram e outros não, recebemos como resposta (*civ. Dei* 12.10) que aqueles que ficaram do lado de Deus receberam a graça para fazer isso, ao passo que os outros não. Ao pé da letra, parece que esse Deus está envolvido demais, controla minuciosamente tudo, superonipotente, por assim dizer, mas a decisão de não dar a graça auxiliar ao demônio e seus anjos é ao mesmo tempo a decisão de Deus de sofrer e morrer na história para remir os seres humanos do mal que o Diabo causaria. Ponderar por que os anjos caíram é a mesma coisa que ponderar porque Deus estava disposto desde toda a eternidade a se esvaziar completamente, porque desde toda a eternidade Deus tinha o plano imutável do seu próprio autoesvaziamento, e assim tinha o eterno conhecimento de si mesmo como eterno holocausto vivo de amor.

Confrontados com qualquer ação livre no tempo e na história, estamos frente a frente com o mistério último, o amor de Deus, admirável em sua absoluta *tolice* desde toda a eternidade. A presciência de Deus da escolha má do demônio é a mesma coisa que a presciência de Deus do seu remédio (*cf. civ. Dei* 11.17), sua própria vida, seu próprio amor compassivo que recebe os muitos "libertados da dominação dos demônios [...] numa purificação em Cristo que é cheia de compaixão ('misericordissimam purgationem')" (*civ. Dei* 10.27). Não há nada que possa explicar esse amor – ele é impenetrável – *o altitudo!* – Qualquer tentativa de monitorar a graça é uma tentativa de ser menos amoroso, de evitar, em autojustificação, o sacrifício que o amor é e que o amor requer.

De repente fica claro que a eterna misericórdia de Deus, o seu plano ou desígnio eterno, é a precondição para qualquer explicação filosófica na qual a história não é sacrificada ao conhecimento transcendente que Deus tem do mundo. Ou melhor, a onisciência eterna de Deus é um sacrifício eterno. O fato de Deus saber tudo, interminavelmente, eternamente, imutavelmente é em si um ato de sacrifício supremo. Deus não é intimidado por infinitudes porque ele não tem medo de se entregar. O seu amor não é intimidado nem por incontáveis séries infinitas a ponto de retirar-se para uma proteção fechada em si mesma da transcendência. Desde toda a eternidade ele está ciente de sua própria disposição em entregar a coisa mais preciosa que existe – ele mesmo.

# 3 Agostinho sobre a vida trinitária de Deus

LEWIS AYRES

## A Escritura e a origem da teologia trinitária

As teologias trinitárias clássicas dos séculos IV e V – as de Atanásio; Agostinho; Basílio de Cesareia; Efrém, o Sírio; Gregório de Nissa; Gregório de Nazianzo e muitos outros – estão profundamente enraizadas não apenas naqueles textos que os cristãos consideram escriturísticos, mas numa maneira particular de ler esses textos. E assim, quando procuramos explorar a explicação que Agostinho dá para a Trindade, podemos fazer pior do que começar pensando acerca das maneiras como os cristãos do seu tempo viam o Novo Testamento como um texto trinitário (eles certamente também viam os textos judaicos incorporados no cânon cristão como o Antigo Testamento, com aspectos reveladores da doutrina trinitária, mas para a nossa finalidade podemos considerar apenas os textos do Novo Testamento).[1]

O Novo Testamento é, em certas passagens, muito claro no que diz acerca da natureza de Deus. O primeiro evangelho cristão insiste que o Deus de Israel, o Deus uno que é a fonte de tudo, enviou Jesus, e que por meio do ministério, morte e ressurreição de Jesus vem a salvação. De maneira semelhante, textos diferentes insistem que depois de sua ressurreição e ascensão, Jesus continua presente, como está o seu Espírito. A narrativa

---

1 Embora este capítulo seja autônomo, visa também completar outra tentativa de abordar a visão que Agostinho tem da Trindade: *cf.* Ayres (2011a). Outras introduções são Barnes (1999) e Dunham (2007). Muito do que está esboçado aqui pode ser encontrado numa versão mais completa em Ayres (2010).

aqui é razoavelmente clara. Mas em outras partes, o texto é muitas vezes ambíguo e parece apenas insinuante. Como, por exemplo, deveria ser interpretado cada título usado para Cristo: Filho, Imagem, Palavra, Poder e muitos outros? E, mais importante, como deveria ser interpretada a linguagem de uma relação entre "Pai" e "Filho" sem pensar esses dois seres como separados no espaço, como os pais e os filhos humanos? O que significa que o Pai e o Filho estão "em" cada outro (Jo 14,11)?

De fato, esses textos são particularmente difíceis de interpretar quando falam daquilo que estava presente em Cristo, e da relação entre Deus/Pai e essa realidade que se faz carne. Assim, por exemplo, Jesus é apresentado acentuando que nele estava o Verbo que estava com Deus no princípio (Jo 1,1-3); ele é descrito como a imagem da natureza de Deus (Hb 1,3), como aquele em quem vemos a semelhança e a glória de Deus (2Cor 4,4), e aquele por meio de quem o mundo foi criado e em quem tudo subsiste (Cl 1,15-17). Estes diferentes textos fazem uso de tradições judaicas anteriores para examinar como podemos compreender o que eles acreditam que aconteceu em Cristo. Algumas dessas tradições falam de um ser divino secundário, ou da presença de Deus como uma realidade além de Deus; essas tradições são invocadas para examinar como podemos melhor falar da presença imediata de Deus em Cristo. Mas as terminologias usadas aqui também criam ambiguidades; além das suas próprias ambiguidades inerentes, são muitas vezes usadas de maneiras novas e em combinações que são, aliás, desconhecidas para nós. Elas certamente sugerem limites para a nossa capacidade de interpretação, mas dentro desses limites muitas opções parecem possíveis.

A discussão sobre o Espírito é também, mas talvez de modo diferente, enigmática. Em alguns lugares o Espírito é narrado como uma entidade claramente distinta; assim em João 14 e 16 o Espírito é o "outro consolador" que virá quando Cristo tiver partido. Em alguns textos a situação é muito mais complexa. Assim, por exemplo, em Romanos 8 o Espírito é novamente uma entidade separada, que consola os cristãos e ensina-os como orar. No entanto, observemos também que, quando Paulo descreve a ressurreição – a de Cristo e a dos cristãos –, o Espírito é "o Espírito de Deus" e "o Espírito de Cristo". Aqui o Espírito é posse de Cristo ou de Deus, ou é uma entidade separada? Ademais, o próprio Deus é descrito em João 4,24 como "Espírito" – como podemos distinguir "espírito" e "o Espírito"? De fato, um dos aspectos interessantes dos textos pneumatológicos dos documentos no Novo Testamento é o que fica sem ser dito. O Espírito é chamado por um termo que é usado também para Deus, é nomeado em relação com o Pai e o Filho, e é identificado como o autor de vários aspectos da vida cristã; mas há pouco a equiparar nas densas terminologias e metáforas usadas para o Filho: Verbo, Sabedoria, Glória etc. Cada uma delas oferece recursos para pensar sobre o caráter eterno do Filho; há pouco a equiparar no caso do Espírito. Há, pois, uma ambiguidade um tanto diferente nos nomes dados ao Espírito.

Como o intérprete responderia a essa mescla de clareza e ambiguidade? O modo de se responder a esta pergunta depende do que se pensa que constitui uma boa interpretação. Uma resposta moderna muito popular, com raízes nas abordagens do moderno estudo bíblico histórico-crítico, foi que essa ambiguidade revela de maneira muitíssimo importante o caráter incipiente do pensamento cristão em suas primeiras gerações. A essa luz podemos, por exemplo, catalogar todos os termos usados para Cristo, ou seja, um pouco acerca do seu pano de fundo, e tentar ver como eles são usados por diferentes autores ou textos. Fazer isso revela algo dos complexos mundos simbólicos nos quais os primeiros cristãos redigiam, mas é tratar o texto antes de tudo como uma testemunha histórica para o fenômeno religioso e a comunidade religiosa.

Os primeiros cristãos certamente pensavam que os textos do Novo Testamento continham muitos registros que eram históricos. Mas, ao mesmo tempo, eles acreditavam que esses textos foram organizados para instruir e formar as mentes e imaginações dos cristãos, achavam que as diferentes partes do Novo Testamento deviam ser lidas como partes de um único livro com um ensinamento consistente e (portanto) acreditavam que comparações próximas das diferentes terminologias usadas para Cristo pudessem levar a uma compreensão mais profunda do texto. Assim, os primeiros cristãos entendiam que esses textos continham profundidade de sentido não imediatamente aparente, profundidade que podia ser revelação ao leitor atento e fiel, profundidade que a comunidade cristã pode apenas com o tempo chegar a apreciar. Isto não quer dizer que os primeiros cristãos acreditavam que o sentido do texto fosse impenetrável a todos exceto a alguns peritos, mas antes que o texto falava a eles com diferentes níveis de capacidade intelectual e espiritual, revelando a todos o mistério do amor de Deus. Para os primeiros cristãos, portanto, as ambiguidades da Escritura *deviam* ser exploradas, laços entre elas estabelecidos, e devia ser feita uma tentativa de alcançar o mistério que elas descrevem.[2]

## Contextos de Agostinho

Essa visão do que significava para esses textos serem considerados Escritura resultou em importantes disputas que estouraram entre cristãos sobre como deviam interpretar a discussão escriturística de Pai, Filho e Espírito. O século IV, em particular, viu os cristãos envolvidos numa profunda controvérsia sobre como considerar as relações entre Pai, Filho e Espírito. Foi durante esse século que os cristãos gradualmente chegaram a articular as posições fundamentais que constituiriam a ortodoxia nicena. "Nicena" aqui se refere ao credo promulgado pelo Concílio de Niceia (325) e refinado no Concílio de Constantinopla em 381, mas o termo refere-se também à gama de princípios para interpretar esse credo, que não foram diretamente estabelecidos por ele. De vários modos, os cristãos articularam o princípio de que há três realidades irredutíveis – Pai, Filho e Espírito –, mas que a comunhão e unidade entre eles eram tais que a confissão primária da unidade de Deus permaneceu. Os cristãos também articularam os princípios que o Filho ou Verbo nascera eternamente do Pai, compartilhando tudo o que o Pai tem, e que o Espírito foi eternamente respirado pelo Pai.[3]

---

2 Para um desenvolvimento maior desta visão de leitura da Escritura *cf.* Daley (2012) e Ayres (2012b).
3 Para introduzir na extensa literatura sobre isto *cf.* Ayres (2004a), Barnes (1998) e depois, mais extensa, Ayres (2004b) e Anatolios (2011).

Uma variedade de terminologias diferentes foi usada para sumariar alguns desses princípios: no final, tornou-se comum em grego dizer que Deus era três *hipóstases* numa *ousia* e, em latim, que eram três pessoas numa natureza. Ao mesmo tempo, os teólogos, em grego, latim e siríaco, insistiam que a unidade entre Pai, Filho e Espírito era tal que eles eram uma vontade e uma energia. Em cada ação que um dos três seres divinos realizava, os outros dois também estavam agindo. Um dos resultados dessas formulações foi uma atenção aprofundada ao mistério completo da vida divina. Alguns dos princípios articulados aqui não podiam deixar de parecer paradoxais àqueles que pensavam apenas nas categorias dos seres criados, e no coração da teologia nicena estava a crença de que a realidade da vida divina foge à compreensão do intelecto humano. Para Gregório de Nissa – notoriamente –, esse mistério não se resolve nem depois da morte; mesmo então o intelecto purificado faz uma eterna caminhada para Deus. O fato de insistir que o ser divino permanece misterioso para nós também formalizou o modo como os cristãos viam o texto da Escritura. A crença de que a Escritura leva o intelecto para Deus, encorajando nossa reflexão e interpretação dos seus títulos e terminologias, foi promovida pelas controvérsias desse século, mas com um aumentado sentido de que uma percepção final e certa da realidade divina além do texto era impossível. O texto guia o nosso pensamento, no entanto também nos guia para o reconhecimento de nossa incapacidade.

Agostinho converteu-se em 386 e compôs seus primeiros escritos como autor cristão no inverno de 386-387. Já nesses escritos ele se revelou um cristão niceno, influenciado por Ambrósio de Milão (por quem seria batizado na Páscoa seguinte), por Mário Vitorino e Hilário de Poitiers. Nos anos seguintes viria a conhecer muitos outros autores nicenos, latinos e gregos (muitos dos últimos em tradução, mas no fim alguns também em grego). Mas Agostinho não herdou tanto os resultados das controvérsias do século IV como um depósito fixo de doutrinas. Reconheceu também que a defesa de Niceia e o exame da fé e vida cristã à luz de Niceia eram um projeto em andamento. No caso do Espírito, por exemplo, Agostinho reconhece abertamente que há muito mais para ser dito. Em outros contextos ele lê, interpreta e tenta avançar além de seus predecessores sem reconhecimento aberto deles.

Agostinho também pensa acerca da Trindade contra o pano de fundo de antigas tradições filosóficas particulares – e contra o pano de fundo de outro compromisso cristão com essas tradições. Para nós é difícil entender a relação entre "filosofia" e "teologia" imaginada por escritores cristãos no tempo de Agostinho. Certamente ele fala de "filosofia" e supõe que haja uma tradição de antigos pensadores que articularam pontos de vista sobre física, ética e lógica. Considera muito persuasivas algumas das posições articuladas por esses "filósofos", outras muito menos. A tradição platônica influenciou Agostinho de modo particular. Ele conseguiu ler algo do pensador do século III, Plotino, e sabia um pouco sobre a história do pensamento platônico por relatos resumidos. Finalmente, ele também leu Porfírio, discípulo de Plotino. Mas foi influenciado também por autores cristãos, que tinham absorvido muito das mesmas tradições não cristãs. Aqui Ambrósio foi, de novo, importante (*cf.* a confluência de temas que podem ser lidas lado a lado: PLOTINO, *Enéada* 1.6 e AMBRÓSIO, *Sobre Isaac ou sobre a alma*).

Agostinho foi também muito influenciado por Cícero, o grande orador, teórico retórico romano e estudioso da filosofia grega. Cícero forneceu a Agostinho enorme quantidade de material para suas reflexões sobre retórica e que constituía a felicidade humana. A tendência de Cícero para o ceticismo acerca da possibilidade de certos conhecimentos – especialmente sobre o além – motivou de modo particular o profundo interesse de Agostinho em defender a possibilidade de conhecimento e da racionalidade da fé. De fato, uma das principais atrações, para o jovem Agostinho, na concepção platônica de um cosmos ordenado e inteligente é que ela parece oferecer uma base para mostrar que o conhecimento é possível.

Agostinho, contudo, não pensa que mesmo o bom pensamento praticado pelos platônicos os tenha salvo – de fato, está bem seguro que os deixou demasiado orgulhosos. Agostinho certamente pensava que os platônicos tinham visto corretamente que o mundo material não é tudo o que há, que o cosmos é ordenado e inteligível e tem uma fonte divina eterna. Mas o conhecimento da Trindade não acrescentaria apenas uma camada extra de verdadeiras crenças a um conjunto corretamente entendido; em certo sentido eles devem até estar errados acerca do que viram ao não encontrar a natureza trina dessa fonte divina. Agostinho pensa também que as tradições filosóficas não cristãs são de várias maneiras irracionais, apesar de suas pretensões. Ao defender a reencarnação, a impossibilidade do conhecimento, uma visão materialista do mundo, uma tradição antiga está defendendo algo incoerente porque isso não está de acordo com a realidade. E assim, Agostinho vê o cristianismo como a filosofia verdadeira, porque nesse contexto as ideias podem ser adequadamente levadas ao seu fim e uma vida formada que formará de maneira apropriada uma pessoa para atenção à verdade. Assim, Agostinho não vê a "filosofia" como uma busca racional não influenciada pelos compromissos de fé, ou "teologia" como baseada na fé e querendo pisar as demandas da razão sempre que for preciso. O pensamento humano, em todas as suas formas, é grandemente beneficiado pela revelação de Deus. A história de Israel e o ensinamento e ministério de Cristo nos forneceram uma narrativa na qual podemos entender o curso e o fim do mundo; o texto da Escritura pode guiar nossas escolhas intelectuais, e ela mesma ser tema de exame cuidadoso e preciso, que molda a mente para a contemplação de Deus.

À luz destas observações, podemos ver a teologia de Agostinho como uma vasta testemunha da suposição cristã primitiva de que o texto da Escritura era ao mesmo tempo perspicaz e um convite a subir para a contemplação. Mas antes de podermos ver este modelo de pensamento em ação, precisamos notar outra influência cultural sobre Agostinho. Nos seus primeiros escritos, Agostinho estava encantado pela ideia das "artes liberais". A cultura grega e romana há muito tempo valorizara o ideal de uma educação plenamente desenvolvida que levasse o jovem (nessas culturas era quase sempre *o* jovem) a uma série de disciplinas diferentes. Os filosoficamente orientados viam todas essas disciplinas culminando na filosofia e contribuindo para moldar a mente de quem fosse capaz de compreender a ordenação deste mundo e pensar cuidadosamente acerca de quem fosse a sua fonte. Agostinho parece ter pensado que tal programa e processo educacional seria de grande valor para os pensadores cristãos, e começou o projeto de escrever um livro de introdução para cada disciplina. Ele logo viu problemas em sua visão de um programa educacional altamente complexo que seria compreensível apenas por poucos, e o grandioso projeto foi abandonado. Mas algumas práticas intelectuais que surgiram da visão de Agostinho de como as artes liberais podem treinar alguém a pensar acerca do que transcende o material e o criado são fundamentais em sua visão do que está envolvido na tentativa de interpretar o que as Escrituras dizem sobre Pai, Filho e Espírito. Sua crença em fazer distinções cuidadosas entre os termos e o lento exercício da mente para apreender realidades espirituais são duas coisas que brotam desse contexto. No entanto, o Agostinho maduro dá um estilo especial a essas práticas de pensamento ao enfatizar que a linguagem dada a nós pela Escritura permanece básica e que as realidades divinas das quais ela fala nunca podem ser captadas nesta vida. Ele também remodela essas práticas enfatizando que os progressos cristãos em entender como ela ou ele cresce em humildade e aceitação da necessidade de graça. Há limites definidos para todo treinamento do intelecto.

### Trabalhando junto

Quando Agostinho fala sobre a obra do Filho e do Espírito na vida cristã ele geralmente atribui a eles as mesmas funções.[4] Por exemplo, quando fala sobre como Deus infunde virtude na alma humana, às vezes ele diz que é realizado pelo Espírito, às vezes pelo Filho. Às vezes, um particular versículo da Escritura oferece um ponto de partida para as suas reflexões, às vezes um sermão particular se concentra no Filho ou no Espírito, e isso parece guiar as suas declarações. Mas esta prática levanta uma questão: esta falta de uma distinção clara revela uma falha em pensar claramente acerca dos papéis distintos do Filho e do Espírito?

Esta ambiguidade se encontra também na própria Escritura, e Agostinho reflete essa ambiguidade num dos princípios mais fundamentais de sua

---

4  *Cf.* Dodaro (2010).

teologia trinitária. Para ver esse princípio, voltar-me-ei para o *Sermão* 71 de Agostinho, um longo texto que discute Mateus 12,32: "se alguém disser uma palavra contra o Espírito Santo não lhe será perdoado". O texto foi interpretado de muitas maneiras na Igreja primitiva; Agostinho argumenta que, de fato, existe apenas um pecado contra o Espírito que não pode ser perdoado: permanecer não arrependido diante do constante perdão oferecido por Deus. Mas explorar o que isto significa dá a ele uma ocasião para um minitratado sobre o Espírito e sobre o lugar do Espírito na vida trinitária.

Ao comentar sobre a voz que vem do céu quando Jesus é batizado no Jordão – "tu és meu filho amado de quem eu me agrado" – Agostinho escreve:

> Embora esse milagre de uma palavra audível do céu pertença só ao Pai, não negamos que o Filho e o Espírito Santo cooperaram. Tampouco quando o Filho, vestido na carne, vivia com os outros homens na terra, não estivesse também no seio do Pai como Verbo unigênito, quando aquela voz veio da nuvem; nem se pode crer sábia e espiritualmente que Deus Pai tenha formado as suas palavras sonantes e passageiras excluindo a cooperação da sua Sabedoria e do seu Espírito [...]. Assim também afirmamos com toda verdade que só o Filho tomou a sua carne, não o Pai ou o Espírito Santo, contudo não pensa corretamente quem nega que para essa encarnação própria só do Filho o Pai e o Espírito Santo tenham cooperado [...] Assim também é a Trindade que realiza as obras das pessoas singulares na Trindade, cada pessoa atuando em cooperação, porque se encontra nas três pessoas a concórdia, não porque falte numa a eficácia para agir. (*s.* 71.27)

Agostinho toma aqui dois exemplos de ações que parecem ser a obra de uma única pessoa. Quando o Pai fala do céu, não deveríamos pensar que o Pai sozinho atua. De modo semelhante, embora tenha sido o Filho que se encarnou, não devemos pensar que o Filho apenas está atuando nesse ato. O interesse de Agostinho é ressaltar que as três pessoas divinas não são agentes separados ao modo dos agentes humanos que são separáveis. A unidade que eles compartilham resulta numa constante cooperação harmoniosa.

A unidade entre Pai, Filho e Espírito é tal que eles estão atuando junto em cada coisa que cada um empreende (devemos notar que o princípio de Agostinho era compartilhado pelos teólogos nicenos do seu tempo). E assim, porque os três compartilham esse companheirismo e unidade, Agostinho se permite uma grande liberdade em atribuir vários aspectos da vida cristã ao Filho ou ao Espírito (embora, onde a Escritura atribui de maneira consistente um termo ou uma ação a uma das três pessoas divinas, Agostinho também o faça).

Naturalmente, essa visão da inseparabilidade deles na ação apenas levanta outras questões: Imaginamos as três pessoas divinas cooperando à maneira como os seres humanos cooperam? Nós os vemos como análogos às partes numa máquina, cada uma contribuído em algo para um ato unificado? A mesma visão da inseparabilidade também estabelece uma agenda para como interpretar o que a Escritura diz acerca dos três: que a Escritura atribua ações distintas a cada um nos dá garantia para fazer o mesmo; que a Escritura também nos ensine sobre a unidade divina nos força a pensar acerca de como essa narração de ações distintas é apenas um ponto de partida para a nossa reflexão sobre a comunhão divina. Para seguir adiante, quero examinar um sermão que contém uma das explicações mais bem desenvolvidas de Agostinho acerca da unidade partilhada pelas três pessoas divinas.

### Existindo em relação

O trigésimo nono tratado (sermões expositivos) de Agostinho sobre o Evangelho de João começa com um comentário a João 8,25. Quando os fariseus no Templo perguntam a Jesus quem ele é, Jesus responde: "o princípio, pois também falo a vós" (a versão de Agostinho do texto era um pouco diferente das modernas traduções do grego). Agostinho pergunta: se Cristo é "o princípio", o Pai também é "o princípio"? É absurdo, sugere ele, pensar de outro modo; o Pai é a fonte do filho e é, portanto, "o princípio". Mas pode haver dois princípios? A sua resposta é comparar a linguagem do "princípio" com a linguagem da luz, como a frase do credo: "luz de luz". A frase mostra-nos que, de algum modo, em Deus um termo que pode parecer apenas aplicar-se a uma única realidade pode ser dito de cada realidade do Pai, do Filho e do Espírito. Mas como podemos entender a ideia de que os dois, o Pai e o Filho, são o princípio, ambos são luz?

A resposta de Agostinho começa fazendo a tensão entre pluralidade e unidade um pouco mais forte, e então explora como nosso conhecimento do mundo ajudará. Ele começa declarando com clareza que cada um dos três divinos é distinto:

> Embora, portanto, como os ouvidos católicos foram instruídos no seio da mãe Igreja, quem é o Pai não seja Filho, nem quem é o Filho seja Pai, nem o Espírito Santo do Pai e do Filho seja Filho ou Pai, todavia não dizemos que são três deuses, e quando somos perguntados sobre as pessoas individualmente, qualquer que seja, é necessário que reconheçamos que é Deus. (*Jo. ev. tr.* 39.2)

Esta afirmação dá ênfase às distinções lógicas entre os três, lançando mão de princípios articulados no final do século II e início do III. Nesse contexto, contra aqueles que pensavam que a crença num único Deus poderia ser mantida apenas se as realidades distintas de Filho e Espírito fossem interpretadas como manifestações temporárias do Pai, os escritores cristãos insistiram que, quando a Escritura narra três caracteres, há três caracteres. É claro, porém, que por mais precisas que sejam essas declarações sobre a individualidade, nossas questões permanecem. De fato, Agostinho sugere uma linha óbvia de questionamento que pode seguir tal declaração. Três perguntas poderiam ser feitas: "o Pai/Filho/Espírito é Deus?" e o cristão poderia dar três respostas idênticas: "sim". Mas se os três são distintos, então certamente o cristão está sugerindo que há três deuses?

A questão – sugere Agostinho – vem de pensar sobre a realidade invisível da divindade, cujas características não nos são familiares, de acordo com as condições que são verdadeiras das realidades visíveis com as quais temos familiaridade. Então, porém, como poderíamos falar acerca dessas realidades invisíveis? Agostinho se volta para a maneira como falamos em nossas relações familiares. Comumente falamos de dois homens como individualmente um homem "com respeito a si mesmo", mas talvez também "Pai" e "Filho" "com respeito a cada outro". Estas duas maneiras de falar sobre os seres humanos não fornece uma analogia direta para a situação da vida divina, mas um ponto de partida para continuar pensando.

Agostinho explica que em Deus o mesmo é verdadeiro, mas com uma diferença. O Pai pode, de fato, ser chamado Deus com respeito a ele mesmo e "Pai" com respeito à sua relação com o Filho. Mas surge a diferença porque na existência divina, enquanto realidades numeradas *parecem* aparecer quando falamos de Pai, Filho e Espírito, Deus não pode ser abrangido por número. Quando os seres humanos pensam, o ato de dividir e numerar é uma ferramenta constante e natural. Mas se estivermos atentos às realidades sobre as quais refletimos, devemos lembrar-nos de que no caso de Deus não há número. "Há algo inefável que não pode ser explicado em palavras". Por quê?

Um dos principais modos como Agostinho fala acerca da existência divina é falar sobre a simplicidade de Deus. Ele expõe a sua compreensão da simplicidade em poucas palavras: Deus simplesmente é alguma coisa que somos tentados a dizer que ele possui. Se formos tentados a dizer que Deus possui bondade ou sabedoria ou verdade, Deus simplesmente é essas coisas. Num linguajar mais filosófico, Deus não tem nada enquanto acidente. Um acidente, nesse sentido, é algo que caracteriza uma realidade, mas que não é essencial a ela. Os seres humanos podem ser altos ou baixos, ou ter pele de muitas cores diferentes, mas nenhuma dessas qualidades é da essência do ser humano. De modo semelhante, um ser humano pode ter graus em ser bom – virtude é algo que pode aumentar ou diminuir. Para Agostinho, em Deus não é assim. Bondade é o que Deus é. Em sua obra madura, Agostinho é claro que só Deus é simples, e isso enquanto podemos falar de simplicidade, especificando o que deve ser verdadeiro e não verdadeiro sobre ela, não temos nenhuma experiência desse modo de ser, não temos nenhuma visão direta ou conhecimento dela. Agostinho complementa essa explicação da simplicidade de Deus sugerindo que Deus está além do número. Para numerosas tradições filosóficas antigas, a verdadeira unidade, a unidade daquilo que é a fonte de tudo, é a *fonte* da ordem e do número no mundo, mas ela mesma não pode ser numerada. Agostinho usa esse modo de ver para enfatizar a distinção entre a vida divina e a nossa. Portanto, a insistência da Escritura de que há três agentes divinos, Pai, Filho e Espírito, engana a mente humana não exercitada em numerar, mas na realidade não há nenhum aumento: Deus é um.

A esta altura é vital notar que para Agostinho não pode haver nenhuma analogia direta entre a natureza de Deus e o mundo que conhecemos – seja o mundo material, seja o mundo da mente –, porque a realidade divina é a única fonte de tudo que escapa às categorias intrínsecas à criação. Para Agostinho, o termo "analogia" se refere a relações de proporção; podemos dizer: "essa casa é maior do que esta" porque podemos entender a proporção entre elas. No caso da relação entre Deus e qualquer criatura não podemos entender as proporções e, portanto, não pode haver analogias. Assim, quando Agostinho oferece o que podemos facilmente chamar de "analogias" suas, ele usa uma variedade de termos, geralmente chamando-os de *similitudines* ou "semelhanças", que em latim é um termo amplo que cobre quase tudo o que é "semelhante" a algo. Quanto mais vemos como Agostinho pensa que a simplicidade divina está além de nossa compreensão, mais notamos por que ele pensa que apenas uma "semelhança" vaga com a vida divina pode ser encontrada no mundo de nossa experiência.[5]

A simplicidade divina revela-se como muito importante quando pensamos de novo sobre o princípio que o Pai (por exemplo) é nomeado em relação ao Filho. Para os seres humanos, as relações não são de sua essência. As relações podem muito bem ter um efeito importante na formação de nossos caracteres – os seus efeitos podem ser para toda a vida –, mas se as relações com os outros acabarem, continuaremos a existir. É por isso que elas são, na terminologia filosófica introduzida acima, acidentais. As relações que Pai, Filho e Espírito têm um para com o outro não são tais; elas são essenciais, eternamente constitutivas do que eles devem ser. Assim como o Pai é Deus "em si mesmo", ele é também eternamente "em si mesmo" definido por estar em relação com o Filho. Séculos mais tarde, os teólogos

---

5 Sobre este ponto *cf.* John Cavadini, "O conhecimento eterno de Deus segundo Agostinho", que é o capítulo 2 neste volume.

definirão esta forma de existência como uma "relatio subsistens", uma relação subsistente, existente. Embora a frase não seja de Agostinho, ela chega perto. Assim, cada uma das três pessoas divinas existe como uma realidade vinculada: por exemplo, o Pai é definido desde a eternidade por ser o pai do Filho eterno e o que sopra o Espírito no Filho (no final deste capítulo pensaremos um pouco sobre o que isto significa para uma compreensão da paternidade divina).

Voltemos, porém, ao tratado 39 sobre João. Depois de Agostinho ter falado como Deus transcende o número, oferece outro exemplo de como as três pessoas divinas existem uma para outra, desta vez refletindo sobre Pentecostes. Os discípulos ficaram cheios do Espírito e foram levados à unidade. A Escritura diz deles que "tinham ('erat eis') uma alma e um coração" em Deus. Eles eram muitos, mas por causa do Espírito tornaram-se uma alma. Agostinho então nos oferece esta surpreendente declaração:

> Se, portanto, "a caridade de Deus derramada nos nossos corações pelo Espírito Santo que nos foi dado" [Rm 5,5], de muitas almas faz uma alma e de muitos corações faz um coração, quanto mais faz o Pai e o Filho e o Espírito Santo um Deus, uma luz, um princípio? (*Jo. ev. tr.* 39.5)

A sublinhar a linguagem desta passagem está a crença de Agostinho de que Pai, Filho e Espírito são eternamente os atos que a Escritura atribui a eles como eternamente deles. Isto é apenas para dizer em outra perspectiva que eles existem eternamente em relação, mas a afirmação requer alguma explicação.

Agostinho pensa que Amor (Caridade) é um termo que a Escritura usa para o Espírito a fim de nos dizer algo acerca da natureza eterna do Espírito, não simplesmente para explicar-nos o que o Espírito faz na economia da salvação. Qual é a essência do amor? O amor une, é ativo, dinâmico, unificador. Ao mesmo tempo, para Agostinho, em Deus não há falta ou obtenção de perfeição, como se a perfeição já não estivesse lá. Se houvesse, então seria possível conceber Deus como imperfeito em amar e como aprendendo a amar. Como os seres humanos devem conhecer bastante bem, aprender a amar é, de muitos modos, maravilhoso, mas sempre leva consigo a sua presença mais escura de promessas não cumpridas, julgamentos errôneos e mágoa causada. Isto nós certamente não desejamos predicar de Deus?

Mas a perfeição de Deus em amar é ainda uma atividade dinâmica, como é a imutabilidade de Deus. Em seu comentário ao Salmo 138 Agostinho enfatiza que a Sabedoria permanece ela mesma, é eternamente como vida ativa. Aqui a Sabedoria é o Filho, mas o que é dito é verdadeiro da vida divina como um todo:

> É, portanto, uma sabedoria estável, se podemos propriamente dizer que ela está; entende-se o termo no sentido de imutabilidade, não de imobilidade. É uma sabedoria que permanece sempre a mesma, que não muda para variar nem de lugar nem de tempo; nunca se apresenta de um modo aqui e de um modo lá, nunca de um modo agora, de um modo no passado. Esta é a palavra de Deus. (*en. Ps.* 138.8)

Quando Agostinho fala do Espírito como "fazendo" dos três divinos um, ele não quer dizer que houve um tempo em que os três não eram um, mas que desde a eternidade o Pai gera o Filho e sopra o Espírito, e o Espírito como amor leva os três a uma perfeita comunhão. Essa linguagem nos leva de novo ao limite do que podemos dizer acerca da vida divina. Quase personalista e quase narrativa acerca da causa da vida divina unificada deve ser, é claro, entendida contra o fundo da insistência de Agostinho que a vida divina é uma perfeição eterna ativa. Pensamos que sabemos o que quer dizer "fazer" algo neste mundo, mas isso não nos dá virtualmente nenhuma garantia sobre o que significa para o espírito "fazer" a comunhão divina. A linguagem do "fazer" nos anima ao longo de alguns caminhos de pensamento, mas então outros princípios igualmente importantes nos tornam capazes de ver que esses caminhos apenas desaparecem de nossa vista mais depressa que imaginamos.

Aqui o Espírito foi o nosso foco; em conexão com o Filho Agostinho comenta várias vezes João 5,19: "o Filho nada pode fazer por si mesmo, mas só o que vê o Pai fazer". Agostinho interpreta este versículo argumentando que o Filho é eternamente um vidente do Pai, ele é o que é por ser eternamente "falado" (como Verbo) e eternamente "vê" aquele que lhe deu nascimento.⁶ Esse "ver" é uma contemplação plena e perfeita do ser do Pai. Outra vez, o Filho é eternamente um ato, que a Escritura descreve como parte de sua relação com o Pai. No parágrafo final de seu tratado 39 sobre João, Agostinho comenta sobre o Filho noutra linguagem. Aqui o seu ponto de partida é João 8,26 – em que Jesus diz tanto que "aquele que me enviou é verdadeiro" como "eu sou a verdade".

A partir das palavras de Jesus devemos pensar que aquele que é verdadeiro é maior do que a verdade? Na fala normal parece como se quiséssemos dizer que a "Verdade" é maior do que qualquer simples aparência de algo que é verdadeiro (Agostinho entrega aqui os seus pressupostos platônicos). Mas se pensarmos isto, diríamos que o Filho é maior do que o Pai? Bem, continua Agostinho, não é assim porque conhecemos como matéria de fé católica nicena que o Pai e o Filho são iguais. Podemos, no entanto, entender algo do que se quer dizer se lembrarmos mais uma vez que na vida divina Deus não possui algo como a Verdade como um acidente: Deus simplesmente é a própria verdade. Assim, quando dizemos que o Pai é veraz, de fato queremos dizer que o Pai é a própria verdade, porque isto é que é ser Deus.

Há, porém, mais um passo. *Como* Deus é a verdade? A resposta de Agostinho é de novo ativa: "Eis como Deus é veraz, não participando, mas gerando a verdade" (*Jo. ev. tr.* 39.8). Como devemos pensar Deus ou o Pai como verdade aqui não é simplesmente introduzir um contraste entre participar na verdade ou ser a verdade, mas um contraste mais complexo entre participar na verdade e gerar a verdade. Deus é a própria verdade como e porque ele fala a sua palavra, como e porque gera essa verdade que é também outro junto dele, um Filho. Para o Pai, ser verdade é para ele eternamente falar o Filho como outro junto dele; para o Filho ser verdade é para ele ser eternamente falado pelo Pai como sua Palavra, gerada como sua Verdade. Mas no ser divino a unidade entre quem gera e quem é gerado é tão grande que há somente uma verdade divina.

---

6   *Cf.*, por exemplo, *In Johannis evangelium tractatus* 18, 19 e 23; Ayres (2010, p. 233-230).

Estas diferentes terminologias – o Pai falando a sua Verdade, o Filho eternamente vendo o Pai, todos juntos pelo amor eterno do Espírito – utilizam diferentes terminologias escriturísticas e apontam para uma visão comum da vida divina em ação. De muitas maneiras, ver como essas diferentes explorações exegéticas se sobrepõem leva-nos ao coração da visão que Agostinho tem da vida trinitária, muito melhor do que prestar atenção extensiva à linguagem de natureza e pessoas. Agostinho não usa essa linguagem, mas famosamente observa que é usada em primeiro lugar apenas porque há tempos em que não podemos guardar silêncio e precisamos de fórmulas curtas para definir crenças.[7] Mas ele oferece exploração pouco extensa disso, e raramente ocupa um lugar central na sua pregação ou exposição da Escritura.

### Onde a Trindade aparece?

Agostinho argumenta que, quando dizemos que cada uma das três pessoas é Deus, estamos dizendo que cada uma das três pessoas é a plenitude do que é ser Deus – cada uma em certo sentido o Deus uno! Este argumento requer a nossa atenção. Isto fica particularmente claro no seu *De Trinitate*, quando Agostinho gasta um pouco de tempo pensando acerca da memória, inteligência e vontade como "semelhança" da Trindade. Três vezes no Livro 15 da obra, que é em parte uma tentativa de resumir tudo o que ele realizou aí, ele sugere que não é proveitoso pensar o Filho como semelhante à inteligência, pois *cada* pessoa divina é plenamente tudo o que Deus é e teria que ter a sua própria memória, inteligência e vontade.[8]

Se Deus é a Bondade e a Sabedoria imutável, que se mantém eternamente, e que é a fonte de tudo, então uma realidade não pode ser descrita como divina a não ser que ela seja tudo o que é divino. Ao mesmo tempo, só pode haver uma vida divina, só uma única fonte de tudo, e assim somos obrigados logicamente a afirmar o paradoxo que cada um, Pai, Filho e

---

7  *De Trinitate* 5.9.10; Ayres (2010, p. 211-229).
8  *De Trinitate* 15.5.7, 15.7.12, 15.17.28.

Espírito, deve ser irredutível completamente Deus e, contudo, cada um deve ser também o Deus uno. Todavia, cada um é também inseparavelmente o Deus uno com os outros dois. Aqui vemos, de novo, como uma semelhança tirada do mundo criado pode apenas ser um ponto de partida para abordarmos aspectos da vida divina, dirigindo-nos para um ponto no qual a compreensão intelectual desaparece diante de nós.

*De Trinitate* de Agostinho é, de fato, um exemplo particularmente bom desse princípio que vai sendo tratado devagar por muitas páginas. A segunda metade da obra, livros 8-15, é uma tentativa de refletir sobre o que pode ser conhecido a partir de semelhanças na ordem criada, e especialmente a partir de nosso ser "à imagem de Deus" – e no próprio processo de reflexão. No Livro 8, Agostinho faz a afirmação central de que, numa perspectiva, devemos ser capazes de entender a Trindade. Deus é amor, nos diz a Escritura, e Amor parece ser algo que conhecemos e reconhecemos em nós mesmos. Agostinho insiste com muita força neste ponto: quando amamos verdadeiramente, o amor com que amamos é Deus e é, portanto, a Trindade. No entanto, quando pensamos no amor, pensamos numa coisa: se este é Deus conosco, por que não vemos uma Trindade nele? A resposta é tanto o caráter de mentes humanas como criadas, como falhas diante do brilho da luz divina, e o fato de que as mentes humanas agora estão enfraquecidas pelo pecado. A fé cristã, porém, nos diz que o que pensamos, vemos que é efetivamente uma Trindade, e assim devemos aprender a repensar o que pensamos que sabemos.

No Livro 15, quando tenta resumir o que encontrou em suas extensas reflexões, Agostinho volta várias vezes à versão mais complexa do mesmo paradoxo. Ele elenca muitos atributos de Deus – eternidade, bem-aventurança e outros –, reduz gradualmente a sua lista até três e pergunta: "Isto é a Trindade?" A resposta é não, simplesmente porque essa tríplice lista também pode ser reduzida a uma: assim, "Onde aparece a Trindade?" A resposta é que a Trindade "aparece" em pequenas compreensões dentro da linguagem de fé no caminho para a vida futura. A Trindade também "aparece" porque cada um de nós é uma semelhança criada da Trindade e conhecemos e amamos *em* Deus; à medida que crescemos em entendimento de nós mesmos diante de Deus, mais podemos avançar em nosso sentido de nossa coerência de fé, e mais podemos ficar parados na distância entre a plenitude da existência divina e nossas próprias limitações.

A visão de Agostinho do avanço e subida para Deus é complexa, em parte, precisamente porque não envolve deixar para trás a linguagem da fé em favor de algum conhecimento mais alto. Isto é assim de dois modos. Primeiro, e mais obviamente, não há nenhuma visão da vida trinitária como objeto de nossa contemplação; há compreensão dentro da linguagem da fé. Essa linguagem permanece nosso ponto de referência. Em segundo lugar, Agostinho ressalta sempre de novo no decorrer de *De Trinitate* que nosso pensamento é apenas verdadeiramente frutuoso quando abarca nossa necessidade de redenção e reforma – por graça – mais do que por conhecimento. Devemos aceitar não apenas uma necessidade de voltar à *linguagem* de fé, mas à comunidade de fé e sua vida. Para Agostinho, o próprio empreendimento de pensar deve ser concebido de novo como um movimento da alma para a reforma que Cristo molda no corpo do fiel, corpo dele.[9]

### Criação e redenção na vida trinitária

Meu foco neste capítulo foi a comunhão divina. Não focalizei, por exemplo, o que pode ser dito acerca de cada uma das três pessoas divinas individualmente, esboçando as principais metáforas e terminologias que Agostinho emprega em cada caso. Quero, porém, terminar comentando sobre o papel do Pai e, a partir daí, sobre a maneira como a visão de Agostinho da vida trinitária molda a sua explicação de nossa redenção.

De modo consistente, Agostinho vê Filho e Espírito atuando no mundo em parte para revelar o Pai. No Livro 4 de *De Trinitate*, por exemplo, Agostinho ressalta que a finalidade das missões divinas é revelar a única fonte de tudo, o Pai.[10] Contudo, entendemos mal o pensamento de Agostinho sobre Deus Pai se pensarmos que ele vê o Pai como mais poderoso do que o

---

9  *Cf.* Cavadini (2013) e Ayres (2012c).
10  *De Trinitate* 4.20.29; Ayres (2010, p. 177-188).

Filho e o Espírito, ou como dando ordens que eles depois obedecem. Em primeiro lugar, tal explicação deixa de lado a natureza da comunhão divina de amor a qual desde a eternidade Deus Pai promove. Essa comunhão de amor escapa de nossa compreensão intelectual precisamente porque Filho e Espírito são eles mesmos a plenitude de Deus, e o Pai desde a eternidade é quem fala a Palavra e compartilha o Espírito (o Pai dá ao Filho que o Espírito venha também do Filho).[11] Nessa descrição há um desafio constante (levantado de fato por todas as teologias nicenas da Trindade) para pensar a relação entre amor e hierarquia no ser divino.

A visão que Agostinho tem da redenção está baseada nessa visão da vida divina. Se nós não vemos que, para Agostinho, Filho e Espírito são perfeitos mediadores que mediam a eles mesmos, perdemos algo vital acerca da salvação. Cristo salva transformando as pessoas por meio da presença imediata de sua presença divina e amor divino, colocando-nos no seu corpo, sua própria pessoa. Cristo salva transmitindo às pessoas o seu Espírito, o Espírito que anima o corpo de Cristo, o Espírito que dá a si mesmo como dom. Através da obra do Filho e do Espírito os cristãos são transformados e levados a contemplar o Pai – uma contemplação que é compartilhamento na vida trinitária.

---

11  Sobre esta complexa questão *cf.* Ayres (2010, p. 263-68); Daley (2001a; 2001b).

# PARTE II
*Relação de Deus com o mundo*

## 4 Tempo e criação em Agostinho

SIMO KNUUTTILA

As discussões mais extensas de cosmologia filosófica e teológica encontram-se nos comentários de Agostinho ao Gênesis (*De Genesi contra Manichaeos, De Genesi ad litteram imperfectus liber, De Genesi ad litteram libri duodecim*), nos últimos três livros de *Confissões*, e nos livros 11 e 12 de *De civitate Dei*.[1] As principais linhas de sua maneira de ver a criação são as seguintes. Deus criou tanto o reino espiritual dos anjos como o mundo visível, incluindo as almas encarnadas, do nada ("ex nihilo"), sem qualquer matéria preexistente ou outras coisas fora de Deus (*Gn. adv. Man.* 1.6.10; *conf.* 11.5.7, 12.7.7, 12.8.8; *Gn. litt.* 1.14.28-15.29; *civ. Dei* 12.1). A criação baseou-se num ato livre eterno da vontade perfeitamente boa de Deus (*Gn. adv. Man.* 1.2.4; *Gn. litt.* 1.5.11, 2.6.14; *civ. Dei* 11.21,24). Ela ocorre mediante a onipotência de Deus sem labuta, esforço e indústria (*div. qu.* 78; *Gn. litt.* 9.17.32; *civ. Dei* 12.18). Deus criou simultaneamente todas as primeiras coisas efetivadas e, através de "razões seminais" inerentes a elas, as condições de todas essas coisas que haveriam de vir, até o fim do mundo.[2] Deus é o único criador. Os seres criados não podem trazer coisas do nada à existência (*civ. Dei* 12.26). Deus criou o tempo ao criar o movimento no Universo (*Gn. litt.* 5.5.12; *civ. Dei* 11.6). A história dos seis dias de criação é uma metáfora que ajuda a imaginação humana (*conf.* 13.29.44; *Gn. litt.* 4.33.52). Agostinho às vezes interpreta o "princípio" ("in principio") de Gênesis 1,1 como um princípio temporal, mas segundo uma tradição

---

1 Solignac (1973); um sumário conciso com referências textuais e bibliografia pode ser visto em Mayer (1996a).
2 Sobre a criação simultânea *cf. De Genesi ad litteram imperfetus liber* 7.28; *De Genesi ad litteram* 1.15.29; 4.33.52. Sobre as razões seminais *cf.* por exemplo *De Genesi ad litteram* 6.10.17-6.11.19.

estabelecida, também o toma como se referindo ao Verbo ou o Filho de Deus (Jo 1,1-3): "Nesse princípio, Deus, fizeste o céu e a terra no teu Verbo, no teu Filho, no teu poder (*virtute*), na tua sabedoria, na tua verdade" (*conf.* 11.9.11).[3]

Não havia nada radicalmente novo na concepção que Agostinho tinha da criação. Os teólogos do final do século II e início do III começaram a acentuar a ideia de criação do nada e ela se tornou doutrina padrão da Igreja. Alguns apologistas cristãos do século II ainda podiam aceitar uma interpretação literal do *Timeu* de Platão de que o Universo tinha um começo temporal e foi construído de matéria pré-cósmica.[4] A história de Platão do fazedor divino do mundo permaneceu tema popular no pensamento patrístico até mais tarde, mas a suposição da matéria pré-cósmica foi rejeitada como restrição da onipotência e sabedoria divinas. Quando a doutrina da matéria independente foi abandonada também pelos pensadores neoplatônicos, eles acreditaram que o mundo emanou de um princípio superior sem um princípio temporal.[5] Agostinho afirmou que os cristãos não deviam entender o ser do universo criado como seu ser dependente de Deus sem um princípio temporal (*civ. Dei* 11.4). Ele considerava como verdade objetiva que menos de 6.000 anos tinham se passado desde a criação (*civ. Dei* 12.11).

Agostinho gostava muito de associar a concepção da criação simultânea com a doutrina das razões seminais ("rationes seminales" ou "rationes causales") que se encontra em formas ligeiramente diferentes na filosofia estoica e na platônica. Ele não foi o primeiro a ver isso como uma concepção teologicamente importante, mas sistematizou-o mais do que seus predecessores.[6]

---

3  *Cf.* também *De civitate Dei* 11.33. Para a história da última interpretação antes de Agostinho *cf.* Nautin (1973).

4  May (1978, p. 120-182). Para o criacionismo de Platão, *cf.* Sedley (2007, p. 93-131). Os seguidores imediatos de Platão na Academia pensavam que o Universo não tivera começo. Plutarco e Ático são comumente mencionados como representantes platônicos médios da interpretação literal, mas segundo Proclo, havia muitos outros. *Cf.* Dillon (1977, p. 33, 42, 207-208, 252-254); Meijering (1979, p. 40); Sorabji (1983, p. 268-272); Sedley (2007, p. 107).

5  Sorabji (1983, p. 313-315).

6  Mayer (1996b, p. 86-91).

Segundo Agostinho, os membros das espécies naturais que se desenvolveram mais tarde por conta própria foram criados de forma seminal no princípio, porém as razões seminais envolvem também as sementes de todos os desvios miraculosos do curso comum da natureza. Desse modo, Deus permanece o criador último de todo ser novo (*Gn. litt.* 6.10.17-11.19, 6.14.25-15.26; *Trin.* 3.8.13-9.16). Agostinho sustentou que todos os seres humanos estiveram seminalmente em Adão, embora as suas formas individuais ainda não existissem (*civ. Dei* 13.14, 22.24). Ele não aceitava a opinião de que as almas humanas imortais foram criadas no começo para esperar por encarnação posterior, mas ficou pouco claro se estavam embutidas nas razões seminais.[7] Agostinho distinguia entre ato criador instantâneo de Deus e atividade conservativa e providencial de Deus. A existência da ordem criada é continuamente dependente de Deus (*Gn. litt.* 4.12.22; *civ. Dei* 12.26).

Antes de discutir alguns temas filosóficos ligados à concepção que Agostinho tem do tempo e da criação, vejamos mais de perto a estrutura do mundo criado. Segundo a visão trinitária de Agostinho, o Filho é a imagem e semelhança perfeita do Pai e, como o Verbo de Deus, a sede dos modelos de todos os seres finitos que podem servir como imitações parciais do ser supremo. Os modelos das semelhanças menores são chamados de ideias (*Gn. litt. imp.* 16.57-58).[8] Elas existem como pensamentos divinos e seus

---

7 Agostinho discutiu muitas vezes a questão se tanto os corpos materiais como as almas imateriais foram transmitidas pelos pais (a opinião traducionista da origem da alma) ou se as almas individuais são constantemente criadas por Deus (a opinião criacionista). Suas convicções teológicas sugeriram a opinião traducionista, mas ele preferiu suspender o julgamento sobre esse assunto. A verdadeira razão para se preocupar com esses temas e outros relacionados foi a doutrina do pecado original de Adão e suas consequências. *Cf.* O'Connell (1987); O'Daly (1987, p. 15-20); Rist (1994, p. 317-320).

8 *Cf.* também Gilson (1961, p. 210-212). A ideia do Verbo que contém dentro de si as ideias das coisas possíveis foi aceito por praticamente todos os teólogos medievais. Na abordagem de Agostinho, as ideias representavam os modos finitos de imitar o ser divino infinito. As possibilidades tinham um fundamento ontológico na essência de Deus. Essa era a visão dominante das metafísicas de modalidades no século XIII. Duns Escoto abandonou o seu hábito de pensar introduzindo o conceito de possibilidade lógica e sustentar que Deus conhece as possibilidades como tais antes de compará-las com sua essência do ponto de vista da imitação. *Cf.* Knuuttila (1996).

conteúdos se referem à possível atualização* no domínio da mutabilidade.⁹ Deus é absolutamente imutável. As coisas criadas são mutáveis por causa de sua estrutura composicional, que envolve forma e matéria espiritual ou corporal. Deus criou simultaneamente as formas das coisas e a matéria como a possibilidade de seus seres formados (*Gn. Litt.* 1.15.29; *f. et symb.*2.2; *conf.* 12.9.9). Em suas obras posteriores, Agostinho toma "céu" e "terra" em Gênesis 1,1 como referência à matéria espiritual e à matéria corporal respectivamente (*Gn. litt.* 1.1.2-3). A matéria espiritual é o substrato dos anjos, que foram criados quando Deus disse: "Faça-se a luz". Ela foi formada em espíritos angélicos através da conversão numa visão de inteligibilidade divina (*civ. Dei* 11.9).[10] Esta explicação da criação dos seres espirituais é influenciada pela teoria de Plotino das primeiras emanações, embora os anjos sejam criados por escolha, segundo Agostinho, e não são um resultado de uma emanação plotiniana que atualiza todas as coisas possíveis em todos os níveis possíveis de ser. A parte inferior do Universo na qual as coisas materiais representam suas ideias eternas também é criada diretamente por Deus; Ela não é uma imitação emanada da esfera superior como em Plotino (Voltarei a esta questão na seção seguinte).

Segundo Agostinho, o tempo requer mudança e é óbvio que as coisas na parte mutável, corpórea do mundo, são temporais. Em *Confissões* 12.9.9, ele afirma que o céu do céu não muda, embora seja capaz de mudança. Nas obras posteriores ele supõe que haja uma espécie de movimento entre os

---

\* NT: Os termos "atual", "atualização", "atualizar" etc. são usados no sentido filosófico: "atual" se opõe a "potencial". Algo pode ser "atual" (ser em ato) ou "potencial" (ser possível, em potência). Nesta tradução, raramente "atual" é usado em sentido temporal.

9   Rist (1994, p. 256) afirma que as ideias estão no Verbo como as formas neoplatônicas estão no *Nous*, a primeira esfera de emanação, mas o Verbo não é subordinado e as formas não são iguais ao Verbo.

10   Em *Confissões* 12, "céu" geralmente se refere ao "céu do céu", que imutavelmente contempla Deus e "terra" é a matéria sem forma, mas Agostinho também menciona como uma possível interpretação de Gênesis 1,1 que "céu" se refere ao reino espiritual sem forma e "terra" quer dizer matéria física sem forma (*conf.* 12.17.26). Quando Agostinho fala sobre o céu do céu como uma entidade intelectual, não está totalmente claro se a distinção entre matéria e forma pode ser aplicada a ele. Mais tarde ele preferiu falar dos anjos como os seres criados superiores. Sobre a criação dos anjos *cf. De civitate Dei* 11-12.

anjos, que são as criaturas superiores. Eles podem ver as coisas como elas existem à maneira divina, ou como criadas. Essa mudança da finalidade da atenção visava explicar as expressões "veio a manhã" e "veio a tarde" na história da criação. Os anjos chegaram a conhecer o Universo simultaneamente criado dessa maneira (*civ. Dei* 11.7, 9, 27).[11]

Agostinho considerava Deus o próprio Ser ("ipsum esse") e qualquer coisa menos que Deus como menos existente (*Jo. ev. tr.* 38.8-10; *civ. Dei* 12.2).[12] A escala dos graus de existência sobrepõe-se à escala dos graus de bondade. Deus é perfeitamente bom (*civ. Dei* 12.1-2). Os seres criados são mais ou menos bons, mas são todos bons porque senão não estariam incluídos no mundo criado. Quando Deus viu que a ordem criada era muito boa (Gn 1,31), ela era boa no sentido de que todos os seres singulares eram bons e tudo formava uma boa e bela ordem (*ench.* 3.9-10). Agostinho admite que há coisas criadas que a maioria das pessoas não considera nada boas, como os animais venenosos, mas ele diz que eles são úteis para alguma finalidade e somam para a beleza do todo. Além disso, muitas coisas causam sofrimento aos seres humanos apenas por causa da corrupção da condição humana original. Agostinho também registra algumas fraquezas estruturais e o potencial de sofrimento entre os animais, mas diz que algumas coisas são menos perfeitas que outras e, dependendo do lugar que uma criatura ocupa na grande cadeia do ser, a sua vida é melhor ou pior num sentido relativo. Este é o preço para haver um todo harmonioso com uma grande variedade de coisas. "São desiguais a fim de que todos eles possam existir" (*civ. Dei* 11.22, 12.4).[13]

---

11  Sorabji (1983, p. 31-32).
12  *Cf.* também Gilson (1961, p. 210-211).
13  Segundo Plotino, a maldade é o preço da variedade e é uma privação da bondade sem um *status* ontológico independente (*Enéadas* 1.8.3, 3.2.11); para a noção de *privatio boni* em Agostinho, cf. *Enchiridion de fide, spe et caritate* 3.11. O mundo decaído tornou-se um lugar de sofrimento através dos males morais que as pessoas causam e através dos males naturais que nos sucedem separados da ação humana. A fragilidade das disposições mentais e físicas dos homens decaídos é penal. *Cf.* Kirwan (1989, p. 80-81); Rist (1994, p. 256-289).

## O que Deus fazia antes de criar o mundo?

Em muitos lugares Agostinho discute as questões de quê Deus fazia antes de fazer o céu e a terra e por que o mundo foi criado nesse momento em que começou a ser – por que não antes ou depois (*Gn. adv. Man.* 1.2.3-4; *conf.* 11.10.12, 11.12.14, 11.30.40; *civ. Dei* 11.4-5)?[14] Propor questões desse tipo era parte da crítica popular das ideias do começo temporal do Universo e de Deus como o fazedor de mundo.[15] Supunha-se nessas questões, ao contrário da opinião geral, que houve tempo antes do Universo, mas este não era o ponto de crítica. No seu *Timeu*, Platão diz que o tempo começou a existir junto ao Universo, mas ele também fala de movimento antes da criação do tempo. Aceitava-se que isso significava que se podia fazer uma distinção entre tempo ordenado, que começou junto ao cosmos ordenado, e tempo desordenado associado com a matéria e o movimento em desordem.[16] Veleio, o porta-voz do epicurismo no *De natura deorum* de Cícero, refere-se a esta distinção quando pergunta: "Por que os construtores do mundo de repente despertaram em atividade, depois de dormir por incontáveis eras?".[17]

O argumento "por que não mais cedo?" contra o começo temporal do Universo fora formulado por Parmênides, e Aristóteles o usou em sua *Física*: se o mundo começa a existir em certo momento sem qualquer outra mudança, não há nenhuma outra razão por que isso devesse ocorrer naquele tempo particular.[18] Se esse começo estava baseado numa decisão divina, parece não haver nenhuma razão por que a decisão devesse ter sido tomada naquele tempo. Agostinho diz que alguns platônicos defendiam a eternidade do mundo a fim de evitar a crítica de que os atos divinos são fortuitos e que novas ideias vieram à mente supostamente imutável de Deus (*civ. Dei* 11.4). Se a decisão não foi um capricho repentino, mas Deus quis lançar algo bom, por que não antes? Por que Deus estava ocioso antes? Se se considerava que

---

14 *Cf.* também Peters (1984).
15 Para uma discussão histórica detalhada *cf.* Sorabji (1983, p. 232-252, 268-283).
16 Dillon (1977, p. 253-254).
17 Cícero, *De natura deorum*, 1.21-22.
18 Aristóteles, *Física* 8.1.252a11-19. *Cf.* Sorabji (1983, p. 232-238).

criar o mundo aumentaria algo à felicidade de Deus, como tal mudança poderia ocorrer na divindade?[19] Agostinho afirma que alguns defensores platônicos da bondade imutável de Deus pensavam que isso exigisse uma série perpétua de ciclos idênticos ou quase idênticos de mundo: Deus nunca está ocioso e, sendo os ciclos finitos e uniformes enquanto distintos de uma série que varia infinitamente, são acessíveis ao conhecimento divino (*civ. Dei* 12.18; *cf.* 11.4-5).[20]

Além dessas observações teológicas, havia um bem conhecido grupo de argumentos conceituais contra um princípio absoluto. Segundo Aristóteles, quando um ser principia a ser é o primeiro momento de sua existência, antes do que ele não existia. O tempo não pode ter um princípio, porque então haveria tempo antes do tempo.[21] De modo semelhante, tudo o que começa a se mover é movido por algo[22] e tudo o que principia a existir recebe os seus constituintes de coisas já existentes.[23]

A resposta de Agostinho aos argumentos contra o princípio temporal do mundo está baseada numa clara distinção entre tempo e atemporalidade. O tempo depende do movimento, e dado que Deus é amovível, não há tempo algum antes da criação (*conf.* 11.13.15; *civ. Dei* 11.6). A criação é uma atualização da decisão eterna e imutável de Deus: querer uma mudança não implica uma mudança de vontade. Não há nenhuma decisão repentina nova na mente de Deus (*conf.* 11.10.12; *civ. Dei* 11.4, 12.15, 12.18, 22.2).

---

19 Estes pontos são repetidos na crítica epicureia em Cícero, *De natura deorum* 1.9.21-22; Lucrécio, *De natura rerum* 5.156-180 e Aécio, *Placita* (Diels 300a18-301a7). Effe (1970, p. 23-31) afirma que esses pontos provêm do livro *De philosophia,* de Aristóteles; *cf.* também Sorabji (1983, p. 281-282). Os epicureus acreditavam que a presente ordem do mundo tivera um princípio e que os deuses não a influenciaram. Para uma crítica epicureia do criacionismo filosófico *cf.* Sedley (2007, p. 139-149).

20 Chadwick (1991a, p. 226-227) observa que Orígenes apresentou contra a eternidade do mundo com o argumento que o infinito não pode ser conhecido (*De principiis* 2.9.1, 3.5.2, 4.4.8; *Commentarius in Matthaeum* 13.1) e que Porfírio pode ter respondido a essa crítica com a hipótese dos ciclos de mundo. Esta abordagem foi então usada pelos antagonistas pagãos do cristianismo mencionados por Agostinho. Plotino defendeu a repetição referindo-se ao número finito de razões seminais (*Enéadas* 5.7.1-3). *Cf.* também Sorabji (1983, p. 182-188).

21 Aristóteles, *Física* 8.1, 251b10-13; *Metafísica* 12.6, 1071b8.

22 Aristóteles, *Física* 8.1, 251a8-b10.

23 Aristóteles, *Física* 1.9, 192a27-32; *Metafísica* 7.7, 1032b30-7.8, 1033b19.

De modo semelhante, as perguntas "por que não antes?" ou "Deus estava ocioso antes?" não têm sentido quando Deus não precede ao mundo criado em nenhum sentido temporal. A análise aristotélica do princípio aplica-se apenas a coisas que têm um princípio temporal, não ao princípio do tempo (*conf.* 11.12.14-14.17, 11.30.40; *civ. Dei* 11.5, 12.16). Suas observações sobre o vir a ser a partir de matéria preexistente aplicam-se à geração de seres naturais e artefatos, mas não à criação (*cf. conf.* 11.5.7, 12.8.8).

A solução de Agostinho teve muita influência na época medieval. Uma aplicação tardia bem conhecida é a crítica que Leibniz faz da visão absolutista que Newton tem do tempo. Leibniz disse que a concepção do tempo que continua independentemente de alguma outra coisa existir faz Deus criar sem razão suficiente em certo momento. A opinião de Leibniz era de que a existência de tempo requer a existência da mudança.[24] Muitos filósofos contemporâneos da religião trataram da questão de se a concepção agostiniana da atemporalidade de Deus é compatível com as doutrinas da onisciência e da ação voluntária divinas.[25]

### Deus criou tudo o que podia criar?

Em *De spiritu et littera* Agostinho dá uma resposta a Marcelino, que estava preocupado sobre como o próprio Agostinho podia dizer que algo é possível embora não houvesse exemplo disso no mundo. Na opinião de Marcelino, dizer que tais coisas são possíveis não era compreensível (*spir. et litt.* 1-2). A questão surgiu em conformidade com a opinião de que todas as possibilidades genéricas provam a sua genuinidade através da atualização. Este princípio foi em geral incluído nos paradigmas que deram forma às antigas teorias filosóficas da modalidade. Se há possibilidades individuais genuínas que permanecem irrealizadas, isso era um tanto mais controverso.[26] Noutro lugar, Agostinho menciona outras objeções às doutrinas cristãs

---

24  *Cf.* as discussões em Kirwan (1989, p. 162) e Sorabji (1983, p. 79-80, 256-258).
25  *Cf.* por exemplo artigos em Tapp e Runggaldier (2011).
26  Knuuttila (2008, p. 507-531).

baseadas na opinião de que o curso ordinário da natureza define o que é possível ou impossível (*civ. Dei* 21.7-10, 22.4, 11). Em cada caso a resposta de Agostinho é que coisas que podem parecer impossíveis do ponto de vista dos poderes naturais muitas vezes são possíveis, porque Deus pode fazê-las. Ele também menciona a ideia de que acontecimentos miraculosos não são inaturais. Nosso conceito de natureza está baseado em regularidades observacionais, mas a natureza última é a vontade ou desígnio providencial de Deus, que provê a história natural com todas as espécies de acontecimentos excepcionais. São incompreensíveis aos homens e servem para demonstrar a soberania de Deus aos crentes (*civ. Dei* 21.8).

Agostinho ressalta que embora o imenso poder de Deus não seja compreensível às mentes humanas, as obras de Deus não são irracionais (*civ. Dei* 21.5). Ele afirma um conjunto eterno de princípios matemáticos, dialéticos e metafísicos baseados "nas formas principais ou razões estáveis e imutáveis das coisas, que não são elas mesmas formadas e, portanto, são eternas e sempre as mesmas, contidas na mente divina" (*div. qu.* 46). Uma vontade racional não pode desejar nada irrealizável (por exemplo, mudar verdades imutáveis), e é claro que o poder de realização, conceitualmente distinto da vontade, é eficiente apenas à medida que a vontade à qual está ligado é racional. Quando Agostinho definiu a onipotência como o poder de fazer o que se quer (*cf.* por exemplo *ench.* 96; *civ. Dei* 21.7), considerou como certo que a vontade de Deus não pode ser dirigida de maneira a provar que Deus não é onipotente.

Segundo Platão, o domínio das formas esgota as possibilidades e os tipos de seres e não há formas sem uma eventual imitação no mundo empírico. A versão de Plotino deste modo de ver é que o poder de estar procedendo do Uno não deixa nenhum constituinte do Universo máximo irrealizado. Em cada nível da realidade as formas genéricas são exemplificadas por seres particulares tão numerosamente quanto possível.[27] Neste sentido, Plotino afirmava uma equação entre possibilidades e suas realizações, ou seja, ele aceitava numa forma a ideia que Arthur O. Lovejoy apelidou de "o princípio

---

27 Plotino, *Enéadas* 4.8.6.

da plenitude" no seu famoso livro *The great chain of being*. Lovejoy pensa a mesma coisa de Agostinho, mas quanto aos possíveis indivíduos isto é claramente falso, e quanto aos tipos de ser, o exemplo mencionado por Lovejoy pode ser entendido de diferentes maneiras.[28] Lovejoy e seus seguidores pensam que Agostinho tinha em mente todos os possíveis tipos de ser quando argumentou que são necessários graus de perfeição porque de outra maneira nem todas as espécies poderiam ser atuais. Mas isso pode ser entendido como uma observação sobre o mundo atual e suas espécies.[29] Não está totalmente claro se Agostinho supunha que haja formas genéricas vazias, mas pensava que o número de indivíduos meramente possíveis é muito maior do que o número dos indivíduos que existem na história do mundo. Em *De civitate Dei* 12.19, Agostinho critica as doutrinas antigas que afirmavam que a única noção consistente de infinito é a de infinito potencial. Segundo ele, uma série infinita de números existe atualmente [em ato] no pensamento de Deus, e Deus pode criar um número infinito de indivíduos e conhecer cada um deles simultaneamente:

> Se ele quisesse produzir sempre várias coisas novas de modo diferente de seus predecessores, para ele nenhuma poderia ser desordenada ou imprevista, nem as programaria de um dia para o outro, mas elas fariam parte da sua presciência eterna.

Agostinho restringiu a noção do poder de Deus relacionando-o a outros atributos divinos, por exemplo: "Deus podia segundo o seu poder, mas não segundo a sua justiça" (*c. Gaud.* 1.30).[30] Ao tratar da providência divina, Agostinho referiu-se às possibilidades não realizadas usando o *slogan* "Potuit sed noluit" ("Pôde, mas não quis", *cf. c. Faust.* 29.4; *nat. et gr.* 7). A frase ficou bem conhecida no começo da Idade Média. Não foi introduzida por Agostinho, mas fora usada por outros teólogos antes dele.[31]

---

28   Lovejoy (1936, p. 67).
29   Lovejoy cita, sem dar a referência, *De civitate Dei* 11.22. Para formulações semelhantes, *cf.* 12.4 e 12.27.
30   *Cf.* Orígenes, *Commentariorum series in Matthaeum* 95.
31   *Cf.* Tertuliano, *De cultu feminarum* 1.8.2.

Quando Agostinho usou essa concepção ao analisar a liberdade da vontade humana, ele tinha em mente um modelo intuitivo de possibilidades diacrônicas. Antes de uma escolha ser feita, é possível que o ato de escolha seja este ou aquele. Segundo Agostinho, a presciência divina sobre livres escolhas não as influencia, e o conhecimento de Deus sobre elas poderia ser diferente do que é: "Se um homem não quer pecar, ele certamente não peca, mas se ele quis não pecar, isso também já foi sabido antecipadamente por Deus" (*civ. Dei* 5.10). A opinião que alternativas reais estão abertas à vontade antes de ela fazer uma escolha limita o conceito de liberdade da vontade. Liberdade não é mera ausência de coações externas.[32] Isto é verdadeiro também para a vontade de Deus. Agostinho considerava a onipotência de Deus um poder executivo entre alternativas que são objetivamente limitadas pela escolha atual de Deus. A decisão livre de Deus é conceitualmente precedida por conhecimento acerca das possibilidades alternativas. Plotino às vezes aplica a noção de vontade ao Uno, mas porque o Uno é essencialmente bom, realizará todas as possibilidades.[33] É assim que Platão também caracterizou a generosa bondade divina.[34] Agostinho apreciava a opinião platônica (*civ. Dei* 11.21), mas a sua concepção das possibilidades divinas continha uma ideia intuitiva das alternativas das quais apenas uma é atualizada. Ele pensava que Deus poderia ter feito vários mundos e por isso via a decisão eterna de Deus como livre e voluntária numa maneira que estava além do alcance da tradição platônica. Segundo Agostinho, Deus criou o mundo porque Ele é bom e o mundo é bom, mas a sua bondade poderia ter tomado outras formas. O mundo existe porque Deus o quis, mas não há nenhuma resposta última para a pergunta sobre por que Deus quis exatamente o atual mundo nosso (*Gn. adv. Man.* 1.2.4).[35]

---

32 Não discuto os problemas ligados com a tentativa de Agostinho de combinar liberdade humana e determinismo teológico. *Cf.* por exemplo Brachtendorf (2007).
33 Sorabji (1983, p. 316-318); Rist (1994, p. 265).
34 Platão, *Timeu* 29d-e.
35 Agostinho não defende a tese que o mundo criado é o melhor possível. Ele pensou que tudo era "muito bom" (*valde bona*; *cf.* Gn 1,31) e que não havia motivo para lamentar-se (*ench.* 10-11). *Cf.* também Kirwan (1989, p. 67).

Embora as observações de Agostinho acerca da vontade divina tenham permanecido em esboço, deram origem à concepção de Deus como agindo por escolha entre situações hipotéticas providenciais alternativas. Tiveram um papel importante na emergência da ideia intuitiva de modalidade como multiplicidade referencial com respeito a alternativas simultâneas. Esse paradigma modal dificilmente existiu entre os antigos pensadores. Foi introduzido nas primeiras discussões medievais que foram fortemente influenciadas pela teologia filosófica de Agostinho.[36]

### Tempo físico e psicológico

As meditações de Agostinho sobre o tempo no Livro 11 das *Confissões* estão entre as partes filosóficas mais discutidas de suas obras. A sua observação geral acerca do tempo é citada frequentemente: "O que é o tempo? Se ninguém me pergunta, eu sei; mas se quero explicá-lo ao que me pergunta, eu não sei" (*conf.* 11.14.17). Agostinho concentra-se numa explicação psicológica e subjetiva do tempo em *Confissões* 11, mas não volta a esse assunto nos escritos posteriores. Em vez disso, ele olha o tempo como uma ordem criada associada à sucessão das coisas "segundo o número recebido não temporalmente na criação" (*Gn. litt.* 4.32.52, 5.5.12).[37] Essa parte de sua teoria inclui muitas ideias sobre o tempo que são derivadas da antiga filosofia natural. Visto que algumas questões centrais dessa tradição foram extensivamente discutidas por Aristóteles, vamos dar uma breve olhada no tratamento que ele faz do tempo nos capítulos finais do quarto livro de sua *Física*.

Depois de ter formulado alguns paradoxos do tempo no capítulo 10, Aristóteles começa a sua discussão sistemática no capítulo 11 com algumas observações sobre a experiência do tempo presente (agora) e sobre o conceito correspondente do presente baseado na consciência imediata de atualidade. Quando o conteúdo do agora presente muda, dizemos que há um novo "agora". Sem mudança não poderíamos ter consciência nem dos momentos

---

36  Knuuttila (1993, p. 62-98).
37  Sobre o tempo psicológico e físico em Agostinho, *cf.* Gross (1999).

distintos, nem do tempo, porque o tempo é uma espécie de distância entre os diferentes "agoras". Olhando para as coisas do ponto de vista do tempo presente atual, era natural para Aristóteles, como podemos ver pela terminologia acima e do seu hábito de considerar temporalmente sentenças indeterminadas como paradigmas de declarações informativas em geral. Tais sentenças contêm uma referência explícita ou implícita ao seu momento de declaração, por exemplo: "Sócrates está sentado (agora)", e a mesma sentença pode às vezes ser verdadeira e às vezes falsa, dependendo de como as coisas estão no momento de sua declaração. Se uma sentença é sempre verdadeira, ela é necessariamente verdadeira; e se não é verdadeira, ela é impossível. Se ela é possivelmente verdadeira, é, ao menos às vezes, verdadeira. Se declarações com importância existencial são verdadeiras sempre que são pronunciadas, elas se referem a coisas que são atuais em qualquer momento do tempo e, portanto, necessárias.[38] Seres necessários são omnitemporais, mas se houvesse apenas tais seres sem movimento, eles não seriam chamados "omnitemporais" porque não haveria tempo algum num mundo sem movimento.

Na filosofia natural, o presente "agora" deve ser entendido como uma fronteira sem duração entre o passado e o futuro. Esses "agoras" ou "instantes" com conteúdo imutável são os limites entre os quais os processos com comprimento temporal definidos ocorrem (No Livro 6 da *Física*, Aristóteles desenvolveu regras detalhadas de como colocar os limites dos processos e momentos de mudança numa teoria física que opera com as doutrinas das categorias e tempo, espaço e movimento contínuos). A concepção de Aristóteles do comprimento do tempo ou da quantidade (número) de um movimento pode ser descrito como segue. Suponhamos que um objeto X se mova continuamente do lugar A para o lugar B de modo que há um último instante M no qual ele está em A e um primeiro instante N no qual ele está em B. Os instantes ("agoras") diferem uns dos outros por causa da posição de X neles. Há um comprimento espacial entre essas posições e há um comprimento temporal entre os X que estão nessas posições. O comprimento

---

38 Aristóteles, *Metafísica* 9.10, 1051b9-17.

temporal é a quantidade do movimento "com respeito a antes e depois".³⁹ Medir é aplicar uma unidade a um todo e contar quantas unidades ele envolve. Uma unidade de medida temporal conveniente é a órbita de algo que se move uniformemente num círculo que pode ser facilmente dividido em partes iguais. O comprimento de um movimento, ou alguma coisa no tempo, é medido comparando-o com um movimento simultâneo regularmente divisível. O movimento celeste é o relógio universal, mas o tempo não é esse movimento mais do que qualquer outro movimento.⁴⁰

Aristóteles achou a questão da realidade do tempo difícil. As partes do tempo são o passado e o futuro e nenhuma das duas existe. Elas estão divididas pelo presente, que é a fronteira entre o passado e o futuro (como um ponto que divide uma linha) e não é parte do tempo. Visto que o tempo nunca é real enquanto tempo, afinal ele existe? A mesma pergunta pode ser feita sobre o movimento, a realidade que Aristóteles considerava como um fato básico. O tempo não é o mesmo que o movimento, mas é real enquanto um aspecto contável do movimento que se exprime às mentes humanas.⁴¹ Ele não existe fora da alma, mas tem uma espécie de realidade objetiva. O movimento pode ser mais vagaroso ou mais rápido, mas isto não é verdadeiro do tempo. O tempo também tem uma direção fixa. O futuro muda no passado, mas não vice-versa. O passado e o presente são necessários; o futuro é parcialmente contingente.⁴²

À medida que Agostinho trata do tempo como um tema da filosofia natural, suas opiniões mostram semelhanças com as de Aristóteles e dos seus seguidores estoicos.⁴³ Como Aristóteles e os estoicos, Agostinho supôs que o tempo é um contínuo infinitamente divisível (*conf.* 11.15.20); que não haveria nenhum tempo se não houvesse movimento e almas (*Gn. litt.* 5.5.12; *civ. Dei* 11.6, 12.16); e que tempo e movimento são distintos ainda que o tempo não seja independente do movimento (*conf.* 11.24.31, 12.11.14).

---

39   Aristóteles, *Física* 4.11.219a11-220a27.
40   Aristóteles, *Física* 4.12.220b18-24, 14, 223b13-20.
41   Aristóteles, *Física* 4.14, 223a22-9.
42   Aristóteles, *Física* 4.10, 218b13-15, 12, 220a32-b5, 13, 222a10-11, b1-2; *De interpretatione* 9. Sobre a opinião de Aristóteles em relação ao tempo cf. Conen (1964); Sorabji (1983); Roark (2011).
43   O'Daly (1981); O'Daly (1987, p. 152-161).

Ao criticar a opinião de que tempo é o movimento de um corpo celeste, Agostinho afirma que o tempo passaria mesmo se o Sol parasse, e não seria afetado se os corpos celestes fossem acelerados. O tempo como duração não é dependente de qualquer movimento específico; mas se nada passasse ou viesse ou existisse, não haveria tempo passado, futuro ou presente (*conf.* 11.23.30-24.31; *cf.* 11.14.17). Agostinho também pensou que medimos o comprimento temporal de algo o comparando a algo, basicamente ao número de partes fixas de um movimento regular que servem como unidades de medida (*conf.* 11.16.21, 11.24.31).

Há algumas peculiaridades na concepção física do tempo de Agostinho. Uma delas é que ele chamou o presente de "uma parte do tempo" embora supusesse que era sem duração (*conf.* 11.15.20).[44] Essa noção foi provavelmente influenciada pela posição de Agostinho na controvérsia acerca do momento de mudança instantânea. A teoria de Aristóteles da decisão-limite está baseada na suposição de uma estrutura contínua de tempo, lugar, quantidade e movimento. Não há nenhum instante contíguo num tempo contínuo e, portanto, a finalidade principal da teoria é justificar assinalar o momento do princípio ou a cessação de um ser permanente, ou de um processo temporal, seja ao último instante de atualidade do estado precedente, seja ao primeiro instante de atualidade do estado seguinte. O modelo físico de Aristóteles não inclui um elemento que funcionaria como um transformador entre os estados contraditórios associados ao princípio e à cessação. Na tradição platônica, que remonta ao *Parmênides*,[45] pensou-se que gerações e corrupções, ou princípios e cessações, ocorressem num instante de mudança no qual nenhuma das declarações contraditórias que descrevem os termos de mudança fosse verdadeira. Esta teoria, que envolve intervalos de valor de verdade e rejeita a lei do terceiro excluído, é apresentada numa forma popular por Aulo Gélio em suas *Noites áticas*.[46] O autor conta como seu professor Calvenus Taurus aplicou a teoria ao responder à questão: quando, estritamente falando, uma pessoa está morrendo. A passagem provavelmente

---

44  *Cf.* também O'Daly (1987, p. 155-156).
45  Platão, *Parmênides* 156c-157a.
46  Aulo Gélio, *Noites áticas* 7.13.

era conhecida de Agostinho quando ele discutiu a mesma questão em *De civitate Dei* (13.9-11).[47]

Agostinho achou a pergunta confusa, pois, antes de vir a morte, não se está morrendo, mas se está vivo, porque a alma ainda está no corpo e ainda não partiu; e quando a morte chegou e a alma partiu, está-se morto, não morrendo. Agostinho diz que o tempo no qual alguém está morrendo parece desaparecer, e o mesmo parece acontecer quando o futuro muda no passado sem intervalo. Assim como Aulo Gélio, Agostinho exclui a possibilidade de que o momento da morte pudesse ser um limite intrínseco do período no qual a alma ainda não partiu ou do período em que ela partiu. Ele também considera absurdo que afirmações contraditórias possam ser verdadeiras ao mesmo tempo. O que permanece é que o instante da morte é o "de repente" platônico no qual a lei do terceiro excluído não está em vigor. Agostinho não declara isso explicitamente, mas diz que não é possível dar qualquer explicação racional do momento da morte.

No Livro 11 de *Confissões*, Agostinho trata primeiro da eternidade atemporal de Deus, da temporalidade dos seres criados e do princípio do tempo e do mundo na criação. A partir de 11.14.17 o tema do livro é a medida do tempo. Agostinho está particularmente intrigado pela questão de como um tempo medido existe. Falamos de "um tempo longo" e de "um tempo curto", mas o futuro ainda não é real e o passado não é mais real. Como pode algo que não existe ser longo ou curto? O presente, que é real, é sem duração. Não é longo nem curto (*conf.* 11.15.18-20). Embora o tempo se mova para trás de modo que o presente cessa continuamente de ser presente e se torna parte do passado, não há um depósito do qual o futuro está saindo para se tornar o presente e depois ser armazenado de novo no passado (*conf.* 11.17.22-18.23). No entanto, estamos conscientes dos intervalos de tempo e os medimos. Agostinho argumenta que a prática da medida do tempo se baseia no fato que a consciência humana funciona antecipando o futuro, lembrando-se do passado e sendo consciente do presente através da percepção. Por meio da distensão da alma ("distentio animi")

---

47  *Cf.* Strobach (1998, p. 41-45).

temos em nossa memória imagens de coisas que estavam presentes e que esperamos que estejam presentes. Portanto, temos na alma um presente do passado, que é memória, e um presente do futuro, que é antecipação ou expectação (*conf.* 11.20.26, 11.26.33). Nesse sentido, o tempo existe como uma distensão da alma.[48] Medir o tempo é medir as extensões temporais entre impressões que acontecimentos que passam causaram na alma e que permanecem quando passaram. Acontecimentos passados não existem. Quando a duração entre eles é medida, a consciência presente dos acontecimentos passados é associada à consciência do passado que mede o movimento. O mesmo é aplicado para avaliar a duração de acontecimentos futuros (*conf.* 11.27.35-36).[49]

Que o tempo tem uma espécie de existência na alma já fora sugerido por Aristóteles, que pensava que há um aspecto especial do movimento do qual o intelecto humano se torna consciente ao observar a distância entre os presentes com diferentes conteúdos. Como Aristóteles, Agostinho pensava que essas distâncias têm um aspecto objetivo:

> Desde o momento em que se começa a existir neste corpo mortal, sempre se está envolvido no processo que leva à morte [...]. Todos são impelidos por um movimento semelhante e com igual rapidez. Aquele que teve uma vida mais curta não passou seus dias mais rapidamente do que o que teve vida longa. Antes, momentos iguais foram tirados de ambos de maneira igual [...]. Se um homem gasta mais tempo em sua caminhada para a morte, ele não anda mais devagar, mas faz uma viagem mais longa. (*civ. Dei* 13.10)

---

48 A caracterização que Agostinho faz do tempo como distensão da alma mostra certas semelhanças com a descrição de Plotino da alma do mundo ("anima mundi") cujo espalhamento de vida (*diastasis*) envolve o tempo (*Enéadas* 3.7.11.41). Teske (1983; 1996) e Flasch (2004) sugeriram que o tempo é a extensão da alma do mundo também em Agostinho, mas a opinião tradicional é que Agostinho está falando da alma humana nesta conexão. *Cf.* O'Daly (1989, p. 154); Rist (1994, p. 83). As outras opiniões de Agostinho sobre o tempo também foram influenciadas pelo tratado de Plotino sobre a eternidade e o tempo (*Enéadas* 3.7).

49 Para sugestões de Agostinho acerca de perceber e medir o tempo no seu tratado anterior, *De musica*, *cf.* Gross (1999, p. 140-145).

Embora a teoria psicológica de Agostinho acerca do tempo não seja novidade na filosofia antiga, há algo novo em sua tentativa de ilustrar o sentido do tempo por meio dos conceitos de memória e antecipação. A terminologia de Agostinho está perto da explicação de Husserl do tempo fenomenológico, que está baseada numa distinção entre impressão primeira, retenção e protensão, e que está associada com a determinação temporal de agora, passado e futuro.[50] Agostinho supôs que se pode imaginar uma duração usando a memória e avaliar o tempo dos processos futuros desta maneira:

> Se alguém quisesse emitir um som um pouco mais longo e determinasse em seu pensamento quão longo havia de ser, ele determinou, sem dúvida, em silêncio o espaço de tempo e, depois, encomendando-o à memória, começou a emitir aquele som que soa até chegar ao termo prefixado. (*conf.* 11.27.36)

A nossa capacidade de medir os tempos e de avaliar os comprimentos temporais está baseada em nossa habilidade de memorizar durações experimentadas. Nós nos tornamos conscientes do tempo ao experimentar a extensão temporal. Ao contrário do que muitas vezes foi sustentado, Agostinho não oferece qualquer definição filosófica ou teológica do tempo no Livro 11 de *Confissões*. Ele tenta explicar como temos consciência do tempo e como a sua existência pode ser explicada do ponto de vista psicológico.

---

50 Husserl (1966); Ricoeur (1988, p. 12-59); Flasch (2004); von Herrmann (2008).

# 5 Agostinho sobre o mal e o pecado original

WILLIAM E. MANN

Antes de sua conversão ao cristianismo, Agostinho concebia Deus como um ser sumamente bom que é "incorruptível, inviolável e imutável" (*conf.* 7.1.1). Ao mesmo tempo, estava consciente da existência do mal no mundo, mal que pode ser dividido em duas classes principais. Primeiro, os objetos físicos têm limitações e defeitos. Em particular, as limitações das coisas vivas resultam em dificuldades, dor, doenças e morte. Em segundo lugar, há pessoas que se comportam malvadamente e cujas almas são caracterizadas por vícios como orgulho, inveja, cobiça e luxúria.

Pareceria que esse Deus sumamente bom evitaria ou erradicaria tanto mal quanto pudesse. O problema do mal, então, é ver se e como é possível tanto que Deus exista como que o mal exista. Antes de sua conversão, Agostinho pelejou contra esse problema por numerosos anos e encontrou alguma satisfação intelectual na solução oferecida pelo maniqueísmo. O maniqueísmo ensinava que o mundo é uma arena na qual duas forças cósmicas opostas, uma boa, a outra má, contendem incessantemente. Ao se concentrar nos atributos da incorruptibilidade, inviolabilidade e imutabilidade, não parece impossível haver dois seres que têm esses atributos em comum e que ocupam polos opostos no espectro moral. Assim, o maniqueísmo oferecia uma solução direta para o problema do mal: Deus está fazendo o melhor que pode contra o mal, mas está a enfrentar um oponente independente tão formidável como ele.

Embora o maniqueísmo seja dualista, o dualismo está confinado por um materialismo total. A bondade é identificada com a luz corporal; o mal, com as trevas físicas. O jovem Agostinho não encontra objeção para essa característica do maniqueísmo porque anteriormente tivera dificuldade em entender como algo podia existir não sendo um ser corpóreo (*conf.* 5.10.19, 7.1.1-2). Ele diz que era como se Deus fosse um oceano sem fronteiras impregnando completamente a esponja finita do mundo criado (*conf.* 7.5.7). Levando a metáfora um pouco à frente, podemos oferecer, em nome dos maniqueus, a observação de que a mesma esponja está inundada também com fluido extremamente tóxico; de fato, esses dois fluidos juntos não só permeiam a esponja, mas a *constituem*.

Com a sua conversão ao cristianismo, Agostinho chegou a pensar que uma solução adequada para o problema do mal devia partir radicalmente dos maniqueus em suas concepções de Deus e do mal. Chegou a ver Deus como ser espiritual, não corpóreo. Assim, Agostinho rejeita o dualismo materialista do maniqueísmo, mas abraça um dualismo diferente entre seres corpóreos e espirituais, com Deus, anjos e almas humanas entrando na última classe.

A natureza incorpórea de Deus não é suficiente para dissipar o maniqueísmo, pois um maniqueísmo persistente pode afirmar que há ainda uma fonte última, invencível do mal, seja ela corpórea ou incorpórea. Essa alternativa é negada pela insistência de Agostinho em que Deus é legitimamente *soberano* sobre todos os outros seres. Mesmo se os atributos de incorruptibilidade, inviolabilidade e imutabilidade não evitam a sua múltipla ocorrência em forças antagônicas, a soberania a impede: nenhum ser pode ser sumamente soberano se houver outro ser que possa prevalecer sobre ele.

A soberania de Deus sobre todas as outras coisas está baseada no fato de que ele as criou. Duas características da explicação de Agostinho da criação são especialmente importantes para a sua resolução do problema do mal: que Deus criou *ex nihilo*, do nada, e que tudo o que Deus criou é bom. É instrutivo distinguir entre as afirmações de Agostinho sobre a criação e a explicação influente de Platão.

No diálogo platônico que leva o seu nome, Timeu sustenta que o demiurgo ou artesão divino criou porque não criar indicaria uma falha de caráter – inveja – que um ser perfeito não pode possuir. Mas estar livre da inveja não determina que espécie de universo o demiurgo criará. Sendo sumamente bom, o demiurgo não pode tolerar criar algo que não seja o melhor;

ele quer que tudo seja o mais parecido possível com ele. Por isso o demiurgo impõe ordem sobre a matéria inicialmente discordante, produzindo um universo que é tão bom quanto a natureza de sua matéria permite.[1] Há três componentes do relato de Platão aos quais Agostinho não presta lealdade.

O primeiro componente decorre naturalmente da analogia do artesão que domina o relato de Timeu da criação; ele também está em harmonia com as restrições de Parmênides contra o não-ser. A matéria existia em uma forma rudimentar antes do processo da criação, fornecendo o material bruto com o qual o demiurgo trabalhou. O desempenho criador do demiurgo estava, pois, limitado pela natureza do material bruto disponível, sobre o qual o demiurgo não tinha nenhum poder. Agostinho rejeita essa explicação da criação como fabricação devido a sua pressuposição de que a matéria é coetânea com Deus. Ao criar o mundo, Deus traz à existência não apenas seus habitantes materiais, mas também o próprio material do qual eles são feitos.

1. Porque elas [as tuas obras] foram por ti feitas do nada, não de ti, não de alguma coisa que não é tua ou que tenha existido antes, mas de matéria por ti "concriada", ou seja, matéria criada simultaneamente por ti, quando deste forma à sua informidade sem nenhuma interposição de tempo. Pois embora a matéria do céu e da terra seja uma coisa e a forma do céu e da terra seja outra, no entanto as fizestes ambas simultaneamente – a matéria, de fato, inteiramente do nada, mas a forma do mundo de uma matéria informe e de tal modo que a forma se seguiu à matéria sem nenhum espaço de tempo. (*conf.* 13.33.48)

2. Por isso quando te pergunto de onde foi feita toda a criação, que, embora boa em seu gênero, no entanto, é inferior ao Criador, permanecendo ele imutável e ela mutável; não encontrarás o que responder se não confessares que foi feita do nada. (*c. Sec.* 8)

Estas passagens enunciam a doutrina da criação *ex nihilo*. Implicam também que Deus não pode criar nada igual a ele. Porque cada coisa criada

---
1 Platão, *Timeu* 29e-30b.

tem sua origem em não ser, é mutável. Mas Deus é essencialmente imutável, e todo ser imutável é superior a qualquer ser mutável.

O segundo e o terceiro componentes do relato de *Timeu* sobre a criação surgem destas duas perguntas. Por que a deidade criou algo? Por que a deidade criou este Universo? A resposta de Platão à primeira pergunta é: "um ser essencialmente sem defeito não pode ser invejoso", e à segunda pergunta: "um ser sumamente bom não pode criar nada menos que o melhor". As duas respostas não apresentam doutrinas equivalentes. A primeira não implica a segunda. O demiurgo está livre da acusação de inveja à medida que criou algo e não é subsequentemente invejoso do que criou. Se este padrão de desempenho é tudo o que é preciso, então um demiurgo cínico pode muito bem criar um grupo de criaturas miseráveis que não são invejadas por ninguém. A segunda resposta de Platão estabelece um padrão muito mais alto. Somente o melhor servirá para um ser sumamente bom. Mesmo assim, a segunda resposta não acarreta o que a primeira implica, pois a segunda resposta não implica que o demiurgo criará algo. A primeira resposta fornece esse ingrediente. As duas respostas juntas acarretam que o demiurgo criou este mundo e que este mundo é o melhor mundo que o demiurgo podia ter criado.

Agostinho não endossa nenhuma dessas opiniões. Podemos examinar as suas doutrinas vendo o que ele tem a dizer acerca da vontade de Deus em criar e da bondade do mundo criado. No tocante à vontade de Deus, este texto é importante:

3. Se, portanto, eles disserem: "Por qual motivo Deus decidiu criar o céu e a terra?" se deve responder-lhes que aqueles que desejam conhecer a vontade de Deus, aprendam primeiro a conhecer o poder da vontade humana. Pois eles desejam conhecer as causas da vontade de Deus quando a própria vontade de Deus é a causa de tudo o que existe. Pois se a vontade de Deus tem uma causa, é algo que antecede (*antecedat*) à vontade de Deus, e é uma impiedade crer nisso. Portanto, a quem diz: "Por que Deus criou o céu e a terra?" é preciso responder: "Porque quis". Pois a vontade de Deus é a causa do céu e da terra, e por isso a vontade de Deus é maior que o céu e a terra. Mas quem diz: "Por que quis fazer o céu e a terra?" busca algo

maior do que a vontade de Deus; mas nada maior que a vontade de Deus pode ser encontrado. (*Gn. adv. Man.* 1.2.4)

Esta passagem depende de um princípio causal – toda causa é superior aos seus efeitos – que, com a tese de que nada é superior à vontade de Deus, evita que a vontade de Deus tenha qualquer causa. Para Agostinho, a explicação para aqui. Noutras palavras, Agostinho não encontra na natureza de Deus nada que implique que Deus deva criar.

Não é evidente que Agostinho pense que, se Deus decide criar, então Deus deve criar o melhor mundo que puder. A criação é realmente muito boa (*Gn. litt. imp.* 13.3, fazendo eco a Gn 1,31), criada da "plenitude da bondade [de Deus]" (*conf.* 13.2.2, 13.4.5). Agostinho acrescenta que Deus não quer criar uma coisa a não ser que saiba que é boa (*civ. Dei* 11.21). Ao mesmo tempo, porém, faz as seguintes observações: nenhum ser *criado* teve merecimento perante Deus de ser criado (*conf.* 13.2.2-3). Se Agostinho endossa a tese mais geral, de que *nenhum* ser, atual ou possível, tinha esse mérito, então se segue que Deus não teria causado dano a nenhum ser atual ao omitir criá-lo e que Deus não teria causado nenhum dano ao ser potencial, mas não atual, ao omitir criá-lo. Deus não criou a partir de nenhuma necessidade, nem para aperfeiçoar alguma deficiência nele mesmo (*conf.* 13.4.5). Deus, portanto, conscientemente cria um mundo bom, mas as observações de Agostinho não implicam a tese do *Timeu* de que este mundo é "um mundo tão bom como Deus podia criar". Talvez ingenuamente, talvez astutamente, Agostinho caracteriza a doutrina de Platão simplesmente como a doutrina cuja explicação mais exata para a criação do mundo é que boas obras são feitas por um bom Deus (*civ. Dei* 11.21). Tomás de Aquino distinguirá mais tarde entre um mundo ser composto das melhores partes possíveis e um mundo ter a melhor ordem possível entre suas partes, mesmo se as partes em si não forem as melhores. Tomás argumenta que o mundo criado deve ser tão bom quanto possível em termos de ordem imposta nele por Deus, mas que ele não precisa ser povoado pelos melhores componentes possíveis. Não encontrei a distinção de Tomás de Aquino nos escritos de Agostinho. Se Agostinho considera o mundo criado melhor em qualquer sentido de Tomás de Aquino, essa consideração não é uma parte proeminente da sua filosofia.

Agostinho insiste de fato que toda criatura é boa na medida em que existe (*nat. b.* 1). Como, então, há o mal?

Agostinho desdobra a sua resposta em dois estágios. Primeiro, embora toda criatura seja boa, algumas criaturas são melhores que outras. Agostinho considera o fato de toda criatura ser boa como uma consequência da atividade criadora de Deus. À medida que as coisas corpóreas existem mesmo, Deus concedeu a elas um grau de medida, número (ou forma) e ordem (*lib. arb.* 2.20.54; *nat. b.* 3). Os organismos e artefatos possuem essas características em alto grau, mas mesmo os materiais comparativamente mais simples dos quais são compostos têm algum grau de medida, número e ordem: se não fosse assim, os materiais brutos são literalmente não existentes (*lib. arb.* 2.20.54). Portanto, para Agostinho o predicado "bom" não é como o predicado "médio". Mesmo se todas as crianças de Lake Wobegon estejam acima da média, é matematicamente impossível que cada uma esteja acima da média. Todavia, tudo pode ser e é bom em virtude de ter medida, número e ordem.

Algumas coisas boas são melhores que outras (*civ. Dei* 11.22). Agostinho às vezes parece estar disposto a regulamentar todos os casos em que os x são melhores do que os y em casos em que x tem mais medida, número e ordem do que y (*nat. b.* 3). Mas ele deixa a maioria dos detalhes do projeto em branco. Assim, por exemplo, ele está ansioso por apresentar a tese que algumas coisas, mesmo quando corruptas, são ainda melhores do que outras coisas que permanecem incorruptas. Segundo a avaliação humana, pelo menos, o ouro corrompido é melhor do que a prata incorrupta, e a prata corrompida é ainda melhor do que o chumbo incorrupto (*nat. b.* 5). Pode ser que Agostinho acredite que a avaliação humana seja caprichosa neste assunto. Mas não há nada caprichoso, em sua avaliação, sobre as afirmações de que um espírito racional corrompido por uma vontade má seja ainda melhor do que um espírito irracional incorrupto, e que qualquer espírito, não importa quão corrompido, seja melhor do que qualquer corpo incorrupto (*nat. b.* 5). Em apoio a esta última afirmação, Agostinho diz que um cavalo fugido é melhor do que uma pedra estacionária, e um bêbado é melhor do que o excelente vinho que ele bebeu, assim a alma mais baixa, mais depravada, é melhor do que a luz, a mais nobre das coisas corpóreas (*lib. arb.* 3.5.12-16).

Este é o imaginário de um mestre retórico. Mentes mais prosaicas procuram instrução sobre como justificar a declaração por trás das imagens. O trio de medida, número e ordem sugere que a qualidade de melhor pode acompanhar integridade ou complexidade estrutural. Dado, porém, que muitos de nós achamos nossos exemplos paradigmáticos de integridade e complexidade estrutural em objetos materiais, precisaremos de orientação sobre como aplicar o trio para apoiar os julgamentos comparativos de Agostinho entre seres espirituais e materiais. A situação é especialmente confusa porque Agostinho considera Deus, o ser espiritual supremo, sumamente simples, sem ter absolutamente complexidade metafísica.

Nenhuma criatura, portanto, é má, apesar do fato de algumas criaturas serem piores que outras (*nat. b.* 14). A palavra "mau", quando predicada de criaturas, refere-se à privação, uma ausência de bondade em que poderia ter havido bondade (*conf.* 3.7.12). Se formos suficientemente audaciosos para indagar por que Deus permite que tais privações ocorram, estamos aptos para sermos lembrados dos seguintes pontos. Primeiro, as criaturas têm uma tendência natural para a mutabilidade e corrupção, uma responsabilidade inevitável por terem sido criadas *ex nihilo*. Em segundo lugar, nós estamos sujeitos a preconceitos de perspectiva, falhando em ver como privações locais, especialmente as que nos afetam, contribuem para o bem do todo. A viragem característica que Agostinho dá a esse ponto agora familiar é que, para ele, a avaliação do bom e do todo é mais diacrônico do que sincrônico. Aquele que lamenta o desaparecimento de coisas efêmeras particulares deveria perceber que desejar que elas possam durar para sempre é desejar que não elas, mas outra espécie de ser existisse. Além disso, o seu desaparecimento leva a criaturas novas, boas. Finalmente, há ordem e beleza a ser encontrada nesta passagem muito dinâmica, análoga ao modo como o discurso se torna possível pelo vir a ser e pelo desaparecer dos fonemas, ou a música pela produção sequencial de notas (*lib. arb.* 3.9.24-25, 3.15.42-43).

Em terceiro lugar, "Deus não deve nada a ninguém" (*liv. arb.* 3.16.45). Ao contrário, tudo o que existe deve sua inteira existência à graça de Deus.

"Mau", porém, é às vezes predicado de escolhas e ações de criaturas que possuem razão. O segundo estágio do tratamento que Agostinho faz do problema do mal começa aqui, pressupondo, contudo, os resultados do primeiro estágio.

4. Como já disse, portanto, o pecado não é o desejo de uma natureza má, mas o abandono daquela melhor. Por isso é mau em si o ato, não aquela natureza da qual faz mau uso quem peca. Pois o mal é usar mal o bem. (*nat. b.* 36)

5. Talvez, tu me perguntas: já que a vontade se move, afastando-se do bem imutável para procurar um bem mutável, de onde lhe vem esse impulso? Por certo, tal movimento é mal, ainda que a vontade livre, sem a qual não se pode viver bem, deva ser contada entre os bens. E esse movimento, isto é, o ato de vontade de afastar-se de Deus, seu Senhor, constitui, sem dúvida, pecado. Poderemos, porém, designar a Deus como autor do pecado? Não! E assim, esse movimento não vem de Deus. Mas de onde vem ele? A tal questão eu te contristaria, talvez, se te respondesse que não o sei. Contudo, não diria senão a verdade. Pois não se pode conhecer o que é simplesmente nada. (*lib. arb.* 2.20.54)

O pecado não é um desejo por coisas naturalmente más, segundo a passagem 4. A afirmação de Agostinho deve ser interpretada mais *de re* – não há naturalmente coisas más que possam servir como objetos de desejos pecaminosos – do que *de dicto*. Para *de dicto*, pode muito bem haver almas ignorantes que desejem o que consideram coisas naturalmente más, e tal desejo seria pecaminoso para Agostinho. A passagem 4 deixa inexplicado o que pode constituir um caso de abandono de coisas melhores. Embora o ouro seja intrinsecamente melhor do que a prata, o fato de eu desejar um cálice de prata em vez de um de ouro dificilmente contaria como pecaminoso. Agostinho às vezes estipula que a coisa desejada deva ser proibida por justiça a quem deseja (*Gn. litt. imp.* 1.3). Visto que a justiça é derivada da lei eterna de Deus (*lib. arb.* 1.6.50), um objeto de um desejo pecaminoso é às vezes de fato proibido por decretos de Deus a quem o deseja. Em algumas ocasiões, Agostinho se esforça para dizer que a pecaminosidade do desejo não reside no desejo em si, mas no consentimento que se dá a ele (*cont.* 2.3-5), em que o consentimento envolve seja a formação de uma intenção para agir de acordo com o desejo, seja, no mínimo, o fracasso em suprimir o desejo.

Como a passagem 5 indica, Agostinho gosta de descrever o pecado como o afastamento da vontade de Deus, uma rejeição culpável da generosidade infinita que Deus oferece em favor de algo infinitamente inferior. A passagem 5 também transmite a mensagem de que o que torna a rejeição culpável é que é livremente escolhida pela vontade do agente. Descrita, porém, como a rejeição livre de um bem infinito, o pecado não é exatamente culpável. É assombrosamente irracional: de um ponto de vista custo-benefício, o pior negócio imaginável. Atraído pela tese platônica de que todo erro é devido à ignorância, pode-se sondar algum defeito cognitivo na anatomia de cada pecado. Em muitas ocasiões podemos encontrar um defeito cognitivo, mas não faz parte do informe de Agostinho que sempre o achemos.

Recupere o último sentimento expresso na passagem 5, a saber, que a causa do afastamento da vontade de Deus é o não-ser incognoscível. Compare-a com a observação na passagem 3, de que "aqueles que desejam conhecer a vontade de Deus, aprendam primeiro a conhecer o poder da vontade humana". Podemos estabelecer os seguintes paralelos. Como a vontade de Deus em criar não tem causa, assim a vontade humana em pecar não tem causa. Esta característica é um aspecto do poder da vontade humana, mas talvez não seja a única. Se Deus pode cientemente escolher criar um mundo que não é o melhor mundo que poderia ter criado, em qualquer dos sentidos de Tomás de Aquino mencionados antes, então se pode argumentar de modo análogo que os humanos podem ter uma percepção clara de que um bem é superior a outro, embora seja livremente escolhido o bem inferior. Em alguns casos, talvez, como preferir prata a ouro, a escolha pode ficar abaixo do limiar da pecaminosidade. Noutros casos, porém, envolvendo a escolha do que a justiça proíbe, o limiar é sabido e culpavelmente passado. Outro aspecto do poder da vontade humana é rejeitar o veredicto da razão.

Poder-se-ia perguntar se o último "poder" é mais um passivo do que um ativo. Agostinho oferece a seguinte resposta: os objetos materiais, como classe, são bons, mas podem ser postos para mau uso e não são necessários para viver corretamente. Ao contrário, alguns bens espirituais, especialmente as virtudes da justiça, prudência, fortaleza e temperança são necessários para viver corretamente e não podem ser usados erradamente. Há outra classe de bens, intermediários entre os bens materiais e as virtudes, que são espirituais, necessários para viver corretamente, mas capazes de serem usados erroneamente. Nesta classe estão as faculdades da vontade, razão e memória (*lib. arb.* 2.18.49-19.52). Uma vontade genuinamente livre levará necessariamente com ela a responsabilidade de pecar. Mas sem ter liberdade de escolha, que está embutida na responsabilidade, os humanos não teriam a capacidade de escolher viver corretamente.

Há dois casos de escolha pecaminosa que dramatizam para Agostinho a pura obstinação do pecado: a defecção por parte do Diabo das fileiras dos anjos; e a escolha de Adão e Eva de comer o fruto proibido no Jardim do Éden. O caso do Diabo serve como modelo com o qual combina a psicologia de muitos pecados humanos. Ao responder à pergunta sobre por que o Diabo rejeitou a vida bem-aventurada aberta a todos os anjos, Agostinho cita o motivo do orgulho (*superbia*), que ele define como "o amor por sua própria excelência" (*Gn. litt.* 11.14.18) e um "desejo de elevação perversa" (*civ. Dei* 14.13).

O orgulho é também o impulso mau inicial por trás da queda de Adão e Eva (*Gn. litt.* 11.5.7; *civ. Dei* 14.13). A tentação de Adão e Eva por parte do Diabo não coagiu a queda deles, pois se a tentação tivesse sido coercitiva, a punição deles teria sido injusta. Adão e Eva sucumbiram voluntariamente à tentação por causa da sua fascinação orgulhosa com a intenção de que eles ficariam como Deus. Agostinho toma essa semelhança entre os dois casos como garantia da afirmação de que o pecado entrou no mundo criado através do orgulho. Ao mesmo tempo, ele é cuidadoso em insistir que o orgulho não é um componente em todos os pecados; como ele acentua, alguns pecados são cometidos por ignorância ou desespero (*nat. et gr.* 29.33).

A queda de Adão e Eva introduziu no mundo o pecado original, que não é um acontecimento, mas, antes, uma condição (*pecc. mer.* 1.9.9-12.15). É a condição imposta por Deus como punição a Adão e Eva por desobediência. Segundo Agostinho, a condição inclui desapropriação de um ambiente naturalmente perfeito, a perda da imortalidade natural e a aquisição de susceptibilidade à dor física, cansaço, doença, envelhecimento e desordens corporais rebeldes, especialmente desejo sexual (*Gn. litt.* 11.32.42; *civ. Dei* 14.16-19). A condição não é apenas patológica, é herdada, infectando todo descendente de Adão e Eva. A condição é inata, não adquirida; como Agostinho coloca, ela é transmitida por propagação, não por imitação (*pecc. mer.* 1.9.9-12.15). A opinião de Agostinho, portanto, é que nossos primeiros ancestrais esbanjaram o seu patrimônio e a nossa herança e – como se não fosse suficientemente mau – com isso contraíram uma sequência de enfermidades que foram passadas para todos os seus descendentes.

As enfermidades são físicas. Agostinho parece não pensar que as penalidades do pecado original incluem qualquer diminuição intrínseca das habilidades ativas da alma, tais como as capacidades de raciocinar e de querer. Embora ele não considere o ponto em nenhum lugar, Agostinho tem razão em rejeitar essa possibilidade. Pode-se argumentar que uma alteração das habilidades naturais da alma seria equivalente à criação de uma nova espécie. É bastante terrível ouvirmos dizer que no presente estamos em desvantagem por causa dos malfeitos de nossos ancestrais. Seria monstruoso se nos dissessem que nossa espécie foi criada como punição pelos malfeitos perpetrados por seres superiores de uma espécie diferente. Mesmo assim, as enfermidades físicas tornaram mais difícil aos humanos exercerem corretamente as habilidades de suas almas. Segundo Agostinho, todas as almas pecadoras sofrem de duas penalidades: ignorância e dificuldade (*lib. arb.* 3.18.52). Ignorância, não estupidez inata: os humanos agora carecem da espécie de intimidade noética com Deus usufruída por Adão e Eva, uma intimidade, contudo, insuficiente para garantir a manutenção da retidão, tanto no caso de Adão e Eva como do Diabo. Dificuldade, não impossibilidade: em nenhuma parte da mensagem de Agostinho está que os humanos foram estilhaçados pela Queda. Um reconhecimento pleno desse terreno haveria de incluir uma excursão no antipelagianismo de Agostinho. Mas, como Agostinho deixa claro nas *Retractationes* (*retr.* 1.9.6), ele toma o seu antipelagianismo como plenamente consistente com essa analogia. Suponha que nossa felicidade consistisse em eloquência, de modo que toda gafe gramatical fosse um pecado. Mesmo então ninguém culparia uma criança de ignorância inicial, pois a criança não tem ainda eloquência culpavelmente negligenciada ou a tenha culpavelmente perdido uma vez adquirida. Tampouco culparíamos um adulto que continua a achar eloquência difícil. Nós reservaríamos a censura para aqueles que nem sequer fizeram o esforço e aqueles que, tendo conseguido alguma fluência, recaem na fala inarticulada (*lib. arb.* 3.22.64).

# 6 Jesus Cristo, o conhecimento e sabedoria de Deus

*Allan Fitzgerald, O. S. A.*

Não há nada de incomum em dizer que Jesus Cristo está no centro da filosofia cristã e dos credos cristãos. Os textos patrísticos que chegaram até nós confirmam essa mesma realidade. Aqueles escritores chamavam-se filósofos, amantes da sabedoria; para eles, a teologia era essa parte da filosofia que trata da divindade. Os escritores patrísticos estiveram profundamente envolvidos num processo de usar a razão para explicar como as Escrituras podiam fazer sentido num mundo no qual tanto o filósofo como o camponês procuravam respostas acerca de Jesus Cristo. Mas nenhum deles teria sonhado em chamar o que faziam de "cristologia".[1] Tampouco os interesses deles foram plenamente capturados por aqueles momentos especiais do consenso episcopal que levou às declarações conciliares.

Tais comentários são especialmente importantes quando se trata do estudo do pensamento de Agostinho sobre Jesus Cristo. No seu tempo "havia poucos arianos na África",[2] e os grandes debates cristológicos que ocuparam tantos contemporâneos seus não forneceram o principal foco de sua vida e obra. Brian Daley afirma: "A cristologia de Agostinho recebeu relativamente pouca atenção dos estudiosos modernos". Isso foi verdade por causa da aparente falta de atenção de Agostinho às "categorias pelas quais a doutrina patrística que se desenvolvia acerca da pessoa de Cristo é comumente traçada"? Talvez. Mas o seu pensamento sobre Jesus Cristo era uma área onde "profunda reflexão e desenvolvimento real de pensamento pode ser notado

---

1 Cristologia é muitas vezes usada hoje como uma espécie de taquigrafia. Sua aplicação aos tempos pré-escolásticos precisa de nuança adequada.

2 Van der Meer (1961, p. 119). Embora tenha vivido em Milão no tempo em que Ambrósio enfrentava desafios à identidade católica por parte de adversários de tendência ariana, Agostinho mostrou interesse mínimo pelas questões arianas.

durante toda a carreira de Agostinho".³ É possível, então, identificar o caráter especial da compreensão que Agostinho tinha de Jesus Cristo?

Nos últimos quinze anos, o número de importantes estudos sobre o pensamento de Agostinho sobre este assunto – construindo sobre os novos fundamentos desenvolvidos desde meados do século⁴ – foi importante.⁵ Embora Agostinho nunca dedicasse uma obra especificamente a Jesus Cristo, deve ter sido porque via Cristo "como a condição, o autor e o método de todo o seu pensamento [...] a fonte e o método para o seu pensamento filosófico e teológico".⁶ Esta declaração compacta pode também ser afirmada em termos relacionais: "ele nunca falou de Cristo sem falar também do que significa ser identificado a ele".⁷ Portanto, o fato de que Cristo não era o objeto de um tratado específico não indica uma falta de empenho racional ou falha em tratar das preocupações gerais do seu tempo. O Cristo de Agostinho estava definido no crisol de seu exame penetrante de sua cultura e de sua fé. Ele diria: "Cristo é o nosso conhecimento, Cristo é também a nossa sabedoria" (*Trin*. 13.19.24). O tema deste capítulo é como conhecimento e sabedoria foram o foco de seu pensamento acerca de Jesus Cristo; ele começa desfazendo a maneira como Agostinho usou o melhor que encontrou nas filosofias do seu tempo e na fé cristã.

Este capítulo está dividido em duas seções principais. A primeira examina o contexto histórico do seu pensamento, fornecendo o pano de fundo que é pessoal (sua crença), temático (o sentido de confissão) e metodológico (adaptando ao momento). A segunda seção empreende uma dimensão consistente

---

3 Daley (1999, p. 164). *Cf.* também Keech (2012, p. 6), que o chama de "um padre aparentemente sem uma cristologia".
4 Van Bavel (1954); Drobner (1986); Madec (1986-1994, p. 845-908).
5 Os artigos que serão citados neste capítulo incluem Drobner (2000, p. 27-29); Jones (2004); Williams (2008, p. 176-189); Ayres (2008, p. 190-211); Dodaro (2012, p. 49-56).
6 Drobner (2000, p. 28-29). Pouco depois (p. 29) ele acrescenta: "Aqui seria suficiente lembrar a função de Cristo como o mestre interior ('magister interior'), o conhecimento e a sabedoria de Deus ('scientia et sapientia dei') na abordagem iluminacionista de Agostinho do conhecimento. A este respeito, não se encontrará uma cristologia tradicional [...] mas apenas o Cristo total ('totus Christus'), que perpassa todo o seu pensamento, levando-o assim a uma unidade que a erudição agostiniana ainda precisa entender plenamente como tal".
7 Jones (2004, p. 423).

de seu pensamento sobre Cristo, que é visto como o princípio unificador, o método espiritual, e a base para sua interação com seus contemporâneos, sejam cristãos ou não, sejam filósofos ou camponeses.[8] Tudo isso procura mostrar que o seu pensamento sobre Jesus Cristo tem um núcleo consistente que entra em jogo sempre de novo à medida que ele enfrenta questões novas e desafiadoras.[9]

### Agostinho no seu tempo

*Crescimento*

A história que Agostinho contou nas *Confissões* não começa com o seu batismo, mas com sua infância, porque ele descreveu sua relação com Deus a começar pelo nascimento. Por isso sabemos mais acerca de Agostinho do que sobre a maioria das figuras históricas devido a este e muitos outros escritos que foram preservados. Mas, importante também é que sabemos sobre a sua relação com Cristo desde os seus primeiros anos. A sua ligação com a tradição e piedade católicas foi facilmente suplantada porque os maniqueus prometiam uma fé em Jesus Cristo *conforme a razão*. Ele via a si mesmo como um crente em Cristo (*cf. conf.* 1.11.17), mas a mera crença não podia satisfazer.[10] Mesmo depois que ele deixou os maniqueus, o seu desejo por um Cristo racional continuou a amadurecer.

---

8  *Cf.*, por exemplo, *Sermo* 150.3.4: "Comumente, com seu estudo, sua investigação, seus diálogos e sua vida, os filósofos não apeteceram outra coisa que conseguir a vida feliz. Esta foi a única causa do seu filosofar; mas penso que têm isto também em comum conosco. Pois se vos perguntar por que credes em Cristo, por que vos fizestes cristãos, verdadeiramente cada pessoa me responderia: por causa da vida feliz. Portanto, o desejo da vida feliz é comum aos filósofos e aos cristãos".

9  A discussão da posição defendida por Carol Harrison (2006) foi sobre a teologia da graça de Agostinho – não com a cristologia de Agostinho. Uma recensão substancial de Harrison por Anthony Dupont (2008, p. 78-79) ressalta que van Bavel (1954) mostrou "que as primeiras obras (p. 386-391 e 394-397) contêm uma síntese da cristologia madura de Agostinho". *cf.* www.ArsDisputandi.org.

10  *Cf.* Madec (1986-1994, p. 845-848) para uma discussão mais completa do Cristo de sua juventude, do impacto da fé de sua mãe em Cristo e da atração do Cristo dos maniqueus.

Quando ele contou a história de como a sua sede de sabedoria foi despertada pela leitura do *Hortensius* de Cícero, ele também se identificou de alguma maneira com o nome de Cristo: "Nenhum escrito do qual faltava esse nome [...] podia cativar-me tão completamente" (*conf.* 3.4.8). Esse nome era um princípio de discernimento, pelo menos afetivamente falando. No tempo em que escrevia as *Confissões*, a sua escolha por Cristo fora identificada como um modelo: ou ele reconhecia uma necessidade por Cristo (*cf. conf.* 3.4.8, 5.14.25 e 7.18.24) ou se voltava para as Escrituras (*conf.* 3.5.9 e 7.21.27). É persistente a sua afirmação de que a fé em Cristo era clara e claramente reconhecida:

> Eu procurava ainda a origem do mal, e não havia saída. Mas não me permitias que, por nenhum turbilhão do pensamento, fosse arrancado à fé, graças à qual eu acreditava que tu existes, que a tua substância é imutável, que cuidas dos homens e os julgas, e que em Cristo, teu Filho, nosso Senhor, e nas Santas Escrituras, cuja autoridade a tua Igreja católica reconhece, tu colocaste o caminho da salvação humana, em direção àquela vida que depois desta morte há de vir. E assim, postas a salvo estas coisas, e fortalecidas firmemente no meu espírito, procurava, inflamado, donde provém o mal. (*conf.* 7.7.11)

Agostinho via a sua conversão, portanto, como toda acerca de Cristo. Enquanto pode ser dito que seu anelo interior e sua expressão exterior chegaram juntos em Cristo apenas no batismo, é possível ver como esse clímax foi preparado. Mais importante ainda, contudo, é o sentido de que os fundamentos para seu pensamento em Cristo já eram parte de sua consciência.

### Teologia como confissão

O que se sabe sobre o jovem Agostinho e sobre sua fé em Cristo se encontra, na sua maior parte, em suas *Confissões* – a história sobre a obra de Deus nele e além dele. Agostinho, como qualquer bom retórico, quer "mover" seus leitores e ouvintes a "estar vigilantes" para uma ação divina semelhante em suas vidas (*conf.* 10.3.4). Como acabamos de ver, Agostinho também tinha sido movido pela leitura de *Hortensius* de Cícero: "as suas palavras me estimulavam, acendiam, inflamavam a amar, a buscar, a conseguir, a reter e a abraçar fortemente não esta ou aquela seita filosófica, mas a sabedoria em si, onde quer que estivesse" (*conf.* 3.4.8). Ele foi também movido a contemplar o Verbo quando leu os livros dos platônicos (*cf. conf.* 7.9.13) e o prólogo do Evangelho de João, um texto que se tornara especialmente importante para Agostinho naquele tempo.[11]

Assim, as Escrituras deram a ele um conhecimento de Cristo como alimento para o amadurecimento; isso foi descrito como uma palavra no coração (*cf. conf.* 7.10.16). A sua confissão de que sua compreensão de Cristo envolvera tanto a mente como o coração foi claramente pessoal. Agostinho quer mais louvar a ação nele do que procurar as palavras para "explicar". Contudo, porque é uma confissão, ele também espera que outros vejam o que Cristo fez nele e sejam movidos por isso. No começo de *Confissões* 10, ele propõe a sua experiência de conversão como modelo para outros. A sua confissão visa uma comunidade mais ampla. Noutras palavras, o retórico não procura exatamente "mover" ou ser "movido", mas envolver outros numa reflexão compartilhada sobre o que significa ser salvo por Cristo.

Quando mostra o paradoxo fundamental do Verbo feito carne diante de seus ouvintes e leitores, Agostinho não presume que eles entendam, nem explica como as palavras da Escritura podem estar sujeitas à razão. Antes, ele envolve seus leitores "com frases concretas, retoricamente desafiadoras, que deixam o crente saborear o paradoxo inerente de pregar um Deus encarnado".[12] Ele pede a eles para saborearem o mistério: "Ele é um homem que é Deus porque Deus se tornou homem ('ipse est tamen homo qui deus, quia deus factus est homo')" (*Jo. ev. tr.* 21.7; *cf. en. Ps.* 5.56.5). Cristo é o homem Deus ("homo deus": *cf. c. Faust.* 13.8), o Deus

---

11  Depois de muitos anos ele se lembrará das palavras de Simpliciano a respeito do prólogo: "Estas palavras deveriam ser escritas em letras de ouro e serem postas nos lugares mais eminentes de toda igreja" (*civ. Dei* 10.29).
12  *Cf.* Daley (1987, p. 101).

homem ("deus homo": *cat. rud.* 4.8), o Deus que nasceu ("deus nascens": *f. invis.* 3.5).[13]

Portanto, a confissão de Agostinho é um elemento fundamental para a sua abordagem do pensamento filosófico e teológico porque mantém uma conexão com a sua experiência muito humana de conversão. Muito embora o mistério de Cristo seja insondável, a sua proclamação (*confessio*) serve para envolver outros na reflexão racional sobre a experiência deles. O seu frequente, aparentemente constante convite a ver confissão não como reconhecimento penitencial de pecado, mas como louvor, sugere muito mais do que mera redefinição de uma palavra.

*Escrito orientado pela ocasião*

A maioria das obras de Agostinho foram respostas a alguém ou a algo. Seja escrevendo ou falando, ele tentou desenvolver a fé da comunidade cristã diante de algumas ameaças percebidas.[14] Mas, toda vez que surge uma ocasião, ele improvisa,[15] o que significa que ele depende de sua habilidade retórica para encontrar as palavras certas de modo que possa, como ele diz no começo do seu comentário ao Evangelho de João, alimentar os seus ouvintes com o que eles o tinham alimentado (*cf. Jo. ev. tr.* 2.1: "et pro mostra capacitate pascamur, et ministremus vobis unde et nos pascimur"). A qualidade improvisa, interativa de sua pregação significa que suas palavras dependem de alguma maneira dos seus ouvintes, pois ele presta muita atenção para o que seus ouvintes podem suportar e para o que quer movê-los – um princípio de sua própria teoria do ensino:

> Durante o sermão todos se calam para escutar a um só, e voltam para ele o olhar atento. Nem o costume nem a conveniência permitem a alguém interromper e perguntar sobre o que não entendeu. Assim, quem fala deve tomar o maior cuidado de vir em ajuda de quem se

---

13   Daley (1999, p. 165).
14   Jones (2004, p. 19): "a doutrina de Cristo não é um exercício acadêmico para Agostinho. A sua cristologia está quase sempre relacionada com a sua cura pastoral, e o seu cuidado pastoral está continuamente fundado em Cristo".
15   *Cf.* Harmless (2012, p. 145-173).

cala. Ordinariamente, o povo, na sua avidez de entender, costuma dar demonstração, por seus movimentos, de que compreendeu. Até que assim manifestem, é preciso voltar ao assunto, variando as expressões de múltiplas maneiras. Isso, contudo, não é possível para os que pronunciam um discurso preparado de antemão e aprendido de cor. Todavia, logo que o orador tenha certeza de haver sido compreendido, é preciso terminar ou passar para outra questão. (*doc. Chr.* 4.10.25)

Nenhum sistema, nenhuma divisão nítida em tratados teológicos, nenhum contexto meramente especulativo. A improvisação permite que Agostinho faça muito mais do que pode ser feito numa sala de aula porque "discussões ricas e comovedoras de Cristo como o Mistério central da fé cristã aparecem de improviso em passagens que tratam de uma ampla variedade de questões, praticamente em todos os estágios da vida de Agostinho".[16] Ele está, portanto, sempre atento aos seus leitores e ouvintes, adaptando as suas palavras ao que ele pensa que ouvem. Isso não significa que ele esteja sempre procurando ser "politicamente correto", mas significa que não sente nenhuma necessidade de dizer tudo o que ele entende ou possa entender. A necessidade de uma teologia sistemática será um assunto para vários séculos depois.[17]

Dada a qualidade de improvisação da obra de Agostinho, é possível falar do seu pensamento acerca de Jesus Cristo como unificado? Esta é uma questão que precisa ser tratada no restante deste capítulo. Contudo, a dimensão de ocasião do seu discurso e do seu escrito é importante porque nos deve tornar mais cautelosos acerca do contexto desta ou dessa palavra ou frase. A sua escolha de palavras e frases serve ao contexto imediato; elas introduzem uma variedade no texto que tenderá a desafiar modelos filosóficos e construídos teológicos baseados apenas no uso da palavra. Por isso, o contexto histórico,

---

16   Daley (1999, p. 164); *cf. Expositio Epistulae ad Galatas* §24; *Confissões* 7.18.24-19,25; *De Trinitate* 13.22.23; *Enchiridion ad Laurentium de fide spe et caritate* 1.5, 28.108; *De civitate Dei* 21.15. Algumas questões cristológicas mais importantes foram com os pagãos e donatistas. Sua preocupação séria acerca da identidade de Cristo foi também uma preocupação pela identidade dos cristãos – um assunto a ser tratado mais adiante neste capítulo.

17   *Cf.* Cipriani (2007) para uma visão clara de como filosofia e teologia estão interligadas em Agostinho sem, no entanto, perder as distinções entre verdade racional e verdade revelada.

a importância local e o talento artístico retórico devem ser levados em conta no estudo de Agostinho. A seguir, discutirei o pensamento de Agostinho sobre Jesus Cristo de maneira mais focalizada, ou seja, pelo reconhecimento e emergência de consenso sobre o seu ensinamento acerca de Jesus Cristo e reconhecendo a importância que ele dá à incompreensibilidade de Deus[18] em todos os seus escritos.

## A cristologia de Agostinho

### Um princípio unificador

Goulven Madec afirmou uma vez de maneira ousada: "Eu sustento que Agostinho, desde o tempo da sua conversão, teve, na pessoa de Cristo, um princípio de coerência que proporcionava a unidade fundamental do seu pensamento".[19] Agostinho encontrara essa unidade nas palavras de Paulo que proclamou Jesus Cristo como aquele "no qual estão escondidos todos os tesouros da sabedoria e da ciência de Deus" (Cl 2,3).

Um artigo recente de Robert Dodaro confirma a opinião de Madec, mostrando igualmente a necessidade de um desenvolvimento mais pleno de sua visão básica.[20] Em 1975, Madec escrevera em reação a alguns estudiosos (por exemplo, Robert O'Connell e Olivier du Roy) que acentuavam o caráter neoplatônico da fé de Agostinho no tempo de sua conversão. Madec se preocupava mais com a exatidão histórica dessas afirmações do que com as ramificações teológicas. Por isso, não é surpreendente que o seu artigo não tenha o que Dodaro chamou de "uma explicação metafísica, detalhada da relação entre *sapientia* e *scientia* enraizadas em Cristo".[21] Muito embora Madec nunca tratasse explicitamente do tema que Dodaro levantou, em outros lugares falou acerca

---

18  *Cf.* van Geest (2011) para uma discussão de muito tempo atrás sobre quão abrangente é a insistência de Agostinho sobre os limites do discurso acerca de Deus.
19  Madec (1975, p. 84).
20  Dodaro (2012). *Cf.* Dodaro (2004, p. 147-155 e 165-171) para seu tratamento deste assunto.
21  Dodaro (2012, p. 50).

de Cristo nos termos histórico-salvíficos que, Dodaro mostra, completa o seu pensamento.²²

Citando um artigo de sessenta páginas que Madec escreveu na *Concordância dos evangelistas*,²³ Dodaro demonstra que a própria formação acadêmica de Madec pode ser usada para complementar a sua posição original. Embora seu artigo tenha sido publicado em 1992, baseava-se num documento que foi escrito em 1963, "Pour le diplôme d'études supérieures". Madec, portanto, interpretou o Livro 1 da *Concordância dos evangelistas* de Agostinho como uma resposta a uma persistente representação pagã do século IV de Cristo como um sábio divinamente inspirado. Isso dava aos cristãos um meio de honrar Cristo da maneira como podiam honrar Pitágoras, Sócrates, Apolônio de Tiana ou Apuleio. Era uma maneira de negar a história cristã; desse modo, os "devotos dos deuses tradicionais podiam mitigar o impacto do cristianismo sobre a política religiosa imperial".²⁴

A realidade cultural que Agostinho enfrentava – falando de modo prático – negava a divindade de Cristo colocando outra coisa em seu lugar. Agostinho conhecia bem essa estratégia desde que teve de lidar com a mesma problemática no processo de sua própria conversão. Afinal de contas, de modo algum era óbvio como o Deus imutável podia ter mergulhado num mundo em mudança sem perder exatamente aquilo que fazia dele um Deus: a sua existência além da mudança. Era, então, mais fácil para os cristãos entender o Cristo pagão do que apreciar o Cristo cristão.

Portanto, quando Agostinho mais tarde teve de falar aos pagãos cultos do seu tempo, sua própria experiência e processo de aprendizado foram a base para a sua resposta à imagem de Cristo que eles propunham. Ele teve de lidar com "as objeções pagãs ao conceito cristão de uma deidade encarnada".²⁵ Para Agostinho, Cristo não era apenas um sábio, mas a Sabedoria e, por sua encarnação Cristo é a encarnação da *sapientia*²⁶ que permite que os seres humanos

---

22  Dodaro (2012, p. 52).
23  Madec (1992).
24  Dodaro (2012, p 50-51).
25  Dodaro (2012, p. 51).
26  *Cf.*, por exemplo, *Epístula* 137.3.12.

compreendam verdades eternas. A luta do próprio Agostinho com o Cristo pagão levou-o a insistir "no papel mediador de Cristo em relação com a *sapientia* divina".[27] Ele fez esses mesmos argumentos nos livros 8-10 de *Cidade de Deus*, ao refutar as concepções platônicas de culto e de mediação religiosa.

A aplicação que Agostinho faz de seu pensamento sobre Cristo, portanto, foi moldada em resposta ao modo como Cristo foi visto dentro da cultura secular – opondo-se especialmente à definição neoplatônica de Cristo como um grande homem ou herói. Evidência da importância desse argumento para Agostinho pode ser encontrada nas *Confissões* (Livro 7), na *Concordância dos evangelistas* (Livro 1), no *Sermão Dolbeau* 26, em *De Trinitate* (livros 4, 12 e 13) e na *Cidade de Deus* (livros 8-10).

Mas isso não foi, em primeiro lugar, uma questão filosófica ou teológica. Agostinho confrontava-se com os ritos teúrgicos dos neoplatônicos.[28] Intimamente ligada com a visão que Agostinho tem de Cristo como conhecimento e sabedoria de Deus, portanto, está a sua crítica dos rituais pagãos que nada fazem para salvar. É a comunidade cristã que é o corpo de Cristo e o caminho para a salvação. Uma dimensão religiosa e sacramental, então, é central à compreensão que Agostinho tem de Cristo, e esse é um ponto que Dodaro acentua em sua monografia *Cristo e a sociedade justa*, na qual ele discute *scientia* e *sapientia* no contexto mais amplo de *sacramentum* e *exemplum*.[29]

Dado que Jesus Cristo é o mediador da *sapientia* divina, "os crentes experimentam a relação metafísica entre *sapientia* e *scientia* através dos *sacramenta*".[30] O reconhecimento de Agostinho das diferenças em prática religiosa, portanto, levaram-no a uma maior apreciação de Cristo, encarnado como *scientia* e *sapientia* divinas. Enquanto encarnado, Cristo efetivamente media verdadeira iluminação e purificação do intelecto e vontade humanos. A cristologia de Agostinho ultrapassou sua própria confrontação com as imagens pagãs de Cristo; os desafios pastorais

---

27 Dodaro (2012, p. 52).
28 Madec (2003, p. 237).
29 *Cf.* Dodaro (2004, p. 147-155 e 165-171).
30 Dodaro (2004, p. 51). O sentido e a importância desse culto seriam tratados de maneira mais completa por Agostinho na *Cidade de Deus* (livros 8-10).

e polêmicos que enfrentou se beneficiariam da intensidade da experiência de conversão de Agostinho.

*Cristo como método espiritual*

Rowan Williams, usando o pensamento de Jean-Marie Le Blond, descreve a visão de Agostinho da Encarnação de Cristo como a "revelação de um método espiritual"[31] porque Jesus Cristo é o caminho, não um objeto de pensamento. Assim, Williams vê em Agostinho "um esquema cristológico notavelmente coerente".[32] Como *sapientia*, Cristo é o caminho a seguir; o Verbo Encarnado "reúne os elementos da humanidade partida e constitui assim uma nova humanidade", não acrescentando "um elemento extra ao lado da alma e corpo humanos", mas o corpo-alma de Cristo é "concretamente animado e individuado por uma ação divina única".[33] Isso significa que não há "nenhum contexto no qual Cristo fala simplesmente como homem ou simplesmente como Deus".[34] A íntima unidade em Agostinho entre o crente e Cristo mostra que a mediação do Verbo Encarnado é invocada para envolver os cristãos num desenvolvimento com visão de futuro.

Muito embora (ou talvez por causa disso) seu capítulo preferisse discutir a cristologia de Agostinho dentro de categorias retóricas e exegéticas, suas observações alongaram a compreensão que comumente se dá ao uso de *persona* por parte de Agostinho.[35] Assim Cristo fala em nossa *persona*. Em algumas de suas obras da década de 390,[36] ele usa frases como "personam sustinere" ou "agere personam" para dizer que "toda a vida terrena do Filho encarnado fala ou age na pessoa da Sabedoria divina: 'agere personam

---

31 Williams (2008). *Cf.* Le Blond (1950, p. 145).
32 Williams (2008, p. 176-177). Esta declaração inicial é aplicada aos escritos da segunda década do século V.
33 *Ibidem*, p. 180; *cf. De Trinitate* 4,3,6 em que "a única morte e única ressurreição de Cristo [...] venceu a dupla morte à qual estamos condenados" (WILLIAMS, 2008, p. 185).
34 *Ibidem*, p. 182.
35 *Ibidem*, p. 184: "Dedicar-se ao uso de *persona* por Agostinho, portanto, é encontrar um conceito que fornece uma conexão fluida e multifacetada entre exegese, soteriologia e cristologia".
36 *Ibidem*, p. 182, em que *De ordine* e *De diversis quaestionibus octoginta tribus* são citados.

sapientiae dei'".³⁷ Por isso, "a convicção teológica principal que surge sempre mais fortemente nos anos 390 e começo de 400 é de que o Verbo encarnado constitui uma *unitas personae* ao tomar natureza humana".³⁸ Em outras palavras, já na década de 390, a cristologia nuançada de Agostinho fala sobre a pessoa de Cristo em relação com a salvação dos cristãos. Ele pode não estar falando sobre pessoa de uma maneira que possa ser ligada aos principais debates cristológicos em outros lugares porque "a cristologia de Agostinho é mais sobre o método espiritual"³⁹ do que sobre a análise de Jesus Cristo.

Desse modo, Williams afasta a discussão da cristologia de Agostinho de uma análise técnica de *persona* para uma posição mais geral por meio da qual o Verbo encarnado como sabedoria divina e como nosso caminho espiritual é um foco do seu pensamento sobre Jesus Cristo. O modelo básico de sua cristologia não teve de esperar por seus escritos maduros. Antes,

> o modelo agostiniano de exposição cristológica insiste em que pode não haver discussão exata da encarnação que não seja modelada de modo encarnacional – humilde em sua consciência do contexto inevitável de história material, alerta à questão de como a *justitia* é realizada, aberto à solidariedade perigosa e potencialmente humilhante dos agentes humanos falíveis e pecadores, e rejeitando isolamento orgulhoso.⁴⁰

Os cristãos são convidados a aprender um método espiritual que é político e orante.

Os esforços de Agostinho, especialmente em seus comentários aos salmos, servem para determinar quem está falando, ou seja, se é o próprio Cristo ou Cristo em seus membros. A sua necessidade de resolver questões exegéticas, contudo, torna-se um processo de apresentar Cristo em relação aos seus ouvintes, incluindo com isso questões de sacramento e justiça,

---

37  *Ibidem*, p. 183; *cf. De agone Christiano* 20.22.
38  Williams (2008, p. 183).
39  *Ibidem*, p. 184.
40  *Ibidem*, p. 188-189.

de culto e de prática. Essa posição confirma e amplia o que foi dito na seção anterior.

*Um desafio sutil aos intelectuais pagãos*

Como então se há de *ler* Agostinho? Olhando além das primeiras impressões, um estudo recente e perspicaz da *Carta* 137 dá um bom exemplo de como ler Agostinho era lidar com as questões do seu dia, não tentando dizer tudo o que ele sabia sobre um assunto, mas adaptando suas palavras e seu raciocínio aos seus leitores.[41] Em 411, Volusiano, o procônsul da África, escreveu a Agostinho sobre várias questões que aparentemente surgiram no meio das discussões filosóficas regulares com colegas não cristãos que tratavam os ensinamentos cristãos como superstição. Em resposta às suas perguntas sobre a encarnação de Cristo, Agostinho ofereceu uma "investigação intelectual profundamente enraizada na antiga prática filosófica tardia".[42]

Isso significa que, mais do que pretender explicar como o Verbo está unido ao corpo, ele "recomenda um exercício mental que incorpore aspectos padrões da tradição das artes liberais situadas num contexto plotiniano".[43] Assim ele cita autores clássicos para justificar o seu uso da Escritura e sua autorrepresentação cristã quando ele pergunta acerca da alma e depois diz: "pensaremos que se diz algo incrível acerca da onipotência de Deus quando se afirma que o Verbo de Deus [...] tomou o corpo" (*ep.* 137, 6). Desse modo, Agostinho armou a cena para usar uma analogia entre Verbo e alma para levar a atenção de seus leitores ao desafio real que deve ser encarado. Ayres resume de modo conciso:

> enquanto seus destinatários consideraram a encarnação como estando na categoria do miraculoso e consideraram Deus dentro de categorias materiais, Agostinho sugere que a atenção ao mistério da

---

41 O artigo todo de Ayres (2008) deveria ser lido, pois os poucos comentários que faço neste capítulo não tratam direta nem plenamente de sua contribuição substantiva para a cristologia de Agostinho.
42 *Ibidem*, p. 191.
43 *Ibidem*, p. 196.

existência da ordem criada no imaterial nos capacita a imaginar a onipresença do Verbo como uma doutrina aceitável.[44]

Assim ele os leva a prestar atenção à ordem criada em que a unidade corpo-alma é ainda mais misteriosa do que a união do Verbo com a carne. Ele usará a analogia da relação entre alma e corpo para refletir sobre a união de Deus com a carne. Desse modo, Agostinho empregou as práticas que investigavam como o sensível foi informado pelo inteligível para falar de como o poder divino ordena o mundo sensível.

Ao escrever sobre o mistério da Encarnação a pessoas que tinham sido preparadas pelos seus antecedentes filosóficos a rejeitar o seu absurdo, Agostinho fala a elas sobre como a comunidade de fé lida com os limites de sua habilidade continuando mais a buscar a partir de dentro (a fé que busca o entendimento) do que tratar a questão como um problema teológico *sobre* o qual falar ou resolver.[45]

Agostinho, portanto, aponta para o mistério da união entre corpo e alma para sublinhar a plausibilidade da união em Cristo.

> Assim *como* a alma usa o corpo de modo que possa haver uma pessoa humana, assim também Deus usa um ser humano de modo que possa haver a unidade da pessoa de Cristo. Agostinho está dizendo, com efeito, que assim como a união da alma com o corpo é real e, no entanto, incompreensível, assim também a união de naturezas em Cristo é real (por isso o novo uso de *persona* para dar nome à realidade metafísica) e, todavia, incompreensível.[46]

Porque "só aqueles que pensam que são capazes de explicar o acontecimento cotidiano da união entre alma e corpo pensariam que é possível explicar o acontecimento único da encarnação".[47]

---

44  *Ibidem*, p. 197.
45  *Ibidem, loc. cit.*: "Enquanto esta carta pode ser lida como uma adaptação aos estilos de argumento encontrados no círculo volusiano, é também uma peça cuidadosamente elaborada de polêmica contra eles".
46  *Ibidem*, p. 200.
47  *Ibidem, loc. cit.*

Como nos outros estudos citados neste capítulo, dá-se atenção ao fato que a doutrina de Cristo como homem-Deus não está reservada aos filosoficamente inteligentes. As práticas de pensamento e contemplação que os filósofos usam são parte da piedade cristã; eles tomam Cristo como o modelo para conhecer Deus.[48] Um relacionamento direto com Deus não é reservado aos cultos; é também acessível aos incultos entre os seguidores de Cristo – precisamente por causa do culto cristão.

Portanto, Agostinho escolhe as suas palavras, exemplos e ênfases em relação com os volusianos e seus questionadores. Mais do que tentar desenvolver uma teoria sobre Cristo para eles ou mostrar quanto sabe, ele modelou o que significa pensar sobre Cristo a partir de dentro da comunidade cristã, e fazer isso usando uma maneira de pensar familiar aos seus leitores. Procurando convencer ou comover os seus leitores, ele apresentou Cristo de uma maneira que muda a questão. Não se trata de investigar alguma ideia maravilhosa sobre Cristo. É mais importante ver como essa situação se torna uma apreciação do mundo e de sua incompreensibilidade. Ao responder às suas perguntas, Agostinho desafiou-os a ver com os olhos do fiel para quem a Escritura exerce as mentes de todos. Assim, a igreja é "uma comunidade social e intelectualmente diversa de crentes, submetendo a Cristo as mentes mais brilhantes".[49] O foco não é apenas conhecer sobre Cristo, tornou-se assunto de piedade e salvação.

Este capítulo, noutras palavras, afirmou de uma maneira diferente a conexão da cristologia de Agostinho com a fé e a piedade da comunidade cristã. Dessa maneira, pelo menos, a compreensão madura que Agostinho tem de Cristo espelha a compreensão que ele teve como cristão novo, na qual a sabedoria que ele procurara encontrou resposta clara no Cristo que ele veio a aceitar no batismo.

---

48  *Ibidem*, p. 204-205.
49  *Ibidem*, p. 204.

## Conclusão

Então, como se há de "ler" Agostinho? O que significa falar sobre a cristologia de Agostinho? Estudiosos, tanto modernos como não tão modernos, destacam uma compreensão consistente de Jesus Cristo como o princípio unificador ("le principe de cohérence") do seu pensamento. Num tempo não muito distante do seu batismo, Agostinho vê Cristo como a sabedoria de Deus e aplica o par conhecimento-sabedoria ("scientia-sapientia") a Cristo de uma maneira que torna a prática do culto um meio de sabedoria. Cristo é tanto sabedoria como o caminho para a sabedoria.

Essa maneira de pensar sobre Cristo não era apenas uma parte consistente de sua vida de cristão batizado, mas a usou também para integrar tanto os títulos que aplicou a Cristo como o seu pensamento sobre a obra de Cristo em resposta aos desafios do seu tempo. Cristo foi o fundamento sobre o qual construiu suas respostas pastorais e polêmicas. A sua improvisação é a adaptação daquilo que o tinha alimentado aos que ele queria alimentar. Dependente do texto da Escritura para alimento, pode-se dizer que "mesmo ao improvisar, Agostinho concentrava-se intensamente nas minúcias, buscando tirar as melodias ocultas dentro dos densos acordes bíblicos".[50]

Agostinho não precisava do modo, nem o teria entendido, como a teologia moderna desenvolve as suas ideias em tratados (cristologia, pneumatologia, protologia, epistemologia etc.). Antes, a unidade e a originalidade do seu pensamento sobre Jesus Cristo é tanto um convite como uma admoestação: Cristo o provê com o caminho para avançar espiritualmente e pensar teologicamente, para manter mente e coração juntos e investigar o Verbo de Deus com uma profunda consciência do mistério. O que é incompreensível acerca de Cristo convida a um insistente e continuado exercício da mente.

---

50 Harmless (2012, p. 153).

# PARTE III
*Natureza humana*

# 7 A alma humana: o caso de Agostinho para o dualismo corpo-alma

BRUNO NIEDERBACHER, S. J.

Em suas *Confissões*, Agostinho escreve que, quando jovem, costumava ser um tanto materialista (*conf.* 5.10.19-20, 7.1.1).[1] O materialismo é uma posição antidualista segundo a qual todas as entidades são materiais, corporais ou, como muitos diriam hoje, física. No tempo de sua conversão, porém, Agostinho se tornou um dualista ontológico ao afirmar que algumas entidades são não corpóreas. Ele acreditava que entre essas entidades estão Deus e a alma, e eram essas entidades que ele mais desejava conhecer (*sol.* 1.2.7). É a alma que torna algumas coisas corpóreas vivas. Portanto, para Agostinho, também os animais têm almas. O foco do seu interesse, porém, era a alma humana.[2] Neste capítulo apresentarei, primeiro, as principais teses de Agostinho sobre a alma humana e citarei alguns problemas que surgem com elas. Em segundo lugar, selecionarei três argumentos de Agostinho para a imaterialidade da alma e ligá-los-ei com os pontos de vista do debate contemporâneo na filosofia da mente, na qual, após um longo período de dominação materialista, começou a surgir uma renovada atenção ao dualismo psicofísico.[3]

---

1 Em *De quantitate animae* 3.4 Evódio reflete a atitude materialista quando diz: "Pois a alma me parece ser quase nada, se não tem nada disso [dimensões espaciais]".
2 Para o uso que Agostinho faz das palavras *anima, animus, mens* etc. *cf.* O'Daly (1987, p. 7-8).
3 *Cf.*, por exemplo, Lowe (1996); Swinburne (1997); Meixner (2004); Antonietti, Corradini e Lowe (2008). Naturalmente, há muitos tipos de dualismo psicofísico. As espécies principais são dualismo de *propriedade* e dualismo de *substância*.

## A opinião de Agostinho sobre a alma humana em poucas palavras

Para Agostinho, o ser humano é uma substância racional que consiste de alma e corpo.[4] Nem a alma sozinha, nem o corpo, é um ser humano individual ou uma pessoa humana. Só o compósito alma-corpo é um homem individual, uma pessoa.[5] Contudo, Agostinho pensa que a alma humana, e especialmente a sua parte racional, é superior ao corpo (*Trin.* 15.7.11; *en. Ps.* 145.4). Pois é a alma humana que rege o corpo,[6] e a alma humana é que foi criada segundo a imagem de Deus.[7] Portanto, é a alma humana que torna o homem próximo de Deus (*quant.* 33.70).[8]

Por meio dos seus escritos, Agostinho pondera diferentes hipóteses sobre a origem da alma e sua entrada no corpo: 1) a opinião traducionista, segundo a qual Deus criou apenas *uma* alma humana, a saber, a alma de Adão, da qual derivaram as almas de todos os que nasceram; 2) a opinião criacionista, segundo a qual Deus cria uma nova alma para cada corpo; 3) a opinião que as almas criadas existem antes da incorporação e são 3a) enviadas por Deus a fim de animar e dirigir os corpos de indivíduos quando nasceram, ou 3b) vêm animar um corpo por sua própria escolha.[9] Embora Agostinho não possa encontrar fundamentos decisivos para optar por uma dessas hipóteses, ele apoia claramente uma tese antimaniqueia, a saber, que a alma humana não é parte de Deus, não é uma essência de Deus (*ep.* 166.2.3).

Em *De quantitate animae*, Agostinho distingue sete níveis ascendentes da alma humana. Por "níveis" ou "graus" ele quer significar tanto poderes

---

4   *De Trinitate* 15.7.11; *De moribus ecclesiae catholicae et de moribus Manichaeorum* 1.4.6. "O homem, pois, que consta de alma e corpo, mas não de qualquer alma, porque também os animais constam de alma e corpo; o homem, portanto, que consta de alma racional e carne mortal, busca a vida feliz" (*s.* 150.4.5).
5   "A alma que tem um corpo não forma duas pessoas, mas um único ser humano" (*Jo. ev. tr.* 19.15). Também, "a alma e o corpo são duas realidades, mas um único homem" (*Jo. ev. tr.* 47.12).
6   "Pois a alma (*animus*) humana me parece ser uma espécie de substância que participa da razão, destinada (*accommodata*) a reger o corpo" (*quant.* 13.22).
7   "O ser humano é feito à imagem de Deus, não ao corpo, mas na própria mente" (*Jo. ev. tr.* 23.10).
8   A alma é "a mais próxima (*propinquius*)" de Deus (*civ. Dei* 11.26).
9   Cf. *De libero arbitrio* 3.56-59; *De Genesi ad litteram* 7.24.35, 10.1.1-3.4; *Epistula* 166.3.7. Para a discussão em detalhe cf. O'Daly (1987, p. 15-20).

ou funções da alma humana como seus estados ou tipos de atos (*quant.* 33.70-76).[10] No primeiro nível estão os poderes vegetativos (*animatio*): o poder de dar vida ao corpo humano terreno e mortal; o poder de fazer dele uma unidade; o poder de alimentar; o poder de conservação de congruidade não apenas na beleza do corpo, mas também no processo de crescimento e procriação. O segundo nível diz respeito às habilidades sensitivas (*sensus*): o poder de perceber com os cinco sentidos; o poder de desejar, de evitar e de movimentar-se; o poder de sexualidade e cuidado dos filhos; a habilidade de adquirir hábitos e memória. Do terceiro ao sétimo nível, Agostinho considera especificamente as capacidades humanas que dependem da racionalidade. O terceiro nível se refere ao poder do que pode ser chamado de raciocínio discursivo (*ars*), que se manifesta em muitas invenções e aquisições culturais: arte, saber fazer, linguagem, contar, escrever, ordem e lei.[11] O quarto nível da alma humana é valorativo e ético (*virtus*): é em virtude da alma que os homens são capazes de comparar bens, esforçar-se por progresso moral e purificação, guardar leis morais. Neste grau os homens lutam, têm medo da morte, sentem as tentações do mundo, estão ansiosos por alcançar a perfeição. No quinto nível (*tranquillitas*), esse medo é vencido. Percebe-se a grandeza da alma e se é capaz de andar com grande confiança em Deus em direção à visão da verdade. No sexto nível (*ingressio*) deseja-se ter percepção do que verdadeiramente é e no sentido mais alto. E, finalmente, no sétimo nível (*contemplatio*), esse desejo se realiza: a contemplação e fruição da suma verdade e causa de todas as coisas.

Embora Agostinho distinga esses diferentes poderes e estados, considera a alma humana una. É a alma humana *una* que é capaz de realizar todas essas espécies de atos. É a alma (*animus*) humana *una* que atua em virtude destes diversos poderes.[12] A alma humana está presente como um todo, como uma unidade. Ao refletir sobre a fenomenologia de alguns dos atos da alma humana, especialmente sobre os atos de imaginação, memória

---

10 Além de *gradus* (níveis, graus), Agostinho usa também o termo *actus* (ato; *cf. quant.* 35,78-79), *potentia* (poder, potência; *cf. quant.* 35.79) e *vis* (energia; *cf. conf.* 10.7.11).
11 O'Daly (1987, p. 14) resume estas capacidades com o termo "razão discursiva".
12 "quae diversa per eos ago unus ego animus" (*conf.* 10.7.11).

e autoconhecimento, Agostinho tenta mostrar que o sujeito deles, a alma humana, é uma entidade imaterial e simples (*Trin.* 10.7-10), não composta de outras entidades materiais. Ela é uma entidade imaterial simples que não pode ser reduzida a elementos mais simples ainda (*quant.* 1.2). Voltarei a este ponto na próxima seção.

Segundo Agostinho, a morte de um ser humano é a separação da alma do corpo (*civ. Dei* 13.6). Enquanto o corpo perece e se desfaz nos elementos, a alma é imortal (*sol.* 2.22.24; *imm. an.* 4.5, 4.6, 5.9, 6.10, 6.11, 8.15, 9.16, 10.17; *Trin.* 10.7.9, 14.4.6).[13] Agostinho tenta estabelecer a imortalidade da alma. Um argumento procede do fato que a alma é capaz de compreender a verdade. Dado que a verdade está na alma como seu sujeito, isto é, dado que a verdade depende da alma, e que a verdade permanece para sempre, a alma deve permanecer para sempre também (*sol.* 2.13.24). Este argumento, porém, é falho porque não distingue entre os dois sentidos de verdade: "verdade" no sentido do conhecimento de uma proposição verdadeira e "verdade" no sentido de ser verdadeiro de uma proposição. A "verdade" no primeiro sentido depende da mente. Mas o que permanece sempre é apenas a "verdade" no segundo sentido. Portanto, não se segue que a alma permaneça sempre. Outro argumento procede da premissa que a alma é o princípio que torna algumas coisas vivas.

> A alma é uma certa vida, por isso, todo ser que é animado, vive. E tudo o que é inanimado, mas que pode ser animado, entende-se que está morto, isto é, privado de vida. Portanto, a alma não pode morrer. Pois se pudesse carecer de vida, não seria alma, mas algo animado. (*imm. an.* 9.16)[14]

Este argumento, de novo, não é válido. Que a alma esteja essencialmente viva implica apenas que a alma está necessariamente viva enquanto ela existir. Não significa que a alma seja necessariamente imortal.[15]

---

13 "A alma do homem é imortal, segundo o seu modo" (*ep.* 166.2.3).
14 *Cf.* também *De Trinitate* 10.7.9.
15 *Cf.* também O'Daly (1987, p. 12).

De acordo com Agostinho, é a alma que conduz à identidade numérica de um ser humano através do tempo e também depois do tempo. Ele acredita que a alma que saiu do corpo experimenta a felicidade do céu e os tormentos do inferno (*Gn. litt.* 12.34.65-35.68). Entretanto, ele acredita firmemente na ressurreição da carne. Uma razão para isso é o fato que a mente humana tem "um desejo (*appetitus*) natural a administrar o corpo" (*Gn. litt.* 12.35.68). Agostinho acredita que na vida futura um ser humano terá numericamente o mesmo corpo que a alma tem agora na terra (*ench.* 23.88).[16] Ele sustenta um ponto de vista de uma espécie de reagrupamento. Embora o corpo ressuscitado tenha qualidades diferentes (*Gn. litt.* 12.35.68), ele será composto de elementos numericamente idênticos dos quais se compunha o corpo terreno. Nada do material haverá de se perder. Esta opinião é teologicamente inspirada porque Agostinho modela a nossa ressurreição segundo o paradigma de ressurreição, que é a de Jesus Cristo (*vera rel.* 16.32).[17] Mas há uma diferença: o corpo de Jesus não se decompôs. Nossos corpos, porém, apodrecerão. Serão cremados ou decompostos em suas sepulturas. Como poderão meus ossos, minhas costelas, minha carne ser trazidos de volta depois que foram comidos pelos vermes ou se tornaram pó? A fim de ilustrar a dificuldade, Peter van Inwagen pede que imaginemos que um manuscrito escrito pela própria mão de Agostinho se queimou.[18] Como seria possível para esse manuscrito que virou cinza existir de novo? Agostinho lida com as objeções acerca da impossibilidade de recuperar todos os elementos que uma vez compuseram um corpo humano. O Deus onipotente, diz ele, encontrará esses elementos e os chamará de volta onde quer que eles possam estar escondidos (*civ. Dei* 22.20). Em casos de canibalismo, a carne da pessoa comida será restaurada na qual ela por primeiro se desenvolvera (*civ. Dei* 22.20). Partes e matéria faltantes (como no caso de pessoas ou crianças incapacitadas) serão suplementadas pelo Deus que criou do nada o que quis (*ench.* 90). Portanto, poder-se-ia

---

16  Para um relato detalhado do desenvolvimento da opinião de Agostinho sobre a identidade numérica do corpo ressuscitado com o corpo terreno *cf.* Sieben (2012, p 141-182).
17  *Cf.* também *Sermo* 238.2.
18  Van Inwagen (1998).

dizer: para Agostinho, as partes metafísicas que constituem um ser humano, ou seja, a alma e o corpo, hão de ser numericamente idênticas de modo que numericamente o mesmo ser humano exista. As condições de identidade da alma são, por isso, pensadas como diferindo das condições e identidade do corpo. As condições de identidade do corpo, como Agostinho as considera, poderiam ser explicadas desta maneira: um corpo $x$ e um corpo $y$ são *um e o mesmo* corpo se e somente se o corpo $x$ é composto de um e dos mesmos elementos que o corpo $y$. A reunião dos mesmos elementos é, portanto, necessária e suficiente para a identidade numérica da ressurreição corporal com o corpo terreno.[19]

Do nosso ponto de vista científico, a concepção de Agostinho parece forte demais. Agostinho não sabia que nossos corpos estão em constante fluxo, que os átomos de nossos corpos são continuamente substituídos. Mas isso não é obstáculo para eles ainda estarem nos mesmos corpos. Por outro lado, de um ponto de vista metafísico, a concepção de Agostinho parece fraca demais. Para um corpo $x$ ser o mesmo corpo que um corpo $y$, não é suficiente que o corpo $y$ seja composto dos átomos numéricos idênticos ao corpo $x$. Parece que é exigida uma espécie de continuidade causal interna. E isso está faltando na tese do reagrupamento. De qualquer modo, dado que Agostinho é dualista, que acredita que a alma não perece e que permanece numericamente a mesma depois da morte, e dado que acredita que é a alma que aviva o corpo, pode deixar de lado a exigência de o corpo ser composto dos elementos numericamente iguais. O que faria de um corpo o meu corpo seria a sua ligação com a minha alma. Esta proposta não seria inteiramente contra os princípios de Agostinho, pois num de seus escritos ele diz: mesmo que a carne de um ser humano se perdesse inteiramente, o Deus todo-poderoso a reproduziria a partir do que quer que quisesse (*civ. Dei* 22.20). Contudo, se o pensamento de Agostinho é logicamente

---

19   Em *De civitate Dei* 22.19 Agostinho compara o reagrupamento de um corpo humano com a ação de um oleiro que, não tendo sido bem-sucedido na primeira vez, usa o mesmo pedaço de barro a fim de modelar de novo um pote. O importante é que a mesma quantidade do mesmo material seja usada de novo, e não que as partes da argila tomem a mesma posição que tinham na primeira vez.

possível para um tal corpo recém-criado ser numericamente idêntico ao corpo terreno que desapareceu, esta seria uma possibilidade que não entenderíamos bem.

## A imaterialidade da alma

Para Agostinho, a alma humana é uma entidade imaterial. Ele defende essa afirmação contra várias posições materialistas do seu tempo. Alguns materialistas diziam que a alma ou a mente é idêntica ao sangue ou ao cérebro, ou ao coração físico. Outros diziam que a alma é composta de átomos, ou que a alma consiste de um dos quatro elementos ou até de um quinto elemento. Outros ainda defendiam a opinião que a alma é uma espécie de harmonia do corpo, ou a conexão dos elementos (*Trin*. 10.7.9). Tais abordagens redutivas materialistas eram dominantes entre os antigos filósofos pré-socráticos, mas também entre os teólogos cristãos como Tertuliano.[20] Contra essas posições Agostinho pensa que a alma não é idêntica a nenhuma dessas ou outras entidades corporais nem a qualquer relação entre elas. Ele desenvolveu vários argumentos para a imaterialidade da alma. A seguir recolherei, analisarei e avaliarei três argumentos interessantes para a imortalidade da alma.

*Os argumentos a partir da imaginação*

Este argumento parte da afirmação de que somos capazes de imaginar coisas. Até os filósofos materialistas devem concordar com isso. Agostinho escreve:

> [1] Eles [os filósofos] tinham neles algo que não viam e representavam a si mesmos o que tinham visto fora, mesmo quando não o estavam vendo, mas apenas pensando a respeito. [2] Mas o objeto representado nesse pensamento não é mais um corpo, mas apenas uma semelhança de corpo. [3] Mas essa [faculdade] pela qual essa

---
20 Agostinho se refere à opinião de Tertuliano em *De Genesi ad litteram* 10.25.41.

semelhança de corpo na mente é vista, não é corpo nem semelhança de um corpo. E essa [faculdade] pela qual se vê e se julga se é bonito ou feio, é sem dúvida melhor do que a coisa que se julga. [4] Esta mente do homem e da alma racional é uma natureza que certamente não é corpo, e também essa semelhança de corpo, que é vista e julgada na mente de quem pensa, não é corpo. (*civ. Dei* 8.5)

A premissa 1 é indiscutível. Todos nós fazemos a experiência de imaginar coisas. Em muitos lugares de seus escritos, Agostinho reflete sobre essa experiência. Em *De Genesi ad litteram* ele dá exemplos de habilidades e atos de imaginação: a habilidade de formar imagens de coisas percebidas e de armazená-las na imaginação; a habilidade de imaginar coisas que percebemos, mas não percebemos efetivamente por quais formamos uma determinada aparência espiritual ("aspectus spiritalis"); a habilidade de imaginar coisas que nunca vimos, mas cuja existência conhecemos (por exemplo, posso criar uma imagem de Cartago embora nunca a tenha visto); a habilidade de imaginar coisas que não existem; a habilidade de imaginar e prever ações que estamos planejando; a habilidade de sonhar (*Gn. litt.* 12.23.49).[21]

A premissa 2 é crucial. Uma das razões para Agostinho pensar que as imaginações são incorpóreas é o fato de que elas não mostram nenhuma das propriedades que são consideradas essenciais para os corpos. Em *De quantitate animae* ele argumenta que somos capazes de imaginar coisas bidimensionais ou até unidimensionais, como figuras ou linhas. Elas de modo algum são corpos, pois os corpos são essencialmente tridimensionais. Assim, de acordo com Agostinho, somos capazes de realizar atos que têm conteúdos não corporais. Este é um ponto de contato de Agostinho com as opiniões de dualistas proeminentes de hoje. Estes não falam de imaginações, mas, mais amplamente, de ter experiência de como as coisas se parecem a nós, como elas fenomenalmente parecem para nós. Dizem que fazemos experiências que por sua natureza intrínseca não se ajustam ao mundo físico. Tal experiência, dizem, não é algo que ocorre fisicamente

---

21 Para uma análise detalhada das diferentes espécies de atos de imaginação *cf.* Hölscher (1986, p. 45-53).

fora do corpo nem algo que ocorre dentro do corpo.[22] Segundo esses dualistas, tais experiências são boa evidência para a existência de acontecimentos que não são físicos.

Em 3, Agostinho declara que a faculdade que nos capacita a realizar imaginações com conteúdo imaterial deve ser imaterial e, em 4, identifica essa faculdade com a alma humana, que é uma alma racional. Para 3 e 4 Agostinho não apresenta argumento. Em *De Genesi ad litteram*, Agostinho afirma com força que é certo que existe "uma espécie de natureza espiritual ('spiritalem naturam') em nós na qual são formadas as imagens das coisas corpóreas" (*Gn. litt.* 12.23.49). E em *De quantitate animae* escreve: "A alma certamente não é um corpo; senão não poderia discernir coisas incorpóreas" (*quant.* 14.23). O raciocínio por trás dessa afirmação é, provavelmente, o princípio de que a cognição pressupõe alguma espécie de semelhança entre o objeto e a faculdade de cognição. Se o objeto de cognição é imaterial, a faculdade pela qual ele é compreendido deve ser também imaterial. Este princípio, no entanto, de modo algum é evidente em si. Embora haja experiências em nós que são imateriais, embora haja acontecimentos que são espirituais ou mentais ocorrendo em nós, isso não implica necessariamente que o portador desses eventos seja ele próprio espiritual ou mental. Portanto, embora tenhamos evidência da existência de acontecimentos mentais que ocorrem em nós, isso seria apenas evidência para dualismo de propriedade; não seria evidência para dualismo de substância. Agostinho está afeito a esta objeção. Em *De Trinitate*, em que ele considera não apenas atos de imaginação, mas também outros atos ditos mentais como pensar, intuir, ter lembranças etc. ele escreve:

> Os que opinam que a mente é um corpo ou a coesão e equilíbrio de um corpo pretendem que todas essas coisas sejam vistas como existentes num sujeito, de sorte que a substância seja o ar ou o fogo, ou outro qualquer corpo que em sua opinião é a mente, e a inteligência informaria este corpo como atributo, de forma que o corpo seria o sujeito, e as outras coisas existiriam no sujeito. (*Trin.* 10.10.15)

---

22 Meixner (2008, p. 146).

Agostinho, no entanto, quer provar que o sujeito dos atos mentais é uma substância incorpórea. Vejamos mais detalhadamente alguns argumentos seus em favor desta posição.

*O argumento de acesso cognitivo*

O argumento que passo a considerar é de *De Trinitate* 10. Três preliminares são possíveis. Primeiro, neste argumento, Agostinho não fala da alma humana, mas da mente humana. A mente humana é a parte racional da alma. Contudo, como foi dito atrás, falar de "partes da alma" não significa para Agostinho que a alma humana esteja dividida. Ele considera a alma humana uma entidade simples com diferentes habilidades ou funções. Segundo, Agostinho usa formulações como "a mente pensa", "a mente conhece", "a mente está certa". Mas penso que se poderia substituir "a mente" por "eu".[23] Terceiro, *De Trinitate* 10 está cheia de argumentos que em parte se sobrepõem. Não posso tratar o texto inteiro, mas selecionarei o seguinte argumento curto e o comentarei:

> [1] Nenhum deles atenta em que a mente se conhece ["mentem nosse"] também quando se busca, como já demonstramos. [2] Ora, de nenhum modo se afirma com segurança que se conhece uma coisa enquanto se ignora a sua substância. [3] Por isso é que, conhecendo-se a si, a mente conhece a sua substância [4] e, quando tem a certeza de si, tem a certeza da sua substância. [5] De si tem a certeza, conforme prova o que acima foi dito. [6] E de modo nenhum tem a certeza se é ar, ou fogo ou qualquer outro corpo ou parte de um corpo. [7] Logo, não é nenhuma dessas coisas. (*Trin.* 10.10.16)

A premissa 1 afirma que a mente tem uma espécie de autoconhecimento. A questão geral em *De Trinitate* 10 é como a mente humana pode desejar conhecer a si mesma se já não se conhece. Se alguém deseja conhecer algo, deve já amá-lo. Para amá-lo, porém, deve-se ter alguma cognição dele. Pode haver uma interpretação significativa da prescrição

---

23  Como prova dessa afirmação tomo o fato de que o próprio Agostinho elaborou partes do argumento de *De Trinitate* 10 em *De civitate Dei* 11.26 não na terceira, mas na primeira pessoa.

de Delfos, "conhece-te a ti mesmo"? Agostinho encontra a resposta a esta questão na distinção entre "se nosse" e "se cogitare." Ele pensa que temos uma espécie de autoconhecimento ou autoconsciência ("se nosse") implícita que pode tornar-se explícita em atos de pensar ("se cogitare"). Agostinho compara a diferença entre "se nosse" e "se cogitare" com a diferença entre conhecimento habitual que alguém tem, por exemplo, de gramática e o pensamento efetivo sobre o seu uso (*Trin.* 10.5.7). Se alguém encontra a verdade sobre a natureza de sua mente, "encontra não o que não sabia, mas o que não pensava a respeito" (*Trin.* 14.5.8).[24]

Segundo Agostinho, o pensamento e o conhecimento que a mente tem de si mesma difere da maneira como a mente conhece outras coisas. A sua tese é que temos uma espécie de acesso cognitivo a nós mesmos que não temos às outras coisas, nem às outras pessoas. Agostinho menciona várias espécies de acesso cognitivo que todos temos em comum, que a coisa conhecida não está imediatamente presente a nós: primeiro, há coisas que conhecemos através do testemunho. Por exemplo, ganhamos o conhecimento de que os querubins e serafins têm poderes celestiais através de testemunho. Segundo, há coisas que conhecemos através da percepção e de raciocínio inferencial. O exemplo que Agostinho dá é o nosso conhecimento das intenções de outra pessoa. Um meio de obter tal conhecimento é observar o comportamento dos outros e fazer inferências. Terceiro, conhecemos as nossas faces ao olhar num espelho (*Trin.* 10.9.12).[25] Finalmente, conhecemos coisas corporais ao percebê-las. "A mente pensa todas estas coisas como o fogo ou o ar, ou este ou esse corpo [...] através da fantasia" (*Trin.* 10.10.16). Estas espécies de acesso cognitivo são diferentes dos acessos cognitivos que temos de nós mesmos. Todos eles são conhecidos de uma maneira mediada. A mente, no entanto, conhece a si mesma de um modo imediato. "Quando se diz à mente: 'conhece a ti mesma', no instante em que compreende o que lhe é dito 'a ti mesma', a si mesma se conhece, e

---

24 Para a importância da distinção entre *se nosse* e *se cogitare* cf. Brachtendorf (2000, p. 170-181).

25 Cf. também *De Trinitate* 10.3.5: aqui Agostinho diz que não se deve acreditar que a mente conhece a si mesma como num espelho.

por nenhuma outra razão que não seja o fato de estar presente a si mesma" (*Trin.* 10.9.12). Tenho uma espécie de acesso a mim mesmo que ninguém mais tem de mim e que não tenho de ninguém mais.

A premissa 2 diz algo conceitualmente importante acerca do objeto de conhecimento. Segundo Agostinho, conhecer uma coisa é conhecer a sua "*substantia*". *Substantia* geralmente significa substância. Mas acho que em nosso contexto *substantia* é traduzida melhor por "essência".[26] Conhecer uma coisa é conhecer a essência ou a natureza dessa coisa.

Se é verdade que a mente tem autoconhecimento no sentido de "se nosse", e se é verdade que esse conhecimento de uma coisa é conhecimento acerca de sua natureza, segue-se 3: a mente tem conhecimento do sentido de "se nosse" acerca de sua natureza. No entanto, tendo visto as fortes exigências para conhecer algo, perguntar-se-ia o que é o argumento para a verdade de 1, ou seja, que temos esta espécie de conhecimento da natureza da mente.

Em 4, Agostinho introduz o tema da certeza no argumento. Ele sugere que certeza é o critério que nos capacita a discernir quais opiniões acerca da mente são verdadeiras e quais são falsas. A certeza é uma propriedade de uma opinião, ou melhor, uma propriedade de um cognoscente com respeito a uma opinião. Quais são, porém, as condições de uma certeza? Como logo ficará claro, Agostinho pode ter apoiado a seguinte definição de certeza: um cognoscente S está certo da opinião *p* se e somente se a opinião *p* é indubitável para S. A opinião *p* é indubitável para S se e somente se o ato de S de duvidar se *p* é verdadeiro pressupõe que *p* seja verdadeiro.

Em 4 ainda, Agostinho afirma que, se a mente está certa de si mesma, ela está certa de sua essência (*substantia*), e em 5 afirma que a mente tem a espécie requerida de certeza. O argumento para essa afirmação é uma demonstração que ele já fez e que é conhecida como o "argumento do *cogito* de Agostinho".[27] O argumento é assim:

---

26 *Cf.* a observação de Agostinho em *De Trinitate* 3.9.10. Comparar com Matthews (1999, p. 229). E também Hölscher (1986, p. 183-184).

27 O argumento é apresentado em vários escritos de Agostinho. Mais proeminentes são as formulações do argumento em *De Trinitate* 10.10.14 e 15.12.21, e em *De civitate Dei* 11.26. Análises do argumento e comparações com o *Cogito* de Descartes podem ser encontrados em Matthews (1992) e Horn (1997).

Haverá, porém, alguém que duvide de que vive, e recorda, e compreende, e quer, e pensa, e sabe, e ajuíza? Pois se duvida, vive; se duvida, recorda-se de onde provém a sua dúvida; se duvida, compreende que duvida; se duvida, quer ter a certeza; se duvida, pensa; se duvida, sabe que não sabe; se duvida, ajuíza que lhe não convém dar irrefletidamente o seu consentimento. Quem, pois, duvida seja do que for não deve duvidar de todas estas coisas, porque, se elas não existissem, não poderia duvidar de nenhuma delas. (*Trin.* 10.10.14)

Em *De civitate Dei* 11.26, Agostinho formula o mesmo argumento contra o ceticismo acadêmico na primeira pessoa: "Estou certíssimo que sou, e que conheço e que amo isto". Se eu acredito que existo, então estou certo que existo. E isto supõe que seja verdadeiro que existo. Os atos de duvidar de tais proposições são incoerentes por se referirem a si mesmos. "Si enim fallor, sum" (*civ. Dei* 11.26) [se me engano, existo].

Não está claro o que Agostinho mostra com o argumento do *cogito*. Uma interpretação diz que ele pretende mostrar que sempre que faço uma afirmação a meu respeito pressuponho a minha existência. Segundo esta interpretação, Agostinho tira uma conclusão bastante comum no sentido de que apenas torna explícita a pressuposição existencial de qualquer uso do verbo na primeira pessoa do singular.[28] Assim, poder-se-ia muito bem concluir: *eu ando, portanto sou; nado num lago, portanto sou; cresci dez centímetros, portanto sou*. Mas não pode ser isso o que Agostinho tem em mente. Porque, primeiro, nas declarações do argumento ele usa sempre, além do verbo *vivere*,[29] palavras para atos mentais como *se meminisse, intelligere, velle, cogitare, scire, judicare*. Em segundo lugar, fica claro, no passo 6 do argumento, que Agostinho contrasta o estatuto epistêmico de tais opiniões como *eu sou, eu sei que sou, sei que amo que eu seja, desejo que p, penso que p, julgo que p* etc. ao estatuto epistêmico de opiniões como *eu sou ar, sou fogo, sou um corpo, sou um cérebro*. Opiniões da última espécie não são certas para o cognoscente. Se eu acredito que sou cérebro, não sei que sou um cérebro.

---

28  Para esta interpretação *cf.* Hintikka (1962). *Cf.* também a crítica feita por Horn (1997, p. 117-118).
29  *Vivere* pode ser entendido, neste contexto, no sentido de "existir". Para uma coisa viva, viver é existir. *Cf.* também Matthews (1999, p. 228).

Apenas tenho a opinião de que sou um cérebro. Posso duvidar que eu seja um cérebro. Efetivamente, muitos duvidaram se a mente é cérebro ou outra parte do corpo ou outro elemento como ar, fogo etc. O ato de duvidar de que eu seja cérebro ou outra entidade física não é automaticamente incoerente. Agostinho tira por *modus tollens* a conclusão negativa 7 de que a mente não é nenhuma dessas coisas corporais. Portanto, "conheça-te a ti mesmo" manda que se retirem tais concepções corpóreas que a mente erroneamente acrescenta a si mesma.[30]

Há várias pressuposições polêmicas no argumento; mencionarei duas:
I. Só pode ser verdadeiro da mente o que é certo para a mente.

Qual é o argumento para esta afirmação? Por que não deveriam ser verdadeiras também as proposições da mente que não cumprem os requisitos fortes de Agostinho por certeza? Agostinho oporia que a declaração i é um corolário da outra declaração que já consideramos, a saber, que a mente está presente a si mesma, que a mente tem contato cognitivo imediato consigo mesma. A certeza das opiniões acerca da mente resulta desse acesso imediato da mente a si mesma. Outra pressuposição do argumento parece ser a seguinte:
II. O fato de eu existir, pensar, duvidar etc. são propriedades essenciais minhas.

No entanto, se fosse uma propriedade essencial minha que eu exista, eu existiria essencialmente (como Deus), coisa que nenhum ser humano ousaria afirmar. Além disso, não está totalmente claro por que o conhecimento de *que* eu sou, *que* penso, *que* ajuízo etc. implicaria conhecimento acerca de *o que* eu sou. Por que o conhecimento da existência de *x* ou de atos de *x* implicaria conhecimento da natureza de *x*? Normalmente podemos saber que alguma coisa, *x*, existe ou age de certas maneiras sem conhecer a essência de *x*. Por que seria diferente no caso do conhecimento da mente? Agostinho oporia que a mente é um caso especial. A mente é uma unidade, um todo.

---

30 "Quando, pois, lhe é mandado que se conheça a si mesma, não se deve procurar como se fosse separada (*detracta*) de si, mas deve separar de si aquilo que a si acrescentou" (*Trin*. 10.8.11).

Quando a mente conhece a si mesma como buscando a si mesma, conhece a si mesma como um todo (*tota se novit*), portanto, ela conhece a si mesma também inteiramente (*ergo et totam se novit*): ela se conhece não como outra coisa, mas como um todo. (*Gn. litt.* 7.21.28)[31]

Esta, no entanto, é de novo uma pressuposição que não é indiscutível. Vejo dois modos como o argumento de Agostinho se tornaria plausível. O primeiro modo seria a afirmação fraca de que os atos mentais são boa evidência de que o seu sujeito também é mental. Por trás dessa afirmação está o pressuposto de que essências são conhecidas pelos seus atos característicos. Se os atos característicos de algo, *x*, são mentais, esta é uma boa razão para crer que o próprio *x* é mental.

O segundo modo provém de três intuições de Agostinho: 1) Todo aquele que entende a expressão "conhece-te a ti mesmo" é capaz de seguir esta ordem e conhecer efetivamente a si mesmo, ou seja: se eu for um usuário competente de "eu", se eu tiver o conceito de *eu*, então eu tenho por isso acesso ao que eu sou. 2) Toda vez que eu pensar *p*, ajuizar *p*, duvidar de *p* etc., não posso equivocar-me que sou eu quem pensa *p*, ajuíza *p*, duvida de *p*. 3) Por uma reflexão meramente *a priori* sou capaz de discernir o que está essencialmente envolvido em ser eu. Estas três afirmações podem se tornar plausíveis com a ajuda de um argumento desenvolvido pelo dualista de substância Richard Swinburne.[32] Ele usa a semântica moderna a fim de se explicar. Algumas coisas (substâncias ou espécies de substâncias), diz ele, seguindo Saul Kripke e Hilary Putnam, podem ser escolhidas por referir expressões que são antes não informativas com respeito à natureza do que foi escolhido. Os exemplos modelares para tais expressões são "Eósforo" e "Héspero" como são usados pelos antigos gregos, ou "água" como foi usada no século XVIII. As pessoas usavam essas expressões e as referiam com êxito às coisas correspondentes sem saber a natureza dessas coisas, sem saber que

---

31  Também: "pois [a coisa] conhecida e o cognoscente são o mesmo [...]. Portanto, o fato de se conhecer gera um conhecimento de si igual a si, porque se não conhece menos do que é, nem o seu conhecimento é de outra essência, não só porque ela própria conhece, mas também, como dissemos antes, porque se conhece a si própria" (*Trin.* 9.12.18).
32  Swinburne (2006). *Cf.* também Swinburne (2007).

Eósforo é um planeta, que água é $H_2O$ e que Eósforo é o mesmo planeta que Héspero. Ter apenas o conceito de água não os capacitaria a descobrir se algum fluido ou algum planeta é realmente água. Palavras como essas são chamadas de designadores não informativos, em contraste com designadores informativos. Se uma expressão referente é um designador informativo e se sabemos como usá-lo, então conhecemos a natureza do que é escolhido. Podemos identificar novos casos do objeto com eles. Exemplos são expressões para propriedades como "verde" ou "quadrado". Mas que espécie de expressão é "eu"? Os materialistas ou reducionistas provavelmente diriam que "eu" não é um designador informativo. Usamos "eu", escolhemos algo por ele, mas por isso não conhecemos a essência do que escolhemos. A reflexão *a priori* sozinha não nos diz que aquilo que escolhemos é ou não é idêntico a alguma entidade física. Temos de descobrir tais verdades *a posteriori*. Os dualistas, por outro lado, diriam que "eu" é um designador informativo. Quando sabemos como usar "eu", tiramos de algo a essência do que nos é familiar. Quando sabemos usar "eu", não podemos estar errados acerca de quando aplicar essa expressão. Estamos "imunes ao erro através de identificação errônea", como diz Sidney Shoemaker.[33] Quando penso, duvido, vejo algo vermelho, sinto dor etc. não posso duvidar de que sou eu quem está pensando, duvidando, vendo algo vermelho, sentindo dor. Assim como uma reflexão *a priori* nos diz que nada pode ser vermelho e verde por toda parte, do mesmo modo uma reflexão *a priori* nos diz que o sujeito dos atos e experiências supracitados não pode ser uma entidade física. O que inequivocamente escolho com a expressão "eu" é uma substância mental, a alma. Esta é uma leitura moderna possível das intuições de Agostinho. Naturalmente, porém, esta interpretação pode ser questionada. A pergunta mais óbvia é esta: a expressão "eu" é realmente um designador informativo? Se com "eu" nós escolhemos de algo a essência do que nos é familiar, por que, então, há tanta controvérsia sobre essa essência?

---

33 Shoemaker (1968, p. 556).

## O argumento da indivisibilidade

O último argumento para a imaterialidade da mente que estou apresentando aqui vem de considerações ontológicas. Numa das cartas a Jerônimo, Agostinho escreve:

> Além disso, se o corpo não é senão o que está imóvel ou se move no espaço físico ocupando-o com certo comprimento, largura e altura de tal maneira a ocupar com a sua parte maior um espaço maior e com a parte menor um espaço menor, e numa parte está menos do que no todo, então a alma não é o/um corpo. Pois ela se estende por todo o corpo que anima não mediante uma difusão no espaço, mas mediante a sua tensão vital. Pois ela está presente toda inteira simultaneamente em cada parte do corpo, e não menor nas partes menos extensas e maior nas partes mais extensas, mas com uma tensão maior em algumas e menor em outras, e está toda em todas as partes e toda em cada parte singular do corpo. Pelo mesmo motivo, quando a alma percebe uma sensação (*sentit*) numa só parte do corpo, é ela inteira que a percebe; pois se se toca num pequeno ponto da carne viva [...] o toque é sentido pela alma inteira, contudo o toque não é sentido em todo o corpo, mas é sentido apenas no ponto em que foi feito. (*ep.* 166.2.4)[34]

O argumento pode ser colocado do seguinte modo:
1. o corpo é composto de partes;
2. a alma não é composta de partes;
3. a alma não é um corpo.

A premissa 1 é indiscutível, especialmente quando estamos falando do corpo humano. Ninguém negará que o corpo é composto de partes. A premissa crucial do argumento é a premissa 2. A alma não é composta de partes do modo como o corpo é. Agostinho fala às vezes de partes da alma; mas então ele tem em mente diferentes funções e estados da alma: saber fazer, inércia, perspicácia, memória, cobiça, medo, felicidade,

---

34 Argumentos semelhantes podem ser encontrados em *De Trinitate* 6.6.8 e 10.7.10.

tristeza.³⁵ O que ele nega em 2 é que a alma tenha partes espaciais ou espacialmente extensas como é o corpo. Sua razão para a premissa 2 é que a alma está presente como um todo tanto em todo o corpo como em cada parte dele. A dor no dedo é sentida pela alma inteira. Portanto, a alma não é divisível como é o corpo. É sempre a alma una como um todo que tem as diferentes experiências. Ao tratar do autoconhecimento da mente, Agostinho exprime uma ideia semelhante. "Não digo: [a mente] sabe tudo, mas o que sabe toda ela sabe".³⁶ Resumindo e generalizando a opinião de Agostinho: os corpos abrangem essencialmente características que a alma essencialmente não abrange. Assim, a alma não pode ser um corpo ou idêntica ao corpo ou a alguma parte dele. Esta conclusão pode ser reforçada com outro argumento metafísico, que pode ser derivado da opinião de Agostinho acerca da ressurreição da carne como foi apresentado acima. Vimos que as condições de identidade do corpo diferem das condições de identidade da alma. E agora se poderia argumentar: o que tem diferentes condições de identidade não pode ser o mesmo. Portanto, a alma não pode ser o corpo ou uma parte dele.³⁷

## Conclusão

Agostinho é um pensador que presta atenção à vida interior: experiências, ocorrências mentais, atos que considera irredutíveis aos eventos ou propriedades corporais. Ele descobriu que tinha acesso a esses acontecimentos de uma maneira que não tem acesso a nenhuma outra coisa; e que nenhum outro ser humano tinha acesso à sua vida interior da maneira que ele próprio tinha. E ficou impressionado pelo fato de que, ao captar esses acontecimentos, é-se imune a certo tipo de erro. Posso estar errado e em dúvida acerca de muitas coisas, mas não posso me enganar ou duvidar que sou *eu* que me engano, duvido ou, mais em geral, penso. Dessas e

---

35  *Cf. De Trinitate* 6.6.8.
36  "Non dico: Totum scit; sed: Quod scit tota scit" (*Trin.* 10.4.6)
37  Esse argumento é desenvolvido em Lowe (2008, p. 173-174).

de outras considerações ele chegou à conclusão de que há uma substância imaterial, simples: todos nós estamos familiarizados com a mente humana como portadora de acontecimentos e atos mentais. Certamente há passos e pressuposições controversos nos argumentos de Agostinho. No entanto, como tentei mostrar, as suas intuições ainda merecem ponderação e são ligáveis a argumentos para o dualismo alma-corpo do nosso tempo.

# 8 Agostinho sobre o conhecimento

*Peter King*

Agostinho escreveu extensamente, ainda que não sistematicamente, sobre assuntos centrais à epistemologia: ceticismo, cognição intelectiva e sensória, conhecimento, testemunho, prova científica e refutação, autoconhecimento, crença, ideias inatas, memória e muito mais. A partir dessas discussões podemos elaborar um quadro coerente da epistemologia de Agostinho tendo presente que isso reflete mais os nossos interesses do que os dele. Por exemplo, Agostinho distinguia conhecimento (*scientia*) de sabedoria (*sapientia*), estabelecendo finalmente que "conhecimento" é um assunto do engajamento prático da mente com o mundo, ao passo que "sabedoria" tem a ver com a sua contemplação da verdade eterna, uma distinção que ele achou mais importante do que nós para o intelecto humano: Agostinho não é contemporâneo nosso, apesar de compartilhar alguns interesses contemporâneos nossos.

Começamos com a refutação que Agostinho faz do ceticismo e o que ele entende que isto implica. Depois consideramos "iluminação", a sua explicação de como chegar a conhecer verdades necessárias e conhecimento de estados psicológicos em geral. Terminamos com conhecimento empírico e epistemologia social.

## Ceticismo

Durante um curto período de tempo Agostinho foi cético[1] e dedicou a sua primeira obra após a conversão a responder ao ceticismo. Em seu *Contra academicos*, Agostinho identifica o núcleo do ceticismo como consistindo em duas teses:[2]

[S1] nada pode ser conhecido;
[S2] o assentimento deve ser sempre retirado.

Ora, S1 era justificada apelando para a explicação de Zenão da percepção verdadeira. Zenão afirmou que a percepção é verdadeira quando *a*) reflete com exatidão o modo como o mundo é e *b*) ela não pode ser causada por nada senão pela sua causa efetiva. Os céticos argumentaram que *a* não podia ser satisfeita porque as coisas são naturalmente obscuras e por isso não podem ser representadas com exatidão e que *b* não pode ser satisfeita porque as coisas podem assemelhar-se demasiado para serem distinguidas de maneira confiável como causas. Se *a* e *b* pudessem ser satisfeitas, por que haveria erros e desentendimentos? Eles concluem que, dado que nenhuma percepção satisfaz *a* nem *b*, nada pode ser conhecido. Então S2 foi derivada de S1 com a ajuda de outras duas premissas:

[S3] o sábio não deveria arriscar-se ao erro;
[S4] dar assentimento ao que não é conhecido corre o risco de erro.

Dois aperfeiçoamentos foram feitos por Carnéades. Primeiro, S1 restringia-se a questões filosóficas; não se aplicava aos assuntos corriqueiros

---

1 Agostinho escreve a respeito da posição cética "parecia-me, *quando costumava vender estas coisas*, um refúgio admiravelmente coberto e defendido" (*c. Acad.* 3.15.34 [ênfase minha]). Portanto, Agostinho defendeu o ceticismo publicamente – o que combina bem com *Confissões* 5.10.19, completando o seu "desespero em encontrar a verdade" após a fase maniqueia, como está descrito em *Contra academicos* 2.1.1, *Retractationes* 1.1.1 e *Enchiridion ad Laurentium de fide spe et caritate* 7.20.

2 Agostinho deriva o seu conhecimento do ceticismo principalmente do *Academica* de Cícero (livro que ele possuiu em estado mais completo do que nós), e assim identifica-o com o ceticismo acadêmico, não sabendo quase nada da tradição do ceticismo de Pirro encontrado em autores como Sexto Empírico.

de cada dia. Entender S1 dessa maneira capacitava o cético a evitar muitas consequências ilógicas de sua posição. Por exemplo, ele podia afirmar que sabia que não era um inseto. Segundo, S2 parece ter a consequência que, se não se dá assentimento a nada, também nunca se fará nada (o "argumento da inatividade"). Carnéades, declara Agostinho, respondeu que um cético pode ser guiado por "o que é plausível (*probabile*)" ou "semelhante à verdade (*verisimile*)". Portanto, adotou a seguinte tese:

[S5] alguém que é sábio seguirá o que é provável ou verossímil.

Esta versão aperfeiçoada do ceticismo emerge acima de tudo como antidogmática: iconoclasta com respeito a teorias em competição, não aceitando mais do que aquilo que a evidência garante, livre de compromissos filosóficos. Agostinho resumirá mais tarde a posição cética:

> Entre eles [os céticos acadêmicos] todo erro é considerado pecado, o qual sustentam que só pode ser evitado se o assentimento for suspenso. Eles afirmam que erra quem dá assentimento a coisas incertas, e disputam em debates muito agudos mas desavergonhados que não há nada de certo nas visões dos homens, devido a sua semelhança indistinguível com a falsidade, embora o que pareça ser talvez seja verdadeiro. (*ench.* 7.20)

As peças-chave do antigo ceticismo estão assentadas: evitação do erro, certeza e a dificuldade de distinguir o que é verdadeiro do que apenas parece ser verdadeiro.

O principal argumento de Agostinho contra a posição cética ataca a probabilidade relativa de S1. Ele argumenta longamente que é pelo menos tão provável que algo possa ser conhecido – que a verdade possa ser alcançada – como não. Ele descreve a sua estratégia a Alípio:

> Discute-se entre nós, portanto, se é provável o argumento deles [dos acadêmicos] de que nada se pode perceber, e a nenhuma coisa se possa dar o assentimento [...]. Se eu puder demonstrar que é muito mais provável que o sábio possa alcançar a verdade e que nem sempre se deve suspender o assentimento, penso que

não tens nada em contrário para aceitar a minha opinião. (*c. Acad.* 2.13.30)

No fim do dia Agostinho reitera a sua conclusão: "Para mim já é suficiente que não seja provável que o sábio não saiba nada" (*c. Acad.* 3.5.12).[3] O que ele defendeu, de fato, é que S1 não é mais provável que a sua negação. Agostinho deixa claro que este é o seu principal argumento contra o ceticismo. Infelizmente, para chegar à sua conclusão ele rejeita a distinção entre "*S* sabe que *p*" e "Parece a *S* que ele sabe que *p*".

Ele não faz isso para levar o debate mais ao nível das aparências, daquilo que parece ser assim do que o que é assim, para colocar as afirmações dogmáticas sobre o conhecimento em pé de igualdade com as contendas céticas contra o conhecimento, tornando cada uma delas uma questão do que parece ser assim. Pois há certamente mais a conhecer do que parece – as pessoas podem estar enganadas acerca do que afirmam saber – em cujo caso o argumento de Agostinho, não importa quão inteligente, é pouco persuasivo.

Ao caminhar para a sua conclusão, Agostinho identifica três espécies de afirmações de conhecimento que não são prontamente suscetíveis à dúvida cética, e os filósofos acharam esses três casos mais promissores contra o ceticismo.

Primeiro, Há verdades lógicas sobre o mundo (*c. Acad.* 3.10.23, 3.13.29). Sabemos, por exemplo, que ou chove ou não chove. Se as disjuntivas são exclusivas e exaustivas, sabemos a verdade de tais disjunções, embora sem saber qual das disjuntivas é verdadeira. Se os céticos objetarem que temos de saber que as disjuntivas são exclusivas e exaustivas, Agostinho pode responder que isso é determinado pela forma lógica delas. Se os céticos afirmarem isso como verdades acerca do mundo, eles pressupõem a existência do mundo, que não é conhecida; Agostinho responde

---

3 Aqui Agostinho é culpado de exagero: ele tem apenas o direito de concluir que é pelo menos tão provável que o sábio saiba algo como que não saiba nada. Ele ressalta que esta é a sua conclusão: *Contra academicos* 3.14.30, 3.14.31 e no encerramento de seu monólogo em 3.20.43.

que chamam de "o mundo" qualquer coisa que pareça aparecer a eles, e por isso não há nenhuma pressuposição substantiva em jogo.

Segundo caso, há verdades matemáticas, por exemplo 7+5=12 (*c. Acad.* 3.11.25). Dado que a verdade deles não está ligada ao corpo, não são colocados em dúvida por objeções de confiabilidade do conhecimento pelos sentidos.

Terceiro caso, há afirmações apenas a partir da aparência (*c. Acad.* 3.11.24-26). Mais que afirmar que algo é o caso, posso dizer que *parece* ser o caso, e tais proposições são diretamente conhecidas como verdadeiras. Enquanto "há um livro na minha frente" pode ser falso, a afirmação de aparência "parece-me que há um livro na minha frente" não é afetada pelo que Agostinho toma como o recurso dos céticos: a falta de confiabilidade da percepção pelos sentidos e ilusão perceptiva;[4] a possibilidade de alguém estar dormindo ou sonhando; a possiblidade de que alguém seja insano. Não podemos nos enganar, se nos restringirmos ao que nos parece ser assim.

Agostinho subordina estas três classes de afirmações de conhecimento ao seu argumento geral de probabilidade relativa porque elas não proporcionam nenhum conhecimento substantivo. As verdades lógicas não têm nenhum conteúdo material e por isso não são acerca do mundo; afirmações de pura aparência são mais acerca do que parece assim à pessoa que faz a afirmação do que acerca do mundo; pode-se dizer que as verdades matemáticas são acerca dos números e assim uma espécie especial de objeto "no" mundo, mas menos claramente substantiva – podem ser sintéticas *a priori*, mas é filosoficamente trabalhoso estabelecer isto. Por isso estes não são contraexemplos claros para S1, mas apenas pontos de partida para desacordo. A parte mais dura ainda é feita pelo seu argumento de probabilidade relativa.

Pela mesma época, Agostinho encontrou uma quarta espécie de afirmação de conhecimento que, de modo diferente das três investigadas acima, parecia proporcionar conhecimento substantivo e ser, ao mesmo tempo, imune à

---

4 Agostinho nota que um remo parcialmente mergulhado na água parece dobrado, pois é exatamente como um remo reto dentro da água pareceria dadas as leis da ótica; o mesmo se dá em outros casos (*c. Acad.* 3.11.26).

dúvida cética: o conhecimento que cada pessoa tem que ele ou ela está vivo/a, às vezes chamado de "o *cogito* agostiniano". Em suas primeiras versões aparece em *De beata vita* 2.7, *Soliloquia* 2.1.1, *De libero arbitrio* 2.3.7.20-22 e *De vera religione* 39.73; nas versões maduras em *Enchiridion ad Laurentium de fide spe et caritate* 7.20, *De civitate Dei* 11.26 e *De Trinitate* 12.15.21. Agostinho sustenta que refuta definitivamente a afirmação cética S1 e não apenas mostra que é tão provável pensar S1 falso como verdadeiro. Pelos mil anos seguintes foi amplamente aceito que Agostinho refutara decisivamente o ceticismo.[5] Isso é mais claro em *De Trinitate* 12.15.21 em que, no espaço de um único capítulo dedicado ao conhecimento humano, ele vai do conhecimento da própria existência até apoiar o testemunho como fonte de conhecimento – plausível somente se o ceticismo foi desacreditado desde o começo. Enquanto Agostinho permite um sentido frouxo e impreciso no qual às vezes afirmamos "saber" coisas (*retr.* 1.14.3), "apropriadas ao uso comum", seu objetivo declarado aqui mostra que ele está preocupado com o sentido estrito de conhecimento. Agostinho começa "pondo de lado o que vem à mente a partir dos sentidos corporais", de modo que ele está interessado apenas no que a mente "percebe por si mesma". O exemplo paradigmático desse conhecimento é saber que estamos vivos, de modo que qualquer um possa afirmar: "Eu sei que estou vivo" – este é o "conhecimento mais íntimo" ("intima scientia").[6] "A ninguém é permitido não saber que está vivo, visto que não pode sequer não saber que vive; porque não só *saber* como *não saber* pertence a quem vive" (*ench.* 7.20).

Agostinho argumenta que o conhecimento pertence a sujeitos vivos, o que o leva a uma reflexão ulterior que ignorar é nada menos que um estado cognitivo e por isso igualmente uma característica de sujeitos vivos. Portanto,

---

5 *Cf.* Grellard (2004) e Perler (2006) a respeito da história do ceticismo medieval.
6 Em *De civitate Dei* 11.26 Agostinho discute o conhecimento de nossa existência, de modo que "eu sei que existo" é uma afirmação importante. Não se assinala nenhuma diferença pelo seu uso de "existência" (*sum*) ao invés de vida (*vivo*) ao apresentar o argumento. A distinção que ele faz, por exemplo, em *De libero arbitrio* 2.3.7.22 entre coisas que (meramente) existem, coisas que estão vivas e coisas que entendem é tal que os seres humanos claramente entram na última classe – e se trata de sublinhar o fato que apenas certos seres humanos têm estados cognitivos.

qualquer sujeito com estados cognitivos, mesmo sem um dos estados ser um episódio de conhecimento, está necessariamente vivo – e assim o sujeito pode estar no estado cognitivo autogarantidor de saber que está vivo.

Tendo estabelecido a verdade (necessariamente autogarantidora) de "eu sei que vivo", Agostinho mostra então que pode aguentar qualquer desafio cético: mesmo que alguém não saiba se está desperto ou dormindo ou sonhando, está vivo; não pode "estar errado em seu conhecimento através de sonhos, pois tanto *dormir* como *ver coisas em sonhos* são características de alguém que está vivo"; e mesmo se está louco, está vivo (*Trin*. 15.12.21).[7] Agostinho tira a conclusão explicitamente: "Portanto, todo aquele que diz que sabe que está vivo nunca pode enganar-se nem propor uma falsidade". Por isso algo não somente pode ser, mas efetivamente é sabido – quer dizer, S1 é falso, e o ceticismo está, portanto, refutado.

O que se segue de concedermos a Agostinho a sua afirmação acerca de "eu sei que vivo"? Desde Descartes os filósofos sustentaram que temos de lutar contra os céticos por cada bocado de conhecimento, portanto que tudo, exceto o conhecimento de que se está vivo, permanece aberto à dúvida cética. Da falsidade de S1 Agostinho conclui que S2 não pode derivar de S1 e por isso diferentes espécies de afirmações de conhecimento foram consideradas em seus próprios méritos para ver se o assentimento deve ser dado ou retirado, mas o peso da prova cabe ao cético, que deve oferecer razões contra uma dada classe de afirmações de conhecimento, posto que foi provado que a sua alegação de que nada pode ser sabido está errada.

---

7 O procedimento de Agostinho é diferente no *Enchiridion ad Laurentium de fide spe et caritate* 7.20 e em *De civitate Dei* 11.26. No primeiro, ele argumenta que o cético que não dá assentimento à afirmação de que ele sabe que está vivo está, no entanto, *ipso facto* capacitado a dar assentimento à afirmação de que vive e, "portanto não é só verdadeiro, mas certo que estamos vivos". Em *De civitate Dei*, ele imagina um cético perguntando como Agostinho sabe que ele não está errado, levando Agostinho a responder: "se erro, existo" ("si fallor, sum"). Os comentadores identificaram esta resposta como uma fonte para Descartes, embora no argumento de Agostinho ela esteja subordinada ao seu ponto principal acerca da certeza de saber que se está vivo.

## A teoria da iluminação

Agostinho é propenso à suprema simplificação de que há apenas duas fontes de conhecimento, a saber, os sentidos corporais e a mente, e além disso, que o ceticismo tem algum sucesso apenas contra a primeira. O "*cogito* agostiniano" mostra que o ceticismo é falso. Agostinho sustenta que há muitas verdades "eternas e imutáveis" cognoscíveis através da mente apenas. De acordo com a tradição platônica, Agostinho mantém que nós temos relação cognitiva direta com as Formas eternas e imutáveis, que constituem a base para os julgamentos verdadeiros.[8] Nosso contato cognitivo com as Formas é comumente expresso com metáforas tiradas da visão: nós "vemos" Formas e por isso temos relação direta com elas, sem a necessidade de entidades intermédias, assim como vemos um objeto que está em nossa frente. Ademais, as Formas são paradigmas das características que exemplificam e funcionam como normas para objetos mundanos comuns não eternos (*div. qu.* 23). De modo específico, Deus usa as Formas, que são Ideias na Mente Divina (*div. qu.* 46.2), como arquétipos na criação que fica refletida em coisas criadas.[9] Algumas afirmações de conhecimento têm o caráter que têm em virtude das entidades distintas que envolvem. Verdades matemáticas, como 7+5=12, são eternas e imutáveis porque envolvem objetos eternos e imutáveis, os quais não podemos conhecer através de artigos mutáveis no mundo, mas apenas através da mente (*vera rel.* 30.55).

Para explicar como o conhecimento de tais verdades é possível, Agostinho adotou inicialmente a teoria platônica da reminiscência (ἀνάμνησις), que

---

8  Agostinho se refere a elas como Formas, Ideias, espécies, princípios, razões e regras/normas; são todas maneiras de se referir às mesmas entidades platônicas. A apresentação mais compacta que Agostinho faz de sua compreensão da teoria das formas está em *De diversis quaestionibus octoginta tribus* 46.

9  As "formas nas coisas" das quais Agostinho fala em *De libero arbitrio* 2.16.44-46 podem ser o que noutro lugar ele chama de *rationes siminales*, alinhando uma doutrina estoica com observações de Platão acerca das "Formas em nós" (*Fédon* 102B-E); há reflexões anteriores sobre se há Formas de indivíduos em *Epistulae* 14.4. Agostinho também identifica o reino das Formas com uma totalidade, o *intelligibilis mundus* (o κόσμος νοητός de Plotino, *Enéadas* 3.8.11.36), como o Verbo (λόγος) expresso na segunda pessoa da Trindade, o princípio através do qual Deus faz todas as coisas (*c. Faust.* 2.5; *Jo. ev. tr.* 1.9; *s.* 252.1, *retr.* 1.3.2).

ele louvava como "a descoberta mais admirável".¹⁰ Nosso conhecimento deriva *a)* do contato cognitivo direto que a nossa mente tem com as Formas, que *b)* ocorrem antes de sua incorporação em nossa vida. O requisito de "preexistência", *b*, explica como parece que sabemos essas verdades sem tê-las aprendido (uma vez entendidas, elas parecem como algo que "sempre soubemos"), para supostos casos de aprendizagem essas verdades são realmente um processo de "in-esquecimento" delas. Por isso nós viemos a esta vida equipados com um conhecimento completo, embora esquecido, das verdades contidas nas artes liberais.

Nas obras tardias, Agostinho rejeita a teoria da reminiscência (*Trin.* 12.15.24; *retr.* 1.4.4 e 1.8.2). A sua rejeição é geralmente atribuída à ortodoxia doutrinal, mas em todos os estágios de sua carreira Agostinho é explícito que a preexistência da alma é doutrinal e filosoficamente uma questão aberta.¹¹ A sua motivação para abandonar a teoria da reminiscência não é doutrinal, mas filosófica. Ele acha que ela deve ser substituída pela "teoria da iluminação":

> A natureza da mente intelectiva foi criada de tal modo que, unida segundo (*subjuncta*) a ordem natural disposta pelo Criador às realidades inteligíveis, as vê a uma luz incorpórea especial, do mesmo modo que os olhos da carne veem aquilo que os rodeia esta luz corpórea, olhos que foram criados aptos para essa luz e a ela conformes. (*Trin.* 12.15.24)

A teoria da iluminação é uma melhora com respeito à teoria da reminiscência:

---

10 Platão, *Fédon* 72D-76A e *Menon* 81E-85B. O conhecimento de Agostinho da teoria da reminiscência parece ser derivado de Cícero, *Disputas tusculanas* 1.24.57. Ele parece endossá-la em *Epistulae* 7.1.2, *Soliloquia* 2.20.34-35, *De animae quantitate* 20.34 e, talvez, *De libero arbitrio* 1.12.24.81. Há controvérsia se a linguagem de Agostinho é literal ou figurativa; *cf.* Miner (2007) e Siebert (2013).

11 Entre as primeiras obras *cf. De Genesi adversus Manichaeos* 2.10 e *De libero arbitrio* 3.20.56-59; para as obras posteriores *cf. De Genesi ad litteram* 10, *Epistula* 166 e 190, *De civitate Dei* 12.23 e a declaração em *Retractationes* 1.1.3 de que ele não sabia a resposta quando escreveu seu *Contra academicos* e ainda não sabe qual é.

> É mais crível que até os imperitos estejam em condições de dar respostas conforme à verdade sobre alguma disciplina, quando lhes são feitas perguntas de forma correta, porque está presente neles, à medida que podem captá-la, à luz da razão eterna, na qual contemplam essas verdades imutáveis, não porque as tinham conhecido alguma vez e tinham se esquecido delas, como acreditou Platão e outros que pensam como ele. (*retr.* 1.4.4)

Contudo, as vantagens filosóficas da teoria da iluminação não são imediatamente claras. Agostinho mantém *a* e assim considera o nosso conhecimento das verdades imutáveis um assunto de contato cognitivo direto que nossa mente tem com as Formas. Ele substitui o requisito de preexistência *b* com *b*,* a saber, a afirmação de que tal contato epistêmico ocorre nesta vida, acrescentando que é assim *c*) através da "luz" da razão, pelo menos *d*) à medida que se é capaz de recebê-la.[12]

O defensor da teoria da reminiscência pode objetar que *c–d* apenas explicita o que está implícito na metáfora visual usada para descrever *a* e que adotar *b*\* em lugar de *b* impõe a Agostinho o problema de por que não temos experiência consciente de "contatar" as Formas nesta vida enquanto sobrecarregadas com o corpo – sem dizer nada a respeito de quão fácil ou difícil é entrar nesse contato.

Mas Agostinho afirma que a sua teoria da iluminação reconhece e pode resolver um problema filosófico que a teoria da reminiscência dificilmente enfrenta, a saber, o que é *entender* alguma coisa. Este é um problema que salta à vista quando tentamos descrever que mudança ocorre quando entendemos algo que não tínhamos entendido antes, o que também pode ser chamado de "aprendizagem".[13] Grosso modo, Agostinho toma o nosso conhecimento de verdades eternas, ou pelo menos o fato de chegar a conhecê-las, como um *episódio interior ocorrente de conhecimento* no qual percebemos as razões por que elas são verdadeiras. Ensaie os passos de uma prova

---

12 Agostinho menciona *d* já bem cedo, em *De magistro* 11.38, para explicar o êxito diferencial em chegar a entender algo; *cf.* também *De civitate Dei* 11.27.2.
13 Se a fenomenologia da aprendizagem precisa ser levada em conta em uma teoria do entendimento, é questão a se debater: *cf.* KING, 1998.

matemática no esforço de entender. Se você ainda não a entende você está meramente papagueando a prova, como Agostinho diz (*mus.* 1.4.6). Enquanto a analisa, porém, você pode de repente ter um lampejo de intuição e ver como seus vários passos estabelecem a conclusão. Há uma diferença real antes e depois de entender a prova. Comumente descrevemos essa diferença com metáforas visuais, por exemplo "o lampejo da intuição" e "ver a verdade"; Agostinho chama isso de "iluminação". Ele explica não apenas como temos conhecimento *a priori* através de contato cognitivo imaterial com objetos eternos, mas também em que consiste vir a entender algo, a saber, tornar-se ciente das razões por que é ou deve ser assim. A teoria da reminiscência realiza apenas a primeira dessas duas tarefas, ao passo que a teoria da iluminação realiza as duas.

A teoria da iluminação conta como uma *teoria* acerca do entendimento e conhecimento porque Agostinho tenta desenvolver a extensa metáfora da luz e visão de maneiras sistemáticas.[14] Algo pode ser visto em virtude da luz fornecida por uma fonte luminosa: uma verdade eterna e imutável pode ser entendida (e por isso conhecida) em virtude da "luz" proporcionada por Deus.[15] Assim como uma fonte luminosa produz a luz que torna o que é potencialmente visível (um objeto físico) capaz de ser atualmente visível por alguém, Deus produz a "luz" que torna o que é potencialmente inteligível (uma verdade imutável eterna) capaz de ser atualmente entendida por alguém. A luz física permite contato cognitivo entre quem percebe e o objeto percebido; "uma única espécie de luz incorpórea" (*Trin.* 12.15.24) permite contato cognitivo entre a mente e o que ela entende. Em suma, Agostinho explica atos ocorrentes de conhecimento como o resultado, pelo

---

14 Antigos comentadores de Platão estabeleciam conexões entre a "visão" que a alma tem das Formas e o papel desempenhado pela Forma do Bem em *República* VI 508B-E ao tornar outras Formas inteligíveis; a tradição platônica tardia às vezes fala em ver coisas à sua luz, como por exemplo Plotino, *Enéadas* 5.5.7-8 e 6.7.23.1; *cf.* Nash (1971). Mas a linguagem é do maneira típica deixada metafórica, ao contrário da tentativa de Agostinho de explicar isso em termos de atividade divina.

15 Agostinho descreve a fonte da única "luz" imaterial de muitas maneiras, mas todas se resumem a Deus (e especificamente Cristo como o Verbo gerado do Pai), que é tanto Verdade como Bem Supremo e Razão em Si (*cf. Gn. litt.* 12.31.59).

menos em parte, da influência causal de Deus sobre a mente humana.[16] Isto permite que Agostinho explique como chegamos a conhecer verdades eternas nesta vida, no tempo em que as compreendemos, uma vez que Deus causa o acontecimento delas. Além disso, permite que ele explique o caráter fenomenológico de aprender verdades eternas, pois parece ser tanto ativo (fazemos um esforço para compreender a verdade) como passivo (a verdade "irrompe em nós" como algo "mais descoberto do que feito"). As características ativas são devidas aos nossos esforços cognitivos; as passivas, devidas à atividade causal de Deus sobre nós, embora isso não seja mais do que "consultar o Mestre no interior" (*mag.* 12.40). Permite também que Agostinho distinga a espécie de esforço mental envolvido em lembrar algo a partir da espécie de esforço envolvido em analisar algo, o que a teoria da reminiscência não pode fazer.

Há outro aspecto da teoria da reminiscência que Agostinho acha insatisfatório, a saber, a obscuridade em *b* sobre como a recordação pode nos colocar em contato com as Formas. Se a reminiscência é um "episódio interior" que ocorre na pessoa que recorda, não está claro como pensar acerca do conteúdo da recordação: a pessoa que recorda algo está diretamente em contato com as Formas em sua memória? Certamente não, pois então as Formas seriam privadas dela. Por isso ela deve ter no lugar uma representação das Formas, armazenada na memória, por meio da qual ela está indiretamente ou mediatamente em contato com as Formas. Mas essas representações são mutáveis e impermanentes como os outros conteúdos transitórios de nossas mentes e assim não podem sustentar a necessidade imutável de verdade eterna. Nem responder parece satisfatório.

Em *De libero arbitrio* 2, Agostinho argumenta que, assim como concluímos que um objeto sensível existe porque é publicamente acessível aos nossos sentidos individuais distintos, no sentido de que você e eu podemos vê-lo, assim também devemos concluir que um objeto "inteligível" existe

---

16 Deus causa diretamente cada ato ocorrente de conhecimento ("iluminação especial") ou Deus apenas estabelece a ordem natural de tal maneira que atos ocorrentes de conhecimento ocorrem em circunstâncias apropriadas ("iluminação geral")? A questão foi amplamente debatida na Idade Média, mas sem solução.

porque é publicamente acessível às nossas mentes individuais distintas, no sentido de que tanto você como eu podemos concebê-lo: nós dois conhecemos a mesma verdade quando sabemos que 7+5=12. Esses objetos inteligíveis são "superiores" às nossas mentes, pois nós conformamos nosso pensamento a eles e não vice-versa. A verdade deles é independente de nossas mentes e não é uma questão de disputa ou opinião. Uma mente humana individual é capaz de apreender "coisas inteligíveis" (Formas) às quais "somos unidos desde baixo" (*Trin.* 12.15.24) e que não estão realmente "na" mente humana; ao contrário, estão "na" Mente Divina. Contudo, Agostinho não está satisfeito com esta resposta. Em *Confissões* 10, ele nota que encontra em sua "memória" (*memoria*), além de representações de objetos sensíveis, "inumeráveis princípios e leis de números e dimensões" presentes mais "na pessoa" do que mediante representações (*conf.* 10.12.19). As próprias coisas ("res ipsae") estão aí (*conf.* 10.10.17). Mas o que significa dizer que os objetos inteligíveis estão mais "na" mente, um âmbito privado, do que acessíveis em algum lugar a muitas mentes? Agostinho trata isso em *De Trinitate* 12.14.23-15.24,[17] no qual ele mantém que a mente humana tem contato cognitivo direto com as Formas que estão acima de nós, mas esse contato deixa ou pode deixar uma representação das Formas na memória, a qual pode ser usada para pensamento "privado"; se for necessário, a mente pode sempre "revisitar os inteligíveis" para revigorar-se cognitivamente.

A teoria da iluminação de Agostinho explica o que é para nós vir a conhecer uma verdade *a priori*, a saber, tornar-se cientes das razões por que é e deve ser assim. Essas verdades não podem ser adequadamente entendidas sem reconhecer a verdade delas (*div. qu.* 48). O que torna tais episódios internos de entendimento casos de conhecimento tem a ver com a compreensão das razões que o justificam. O entendimento próprio do conteúdo de verdades eternas e imutáveis está ligado às razões por que

---

17 *Cf.* MacDonald (2012). As passagens nas *Confissões* são menos desconcertantes se lermos *memoria* = "conhecimento", pois então Agostinho está dizendo apenas que estamos cientes das verdades eternas. Uma vez que ele diz que encontra Deus em sua *memoria* (10.25.36-26.37), esta leitura é plausível.

devem ser assim; vemos ao mesmo tempo as Formas envolvidas em tais verdades e suas interconexões que as respaldam. Agostinho toma muitas vezes essas verdades eternas como incorrigíveis, como quando afirmamos que "a Sabedoria deve ser buscada" – quem negar esta afirmação deve ser considerado como não sabendo o que "sabedoria" significa. Mas nem todas as verdades imutáveis eternas são como essa. Considere uma simples verdade da aritmética, digamos 12+45=57. Entender esta verdade é compreender os números 12, 45 e 57; saber o que são igualdade e adição; e ligar estas noções adequadamente (*lib. arb.* 2.8.23). Este é um procedimento sintético construtivo, cuja mecânica é parte de entendê-lo e justifica aceitá-lo. Em suma, o procedimento explica por que deve ser assim e é parte de entender a própria afirmação. A verdade não precisa ser evidente em si ou óbvia; a garantia epistêmica para aceitar verdades imutáveis eternas não é o "lampejo de intuição" (um estado psicológico), mas o que o lampejo proporciona, a saber, reconhecimento das razões por que algo deve ser assim.

A teoria da iluminação se estende além das verdades imutáveis eternas e das verdades que se garantem a si mesmas? Esta questão foi debatida na Idade Média, mas não se chegou a um consenso. Quando Agostinho descreve a iluminação, ele comumente fala apenas destes casos. Quando ele fala sobre o conhecimento das coisas no mundo através da iluminação, tem em mente casos em que objetos físicos exemplificam Formas – regularidades no mundo que obedecem a leis matemáticas, como a velocidade com que os corpos caem. No todo, Agostinho adota a opinião de que o mundo é estruturado por Formas e que os objetos no mundo exemplificam Formas e são assim inteligíveis à medida que refletem verdades imutáveis eternas. As afirmações epistemológicas de Agostinho não nos forçam a pensar que a iluminação se aplica a tudo menos às verdades que estão ligadas de algum modo às suas condições de justificação. Este não é o caso para matérias de fato bruto, por exemplo: "esta mesa é marrom", o que, portanto, não pode ser conhecido através de iluminação – não há nenhum "por que" para ser compreendido.

## Conhecimento íntimo

Entre as coisas "que a mente (*animus*) percebe através de si mesma" está o que Agostinho chama de "conhecimento íntimo" ("intima scientia"): o conhecimento imediato que temos de nossa condição cognitiva, que é imune ao erro (*Trin.* 12.15.21). Saber que estamos vivos é um exemplo de conhecimento íntimo. A isso Agostinho acrescenta o conhecimento que a alma tem de si mesma e a sua relação direta com seus estados psicológicos ocorrentes.

O alvo declarado de Agostinho nas *Confissões* é o conhecimento de si mesmo, confessar a Deus o que e quem ele é. No entanto, é surpreendente quão intrigante se torna o conhecimento de si mesmo; "o que está mais perto de mim do que eu mesmo?" (*conf.* 10.7.26). Enquanto parece a Agostinho que ele compreende tudo o que é, isso acarretaria que a mente é estreita demais para abranger a si mesma, com o resultado paradoxal de que a mente conteria partes que de algum modo estão fora dela mesma: uma situação que o deixa perplexo (*conf.* 10.8.15).

Insatisfeito com o seu tratamento inconclusivo nas *Confissões*, Agostinho retoma o conhecimento de si mesmo em *De Trinitate*, numa discussão que é mais sofisticada, precisa e técnica do que as suas reflexões anteriores.[18] *De Trinitate* 9.2.2 restringe o seu âmbito à mente (*mens*), a parte puramente racional da alma independente de faculdades como percepção, memória ou imaginação; é algo que a alma humana ou o si mesmo (um "eu") tem, não algo que é, e sua atividade própria é pensar.[19] Para Sócrates, pensar em alguma coisa é usar a mente para pensar na coisa em questão. A mente é o meio pelo qual Sócrates está em contato cognitivo com algo. Assim, todo caso de pensamento envolve um uso direto da mente a fim de que o pensamento ocorra. Agostinho chama isso de "presença da mente a si mesma" e argumenta que é o fundamento do conhecimento de si mesmo.[20]

---

18 Agostinho estivera claramente (re)lendo a tradição platônica sobre o conhecimento de si mesmo: *cf.* Plotino, *Enéadas* 5.3. Alguns dos antecedentes plotinianos são tratados em Horn (2000) e Emilsson (2007).
19 *Cf.* Matthews (1992) e Brittain (2012a; 2012b) para estes pontos.
20 Ele trata disso em *De Trinitate* 8.6.9 e o reitera em 9.3.3; por trás de sua afirmação está

O núcleo do raciocínio de Agostinhos se encontra em vários argumentos apresentados em *De Trinitate* 10.3.5-4.6. Primeiro, ele argumenta que a presença da alma a si mesma não é o caso de a mente tomar a si mesma como o objeto de seu próprio pensamento, da maneira como pode fazer para qualquer objeto dado de pensamento. A mente pode pensar em si mesma desse modo – não há nada que evite que ela seja um objeto normal de pensamento –, no entanto é raro para a mente estar presente a si mesma como um objeto de pensamento, ao passo que a presença da mente a si mesma está envolvida em todo ato de pensar, mesmo quando o objeto desse pensar não é a própria mente. Antes, a mente está presente como o sujeito tornado ato no pensar, não importa qual seja o objeto desse pensar. A mente é o "ponto de vista" (*conspectus*) que necessariamente caracteriza todo pensar, sem ser algo distinto dele, como Agostinho diz mais tarde (*Trin.* 14.6.8); o ponto de vista é a própria possibilidade de pensar (*Trin.* 15.15.25).[21] Esta consciência imediata e sempre presente da presença da mente como sujeito – sua subjetividade – é algo de que estamos, por definição, conscientes sem pensar a respeito, e por isso vale como conhecimento que temos, que Agostinho identifica como fundamentalmente não discursivo (*nosse*) enquanto distinto do conhecimento discursivo (*cogitare*) típico que temos com respeito a objetos de pensamento (*Trin.* 10.9.12).

Tendo estabelecido que há uma única espécie de conhecimento de si mesmo separado da presença em si mesma da alma, Agostinho argumenta que a mente toda é o sujeito do conhecimento, não apenas alguma parte dela (*Trin.* 10.4.6). Ele conclui que, dado que a mente está presente como um todo em cada instância do pensar, está, portanto, disponível, de novo como um todo, a ser tanto o objeto do seu pensar como o sujeito. Um corolário desse resultado é que a autorreflexividade da mente – a sua habilidade a ser o sujeito todo e o objeto todo do pensamento – estabelece que a mente

---

que nada está mais presente à mente do que a própria mente (cf. *Trin.* 10.3.5 e 10.7.10), o que ele acha que é uma melhora de sua formulação em *Confissões* 10.7.26. A presença da alma a si mesma está em ação no nosso conhecimento de que estamos vivos: cf. *De Trinitate* 10.4.6 e 10.10.14, passagens que colocam o fundamento para 15.12.21.

21 Cf. Brachtendorf (2000), Horn (2012) e, especialmente, Brittain (2012a). Agostinho revisita e amplia essas considerações em *De Trinitate* 14.8-10.

é imaterial, dado que nada material é capaz de autorreflexividade completa.[22] Agostinho previne que é difícil conseguir pensamento autorreflexivo, em parte porque somos facilmente distraídos por nosso amor pelos objetos materiais e em parte porque é difícil pensar sem fazer uso de imagens materiais, sejam elas apropriadas ou não (*Trin.* 10.7.10 e 10.10.13-16). Mas há uma pergunta mais fundamental. Qual é o conteúdo de um pensamento autorreflexivo exitoso, quer dizer, o que é para a mente como um todo conhecer a si mesma como um todo? Agostinho trata desta questão em *De Trinitate* 14.6.8, no qual ele argumenta que a consciência que a mente tem da sua subjetividade enquanto subjetividade é o que constitui a mente como autoatuada no pensar – de maneira muito aproximada, sendo não discursivamente consciente que sendo (não apenas "tendo") um ponto de vista é o que constitui o sujeito pensante, ou seja, a mente como mente.[23]

A mente é o sujeito para pensar. Se ampliarmos a nossa visão para abranger outras atividades mentais, como lembrar ou imaginar, então Agostinho sustenta que nesses casos também temos uma consciência direta e imediata de nossos estados psicológicos – quer dizer, temos conhecimento não representacional do que encontramos em nós mesmos. Ele apresenta uma pesquisa da memória em *Confissões* 10: além do contato cognitivo direto com as Formas platônicas, as leis de números e formas, e em geral verdade e falsidade, a mente também contém consciência imediata de sentimentos ("affectiones animi"), uma categoria bastante ampla para incluir emoções, volições e prazer/dor; habilidades e capacidades; e, finalmente, estados representacionais, que a) temos diretamente consciência deles como estados mentais e b) funcionam como meios pelos quais temos

---

22 O argumento que os objetos materiais não são capazes de ter autorreflexividade completa é normal na tradição platônica tardia. *Cf.* por exemplo Porfírio, *Sententiae* 41.

23 O argumento em *De Trinitate* 14.6.8 é analisado em Brachtendorf (2000). Uma análise alternativa é apresentada em Brittain (2012a), que propõe que o pensamento de Agostinho que pensa a si mesmo é uma questão de a mente compreender a si mesma como "esta consciência individual (uma consciência vazia, por assim dizer, cujo conteúdo pode variar com o tempo)" (p. 329). Mais adiante Agostinho alinha pensamento que pensa a si mesmo, como uma permanente atualidade que constitui a mente, com a própria estrutura trinitária, da qual podemos nos tornar conscientes de maneira ocorrente.

contato cognitivo indireto com o que tais estados representam: imaginações, sensações, lembranças. Seja qual for o sucesso deles em b estamos imediatamente (de maneira não inferencial) familiarizados com eles como estados mentais. A mente é também capaz de formar representações de pelo menos algumas das coisas que conhece de maneira não representacional. Podemos pensar sobre saber andar de bicicleta, bem como simplesmente estar cientes de que sabemos andar de bicicleta. De maneira semelhante, podemos formar representações de segunda ordem de estados representacionais, como no caso de perguntarmos se uma memória é exata ou completa; então estamos diretamente conscientes de representar uma memória (sendo ela mesma um estado representacional).

Nem tudo é diretamente conhecido no domínio do mental. É enigmático por que a presença da dor em si é dolorosa, enquanto a representação da dor, ou seja, quando está na memória, não o é (*conf.* 10.14.21). Novamente, os mecanismos de baixo nível envolvidos na memória propriamente dita são conhecidos apenas por inferência: tirar uma "cópia" da impressão sensória, "armazenar" a cópia em algum lugar, "etiquetar" a cópia para recuperação posterior e o processo de "recuperação" são todos opacos à consciência (*conf.* 10.8.12-13). A distinção posterior de Agostinho entre a mente estritamente falando, a alma racional e a alma como um todo dá a ele lugar para distinguir casos de conhecimento íntimo da espécie de conhecimento evidencial ou falibilista que possamos ter com respeito, digamos, a memórias tomadas estritamente, as quais não são diferentes em espécie dos tipos de coisas que conhecemos acerca do mundo em geral.[24]

### Conhecimento empírico

Agostinho declara que a sensação é "a alma não passar por alto o que ocorre no corpo" (*quant.* 23.41: "non latere animam quod patitur corpus"; *cf.* 25.48). É possível para objetos externos afetar de modo causal os órgãos

---

24 *Cf.* Bubacz (1981) sobre memória.

sensoriais sem serem sentidos se a alma os "passa por alto". Agostinho, portanto, toma uma forma de atenção (*attentio*) mental ou direção (*intentio*) como necessária para a sensação; consequentemente, ele tem dificuldade de acentuar o elemento ativo na sensação e na percepção. Ele sustenta a teoria antiga comum de "extromissão" da visão, por exemplo, no sentido que "algo luminoso" nos olhos (*mus.* 6.5.10) é emitido da pupila para tocar em tudo o que é visto (*Trin.* 9.3.3), alcançando-os quase instantaneamente (*ep.* 137.8); os olhos são a "janela" pela qual a mente pode olhar para o mundo (*en. Ps.* 41.7), dirigindo o seu olhar para cá e para lá (*quant.* 23.43). Mais exatamente, a alma move o ar (*spiritus*) através dos nervos, entendidos como tubos estreitos, entre os vários órgãos sensoriais e o ventrículo cerebral anterior (*Gn. litt.* 7.18.24) para desencadear o elemento ativo no órgão sensorial.[25] A sensação ocorre porque a alma inicia um "movimento contrário" ao que foi engendrado nos nervos pelas mudanças fisiológicas que objetos externos causam no órgão sensorial – no caso da visão, quando o raio lançado para fora toca o objeto externo –, de modo que "sentir é mover o corpo contra o movimento engendrado nele" (*mus.* 6.5.15), como se o objeto externo "empurrasse" o corpo, e a alma fosse movida para trás.[26] O que se passa com a visão se aplica *mutatis mutandis* para os outros sentidos. As mudanças fisiológicas que ocorrem nos respectivos órgãos sensoriais são, pois, condições necessárias para a sensação.

No entanto, a fisiologia é apenas parte da história. As mudanças materiais que ocorrem no corpo servem como o substrato físico para a forma ser transmitida do objeto externo para a alma. Cada um dos cinco sentidos externos tem o seu objeto característico próprio, de modo que a vista é o único sentido que percebe a cor, o ouvido o som, o olfato o odor, o gosto e o sabor, o tato a textura; há também objetos comuns, como forma, número e unidade, que podem ser percebidos por mais de um dos sentidos externos

---

25  *Cf.* O'Daly (1987, cap. 3) para referências e detalhes.
26  A alma pode iniciar um movimento contrário dado que está mesclada ou misturada, ou incompletamente fundida com o corpo, todas elas descrições de Agostinho da união entre alma e corpo.

(*lib. arb.* 2.3.8.25-26).²⁷ Além disso, há um "sentido interno" que recebe e integra a liberação dos sentidos externos e fornece informação acerca do que deve ser buscado ou evitado. De modo diferente dos sentidos externos, o sentido interno pode "sentir" e distinguir entre eles (*lib. arb.* 2.3.8.26-2.4.10.40).²⁸ Agostinho descreve a percepção da seguinte maneira:

> Os seguintes pontos são evidentes: os objetos corporais são sentidos pelos sentidos corporais; um sentido não pode sentir o próprio sentido; os objetos corporais são sentidos pelo sentido interno através do sentido corporal, bem como o próprio sentido corporal; pela razão verdadeiramente todas essas coisas e cada uma se torna conhecida, e assim se tornam conteúdo de ciência. (*lib. arb.* 2.4.10.41)

Não nos são dados detalhes sobre como esses estágios ocorrem, ou por que o processo deve resultar em conhecimento.

Agostinho remedia essas deficiências na sua explicação da percepção em *De Trinitate* 11.²⁹ Considere-se o que acontece quando Sócrates vê uma ovelha. A ovelha é um objeto que é um compósito substancial de matéria e forma (a "forma-no-objeto").³⁰ Sócrates é um sujeito cognitivo que tem uma mente racional, sentido interno e sentidos externos, está vivo, animado por sua alma toda, e seus órgãos sensoriais estão por isso igualmente animados; são parte de um ser vivo e quando intactos são responsáveis por sua vontade e por influências causais vindas de fora. Um olho "vivo" como parte de um corpo vivo responderá de certas maneiras a objetos externos, de modo diferente de um olho num cadáver. Devem acontecer três coisas para Sócrates ver a ovelha. Primeiro, a mente fixa a sua atenção na ovelha

---

27 A doutrina dos objetos próprios e comuns da percepção deriva de Aristóteles, *De anima* 2 418a9-19.

28 Cf. também *Confessiones* 7.17.23. Agostinho é provavelmente influenciado por Plotino: *Enarrationes in Psalmo* 4.8.8.10.

29 Agostinho descreve o básico da percepção em *De Trinitate* 11.2.2-5, o caso paralelo da memória em 11.2.6-5.8 (pois o resultado imediato de uma percepção é a criação de um vestígio de memória), e o papel da vontade em cada um em 11.6.10-9.16 (sendo a vontade a faculdade que exerce a atenção).

30 Agostinho fala de *formae*, *imagines* e *species* ao discutir a percepção, todas traduzidas aqui por 'forma'.

dirigindo os olhos (órgão sensorial) para ela e, como notado acima, lançando o raio luminoso, que é o aspecto físico de visão. Isto junta o objeto e a sensação do objeto.

Em segundo lugar, a ovelha afeta de modo causal o órgão sensorial ou, mais precisamente, a forma-na-ovelha causa uma mudança nos olhos de Sócrates; essa mudança é fisicamente localizada no olho, embora ela ocorra apenas em virtude do olho estar animado de maneira adequada. Esses efeitos físicos no órgão sensorial são as espécies de coisas causadas de modo típico em olhos animados normais em circunstâncias normais. Uma vez que o efeito (re)organiza a matéria física do olho, deve ser uma forma que informa a matéria do olho e de fato a forma correlativa à forma-no-objeto; chamemos de forma-no-sentido. Não é literalmente a mesma forma que a forma-no-objeto, embora esteja sistematicamente correlacionada com ela e por isso se pode dizer que representa o objeto externo.

Em terceiro lugar, a causa e seu efeito são simultâneos. Se a ovelha sai de vista, a forma-no-sentido cessa de existir. O efeito do objeto externo no órgão sensorial é como o de um corpo na água, que desloca a água enquanto estiver presente, mas quando tirado, a água volta ao seu estado anterior. A forma-no-sentido pode, no entanto, deixar vestígios físicos para trás. As imagens residuais são "vestígios da forma", por exemplo. Pode também deixar para trás uma representação armazenada na memória (a forma-na-memória). Agostinho sugere que a criação e retenção da forma-na-memória requer um ato distinto da vontade; escolhemos lembrar algo quando lembramos. Num caso de percepção ocorrente, o sentido da visão não distingue a forma-no-objeto da forma-no-sentido; deduz a existência da última a partir da visão (exitosa) do objeto, que assim ocorre por meio da forma-no-objeto. Embora a forma-no-sentido seja uma representação do objeto (em virtude de ser uma semelhança na forma-no-objeto), para Agostinho é claro que Sócrates vê mais a ovelha do que a forma-no-sentido. Quando a ovelha está ausente, a mente pode lembrar a forma-na-memória e trazê-la para diante do olho da mente ("acies mentis"), assim analisando a ovelha (ausente) através da forma-enquanto-olhada (o "fantasma interior"). Portanto, quando Sócrates recorda a ovelha que encontrou no pasto antes,

Agostinho sustenta que uma análise adequada deve postular quatro formas e três atos de vontade: a forma-no-objeto, a forma-no-sentido, a forma-na--memória e a forma-enquanto-olhada; a vontade que une o objeto ao sentido, a vontade que une o sentido à memória e a vontade que une a memória ao olho da mente – embora a visão presente que Sócrates tem da ovelha necessite apenas das duas primeiras formas e do primeiro ato de vontade.

Para a percepção valer como conhecimento deve haver uma garantia epistêmica que a respalde, o que transforma uma história causal complexa num relato de conhecimento. Agostinho é geralmente considerado fiabilista, confiando que o processo descrito acima funciona confiavelmente bem. No entanto, Agostinho oferece a seguinte observação acerca do conhecimento empírico em *De Trinitate* 15.12.24:

> Longe de nós duvidar que as coisas que temos aprendido sejam verdadeiras. Através delas aprendemos que o céu e a terra e as coisas neles que são conhecidas por nós, na medida em que aquele que formou a nós e a elas quis que se tornassem conhecidas por nós.

Há uma suposição epistêmica geral em favor dos sentidos corporais na base de que são planejados por Deus de maneira que possamos chegar a conhecer coisas externas.[31] Isso não quer dizer que eles estejam sempre certos, mas muda o peso do argumento mais no sentido de estabelecer uma razão para a dúvida num caso dado do que pensar que a ilusão perceptiva lança a sua sombra sobre cada caso sem levar em conta as circunstâncias. Ou antes, supõe-se que os sentidos nos proporcionem conhecimento e, na ausência de condições que o impeçam, possam ser considerados tais. A benevolência de Deus garante que, embora possamos eventualmente errar ao afirmar que conhecemos coisas pela percepção sensitiva, não estaremos muito errados.[32]

---

31 A suposição epistêmica de Agostinho é consequência de sua distinção entre conhecimento (*scientia*) e sabedoria (*sapientia*), visto que o primeiro é o uso divinamente sancionado de nossas mentes com respeito às coisas deste mundo.
32 A tentativa de Agostinho de justificar a percepção pelos sentidos baseada na intenção benevolente de Deus de que há uma fonte de conhecimento para nós acerca de objetos externos é análoga à tentativa de Descartes, em suas *Meditações*, de justificar as comunicações dos sentidos com base na intenção não enganosa e benevolente de Deus para eles nos

Por conseguinte, Agostinho adota um falibilismo modificado: "Em todos os casos de percepção ('corporalibus visis') se recorre, portanto, ao testemunho dos outros sentidos e, sobretudo, da mente e da razão para que se descubra, na medida do possível, tudo o que há de verdade nesse tipo de percepções" (*Gn. litt.* 12.25.52). Podemos corrigir nossas percepções providencialmente confiáveis pela evidência de outras percepções e pelo exercício da razão. Se fizermos isso sistematicamente, teremos ciência empírica.

Agostinho reconhece que há ciências empíricas, tais como zoologia e história, feitas mais por relatos empíricos do que baseadas em "sabedoria imutável" (*Trin.* 4.16.21), mas a maioria das ciências têm pelo menos um caráter misto, e os comentários de Agostinho sobre astronomia são sensíveis às exigências do conhecimento empírico. Ele nos diz que os "filósofos" – neste caso, os astrônomos – investigaram os céus usando inteligência e observação, e "descobriram muitas coisas": regras para calcular eclipses, por exemplo, que "acabaram sendo exatamente como predisseram" em relação à data e o tipo de eclipse (*conf.* 5.3.4). A razão e a observação levaram-nos à verdade (*conf.* 5.3.5), descobrindo "a ordem racional e matemática do mundo, a ordem das estações e a evidência visível das estrelas" (*conf.* 5.3.6). A habilidade em fazer predições verdadeiras "espanta os que ignoram esses assuntos". A astronomia consiste em hipóteses bem confirmadas ("conjecturas certas": *doc. Chr.* 2.29.46). Agostinho parece reconhecer também desconfirmação experimental, que aplica à astrologia. Ele conta a história de duas crianças que nasceram no mesmo tempo e no mesmo lugar cujos destinos na vida foram dramaticamente diferentes, embora seus horóscopos devessem ser idênticos (*conf.* 7.6.8). Agostinho conclui que esse "experimento" mostra que a astrologia não é conhecimento (*conf.* 7.3.9).[33] Embora Agostinho

---

informarem de modo confiável acerca de objetos externos (Quão exata é a analogia depende da leitura que se fizer da *Med.* 6). A estratégia geral parece ser a mesma. A afirmação de Descartes a Colvius, na sua carta de 14 de novembro de 1640, de que o projeto filosófico de Agostinho e o dele são inteiramente diferentes ("deux choses fort différentes"), é no mínimo insincera (ADAM-TANNERY III, p. 247-248).

33 Agostinho menciona o mesmo caso em *De diversis quaestionibus octoginta tribus* 45.2. O caso de gêmeos idênticos que tiveram histórias diferentes foi citada por Carnéades contra os astrólogos.

considerasse o conhecimento empírico um desvio da verdadeira sabedoria, no entanto reconhecia suas credenciais como conhecimento.

### Epistemologia social

Agostinho é um dos primeiros filósofos a reconhecer o testemunho como fonte de conhecimento, pelo menos em seus escritos tardios.[34] Os seus muitos exemplos de relatos testemunhais são acerca de I) lugares estrangeiros, II) histórias de povos e nações, III) acontecimentos correntes e IV) informações biográficas do próprio ouvinte.[35] Agostinho faz a seguinte observação sobre o estatuto epistêmico do testemunho:

> Longe de nós, também, negar que sabemos o que aprendemos pelo testemunho dos outros, de outro modo não sabemos o que é um Oceano; não sabemos que há países e cidades cuja fama ficou muito célebre; não sabemos que houve homens e suas obras que a leitura dos historiadores nos fez conhecer; não sabemos as notícias que cada dia chegam a nós de toda parte e são confirmadas por provas concordantes e constantes; enfim, não sabemos onde e de quais pessoas nascemos; porque cremos em todas essas coisas pelos testemunhos de outros. Pois se é muito absurdo dizer isso, devemos confessar que não só os nossos sentidos corporais, mas também os dos outros contribuíram grandemente para o nosso conhecimento (*scientia*). (*Trin.* 15.12.21)

---

34 Aqui a explicação está baseada em King e Ballantyne (2009); Siebert (2014) dá uma opinião diferente. Em seus primeiros escritos Agostinho defende que é impossível obter conhecimento de testemunho – de fato, ele sustenta que é impossível para alguém transferir informação para qualquer outro: *cf.* King (1998).

35 Para I *cf. Confissões* 6.5.7, *De Trinitate* 15.12.21 e *De fide rerum invisibilium* 2.4; para II *cf. De utilitate credendi* 11.25, *De fide rerum invisibilium* 2.4, *Confissões* 6.5.7, *De Trinitate* 15.12.21, *Epístula* 147.1.5; para III *cf. De Trinitate* 15.12.21; para IV *cf. De utilitate credendi* 12.26, *Confissões* 6.5.7, *De fide rerum invisibilium* 2.4, *De Trinitate* 15.12.21 e *Epístula* 147.1.5.

A razão dada aqui para uma garantia epistêmica em favor do conhecimento testemunhal não é convincente; presume a sua verdade supondo que temos de fato esse conhecimento. No entanto, o modelo de sua discussão confirma a estratégia delineada acima relativa ao conhecimento empírico.[36] Em seu *De fide rerum invisibilium*, Agostinho imagina o resultado de pessoas atribuindo crença apenas ao que é percebido e afirma que atitudes de "caridade mútua" e "boa vontade" cessariam: marido e mulher deixariam de ter afeição um ao outro; pais amariam menos os filhos; a gentileza não seria expressa entre amigos (*f. invis.* 2.4). A fim de manter tais problemas a distância, Agostinho recomenda uma ética de crença pela qual uma pessoa teria atitudes de caridade e boa vontade para com os outros (como oposta à "falta infiel de reverência"). Essas atitudes habilitam a pessoa a crer o que nos outros não pode ser percebido, como afeto, bondade e sinceridade. Manter caridade e boa vontade para com os outros não pressupõe que a pessoa deva primeiro provar ou avaliar os outros para determinar se tais atitudes são apropriadas. De fato, uma pessoa deve "crer nos corações dos amigos embora esses corações não tenham sido ainda verdadeiramente provados" (*f. invis.* 2.3). Questionar a fidedignidade de um amigo é não ser amigo de modo algum. Porém a amizade é central para a caridade e, junto com um elogio geral à "boa vontade", Agostinho recomenda que a tenhamos para com todos. Em suma, devemos estender os privilégios de amizade mesmo aos estrangeiros, dando ao testemunho deles o mesmo estatuto epistêmico predeterminado.

Quanto à crença baseada em testemunho, Agostinho diz que em situações em que parece ao ouvinte que a testemunha é fidedigna, o ouvinte deve acreditar no relato e, do contrário, não. Ao discutir o relato de uma testemunha particular, "se eu achar que ele mente, não acredito nele, ainda que ele talvez diga a verdade. Portanto, acreditamos nas coisas que não estão presentes aos nossos sentidos à medida que parece digno de fé o testemunho que nos é aduzido" (*ep.* 147.2.7). A proposta de Agostinho pode parecer um tanto enganosa. Primeiro, Agostinho requer que um ouvinte mantenha uma posição presumida de caridade e boa vontade para com os

---

36 Agostinho também endossa o testemunho como forma de conhecimento em *Epistulae* 147.1.5 e *De civitate Dei* 11.3.

outros. Este requisito obriga o ouvinte a acreditar no que uma testemunha relata, a não ser que pareça ao ouvinte que a testemunha não é digna de fé. Em segundo lugar, há duas maneiras como o relato de uma testemunha pode dizer alguma coisa de modo que "pareça digna de fé" ao ouvinte. Tome-se o primeiro caso em que uma testemunha foi provada ou avaliada numa variedade de situações e foi determinado que é em geral fidedigna. Num outro caso, a fidedignidade geral de uma testemunha é indeterminada, mas um relato particular é confirmado e apoiado por evidência adicional (seja testemunhal ou não testemunhal) – pois, como ele diz em *De Trinitate* 15.12.21, alguns relatos são "confirmados por evidência de que é consistente e convincente". Esses casos levantam uma distinção entre a fidedignidade de uma testemunha e a fidedignidade de um relato. A garantia epistêmica geral que regula o testemunho é que alguém deve aceitar o relato de uma testemunha, a não ser que pareça que ou a testemunha ou o relato seja suspeito.[37] Assim como o conhecimento empírico comum, o conhecimento testemunhal é exequível, mas suas reivindicações ao conhecimento são apoiadas por uma garantia específica.

Nas discussões contemporâneas sobre o testemunho, os filósofos estão divididos acerca da questão de se é exigida evidência não testemunhal, pelo menos em princípio, para transmitir conhecimento baseado em testemunho. Alguns dizem que um conhecimento baseado em testemunho de um ouvinte (ou, muitas vezes, justificação) depende de o ouvinte possuir mais evidência independente ou razões, ou seja, evidência não testemunhal. Por conseguinte, todo conhecimento baseado em testemunho é redutível a conhecimento não baseado em testemunho. Outros afirmaram que um ouvinte pode ter conhecimento baseado em testemunho sem possuir evidência ou razões que são independentes de qualquer caso de testemunho. Agostinho entra neste último grupo. Ele dá exemplos de crenças baseadas em testemunho que valem como conhecimento para o qual não podia ser

---

37 Agostinho permite correntes testemunhais em *De Trinitate* 14.8.11, de modo que essa garantia regule a fidedignidade de toda a corrente testemunhal (e presumivelmente a exatidão da transmissão do relato). Uma maneira de um relato poder ser suspeito é se está baseado em memória não confiável (*Trin.* 11.8.14).

oferecida nenhuma evidência não testemunhal suficiente. Por exemplo, um relato testemunhal acerca da identidade dos pais de um ouvinte é o que chamamos testemunho distante, quer dizer, testemunho que não pode ser apoiado usando evidência não testemunhal. Mesmo a testemunha é "incapaz de demonstrar o fato porque o acontecimento já está no passado" (*f. invis* 2.4). Contudo, Agostinho pensa que um ouvinte pode saber, por exemplo, a identidade de seus pais através de um relato testemunhal distante. Consequentemente, Agostinho nega que o conhecimento baseado em testemunho de um ouvinte deva ser apoiado por evidência não testemunhal, muito embora possa o ser, sem exigir qualquer expansão da garantia epistêmica dada acima.

# 9 Agostinho sobre o livre-arbítrio*

*ELEONORE STUMP*

## Introdução

Há uma enorme literatura acadêmica sobre a explicação que Agostinho dá do livre-arbítrio e é notável pela gama de opiniões que contém. Historiadores de filosofia leram Agostinho, sobre o livre-arbítrio, de maneira tão variada que às vezes é difícil de acreditar que eles estão lendo os mesmos textos.

Pode-se supor que essa divergência de opiniões é menos uma diferença de opinião histórica acerca da explicação que Agostinho dá da vontade do que uma diferença de opinião filosófica acerca da natureza do livre-arbítrio.[1] Mas mesmo os investigadores que são cuidadosos em tornar explícito o que querem dizer com "livre-arbítrio" também não concordam sobre a natureza da teoria de Agostinho do livre-arbítrio.[2]

---

* Na versão anterior, publicada na edição original de *Cambridge companion to Augustine*, este capítulo tinha o dobro do tamanho e dedicava um espaço extra para uma exposição mais detalhada das questões filosóficas, que não é possível nesta versão encurtada. Pelos comentários à redação original, sou grata a William Alston, Joel Anderson, John Heil, Sigidur Krisstenson, Scott MacDonald, Colleen McCluskey, A. Mele, Thad Metz, Claudia Eisen Murphy, David Robb, Nicholas Wolterstorff e ouvintes na Cornell University, Georgetown University, Davidson College, Wheaton College e na University of Pennsylvania.

1 Para a presente finalidade, tomo o compatibilismo como a posição de que um ato está sendo causalmente determinado é compatível com o fato de ser um ato pelo qual um agente é moralmente responsável ou um ato que um agente fez de vontade livre, e tomo determinismo causal como a posição de que todo acontecimento é causalmente determinado por acontecimentos precedentes. Na próxima seção aparecerá como deve ser entendido o libertarismo.

2 Para se ter ideia da diversidade de opiniões, *cf.*, por exemplo, Craig (1984, p. 49);

Em minha opinião, a diferença confusa de interpretação na literatura surge, pelo menos em parte, porque apresentar a teoria do livre-arbítrio de Agostinho exigirá a aplicação de algumas nuanças filosóficas que os investigadores em geral não utilizaram nos seus textos.

### De libero arbitrio

Para entender a concepção que Agostinho tem do livre-arbítrio é útil começar pelo tratado sobre o assunto: *De libero arbitrio*.

É opinião comum entre os estudiosos que a posição de Agostinho sobre o livre-arbítrio, e particularmente sobre a relação entre livre-arbítrio e graça, desenvolveu-se no curso dos seus escritos, especialmente em consequência de sua controvérsia com os pelagianos. As primeiras opiniões de Agostinho sobre o livre-arbítrio constam do seu tratado *De libero arbitrio*, e alguns investigadores chegam a supor que Agostinho renegou mais tarde suas posições nesse tratado.[3]

É certamente verdadeiro que, com o passar do tempo, Agostinho desenvolveu suas opiniões sobre a relação entre livre-arbítrio e graça, como ele mesmo deixa claro em alguns dos seus escritos tardios. Em *De dono perseverantiae*, por exemplo, Agostinho se queixa de que tem tanto direito como qualquer um de expandir e desenvolver suas opiniões e que não se deve afirmar que agora esteja defendendo opiniões que apresentou tão cedo em *De libero arbitrio* (*persev.* 12.30). Mas aqui não se trata da natureza do livre-arbítrio em si; a questão é o estado e a condição das crianças. Em *De praedestinatione sanctorum,* ele confessa um erro sobre a vontade e a graça num tratado anterior (*praed. sanct.* 3.7), mas o que o preocupa neste caso é sua exposição de uma passagem em Romanos, e o erro em questão tem a ver com a fé, se ela é dom de Deus.

---

Chadwick (1983); O'Daly (1989) e Incandela (1994). Chadwick e Craig defendem que Agostinho rejeita o livre-arbítrio compatibilista; Craig também sustenta que para Agostinho o livre-arbítrio exigirá a capacidade de fazer de outro modo. O'Daly rejeita explicitamente essa opinião; Incandela chega até a supor que a tradição cristã em geral está comprometida com o compatibilismo.

3   *Cf.*, por exemplo, Babcock (1988).

No que se refere à sua explicação da vontade livre em *De libero arbitrio*, o que Agostinho mesmo diz nas *Retractationes* é apenas que suas opiniões sobre a graça não foram desenvolvidas, não que suas opiniões sobre livre-arbítrio estivessem erradas. Pelo contrário, nas *Retractationes* ele afirma vigorosamente que os pelagianos estão errados em pensar que ele sustentou a visão do livre-arbítrio igual à deles, ou seja, uma visão do livre-arbítrio que faz a liberdade da vontade independente da graça divina (*retr.* 1.9).

Portanto, por si mesmo, Agostinho não repudia sua visão *básica* da liberdade da vontade em *De libero arbitrio* mesmo durante a controvérsia pelagiana. Por isso vale a pena olhar com cuidado a sua teoria do livre-arbítrio nesse tratado primevo.

Como Agostinho lembra os seus leitores nas *Retractationes* (*retr.* 1.9), ele afirma em *De libero arbitrio* que qualquer bem na pessoa humana, incluindo qualquer bondade na vontade, é dom que provém de Deus (*lib. arb.* 2.19.50). Em sua opinião no *De libero arbitrio*, portanto, os seres humanos são incapazes de formar uma boa volição a não ser que Deus a produza neles ou coopere na sua produção.[4] Contudo, quando os seres humanos querem pecar, segundo Agostinho eles são culpados.

Aparentemente se segue que uma pessoa pode ser moralmente responsável por um ato de vontade pecaminoso, mesmo quando não foi possível para ela não querer pecar. Parece, portanto, que para Agostinho em *De libero arbitrio* não é requisito para responsabilidade moral que um agente tenha a capacidade de agir de outra maneira.[5] Ou seja, Agostinho aparentemente rejeita o que alguns filósofos consideram uma condição de livre-arbítrio libertário, a saber, "$L_2$) um agente age com vontade livre, ou é moralmente responsável por um ato, somente se pôde agir de outra maneira".[6]

Coloquei esta conclusão de uma maneira protegida porque surgirão algumas razões para reconsiderá-la; mas mesmo com essa reconsideração,

---

4 Agostinho desenvolve este ponto explícita e longamente em *De libero arbitrio* 3.18.51.
5 Em outros tratados é mais claro que Agostinho rejeita $L_2$, como explicarei adiante.
6 A fim de acrescentar mais entradas à nova edição deste livro, todas as entradas tiveram de ser limitadas em tamanho. Por conseguinte, tive de omitir porções deste capítulo que constavam da edição anterior. Contudo, para evitar confusão desnecessária, tentei manter a mesma numeração das proposições. O resultado foi uma leve inversão da ordem comum nesta versão do capítulo.

isto deve permanecer verdadeiro: para Agostinho, uma pessoa que não é auxiliada pela graça não pode fazer outra coisa senão pecar, no entanto ela é moralmente responsável pelo pecado que faz.

Por outro lado, em *De libero arbitrio* Agostinho aparentemente aceita uma versão de outra das condições normais para o libertarismo, a saber, "$L_1$) um agente age com vontade livre, ou é moralmente responsável por um ato,[7] somente se o ato não é determinado causalmente por nada fora do agente".

Por exemplo, Agostinho insiste que os seres humanos não seriam culpados se a sua vontade fosse coagida por qualquer necessidade ou pela natureza deles (*lib. arb.* 3.1.1).[8] Portanto, Agostinho rejeita o compatibilismo. Ele rejeita como não livre uma vontade causalmente determinada.

Se $L_1$ acarretou $L_2$, então seria desconcertante ou pior encontrar Agostinho aceitando $L_1$ e rejeitando $L_2$. Mas, como foi explicado noutro lugar, $L_1$ de fato não requer $L_2$.[9] É possível para um agente agir vagamente e mesmo assim não ter possibilidades alternativas para ação. Isso porque há mais maneiras de limitar as alternativas para ação a apenas uma, além de ter algo agindo sobre a vontade com necessidade causal.

A própria explicação de Agostinho sobre por que a vontade humana após a Queda não pode querer o bem sem a graça não é desenvolvida em detalhe, mas todas as suas explicações são mais em termos do que a própria vontade quer do que em termos de algo como necessidade externamente imposta. Assim, por exemplo, ele diz: "a mente se torna escrava do desejo pecaminoso apenas por sua própria vontade" (*lib. arb.* 3.1.2), e noutro

---

7 Considera-se que "ato" aqui, como em $L_2$ e $L_3$, refere-se tanto aos atos mentais como aos atos corporais.

8 Em outro lugar no tratado ele argumenta que quando a vontade se volta de um bem maior para um bem menor, não faz isso por alguma necessidade, mas por seu próprio acordo e voluntariamente (*lib. arb.* 2.19.53). Em *De libero arbitrio* 3.3.8, em resposta a um oponente imaginário que pensa que pode ser causado a querer algo, Agostinho defende que uma vontade causada não é vontade alguma. Em *De libero arbitrio* 3.17.48-49, Agostinho mantém que uma vontade pecadora não seria a raiz de todo mal se houvesse outra coisa que fosse a causa da vontade; ele também defende aí que nenhuma causa opera sobre a vontade para determinar os seus estados e que Evódio está, portanto, fazendo uma pergunta confusa quando pergunta qual é a causa de uma vontade má.

9 *Cf.*, por exemplo, Stump (1996) e (1999).

lugar ele diz: "O que resta é [a conclusão] que [...] não há nenhuma outra realidade que torne a mente cúmplice da paixão a não ser a própria vontade e o livre-arbítrio" (*lib. arb.* 1.11.21). Na opinião de Agostinho, para o ser humano após a Queda as alternativas para querer são limitadas não por necessidade causal ou por intervenientes contrafatuais,[10] mas pelo que o próprio agente quer fervorosamente.[11]

Finalmente, a insistência de Agostinho em que uma vontade determinada por natureza ou por necessidade causal não é livre-arbítrio (de fato, não é vontade alguma, propriamente falando) e certas outras coisas que ele diz sobre a natureza da vontade sugerem fortemente que ele aceita ainda outra condição que alguns filósofos aceitam sobre o livre-arbítrio libertário,[12] a saber, "$L_3$) um agente age com vontade livre, ou é moralmente responsável por um ato, apenas se o seu intelecto e vontade[13] são a única fonte última ou causa primeira[14] do seu ato".[15]

---

10  Há uma ampla literatura que explora as implicações para o livre-arbítrio e/ou para a responsabilidade moral da possibilidade de intervenientes contrafatuais. Para uma discussão sobre as questões e a literatura, *cf.* Stump (1996).

11  James Wetzel também ressalta que para Agostinho às vezes há apenas uma alternativa disponível para a vontade mais devido ao estado do agente do que algo externo a ele. *Cf.* Wetzel (1992, p. 198-202).

12  Em MacDonald (1999), pode-se encontrar uma explicação detalhada da maneira como Agostinho pensa que o intelecto e a vontade funcionam juntos numa má escolha.

13  Alguns filósofos se sentem pouco à vontade com os termos "intelecto" e "vontade", porque supõem que sejam parte de uma psicologia antiquada da faculdade. Em minha opinião, porém, esse desconforto está deslocado. Ao falar de intelecto e vontade aqui, não pretendo sugerir que haja uma faculdade cognitiva ou conativa que esteja correlacionada com uma única estrutura neurobiológica ou sequer com um único sistema neurobiológico. Seja o que for o intelecto humano ou a vontade humana, não há dúvida de que estão correlacionados com muitos subsistemas que têm de cooperar para produzir a faculdade ou capacidade em questão. A visão parece ser assim. É inteiramente apropriado falar da faculdade da visão, mas muitos subsistemas neurais diferentes precisam cooperar corretamente a fim de uma pessoa ter a capacidade de ver. Pode também dar-se o caso de que alguns dos subsistemas que constituem a faculdade tenham múltiplos usos e função para constituir mais de uma faculdade. Este também parece ser o caso da visão.

14  Ao dizer que a causa primeira do ato de uma pessoa é seu próprio intelecto e vontade, pretendo deixar aberto se a causa é um ato do intelecto e vontade ou apenas as próprias faculdades de intelecto e vontade, como parece ser o caso em certas teorias da causação do agente.

15  A fim de evitar o emprego em todo o tempo da locução desajeitada "fonte última ou causa

Assim, por exemplo, Agostinho diz:

> São duas as fontes do pecado: uma, o pensamento espontâneo; outra, a persuasão de outrem [...] num e noutro caso, o pecado é voluntário. Pois assim como ninguém ao pensar espontaneamente vem a pecar contra a própria vontade, do mesmo modo, ao consentir a uma má sugestão, certamente não consente sem ser por vontade [própria]. (*lib. arb.* 3.10.29)[16]

Em outro lugar, quando Agostinho está tentando explicar por que os seres humanos após a Queda não querem o bem, a sua explicação é expressa em termos de intelecto e vontade também. Os seres humanos após a Queda são incapazes de fazer o que é bom, diz ele, seja porque ignoram o que é bom num caso dado ou porque, embora saibam o que é bom e querem ter uma vontade que o queira, acham que fazer isso é difícil demais (*lib. arb.* 3.18.30-32). A principal explicação de Agostinho para o mal culpável que os seres humanos após a Queda querem é tanto a sua ignorância como a sua dificuldade em governar as suas vontades (ou seja, em fazer as volições de primeira ordem adequar-se aos bons desejos de segunda ordem). Aqui também, portanto, intelecto e vontade

---

primeira", a seguir falarei apenas de primeiras ou últimas causas ao descrever a condição em $L_3$, mas essa locução deve ser entendida como uma abreviação para a frase disjuntiva proferida aqui. Além do mais, há uma complicação que estou deixando de lado aqui. Na medida em que Deus é o criador de toda coisa criada e na medida em que toda causa criada é sempre dependente da operação da causalidade divina, nenhuma coisa criada pode ser a causa única de algo ou a causa primeira última de algo. Para Agostinho, o que está em questão no livre arbítrio e graça é, contudo, se Deus é também a causa da vontade em algum sentido mais forte do que este. E assim, pelo bem da simplicidade neste capítulo, estou simplesmente pondo em parênteses as operações de Deus como causa primeira e criador. Agradeço a Claudia Murphy por chamar a minha atenção para a necessidade de esclarecer este ponto.

16 Segundo esta passagem, quando alguém faz um ato moralmente culpado, a causa última do ato é o próprio intelecto e vontade do agente, quer ele tenha sido persuadido por outrem ou não. E ainda que ele tenha sido persuadido por outrem, o seu intelecto e sua vontade permanecem a causa última do seu ato. Se uma pessoa A persuade outra pessoa B de alguma coisa, a persuasão de A não opera sobre a mente de B com eficácia causal. Pelo contrário, as tentativas de A para persuadir B a fazer algo terão alguma força em B apenas se B aceitar as persuasões de A. Por conseguinte, quando a persuasão de A é eficaz com B, ainda é o próprio estado de intelecto e vontade de B que são em último caso a causa do que B faz.

são escolhidos como as causas últimas de atos pelos quais os agentes são moralmente responsáveis.

Além disso, quando Agostinho explica a sua opinião acerca da maneira como a vontade funciona, liga-a intimamente à mente. Uma pessoa que quer tem de querer alguma coisa, diz ele, nem poderia querer isso se não lhe fosse sugerido pelos sentidos corpóreos ou tivesse surgido de alguma maneira na mente (*lib. arb.* 3.25.75).[17]

Parece, portanto, que a posição de Agostinho em *De libero arbitrio* é uma espécie de libertarismo.[18] Há, contudo, certa complexidade adicional à posição de Agostinho em seus primeiros tratados que é crucial ver, porque desafia esta classificação de sua posição.

Ao explicar a culpabilidade da vontade humana após a Queda, Agostinho toma uma posição um tanto surpreendente. Segundo ele, nem a ignorância do bem nem a fraqueza da vontade em si é culpável. Os seres humanos após a Queda não são culpados da corrupção de sua natureza, mas de algo muito diferente:

> Uma vez, porém, que se acha em toda parte e que de muitas maneiras se serve das criaturas para chamar a si aquelas que servem a ele como Senhor, chama o homem que dele se afastou, ensina o que crê, consola o que espera, encoraja o que ama; ajuda-o, caso faça esforço; e escuta-o, caso implore. Não te recriminam pelo fato de ignorares, contra tua própria vontade, mas de negligenciares procurar saber o que ignoras. Tampouco te é imputado como culpa não poderes curar teus membros feridos, mas de menosprezares aquele que te quer curar. Enfim, são esses os teus verdadeiros pecados. Visto que não existe homem tão desprovido de inteligência que não conheça a utilidade de procurar aquilo que não traz vantagem alguma de ser ignorado, e o dever de confessar humildemente suas fraquezas, a fim

---

17 Em todo este capítulo, as traduções [em inglês] são minhas, embora onde há traduções já publicadas, frequentemente as tenha consultado. NT: Na tradução em português, o texto inglês foi confrontado com o latino e, quando disponível, com texto em português; senão, com outras línguas latinas. Procurou-se manter as nuances da tradução inglesa.

18 Para uma discussão das espécies de libertarismo, *cf.* a minha discussão destas questões em conexão com o pensamento de Tomás de Aquino em Stump (2003, cap. 9).

de obter para quem procura com humildade a ajuda daquele [Deus] que não está sujeito ao erro nem à fraqueza alguma, quando vem trazer socorro. (*lib. arb.* 3.19.53)

Em outra passagem do mesmo tratado ele diz: "Não é a ignorância natural da alma, nem sua incapacidade natural que lhe seriam imputadas como culpa, mas o fato de sua falta de aplicação em relação ao saber e seu pouco esforço para adquirir a facilidade de proceder bem" (*lib. arb.* 3.22.64).

Logo, se a alma ignora o que há de fazer, é porque isso provém de uma perfeição ainda não obtida. Ela a obterá, porém, se usar bem o que lhe foi já dado. Ora, o que lhe foi dado é a capacidade de procurar com cuidado e piedade, caso o queira. Assim também, quando a alma, conhecendo o que deve fazer, fica ainda incapaz de o realizar, isso provém de uma perfeição ainda não adquirida. (*lib. arb.* 3.22.65)

Aqui Agostinho aparentemente pensa em Deus que sempre está disposto a dar a graça a toda pessoa que quer que Deus lha dê, seja na forma de conhecimento acerca do que se há de fazer, seja na forma da graça que fortalece a vontade no bem. Para Agostinho, portanto, uma pessoa que peca na ignorância é, todavia, culpada – não pela ignorância em que peca, mas porque a ignorância que resulta em seu pecado é sua própria falta. A pessoa não procurou o conhecimento de que precisava quando podia fazê-lo; se o tivesse buscado, Deus lha teria dado. De modo semelhante, uma pessoa que é incapaz de querer o bem por si mesma é, todavia, culpada pelo mal que faz, porque poderia ter pedido a Deus que ajudasse a sua vontade; e se tivesse feito isso, Deus lhe teria dado a ajuda de que precisava para fazer o bem.

Assim, embora para Agostinho em *De libero arbitrio* seja verdadeiro num sentido que um ser humano após a Queda seja incapaz de querer não pecar, noutro sentido é falso. Um ser humano após a Queda não é capaz de colocar as suas volições de primeira ordem sob o controle de seus bons desejos de segunda ordem, e nesse sentido ele é incapaz de querer não pecar. Mas o seu bom desejo de segunda ordem é suficiente para capacitá-lo a formar uma volição de primeira ordem de pedir que Deus fortaleça a sua vontade no bem; e quando ele pede, Deus lhe dá a força de vontade que ele quer e necessita. Assim, até um ser humano após a Queda é capaz de querer não pecar.

Uma vez que esta é a posição de Agostinho, não é claro como pareceu primeiro que em *De libero arbitrio* Agostinho rejeita a condição em $L_2$. Além do mais, as coisas que ele diz acerca de uma pessoa pedir a graça para ajudar a sua vontade sugere que Agostinho aceita $L_1$ nesta forma: $L_1'$ um agente age com vontade livre, ou é moralmente responsável por um ato, somente se o ato não é *finalmente* determinado causalmente por alguma coisa fora do agente.

Uma outra questão mais importante, que ameaça a classificação da posição de Agostinho como libertário de algum tipo, depende do que Agostinho tem a dizer acerca dos bons desejos de segunda ordem, um assunto que será tratado a seguir.

## Teoria de Agostinho sobre o livre-arbítrio em suas obras posteriores

Mesmo em seus tratados tardios, Agostinho insiste que os seres humanos após a Queda têm livre-arbítrio. Entre outras razões para pensar assim, ele afirma que as exortações da Escritura seriam sem sentido a não ser que os seres humanos tivessem livre-arbítrio (*gr. et lib. arb.* 2.2). Assim, por exemplo, ele diz:

> Não se deve pensar que o livre-arbítrio foi eliminado, porque disse [o Apóstolo]: "É Deus que opera em vós o querer e o agir, de [sua] boa vontade". Se fosse assim, não teria dito acima: "Realizai a vossa salvação com temor e tremor". Pois quando se manda que eles ajam, o livre-arbítrio deles é invocado. (*gr. et lib. arb.* 9.21)

Em sua controvérsia com os pelagianos Agostinho acentua o que já dizia em *De libero arbitrio*, que os seres humanos após a Queda são incapazes de querer não pecar, a não ser que a vontade deles seja auxiliada pela graça; mas afirma que Deus dá a graça ao intelecto e à vontade de uma pessoa que a deseja. Por sua graça Deus dá a lei, de modo que as pessoas possam saber o que devem fazer e, sabendo disso, elas possam pedir a ajuda de Deus para fazê-lo.[19]

Ele também continua a sustentar a sua primeira explicação da incapacidade após a Queda de querer o bem. Isto provém da ignorância e da dificuldade, mas o remédio para a ignorância e a dificuldade está prontamente disponível. Em *De natura et gratia*, por exemplo, ele cita *De libero arbitrio* e acentua de novo o que diz aí: ignorância e dificuldade não são em si culpáveis; o que é culpável é apenas a falha em buscar a ajuda de Deus com elas (*nat. et gr.* 47.81).

Muitos dos lugares que os estudiosos citam em apoio de suas afirmações de que Agostinho é compatibilista são de fato lugares nos quais o que está em questão é o controle de volições de primeira ordem por desejos bons de segunda ordem. Assim, por exemplo, Gerard O'Daly sustenta que o "conceito de vontade que é moralmente determinada representa o pensamento maduro de Agostinho sobre o assunto";[20] e cita *De gratia Christi* 18.19-20.21 como um texto no qual Agostinho afirma que as "causas de ações boas e más são vontades boas e más duplas, determinadas uma a uma por graça e pecado".[21] Mas no texto imediatamente precedente, no qual Agostinho está explicando a diferença entre lei e graça, ele diz que a graça produz suavidade, em vez de medo, e que é por isso que rezamos a Deus: "em tua suavidade ensina-me a tua justiça [...] para que eu não seja obrigado a estar sob a lei como um escravo por medo de punição, mas que eu me deleite com uma livre caridade na lei" (*gr. et pecc. or.* 13.14). Aqui a pessoa que reza tem um desejo de segunda ordem que Deus possa fortalecer a sua vontade de primeira ordem na bondade; a determinação da vontade pela graça opera junto ao desejo humano de segunda ordem dessa graça. É por

---

19 Cf., por exemplo, *De natura et gratia* 12.13. Há inclusive lugares nos quais Agostinho aplica este ponto aos seres humanos antes da Queda: "Mesmo se [Pelágio] estivesse falando da natureza humana íntegra e sadia [...] o que ele diz poderia não ser correto, [a saber], que não pecar depende apenas de nós, como pecar depende de nós. Porque até então haveria o adjutório de Deus [...] que está preparado para aqueles que quiserem [recebê-lo]" (*nat. et gr.* 48.56).
20 O'Daly (1989, p. 88). Para outro exemplo do mesmo tipo de posição *cf.* Djuth (1990).
21 O'Daly (1989, p. 89).

isso que Agostinho continua a dizer que nesse caso a vontade é *ajudada* pela graça (*gr. et pecc. or.* 14,15).

Passagens como a citada por O'Daly não são suficientes para demonstrar se Agostinho rejeita até a condição em $L_2$, sem falar se ele rejeita a condição em $L_1$'. O próprio Agostinho afirma isso claramente numa de suas réplicas aos pelagianos. Ele cita uma passagem de Pelágio na qual Pelágio acusa Agostinho de inconsistência. Certas palavras de Agostinho em *De libero arbitrio* comprometem-no a aceitar que o livre-arbítrio humano tem a habilidade de fazer de modo diferente, diz Pelágio, ao passo que agora (afirma Pelágio) Agostinho está tentando argumentar contra os pelagianos que o livre-arbítrio humano é incapaz de não querer pecar. Em resposta Agostinho diz:

> Reconheço: são palavras minhas [em *De libero arbitrio*]. Mas ele [Pelágio] pode querer reconhecer tudo o que foi dito antes [em *De libero arbitrio*]. De fato, [lá] se trata exatamente da graça divina que, por meio do Mediador, vem em nosso socorro como sua medicina, não se trata da impossibilidade da justiça. Pode-se, portanto, resistir àquela causa, qualquer que seja. Pode-se muito bem. Para isso pedimos ajuda dizendo: "Não nos deixes cair em tentação". E não pediríamos ajuda se acreditássemos não poder resistir de nenhum modo. É possível precaver-se do pecado, mas com a ajuda daquele que não pode nos enganar. (*nat. et gr.* 67.80)[22]

Aqui Agostinho concorda ao menos até este ponto com Pelágio de modo a aceitar a afirmação de que os seres humanos, após a Queda, têm a capacidade de querer não pecar e a habilidade de agir de outro modo – contanto que entendamos essa habilidade da maneira correta, como provindo de Deus, que dá a graça em resposta a uma pessoa que a pede.

Se Agostinho iria tão longe de modo a supor que a capacidade de fazer de modo diferente é essencial ao livre-arbítrio não fica claro por esta passagem. Há certamente passagens em vários tratados que implicam que ele não suporia isso. Assim, por exemplo, em *De natura et gratia* ele diz que, se quisermos aceitar essa condição sobre o livre-arbítrio, que ele considera

---

22  Cf. também *De gratia et libero arbitrio* 16.32, no qual ele diz algo parecido.

absurda, teríamos de supor que Deus é bom por necessidade, pois não está aberto a ele querer pecar (*nat. et gr.* 46.54). E em *Opus imperfectum contra Julianum*, ele diz ao seu oponente: "se, como dizes, apenas a possibilidade do bem querido e do mal querido é liberdade, então Deus não tem liberdade, pois não é possível para ele pecar" (*c. Jul. imp.* 6.11).

É uma questão aberta se a opinião de Agostinho sobre o livre-arbítrio em *De libero arbitrio* constitui libertarismo; mas essas passagens indicam que, pelo menos em seus últimos tratados, ele rejeita a condição em $L_2$.[23] Além do mais, dado que ele quer permitir que uma vontade livre seja determinada por Deus no nível de primeira ordem em resposta a um desejo de segunda ordem para Deus agir assim, ele aceita claramente a condição em $L_1$ apenas na forma que ela toma em $L_1'$, se ele continua a aceitá-la em todos os seus tratados sobre a controvérsia pelagiana. Finalmente, ele pensa que o intelecto e a vontade de uma pessoa deverão ser a fonte do que ela faz, como deixam claro as observações acerca do remédio para o mal após a Queda. Assim, se Agostinho aceita de fato $L_1'$ em seus tratados tardios, sua opinião sobre o livre-arbítrio em seu período tardio constitui uma espécie menos comum de libertarismo.

### Graça e fé

Há uma questão real sobre se Agostinho aceita $L_1'$ em seus tratados antipelagianos; se ele não aceita, então dado que $L_3$ supõe $L_1'$, Agostinho deve rejeitar $L_3$ também. Neste caso, a sua explicação do livre-arbítrio não é de maneira alguma libertarismo. Essa questão surge devido ao que Agostinho diz acerca da volição de segunda ordem, que é um componente crucial de

---

23 Em correspondência, Scott MacDonald sugeriu-me que Agostinho pode ter uma opinião assimétrica da liberdade. Exigem-se possibilidades alternativas para fazer o mal, mas não possibilidades alternativas para fazer o bem. Isso pode estar certo, mas outra possibilidade, e é uma que estou mais inclinada a aceitar, é que Agostinho defendeu um libertarismo modificado. O libertarismo modificado me parece combinar melhor com a opinião de Agostinho sobre a mente e a maneira humana de agir, assim como as entendo; não estou certo o que nas suas opiniões básicas motivaria e esclareceria uma explicação assimétrica da liberdade.

fé justificadora. Ele descreve essa volição de segunda ordem de maneira variada como uma aceitação da graça, um desejo de vontade justa, um desejo de que Deus faça a vontade boa, uma vontade para crer, ou mesmo apenas como fé.[24] Tendo em vista a brevidade, referir-me-ei a ela como a vontade de fé, em que "vontade" há de ser entendida como um ato de segunda ordem de vontade ou uma volição de segunda ordem.

A natureza particular deste ato de vontade não é nem de perto tão importante para minha finalidade aqui como sua origem. De onde vem esta volição de segunda ordem? É também um dom provindo de Deus e causado apenas pela graça divina? Se for, então o argumento de que a explicação de Agostinho sobre o livre-arbítrio parece libertário desaba como um castelo de cartas.[25] Poder-se-ia discutir que uma pessoa tem um livre-arbítrio libertário mesmo quando a sua liberdade de primeira ordem é causalmente determinada por outra coisa que não a graça, à medida que podemos contar uma história que torna inteiramente responsabilidade dessa pessoa o fato de a graça determinar a sua vontade. Podemos também atribuir a tal pessoa a capacidade de agir de outro modo quando a sua volição de primeira ordem é causalmente determinada – mas apenas se o controle da determinação causal que opera em sua vontade no final de tudo cabe a ela. Se o controle da vontade do agente humano com relação ao desejo de graça foi colocado em Deus e não no agente humano, então as volições do agente causadas pela graça não satisfariam as condições para ser livre e responsável em qualquer espécie de libertarismo.

Por motivos tanto teológicos como filosóficos, parece com certeza que Agostinho deve negar que a vontade de fé seja causada apenas pela graça divina. Se Deus causa esse ato de vontade também, então a volição de segunda ordem de uma pessoa para uma boa vontade está sob o controle de Deus, não sob o controle daquele que quer. Ademais, se Deus então responde pela

---

24 Para uma discussão da conexão entre estas e outras maneiras de descrever a vontade de fé, cf. *De spiritu et littera* 32.56.

25 Poder-se-ia postular uma volição de ordem superior para a volição de segunda ordem produzida por Deus, mas os mesmos problemas surgiriam para essa volição de ordem superior. Ou é causada por Deus, ou os seres humanos têm algo de bom que não é dom de Deus.

volição de segunda ordem que causou numa pessoa e fortalece a sua vontade de primeira ordem no bem, a responsabilidade por esse bem também está com Deus e não com a pessoa. E se Deus determina assim a vontade da pessoa em nível tanto de segunda como de primeira ordem, é difícil ver por que a vontade dela deva ser pensada como livre em qualquer sentido.[26] Também é difícil evitar a conclusão que neste caso Deus é responsável quando uma vontade humana não quer o bem, dado que até a volição para querer o bem está no controle dele. Finalmente, nesta posição, é difícil ver por que um Deus bom não causaria a vontade de fé em todos, de modo que todos se salvassem. Como o próprio Agostinho diz com respeito à vontade de segunda ordem de fé,

> a questão é esta: [a vontade de fé] de onde vem? [...]. Se ela vem como um dom de Deus, por que não vem para todos, pois Deus quer que todos os homens se salvem e cheguem ao conhecimento da verdade? (*spir. et litt.* 33.57).

Assim parece haver toda razão para Agostinho rejeitar a afirmação de que a vontade de fé é um dom de Deus e causado pela graça. Não pode haver dúvida, porém, de que Agostinho de fato o aceitou.[27] Como diz noutro lugar, "sem a graça os homens não podem fazer bem algum, seja pensando, seja querendo e amando, seja agindo" (*corrept.* 2.3).

No entanto, Agostinho também quer manter que os seres humanos têm livre-arbítrio e só eles são responsáveis por seus pecados, e que Deus quer que todos os homens se salvem, inclusive os pecadores que de fato não estão salvos. A sua atitude está bem resumida em *De spiritu et littera* no qual ele argumenta longamente que a vontade de fé é causada pela graça. "Eliminamos o livre-arbítrio pela graça?", pergunta ele; e responde com veemência: "De modo algum!" (*absit*) (*spir. et litt.* 30.52).

---

26 Até os compatibilistas, que sustentam que um agente pode ser moralmente responsável por um ato causalmente determinado, geralmente mantêm que um agente não é moralmente responsável por um ato se ele é causado por outra pessoa para fazer esse ato.

27 Para discussão ulterior desta parte do pensamento de Agostinho, *cf.* o capítulo neste volume por David Vincent Meconi.

Há textos nos quais Agostinho está claramente tentando tornar os seres humanos pelo menos uma fonte parcial da vontade de fé. Assim, por exemplo, numa famosa passagem em seus sermões, citada mais tarde por Tomás de Aquino,[28] Agostinho diz: "Aquele que te fez sem ti não te justifica sem ti. Portanto te fez quando estavas sem saber; te justifica quando queres" (*s.* 169.11.13).[29] Mas à medida que as suas opiniões sobre a graça evoluem, Agostinho se torna cada vez mais insistente em que a vontade de fé é um dom de Deus no sentido que só Deus é a causa dela. Assim, por exemplo, em *De gratia et libero arbitrio* ele diz:

> Quando começa, Deus opera [em nós] para que possamos querer, e depois ao realizar [em nós] coopera com aqueles que já querem [...]. E assim opera sem nós para que possamos querer; mas quando queremos, e queremos de tal maneira a agirmos, ele coopera conosco. (*gr. et lib. arb.* 17.33)

Agostinho quer que esta posição teológica seja – de algum modo – compatível com a teoria do livre-arbítrio que ele apresentou em seu *De libero arbitrio*. Nas *Retractationes*, quando ele está bastante disposto a se retratar de suas opiniões anteriores e quando sua opinião sobre a graça e a fé amadureceu, fica com sua teoria do livre-arbítrio do tratado inicial. Mais do que se retratar de sua teoria inicial do livre-arbítrio quando enfatiza a opinião de que a vontade de fé vem de Deus, ele luta para encontrar algum meio de reconciliar as duas. A principal pergunta para qualquer avaliação da explicação que Agostinho dá do livre-arbítrio é, então, se ele pode ter essas duas posições. Existe, afinal, algum meio de até a vontade de fé poder ser causada pela graça e mesmo assim o controle último do estado de uma vontade do ser humano pode ser posto de preferência nesse ser humano do que em Deus?

Uma tentativa que Agostinho faz em alguns tratados para mostrar que isso é possível é sugerir que Deus oferece esta graça a todos, mas que está

---

28  *Cf.*, por exemplo, *Summa theologiae* Iallae q. III a.2 obj.2 e ad 2.
29  Passagem difícil de traduzir. O texto latino reza: "Qui ergo fecit te sine te, non te justificat sine te. Ergo fecit nescientem, justificat volentem".

aberto aos seres humanos rejeitá-la ou aceitá-la. Assim, por exemplo, ele diz de maneira clarividente:

> Mas alguém poderia responder que é preciso ter cuidado para não suspeitar que se deva atribuir a Deus o pecado cometido com o livre-arbítrio quando, por força das palavras "o que possuís que não tendes recebido?", se reduz a um dom de Deus também a vontade com a qual cremos [...]. Mas está no poder da vontade de cada um concordar com o chamado de Deus ou discordar [...]. E isto não só não invalida as palavras: "O que possuís que não tendes recebido?", mas antes as confirma. Pois a alma não pode receber e ter os dons [...] a não ser consentindo. Por isso o que quer que a alma tenha e o que quer que receba vem de Deus, mas receber e ter depende da alma que recebe e possui. (*spir. et litt.* 34.60)

Contudo, Agostinho não desenvolve esta linha de pensamento e afinal parece tê-la abandonado, como tinha de fazê-lo. Se não há nada de bom no ser humano que não tenha recebido, e se o consentimento para receber a graça é em si um ato bom de vontade, então o próprio consentimento também há de ser um dom de Deus. E assim às vezes Agostinho toma a vontade de fé como o assentimento à própria graça. Ele diz: "Por isso esta graça, que é dada secretamente aos corações humanos pela generosidade de Deus, por nenhum coração duro é rejeitada. Pelo contrário, ela é dada exatamente para que a primitiva dureza do coração seja tirada" (*praed. sanct.* 8.13).

Agostinho também parece tentar e depois desistir numa linha que faz a graça de Deus uma questão de Deus tornar o Evangelho disponível, presenteando as pessoas com bons pregadores, ou mesmo introduzindo pensamentos em suas mentes de modo que possam chegar a manter certas crenças, que, por sua vez, os impeliriam a certos desejos e volições.[30] Neste caso, embora Deus faça toda a obra de levar uma pessoa à fé, o humano que quer responde crendo, e a fé estimula certos atos de vontade. O problema aqui é que o próprio Agostinho toma o ato de crer como pensar com

---

30  *Cf.*, por exemplo, *De spiritu et littera* 34.60; *cf.* também *Ad Simplicianum* 1.2.7.

assentimento.³¹ E assim surge o mesmo problema de antes: o assentimento à fé, que é em si um ato de vontade, deve também ser um dom de Deus se for bom.

Noutros lugares, Agostinho adota a ideia um tanto diferente de que Deus arranja as circunstâncias de nossas vidas de tal maneira que nós queremos livremente crer.³² A ideia aqui parece ser que Deus sabe o que nós haveríamos de querer livremente em quaisquer circunstâncias dadas,³³ que há circunstâncias nas quais todos (ou de qualquer forma muitas pessoas que no mundo atual morrem sem fé) aceitariam livremente a fé, e que Deus é capaz de fazer surgir essas circunstâncias. Assim, por exemplo, Agostinho diz: "Pois se ele quis ensinar também aqueles para quem a palavra da cruz é loucura, para que venham a Cristo, sem dúvida também eles viriam" (*praed. sanct.* 8.14).

O problema com essa ideia é que compete inteiramente a Deus se a pessoa forma a vontade de fé ou não. Embora em tal caso um ser humano forme essa volição sem ser causado por Deus o fato de formá-la, permanece verdadeiro que o controle final sobre a vontade dessa pessoa é colocado não na própria pessoa humana, mas em Deus. Embora Deus não atue sobre a vontade com determinação causal, Deus acaba controlando o que esse ser humano quer, porque Deus sabe quais volições livres serão produzidas em quaisquer circunstâncias dadas e controla as circunstâncias. Assim, aqui se pode discutir tanto que a vontade de fé é um dom de Deus como que os seres humanos têm livre-arbítrio libertário, contudo essa posição constitui uma vitória pírrica para Agostinho simplesmente porque ela levanta todas as questões difíceis de novo numa forma diferente. Por exemplo, se esta ideia das relações de Deus com a vontade é correta, então por que Deus não arranja as circunstâncias de tal maneira que todos queiram crer? E por

---

31 Cf., por exemplo, *De spiritu et littera* 30.54 e *De praedestinatione sanctorum* 2.5.
32 Cf., por exemplo, *Ad Simplicianum* 1 2 13.
33 Embora o debate sobre o conhecimento médio tenha surgido séculos depois de Agostinho, a opinião sobre o conhecimento de Deus que ele adota em conexão a isto tem pelo menos uma semelhança familiar com a doutrina do conhecimento médio divino. Uma argumentação interessante contra a afirmação de que Deus tem conhecimento médio pode ser vista em Van Inwagen (1997).

que não deveríamos pensar que Deus é responsável por toda falha humana em querer o bem dado que Deus coloca os pecadores em circunstâncias nas quais ele sabe que eles não hão de querer o bem?

Num tratado atrás do outro, Agostinho luta com o problema de tornar Deus a única fonte de todo o bem na vontade humana após a Queda, sem tirar dos seres humanos o controle sobre as suas vontades, de modo que Deus se torne responsável pelo mal da vontade humana. Agostinho acaba deixando claro que não pode resolver esse problema e que sabe disso. Por exemplo, numa de suas últimas obras, *De dono perseverantiae*, depois de ter discutido duramente que qualquer bem na vontade humana é dom de Deus, Agostinho imagina um oponente que quer saber por que Deus salva aqueles que têm a vontade de fé e pune os outros, se é apenas a graça de Deus que causa cada um ter a vontade de fé. Esta é uma questão que Agostinho não responderá; "e se me perguntares por que [não]", diz ele, "confesso que é porque não encontrei o que dizer" (*persev.* 8.18).

Tampouco se segue que o problema da graça e da fé seja insolúvel ou que Agostinho pense que o seja. Pelo contrário, mesmo diante de sua própria incapacidade de encontrar uma solução, Agostinho se recusa a desistir seja de sua convicção de que a graça é a única fonte para a vontade de fé, seja de sua insistência de que os seres humanos têm real livre-arbítrio – e não há nenhuma indicação de que ele achasse que tinha de abandonar qualquer coisa em sua exposição anterior da liberdade da vontade para manter a sua posição. Em *De dono perserverantiae*, por exemplo, Agostinho discute o seu *De libero arbitrio* e suas reflexões sobre ele em suas *Retractationes*, e não volta atrás em nenhuma de suas opiniões anteriores. Ao invés, conclui que os pelagianos estão errados em pensar que, se a vontade de fé vem de Deus apenas, Deus seria injusto em punir aqueles que não a têm. Quanto à questão de *por que* Deus não seria injusto e *por que* Deus dá esta graça a uns e não a outros, Agostinho se refugia na afirmação de que os julgamentos de Deus são inescrutáveis para nós (*persev.* 11.26-27).[34] Claramente, esta é uma conclusão menos que otimamente satisfatória.

---

34 *Cf.* também *De dono perseverantiae* 8.16, em que adota a mesma linha.

## Uma sugestão amigável

As dificuldades de Agostinho se resolveriam se ele pudesse encontrar uma maneira para sustentar que os seres humanos são capazes, por eles mesmos, de rejeitar a graça, sem Deus ser o responsável último por eles fazerem isso. Suponha que Deus ofereça a cada pessoa a graça que produz a vontade de fé, mas que está aberto à pessoa recusar essa graça. Então a vontade de fé seria um dom de Deus, mas caberia à pessoa humana ter essa vontade ou não. Agostinho se manteve distante dessa solução por sua convicção de que, então, teria também de dizer que as pessoas humanas têm em seu poder aceitar a graça. A sua atitude, e o seu problema, aparece bem em sua consideração sobre Jacó e Esaú. Jacó foi salvo porque a graça de Deus produziu a vontade de fé nele. Mas então, e Esaú? Agostinho diz:

> Mas por que essa misericórdia [de Deus] foi tirada de Esaú para não ser chamado e, depois de chamado, ser-lhe inspirada a fé e com a fé tornar-se misericordioso para fazer boas obras? Talvez porque ele não quisesse? Se, portanto, Jacó acreditou porque quis, Deus não lhe deu a fé, mas Jacó preparou-a para si mesmo querendo e obteve algo [de bom] sem o ter recebido. (*Simpl.* 1.2.10)[35]

No meu modo de ver, o problema é insolúvel para Agostinho porque ele supõe, na maneira ilustrada por seu tratamento do exemplo de Jacó e Esaú, que a vontade tem apenas duas posições à sua disposição em relação às volições: assentimento ou rejeição. Nessa perspectiva, uma pessoa que não dá assentimento à graça, rejeita-a, e uma pessoa que não rejeita a graça assente a ela. Portanto, se Deus é o único responsável pela boa vontade de fé

---

35 Noutro lugar, Agostinho segue uma linha diferente. Por exemplo, em *De correptione et gratia* ele diz: "Se alguém que foi já regenerado e justificado decair por sua vontade numa vida má, certamente não poderá dizer: 'Não recebi [o dom da perseverança]', perdeu a graça de Deus já recebida" (*corrept.* 6.9; *cf.* também 7.11). — Aqui Agostinho aparentemente quer manter a possibilidade de que a perseverança da vontade no bem é produzida na vontade por Deus apenas, mas que o fracasso da vontade em perseverar pode ser atribuído ao voluntarioso. Mas ele não explica como estas afirmações podem ser compatíveis e não desenvolve esta linha como uma solução para o problema da graça e do livre arbítrio.

que assente à graça, então Deus é também o único responsável por aqueles atos de vontade que rejeitam a graça; eles são apenas as vontades em que Deus não produziu assentimento à graça.

Pelo menos alguns pensadores na Idade Média tardia, no entanto, supuseram que há mais do que duas posições para a vontade em relação às volições. Assim, por exemplo, Tomás de Aquino sustenta que a vontade pode assentir a algo ou rejeitá-lo, mas também pode não fazer simplesmente nada. Pode apenas estar desligada.[36] Às vezes a vontade está determinada a querer algo pela natureza do objeto da vontade, diz Tomás de Aquino, mas o exercício da vontade – se a vontade está apagada ou não – está sempre no poder da própria vontade.[37] Além disso, em princípio, a vontade pode mover-se diretamente de qualquer uma dessas posições para a outra. Quer dizer, pode mover-se de rejeitar quiescência, da quiescência ao assentimento, do assentimento à rejeição, e assim por diante.

Se essa visão da vontade é correta, então há pelo menos três possibilidades para a vontade com respeito à graça e não apenas duas: a vontade pode assentir à graça, pode recusar a graça ou pode estar quiescente. Quando está quiescente, ela não recusa a graça, mas também não a aceita. É, portanto, possível manter que uma pessoa humana tem em seu poder recusar a graça ou falhar em recusar a graça sem também sustentar que está no seu poder formar um ato bom de vontade que é o assentimento à graça.

Esta ideia da vontade permite que contemos uma história teológica que atribui toda vontade humana boa à ação de Deus sobre a vontade e ainda permite que os seres humanos sejam a fonte última de suas próprias volições. Não estou agora afirmando que esta história de teologia seja verdadeira, que era uma história na qual Agostinho acreditava, ou até que é uma história na qual ele tinha de ter acreditado. Apresento a história de teologia apenas para mostrar que a posição de Agostinho com respeito à graça e ao livre-arbítrio não é desesperançada; há pelo menos uma maneira na qual ele pode ter todas as coisas que quer sustentar com respeito à graça e à vontade.

---

36  Cf., por exemplo, *Summa theologiae* IaIIae q.9 a.1
37  Cf., por exemplo, *Ibidem*, IaIIae q.10 a.2.

Suponhamos a seguinte história teológica. 1) Deus oferece constantemente graça a todo ser humano de tal maneira que, se uma pessoa não recusa essa graça, recebe-a, e ela produz na pessoa a vontade de fé. 2) Seres humanos adultos normais[38] numa condição pós-Queda que não se converteram ou estão no processo de se converter recusam a graça continuamente, mesmo que não estejam conscientes de fazerem isso. 3) Cessar de recusar a graça é acompanhado por uma compreensão de que a graça se seguirá e que a graça não se seguiria se a recusa da graça fosse contínua. 4) Depende apenas da pessoa humana se ela recusa a graça ou não.[39] Uma pessoa que cessa de recusar a graça nessas circunstâncias é, portanto, em alguns aspectos, análoga a uma pessoa que sofre de uma reação alérgica e que recusa ativamente uma injeção de um antídoto para a alergia, talvez por medo histérico de agulhas. Tal pessoa pode não ser capaz de chegar a querer que o médico lhe dê a injeção. Se o médico lhe perguntar se quer aceitar a injeção, ele pode não ser capaz de chegar a dizer "sim", por exemplo. Contudo, pode ser capaz de parar ativamente de recusar a injeção, ao saber que se ele cessar de recusá-la, o médico a aplicará nele. Neste caso, receber ou não receber a injeção está em seu controle, embora também seja verdadeiro que ele não pode chegar a responder "sim" ao pedido do médico para lhe dar a injeção.

Podemos tomar as afirmações 1-4 como verdadeiras sem ter o dilema que Agostinho pensava que tinha no caso de Esaú e Jacó se supusermos que há três, em vez de duas, posições disponíveis à vontade com respeito a volições. Podemos postular que estava no poder de Esaú rejeitar a graça sem, com isso, estar comprometido em supor que Jacó tinha em seu poder aceitar a graça. Pode acontecer que Deus só cause em Jacó a aceitação da graça, mas que a cause em Jacó porque ele, de modo diferente de Esaú, cessa de recusar a graça. Se a vontade pode mover-se diretamente da rejeição à

---

38 Seres humanos crianças e adultos em condições anormais colocam problemas especiais que complicam o caso, e por isso estou simplesmente deixando esses casos de lado aqui.

39 Ao dizer que depende apenas da pessoa, não quero excluir todas as outras influências para o bem que Agostinho às vezes também descreve como graça, tais como a influência de uma boa pregação ou de bons amigos; quero dizer somente que cabe apenas ao humano querer que tais influências boas sejam persuasivas para a pessoa, de modo que rejeitar a influência de graças desse tipo é algo possível para ela.

quiescência, sem primeiro mover-se à aceitação, então Jacó tem duas alternativas para a sua vontade com respeito à graça, embora seja também verdadeiro que não é possível para a sua vontade aceitar por si própria a graça.

Na história de teologia que contei, portanto, Deus dá graça a todos os que cessam ativamente de recusá-la, mas estas não são pessoas que já assentiram à graça. Elas não aceitam a graça ou a rejeitam. Suas vontades estavam ativamente recusando a graça, mas depois cessam de fazê-lo, sem passar sempre a aceitar a graça. Uma vez que suas vontades estão quiescentes, Deus age nas vontades de tal maneira que as leva à aceitação da graça, que é a vontade de fé.

Por conseguinte, nesta história teológica, a vontade de fé é um dom de Deus, mas a vontade da pessoa humana ainda está, afinal, no controle dessa pessoa, porque compete a ela recusar a graça ou falhar em recusar a graça, e o fato de Deus dar a graça depende do que a vontade de uma pessoa humana faz.[40]

## Conclusão

Se há três possibilidades para a vontade com respeito à volição e se Agostinho esteve disposto a aceitar esse ponto de vista da vontade, bem como a história de teologia que acabei de contar, ou alguma história teológica semelhante que faz receptiva a doação de graça por Deus à vontade por uma pessoa humana, poderia manter sua oposição aos pelagianos e ainda sustentar que os seres humanos têm livre-arbítrio numa e noutra variedade de livre-arbítrio libertário. O fato de a vontade simplesmente falhar em receber a graça ainda não é um bom estado de vontade. Dado que a vontade de fé é uma vontade por justiça, uma vontade que não recusa a graça, mas ainda não a aceitou, é uma vontade que não faz tanto como vontade de querer o bem; e parece razoável negar que toda vontade nessa

---

40 Estou apresentando esta posição como uma que permite que Agostinho tenha as duas afirmações aparentemente incompatíveis que ele quer, mas não estou propondo esta posição como livre de problema. Para uma discussão mais detalhada da posição *cf.* Stump (1989).

condição está em bom estado.⁴¹ Por outro lado, se Deus dá a graça apenas em resposta à falha em recusar a graça por um humano que quer, então se Deus dá a graça ou não caberá apenas ao humano que quer.

Desse modo, é possível para Agostinho ter sua tese antipelagiana e ainda manter $L_1$' e $L_3$ mesmo com respeito à vontade de fé de segunda ordem. Também é possível para ele manter $L_2$, contanto que a capacidade de agir diferente seja entendida no sentido amplo discutido acima. Dado que um humano que quer pode recusar a graça ou falhar em recusar a graça, uma pessoa humana com vontade tem possibilidades alternativas disponíveis, ainda que só Deus produza algum bem nela. Além disso, como discuti acima, o que Agostinho diz sobre a determinação da vontade de primeira ordem de uma pessoa é compatível com o fato de a vontade ter liberdade libertária se a vontade de segunda ordem está dentro do controle da pessoa. Na história teológica que contei acima, portanto, uma pessoa pode ter liberdade libertária embora Deus determine a vontade dela tanto no nível de primeira ordem como de segunda ordem, contanto apenas que caiba a ela se Deus age ou não sobre sua vontade, de modo que o próprio intelecto e vontade dela são o primeiro e último determinante do estado final de sua vontade.

Penso, portanto, que há uma linha de defesa disponível a Agostinho mais forte do que ele reconheceu. Não está claro se ele gostaria de tomá-la ou não. Se ele realmente aceitava as afirmações que às vezes faz, de que Deus sabe o que um ser humano faria livremente em qualquer circunstância, e que está no poder de Deus produzir ou não essas circunstâncias, então Deus é o controlador último (sendo ou não a causa última) da vontade humana, e a sua doação de graça não reage a nada na vontade humana. Nesse caso, não vejo como Agostinho pode supor que sua opinião sobre a vontade na controvérsia pelagiana já esteja contida em seu *De libero arbitrio*. Pelo contrário, a não ser que Agostinho esteja disposto a aceitar que a doação de graça por Deus reage a algo nos seres humanos,

---

41 É verdade que uma vontade que cessa de recusar graça é melhor do que uma que recusa a graça, mas comparativos não pressupõe positivos; fulano pode ser mais alto do que sicrano sem ser alto.

mesmo se esse algo não é bom ou digno de mérito, não vejo como ele pode se livrar da acusação de determinismo teológico com todas as suas consequências pouco felizes.

# PARTE IV
*Excelência humana*

# 10 A ética de Agostinho

*Timothy Chappell*

A figura adornada do Imperador, no trono entre os seiscentos prelados, ouvindo e declarando com eles o testemunho de todas as igrejas à tradição apostólica, significa muitas coisas. Aí a aceitação do tempo estava completamente manifesta; aí uma nova base – uma base metafísica – foi decretada para a sociedade. O passado romano foi rejeitado; o esforço da Idade Média começara. O intelecto foi aceito; o casamento foi aceito; a vida comum foi aceita. Achou-se que a visão inicial de São Pedro tinha mais sentido do que se supusera: "Não chameis de impuro o que eu purifiquei". A natureza da Igreja não mudou [...]. Permaneceu reconciliação e pecado redimido; "meu Eros foi crucificado"; "Outro está em mim". Agora foi declarado por toda a magnificência deste mundo, por todo o episcopado praticamente ídolo. Tornou-se um credo e permaneceu um evangelho.[1]

## O contexto histórico

O que Constantino foi na prática da política, Santo Agostinho foi na teoria. Com Charles Williams podemos dizer que através de Constantino, no Concilio de Niceia (325), a Igreja cristã se tornou (e escolho as palavras com cuidado) uma ordem mundial. Tornou-se essa realidade concreta no mundo público da vida humana que, pelo menos pelos próximos mil anos,

---
1 Williams (1939, p. 37).

haveria indiscutivelmente de estar em toda parte do mundo romano ou pós-romano que fugiu da anexação pelos conquistadores islâmicos, e em muitos lugares está ainda hoje. Para o bem e para o mal – em grande medida para ambos –, o feito de Constantino não foi menos do que inventar a cristandade. Aqui, como em qualquer lugar na teologia, a teoria seguiu a prática: o primeiro grande teórico da cristandade inaugurada por Constantino (272-337) é Agostinho (354-430), e o texto central de sua teorização, *De civitate Dei [Cidade de Deus]*, foi completada quase exatamente cem anos depois de Niceia, em 427.

Como político, Constantino enfrentou dois problemas básicos. O primeiro era manter estabilidade e continuidade. Ele fez isso da única maneira possível naquelas circunstâncias, introduzindo mudança e descontinuidade fundamentais. Assim, uma seita privada e difundida se transformou em uma igreja imperial e logo universal, tornando-se o próprio imperador um *isapóstolos*. Do mesmo modo, a tônica de *Cidade de Deus* é que a única maneira de os romanos continuarem fundamentalmente os mesmos é, para eles, mudar fundamentalmente.

Uma questão condutora de *Cidade de Deus* é a pergunta profundamente constantiniana e bizantina: O que é ser realmente romano? Agostinho discute (*cf.* especialmente *civ. Dei* 4.8-34) que a própria tradição moral dos romanos está cheia de indícios, que estão longe da confusão moral e metafísica, da superficialidade e incoerência de seu próprio paganismo tradicional, de uma clareza e profundidade de um monoteísmo ético que, uma vez plenamente compreendido, acaba sendo nada menos que o cristianismo católico. Agostinho defende em *Cidade de Deus* (especialmente livros 1-5, 15-18) que a história tem um sentido e direção: o seu sentido é o plano de Deus e a sua direção é rumo à cidade eterna de Deus. A ideia agostiniana central, a ideia de progresso que ele forjou a partir da sua leitura da história romana, do Antigo Testamento e do progressismo do Novo Testamento, é um lugar comum na nossa cultura meliorista. Isso foi uma novidade para pagãos pessimistas e de mentalidade cíclica como eram muitos dos primeiros leitores de Agostinho. Podemos quase dizer que na *Cidade de Deus* Agostinho inventou a ideia de progresso. Embora o próprio Agostinho –

como Hegel, entre os progressistas seja o de mentalidade mais tradicional – teria, sem dúvida (e corretamente), insistido que ele estava apenas melhorando o que já existia.

O segundo problema de Constantino foi encontrar uma medida comum entre o infinito e o finito, o temporal e o eterno. Como a Igreja, que se colocava como sinal do fim dos tempos, poderia estar também *dentro* do tempo – como, na ausência de um apocalipse imediato, ficava claro que devia? Como o anseio incomensurável dos místicos de *afastamento do* mundo deveria ser modelado pela política prática *no* mundo? Acima de tudo, qual é a proporção entre a iniciativa infinita de Deus e a débil resposta que os humanos talvez possam dar a ela? Esse problema, numa variedade de inflexões filosóficas, é também o problema de Agostinho. Nem o teórico Agostinho, menos ainda o político prático Constantino – não menos que o resto de nós desde então – encontrou qualquer solução satisfatória estável.

### Personalidade de Agostinho

Podemos até dizer que o próprio Agostinho seja um sintoma dessa incomensurabilidade: que assim como há duas cidades, também há um Agostinho celeste e um Agostinho que é da terra, terreno. *Confissões* tem evidência abundante de que o próprio Agostinho é uma espécie de místico, até uma espécie de poeta (talvez *malgré lui*, dado suas frequentes palavras duras sobre os poetas [por exemplo *civ. Dei* 1.4*]). Afinal de contas, o seu olhar é desviado do mundo e não dirigido a ele; nada importa mais a ele do que a experiência direta de Deus.

O místico, no entanto, é também um polemista; o gentil rapsodista da ascensão da alma é também um professor de oratória amedrontador. (Agostinho apela de maneira feliz para Platão em respaldo às suas críticas da poesia; é mais discreto a respeito da atitude igualmente crítica de Platão à retórica). São Jerônimo (347-420), contemporâneo e correspondente de

---

\* NT: Virgilius, poetarum more, illa mentitus est [Virgílio, como costumam os poetas, mentiu...].

Agostinho, teve o famoso sonho de que protestava a um coro de anjos: "eu sou cristão!" e os anjos respondiam condenatoriamente: "Não, és ciceroniano". Os anjos tinham razão. Jerônimo muitas vezes copiou os maus hábitos filosóficos de Cícero: intimidação verbal, hipérboles contundentes, jactância não convincente, mero abuso; efetivamente, esses maus hábitos ainda estavam baixando o QI do debate até de São Tomás Morus e Erasmo. A mancha de mediocridade ciceroniana é evidente nos escritos de Agostinho também. O modelo que ele nos diz que tinha de Cícero (*conf.* 3.4) era um modelo infeliz; Agostinho tinha mais agudeza filosófica no seu dedo mindinho do que Cícero no corpo inteiro. A ironia – para acrescentar um toque de *ad hominem* ciceroniano – é que o próprio Cícero é um exemplo óbvio, ainda que não exitoso, do que Agostinho diagnostica provavelmente (*civ. Dei* 1.1) como a falta romana paradigmática, a *libido dominandi*, o desejo de dominar os outros. Bem poderíamos desejar que o jovem Agostinho tivesse tido acesso aos (e aptidão para) livros de Platão e quase nada aos de Cícero como, ao contrário, ele nos conta (*conf.* 1.14, 7.9).

Quando queremos tornar Agostinho filosoficamente compreensível, é importante que – ciceroniano ou não – ele esteja tão longe quanto possível do que parece ser muito o ideal estilístico da filosofia moderna: que o autor deva ser uma nulidade, invisível ao seu próprio texto. Agostinho nunca deixa de ser uma presença autoral turbulenta, sempre tão vividamente *nos* seus escritos como outro mestre seu, São Paulo. Como São Paulo, Agostinho sabe como agradar um leitor e como enfurecê-lo. O que ele não sabe é como entediá-lo. Também nisso Agostinho é totalmente diferente de muitos modernos.

Talvez o próprio dualismo multiplamente infletido de Agostinho tendesse a legitimar essa divisão de personalidade entre o Agostinho sereno contemplativo e o Agostinho bispo brutamontes. Como já visto, era parte da herança de Constantino que tenhamos de viver no mundo, bem como aprender a transcendê-lo. Temos de fazer aquilo que podemos da tarefa impossível na qual apenas o próprio Messias, o Verbo divino ou *ratio*, possa possivelmente cumprir plenamente: a tarefa de comensurar o infinito com o finito. Impossível; contudo, às vezes com Agostinho – como com muitíssimos outros – o fracasso pareça um pouco facilmente demais aceito, de uma maneira ou de outra.

De maneira exitosa ou não, veremos três exemplos de Agostinho em ação em questões ético-práticas nas próximas três seções.

### Guerra justa e a "ordo amorum"

Não é acidental que Agostinho seja em geral considerado, entre outras coisas, um dos primeiros proponentes em ética cristã da "teoria da guerra justa". Idealistas mendicantes errantes, Jesus por exemplo, podem insistir que "aqueles que vivem da espada morrerão pela espada" (Mt 26,52), ou exigir que seus seguidores ofereçam a outra face (Mt 5,39). Na Igreja dos séculos I e II, pensava-se comumente que estes ensinamentos implicavam uma injunção universalmente vinculante. Mas Agostinho vê claramente que uma igreja que se tornou parte integral de uma ordem imperial simplesmente não pode viver desse modo, não mais do que Israel e Judá no Antigo testamento não puderam viver assim (ou de fato morrer assim). Ofensas deverão vir, e quando chegam é lícito defender-nos delas.

Fora da tradição cristã, podem ser encontradas ou inferidas explicações sobre as condições em que a guerra pode ser iniciada ou travada de modo justo em *República* de Platão, *Política* de Aristóteles, *Histórias* de Tucídides e em muitos outros lugares. *De officiis* de Cícero inclui uma discussão particularmente explícita da qual Agostinho evidentemente se valeu;[2] Cícero também nos lembra que um código de guerra, e um ritual religioso para a declaração de guerra, fazia parte da moral costumeira de Roma: o *jus fetiale*.[3]

A presença do pensamento sobre guerra justa no mundo pagão causa pouca surpresa. Dada a suposição inicial, quase universal nesse mundo, que pessoas justas se encontrarão travando guerras, é puramente banal observar que é de se esperar que o façam de modo justo. Surpreendente é que o cristianismo encontrasse espaço para a suposição inicial. O próprio mestre de Agostinho, Santo Ambrósio (340-397), foi um dos primeiros a assumir uma linha de guerra justa, e as oportunidades que o moveram a isso são

---

2 Cícero, *De officiis* 1.34-41; *cf.* 3.107-111.
3 *Ibidem*, 1.36.

bastante óbvias para quem quer que leia o *De fide ad Gratianum Augustum* de Ambrósio, escrito, como nos diz o seu nome, ao imperador Graciano (em 378, quando ele estava a caminho da guerra). O livro de Ambrósio é principalmente sobre a Trindade, com apenas a mais leve tintura de argumento pela justeza de uma guerra – por exemplo, a de Graciano.

Se esses leves *obiter dicta* forem bastantes para tornar Ambrósio um "teórico da guerra justa", então Agostinho certamente cumpre os requisitos: ele tem muito mais *obiter dicta* do que Ambrósio, dizendo mais coisas substanciais sobre as condições para uma guerra permissível. Talvez devêssemos ser mais econômicos com a palavra "teórico" do que isso, e insistir que não havia nenhuma *teoria* de guerra justa até que os canonistas coligiram e fizeram um sistema dessas observações incidentais, mais de setecentos anos depois da morte de Agostinho. Talvez devêssemos economizar em falar de uma *teoria* da guerra justa por mais um século depois disso, até o tempo (*ca*. 1240) do tratado de Santo Tomás sobre a guerra – no qual Tomás cita obrigatoriamente toda uma série de observações importantes de Agostinho, provavelmente porque ele tinha algum resumo de um canonista aberto ao seu lado.[4]

No entanto, o fato de as observações de Agostinho sobre a guerra justa estarem dispersas e não serem sistemáticas não diminui o seu interesse. Como exercício de relaxamento contra aqueles que são inflexíveis que os cristãos devem ser pacifistas, Agostinho nota (*ep.* 138) que, quando os soldados perguntam a Jesus como eles devem viver, Jesus diz que eles não devem praticar extorsão e se contentarem com o seu soldo (Lc 3,15) – o que está muito longe de dizer para eles desistirem de serem soldados. Em *Quaestiones in Heptateuchum* 4.10 Agostinho diz algo fundamental que é a base para o segundo e terceiro critério de Santo Tomás de "jus ad bellum" (causa justa e intenção reta): ele diz que uma guerra não pode ser justa se o seu objetivo

---

4 Tomás de Aquino, *Summa theologiae* 2a2ae.40. Outra lista prática é a de Jonathan Barnes: "os principais textos agostinianos [sobre a guerra justa], em ordem cronológica, são *Contra Faustum Manicheum* 22.74-8; *Epistula* 138; *De civitate Dei* 15.4, 19.7, 19.12-15; *Epistula* 189; *Sermo* 302; *qu*.4.44, 6.10; *Epistula* 289" (BARNES, 1982, p. 771). Todos os textos, exceto *Cidade de Deus*, estão citados em *Summa theologiae* 2a.2ae.40.

não for corrigir (ou punir) algum erro. Ele reitera isso em *Epistula* 189, acrescentando outro pensamento (potencialmente sinistro), que as guerras podem ser feitas para o bem dos que são atacados: "quando ser derrotado afasta a liberdade de alguém de agir iniquamente, faz bem a ele". A guerra justa, nota ele na mesma Carta, visa necessariamente à consequência de paz (*cf. civ. Dei* 19.12). Em *Contra Faustum Manicheum* 22.75, ele prenuncia o primeiro dos três critérios de Tomás de Aquino do "jus ad bellum", insistindo que uma guerra justa deve ser declarada por uma autoridade legítima. Em *Contra Faustum Manicheum* 22.70, ele leva a questão da autoridade legítima ao ponto de afirmar que "viver da espada" (Mt 26,52) significa tomar em armas *sem* a devida autoridade – o que pode parecer fazer uma concessão.

É do ensinamento de Agostinho sobre a guerra justa que temos o ditado latino familiar na ética médica contemporânea, "primum non nocere", "em primeiro lugar não fazer mal".[5] É um ditado mais comumente recitado do que citado (propriamente falando), mas aqui está o contexto original:

> O mestre Deus ensina dois mandamentos principais, isto é, amor de Deus e amor do próximo. Neles o homem encontra três objetos que deve amar: Deus, si mesmo, o próximo e, em se amar, não erra quem ama Deus. Dado que lhe foi dito para amar o próximo como a si mesmo, segue-se que ele aconselhará o seu próximo (como a esposa, os filhos, os familiares e todas as outras pessoas que ele puder) a amar a Deus e quer, se acaso precisar, que o próximo dê conselho a ele. Por isso estará em paz com todo homem, à medida que depende dele, mediante a paz dos homens, isto é, com uma ordenada concórdia, na qual há esta ordem: primeiro não fazer mal a ninguém, em seguida fazer o bem a quem puder. Primeiro, portanto, está nele o cuidado com os seus, pois tem ocasião mais favorável e fácil de aconselhar a eles tanto pela ordem da natureza como da própria sociedade humana. (*civ. Dei* 19.14)

---

5  Geralmente é traduzido "em primeiro lugar não prejudicar", mas assim é um pouco enganoso, pois Agostinho está colocando uma condição necessária para a ação reta, não uma meta a ser alcançada.

Mesmo no contexto de exposição de uma doutrina da guerra justa, Agostinho insiste aqui na opinião absolutamente anti-hobbesiana de que a paz é a condição natural da vida humana; a sua tese é que nenhuma pessoa justa abandone essa condição e entre num estado de guerra com os outros, a não ser quando é forçado pelos outros (que então *ipso facto* estão agindo injustamente).

A passagem é notável também pelo menos por dois outros pontos. Primeiro, mostra que Agostinho entraria no debate familiar moderno acerca da parcialidade: na última sentença ele enuncia uma primeira opinião mais próxima e familiar, embora, de maneira interessante, ele não se comprometa sobre se a base para a parcialidade que ele endossa é social ou natural. Em segundo lugar, a passagem é uma expressão da famosa doutrina de Agostinho sobre a "ordo amorum", sua tese de que há uma hierarquia de valores entre as coisas que podemos amar e que viver corretamente significa ter uma hierarquia correspondente em nosso amor: "A paz de todas as coisas é a tranquilidade da ordem, e ordem é a distribuição dos seres iguais e desiguais, determinando a cada um o seu lugar" (*civ. Dei* 19.13; *cf. doc. Chr.* 1.27).

É contra este fundo, incidentalmente, que Agostinho oferece o que pode ser o seu conselho moral mais conhecido: "dilige, et quod vis fac" – "ama, e faze o que queres" (*Jo. ev. tr.* 7.8). O velho senhor Emerson, personagem de E. M. Forster,[6] e Agostinho podem felizmente concordar que bom caráter leva à ação do bem sem esforço. Agostinho e Emerson não concordam sobre o que é preciso para um caráter ser bom. Não sei quanto ao senhor Emerson, mas a resposta de Agostinho a esta última questão que vimos agora é: um caráter não pode ser bom sem estar verdadeiramente alinhado com a "ordo amorum".

De maneira muito característica, nas reflexões de Agostinho sobre a noção de guerra justa – para voltar a elas – ele admite que a guerra se sente em casa na cidade terrena, mas não na cidade celeste (*civ. Dei* 15.4). E ele nota cuidadosamente o horror brutal puro da guerra mais de uma vez na *Cidade de Deus* (Há uma passagem maravilhosamente eloquente sobre isto

---

6 O velho senhor Emerson cita o dito de Agostinho no filme de James Ivory, de 1985, baseado no livro de E. M. Forster, *Um quarto com vista*; no livro ele não faz a citação.

em *civ. Dei* 19.7. E toda a vasta obra inicia como se estivesse no meio das brasas fumegantes de uma Roma destruída, com comparações com outros saques de outras cidades antigas e um tom curioso de "podia ter sido pior" que talvez surja porque Agostinho está pensando no elemento pagão em seu público – e no elemento cristão nos godos arianos que fizeram o saque.).

Agostinho também, noutro lugar, levanta a questão: qual é o mal *real* na guerra? Não é *matar*, nos diz ele em *Contra Faustum*. São antes as paixões perversas que a guerra desencadeia.

> Do que, pois, se culpa na guerra? Talvez porque morrem os que de qualquer modo logo morreriam, para que os que forem vencidos sejam subjugados em paz? Objetar isto é próprio dos medrosos, não dos religiosos. O desejo de prejudicar, a crueldade da vingança, o ânimo não aplacado e implacável, a ferocidade da rebelião, a vontade de dominar ("libido dominandi"), e coisas semelhantes, estas são as coisas que com razão se culpam na guerra, e é também para punir com justiça semelhantes coisas, quando se requer força para infligir punição, que as guerras são travadas pelos bons, por ordem de Deus ou de algum outro poder legítimo. (*c. Faust.* 22.74)

Jesus acentuou o coração como a fonte de toda a bondade e maldade real (Mt 15,19; 6,21). De maneira semelhante, Agostinho insiste que o que é moralmente decisivo na guerra é o que se passa na psique do guerreiro. Esta também é uma aplicação da distinção de Agostinho entre as duas cidades, a terrena e a celeste: só o que pertence à celeste é que *realmente* conta. É também, naturalmente, uma aplicação da doutrina de Agostinho da "ordo amorum": dado que as coisas do espírito são mais importantes do que as coisas do corpo, considera-se que devamos amá-las ou nos preocuparmos mais com elas.

## A "ordo amorum" e a sexualidade

Um resumo por alto das observações de Agostinho citadas por último pode ser: tudo bem matar na guerra, contanto que não sintas prazer nisso. Seria bom oferecer também um sumário aproximado das opiniões de Agostinho sobre o sexo: tudo bem ter relações sexuais (maritais)[7] contanto que não tenhas prazer nisso?

Na realidade, as opiniões de Agostinho só podem ser resumidas assim se *libido* e/ou *cupiditas* fossem traduzidos por "prazer/gozo". Não há, porém, nenhum bom argumento em favor dessa tradução, e há bom argumento contra ela. Certamente, o apoio que Agostinho dá à tese de que o prazer sexual é bom não é nada enérgico (*b. conjug.* 8). Contudo, ele claramente não sustentou que o prazer sexual como tal seja mau; apenas que o prazer sexual *desordenado* é mau. *Libido* e *cupiditas* são palavras suas para "prazer sexual desordenado". De fato, estas suas palavras (especialmente *libido*) são palavras para prazer desordenado em geral, não necessariamente sexual: "Pois com razão se define a libido como o apetite da alma pelo qual preferimos os bens temporais aos eternos" (*mend.* 10).

O sentido de "desordenado" é dado aqui, mais uma vez, pela noção da *"ordo amorum"*. É parte dessa *ordo*, sustenta Agostinho, que as partes inferiores do ser humano devam ser adequadamente subordinadas às superiores. A parte superior a todas é a razão. O caráter desordenado da sexualidade humana decaída é, portanto, a indocilidade da sexualidade humana à razão:

---

7  As opiniões de Agostinho sobre outras tais manifestações da sexualidade humana como homossexualidade (*conf.* 3.8), promiscuidade (*civ. Dei* 14.18) e travestismo (*sol.* 2.30) são decididamente, como se diz, tradicionais. O seu objetivo é reafirmar e combinar o que há de melhor nas tradições morais tanto judeu-cristãs como romano-pagãs, e essas duas tradições, na opinião dele, são firmemente não permissivas acerca de tais manifestações. Essa inclinação de sua parte de passar para as autoridades o ônus do *argumento* efetivo para suas opiniões sobre ética sexual torna Agostinho menos útil do que seria como fonte de argumentos antipermissivos (Ele usa o *slogan* "contra naturam" bastantes vezes na discussão desse assunto. Como de costume, porém, não está claro que qualquer argumento antipermissivo possa ser extraído desse *slogan* ou da noção de "natureza" que o respalda, para o que não há argumento análogo do lado permissivo).

A luxúria, da qual estamos falando agora, é mais vergonhosa porque a alma nela não consegue mais se impor a si mesma para não sentir prazer e muito menos ao corpo, de modo que a vontade e não a luxúria estimule os órgãos que suscitam pudor [...]. Alguns membros são moderados pelo domínio da vontade porque sem ela eles, que sentem o estímulo independentemente da vontade, não podem realizar o que procuram, a castidade é preservada e o prazer pecaminoso inibido. (*civ. Dei* 14.23)

A tese da *Cidade de Deus* 14.23 – uma mensagem que a sociedade em geral com tendência ascética de Agostinho talvez precisasse ouvir mais do que a nossa sociedade rotinciramente sensual precisa – é que não há nada intrinsecamente errado com o sexo (Nem com o corpo. É o espírito, não o corpo que suscita o pecado: *civ. Dei* 14.3). Agostinho considera esta tese equivalente à afirmação, dedutível dela, de que Adão e Eva teriam tido relações sexuais livres de culpa se eles tivessem se demorado suficientemente no Jardim do Éden para ter tempo para isso. No entanto, pelo menos uma parte do que aparentemente horroriza Agostinho acerca do sexo é que, no estado decaído da humanidade no qual nos encontramos, a vontade não pode diretamente controlar o movimento e a atividade dos órgãos sexuais (ele provavelmente deve estar pensando principalmente nos órgãos sexuais masculinos). É com base nisso que Agostinho pensa que para os humanos decaídos a atividade sexual completamente livre de culpa é impossível ou quase impossível, por causa do que ele chama de *libido* ou *cupiditas*. A "inoboedientia carnis" há pouco descrita (*civ. Dei* 14,17) é um sinal disso.

Agostinho diz também que o problema com o prazer sexual é o modo como ele oprime a nossa racionalidade: "deixa o homem todo em confusão" (*civ. Dei* 14.16). A sexualidade é preocupante, para Agostinho, devido a sua tendência *desintegradora* e *desordenadora*, e por causa da maneira como, durante fortes experiências de prazer sexual, a nossa racionalidade tende a ficar obscurecida: "no momento preciso em que o prazer sexual chega ao auge, se ofusca quase por completo a razão e surge a treva no pensamento" (*civ Dei* 14.16).

Numerosas objeções óbvias se apresentam a isso. Por um lado, por que se deveria considerar um problema que a excitação sexual cause movimentos de partes corporais que não estão sob o controle direto da vontade? A digestão também os causa – mas Agostinho não se mostra inclinado a ver a peristalse como um sintoma da Queda. Por outro lado, por que se deveria considerar um problema que a excitação sexual cause uma espécie de perturbação da mente que provoca uma suspensão do controle racional normal? O mesmo acontece com o sono e o êxtase religioso – mas Agostinho provavelmente não vê isso como ameaça à nossa racionalidade. Esses casos são lembretes da incorporação essencial, por isso da vulnerabilidade, da razão humana. Podemos dizer que recordam também a grande afirmação de São João de como a Encarnação cria uma medida entre o eterno e o mortal: "o verbo se fez carne e habitou entre nós" (Jo 1,14). Para Agostinho, a coisa natural a dizer sobre a digestão é que ela é um sinal de como nós somos tanto objetos físicos como também não *apenas* objetos físicos; para ele é natural dizer acerca do sono e do êxtase religioso que eles são suspensões temporárias do controle racional normal e a integração psíquica pode, se tudo estiver bem, levar a um maior controle racional e a uma integração psíquica mais profunda no longo prazo. De fato, Agostinho realmente diz este tipo de coisa acerca desses casos. Por isso podia dizer tais coisas acerca do sexo também (Às vezes ele quase diz, por exemplo *b. conjug.* 9).

O ponto aqui *não* é que a sexualidade humana seja apenas um apetite entre outros. Podemos concordar com Agostinho (e alguns outros escritores que o seguem, como G. K. Chesterton numa maravilhosa passagem no capítulo 1 de sua vida de São Francisco) que o sexo é especial. Ele não é *apenas outro* apetite; as corrupções dele são especialmente poderosas e precisam de tratamento especial. O que devemos negar é (primeiro) que tratamento especial não quer dizer necessariamente tratamento especialmente adstringente; e (segundo) que Agostinho acertou no que *faz* o sexo especial. Ele diz que o sexo tende a fazer nossos corpos desobedecerem nossas vontades, ou suspender ou desviar a nossa racionalidade, de uma maneira especial. Bastante verdadeiro; mas que maneira é essa? Sem dúvida nós reconhecemos o que Agostinho está falando, de modo que sua observação não é absolutamente tão tola como parece. Permanece o enigma de como podemos dar uma explicação filosófica mais completa dessa maneira especial, a fim de situar a sexualidade em seu lugar correto na "ordo amorum".

A explicação de Agostinho sobre a sexualidade chega perigosamente perto, não para tratar o sexo como especial de uma maneira difícil de definir, mas para demonizá-lo. Em *Cidade de Deus* 14.19, ele fala dos "atos de luxúria" que "são feitos pelos órgãos sexuais"; diz também que "os órgãos genitais se tornaram como se fossem a propriedade privada da luxúria". Os próprios princípios de Agostinho certamente desaprovam as duas observações. Não são os órgãos genitais da pessoa que realizam "atos de luxúria", é a pessoa. E nenhuma parte do corpo humano pertence a *outro*, como se fosse um posto avançado do reino das trevas (Se houvesse tal posto avançado, então o ato extremo de Orígenes provavelmente seria uma resposta razoável, o que Agostinho certamente negaria). Ao invés, o corpo da pessoa é *da pessoa*. Ou, como Agostinho, e muitos outros filósofos, pelo menos até John Locke, prefeririam dizer, é de Deus: é a carne habitada pelo Verbo, é o templo do Espírito Santo (1Cor 6,19-20). A conclusão certa é óbvia: que Agostinho – nisso em sintonia com seus contemporâneos, tanto cristãos como pagãos – é exageradamente maniqueu em sua atitude para com a sexualidade humana.

No caso da guerra, as tentativas de Agostinho fazer os ideais celestes corresponderem às realidades terrenas levou-o, como Ambrósio, a uma posição mais conciliadora – embora não *completamente* permissiva. No caso do sexo, ele é menos conciliador – embora não completamente negativo. Na próxima seção, estudaremos um terceiro caso da ética de Agostinho em ação: o caso da mentira.

### Mentira em *De mendacio*

Alguns leitores desejarão saber onde Agostinho entra em nossa classificação normal de tipos de éticos: a sua ética é uma ética de consequências, ou de princípios, ou de virtude, ou de mandamento divino, ou de lei natural – ou de quê?

De todos e de nenhum. Cada noção que acabamos de elencar é importante para a ética de Agostinho. Isso não faz com que ele entre em nossas categorias, que, afinal, são categorias *nossas*. É dificilmente surpreendente se elas não se adequam claramente a Agostinho – ou a qualquer outro fora do nosso cantinho de história. Suspeito que Agostinho se espantaria se alguém tentasse fazer ética sem *todas* essas noções.

Agostinho certamente tem algo a oferecer aos éticos modernos de todas essas categorias. Ele contribuiu de maneira importante para a tradição das virtudes, em particular porque está inclinado a unificar as virtudes em torno do amor de Deus (*Cf.* por exemplo *civ. Dei* 4.20 e *mor. ch.* 15 – toda a última obra recompensará o estudo dos modernos éticos da virtude). A importância das consequências para Agostinho é evidente, de uma ponta do seu percurso filosófico à outra, em seu acento sobre a noção de *felicitas* ou *beatitudo* (*cf.* por exemplo *b. vita*; *c. Acad.* 1.25; *lib. arb.* 1.10, 2.26-27, 3.59; *Trin.* 13.4; *civ. Dei* 4.18, 8.3, 19.11-12). E já vimos que Agostinho tem muito a dizer acerca da noção de lei natural.

Ainda assim, Agostinho às vezes parece muito um exemplar claro do que nós hoje chamamos de ética deontológica. A sua brilhante pequena obra *De mendacio* é um caso típico. Ela contém uma análise notavelmente clara e rigorosa do que é mentira (*mend.* 3-4), na qual Agostinho mostra o seu conhecimento de sutilezas tais como a possibilidade de uma mentira (ou "mentira") que fale a verdade (quando se pretende dizer o que é falso, mas se está errado acerca do que é falso), ou de uma afirmação ciente de uma falsidade com a intenção não de enganar, mas antes de dissuadir (como na frase: "eu te mato se você fizer isso de novo"). Agostinho é bem consciente de que a linguagem não é necessariamente usada para afirmar; o seu primeiro ponto acerca das mentiras é que os gracejos, por exemplo, não são mentiras (*mend.* 2). Há uma classificação de oito tipos diferentes de mentiras (resumidas em *mend.* 25), com algumas observações psicológicas penetrantes: Agostinho nota, por exemplo, a disposição humana familiar de contar mentiras apenas para animar uma festa (*mend.* 18). Os seus argumentos claros e enérgicos contra a permissibilidade de mentiras de qualquer desses tipos estão resumidos em *mend.* 42. Há antecipações surpreendentes daqueles que são agora casos familiares difíceis para uma linha rigorista acerca da mentira, como é o caso do assassino à porta que Kant também discute de modo famoso (*mend.* 23-24).

Alguns dos casos hipotéticos de Agostinho são tão intricados como qualquer um na literatura moderna. Considere, por exemplo, este caso (*mend.* 4): X preocupa-se com o bem-estar de Y. Mas X antecipa que Y desacreditará tudo o que X disser. Y irá a Roma; ele pode tomar a estrada A ou a estrada B (ambas levam a Roma). X sabe que há assaltantes na estrada A. De modo não sincero, portanto, X avisa a Y dos assaltantes na estrada B, prevendo e intencionando que Y tome a estrada B, que de fato é o caminho seguro. X *mente*? Se mentira é definida como uma declaração com a intenção de enganar, então claramente não; não mais do que eu te orientar errado se me perguntares para indicar o caminho correto, mas percebo (e você não) que vemos um ao outro através do espelho, de modo que se eu quiser que você vá para a esquerda devo indicar para a minha direita. E se mentira é definida como uma declaração falsa? Neste caso há uma questão séria se o que X diz a Y é falso. Se eu falo para você num código de cabeça para baixo, próprio nosso, que envolve de maneira consistente inverter valores de verdade, então minha declaração "não-p" não é uma mentira relativa à verdade conhecida "p"; é exatamente a tradução correta de "p" no nosso idioleto. O caso das duas estradas se parece significantemente com esse caso de código, mesmo se X e Y não estão de *acordo* sobre a convenção que X costuma causar uma crença verdadeira em Y.

*De mendacio* tem algumas antecipações surpreendentes de alguns argumentos anticonsequencialistas modernos bem conhecidos. Considere-se isso do capítulo 9:

> E quanto àqueles que ficam raivosos e furiosos se alguém se recusa a falar uma mentira para salvar a própria pele, com o resultado de que alguém mais fique velho nesta vida em vez dele – bem, e se pudermos salvar alguém da morte cometendo adultério, ou roubando? Seria essa uma boa razão para roubar ou para fornicar? Ou suponha que alguém viesse a nós com uma corda e pedisse gratificação sexual de nós, insistindo que ele se enforcaria se não déssemos o que ele

pede. Aqueles que aduzem este argumento são incapazes de levá-lo ao ponto de dizer que – para salvar a vida, como dizem – concordariam com *isso*.

A questão aqui não é apenas sobre dizer que "essas" mentiras podem ser ditas em nome de boas "consequências" abra portas para dizer que *qualquer coisa* possa ser feita, não interessa quão má, pelo bem de consequências bastante boas (embora Agostinho trate disto também, por exemplo em *mend*. 14). A questão é que aqueles que estão preparados para considerar fazer qualquer coisa para evitar outra[8] podem ser levados a fazer algumas coisas bastante más de maneira bastante fácil. A implementação deste tipo de disposição na psicologia do agente que Agostinho critica deixa a virtude por assim dizer perseguindo o rabo do vício: a virtude acaba tentando mitigar a maldade do vício agindo de maneira má, sempre que o agir de maneira má da virtude parece necessário para impedir que o próprio vício aja um pouco menos pior. Quando os filósofos modernos encontram algo muito semelhante a isso em Bernard Williams, chamam o argumento de "Lei de Gresham".[9]

Ou, mais uma vez, considere-se a antecipação que Agostinho faz do argumento comumente atribuído a David Hodgson de que o utilitarismo tem uma atitude em relação a falar a verdade que se autoanula porque não tem nenhum compromisso em falar a verdade como tal, mas apenas em dizer tudo o que for benéfico dizer.[10] Nas palavras de Agostinho: "Como podemos acreditar na pessoa cuja opinião é que às vezes devamos mentir? E se essa pessoa estiver mentindo mesmo quando dá essa opinião?" (*mend*. 11). Agostinho sugere que a lógica da mentira nos leva a um impasse do qual somente uma atitude plenamente restritiva à mentira pode livrar-nos. Se pessoas boas mentem, e dizem que devemos mentir, então ou não devemos acreditar nas pessoas boas ou devemos acreditar (sempre) naqueles que pensamos que mentem às vezes. A primeira alternativa, diz Agostinho, é

---

8 Observar também a assimetria entre a preocupação com o que *eu faço* e a preocupação com *o que acontece*. Esta assimetria está na base da distinção ação/omissão. A partir das palavras de Agostinho nesta última citação está claro que ele reconhece essa assimetria.
9 *Cf*. Williams (1973, p. 131-132).
10 *Cf*. Hodgson (1967).

"perniciosa"; a segunda, "estúpida". A única saída é negar a antecedente: pessoas boas não mentem nem dizem que devamos mentir.

Até aqui, tão deontológico. Mas Agostinho – de modo diferente de muitos filósofos modernos – não é do tipo que pensa que há apenas uma resposta para a pergunta: "qual é *a razão* porque mentir é errado?" Ele considera todos os pontos que acabamos de citar contra a mentira, e outros ainda, tal como o fato de que mentir divide a mente contra si mesma, solapa a sua integração (*mend*. 3: "o mentiroso, como se diz, tem um coração duplo [uma mente dividida em duas]"; *cf.* a desintegração mental que incomoda Agostinho no caso do prazer sexual).

Junto a essa abordagem combinada que pensamos como teorias morais rivais, há algo que é reconhecidamente a base do caso de Agostinho contra a mentira. Trata-se de mandamento divino. Ao longo de todo o livro *De mendacio* se apela para a autoridade positiva da Escritura para proibir a mentira; os capítulos 6-8 são dedicados à prova negativa correspondente, que a Escritura não dá nenhum apoio para a noção de que a mentira é permissível. Os três textos favoritos dele para provar isso são o nono mandamento, contra o "falso testemunho" (Ex 20,16); *Sabedoria* de Salomão (Sb 1,11): "a boca mentirosa mata a alma"; e o Salmo 5,7, "destruirás os mentirosos".

Podemos nos perguntar acerca do uso rigorista que Agostinho faz desses textos bíblicos comprobatórios, especialmente quando comparamos seu uso claramente mais frouxo de textos na aparência igualmente decisivos contra matar (como o sexto mandamento: "não matarás" [Ex 20,13]). Um cínico se perguntaria qual ideologia está por trás desse tratamento diferencial daquilo que parece ter o mesmo peso de evidência. O cínico poderia perguntar ao interesse de quem realmente serve uma ética que compromete o cidadão a estar preparado para matar algumas vezes, mas nunca a mentir? É tentador sugerir que esses compromissos provavelmente servem mais aos propósitos do governante de *vigiar e punir* do que ao projeto do sujeito de sair-se bem em sua vida individual.

Leitores menos cínicos concluirão que Agostinho pensa de maneira genuína que é mais importante respeitar a verdade não mentindo do que respeitar o corpo não matando; também que ele tem uma razão para pensar isso, que vai ao coração de sua filosofia. Agostinho pensa que o corpo é apenas o corpo – uma coleção de matéria física, bom e importante à sua maneira, mas não *sumamente* bom ou importante. Mas ele não pensa como os filósofos modernos tendem a pensar, que a verdade é apenas a verdade – uma coleção de fatos, alguns deles interessantes, alguns menos interessantes, sem valor intrínseco particular. Para Agostinho, "verdade", *veritas*, é um nome para o próprio Deus.

Portanto, para Agostinho, conhecer a verdade, mesmo sobre assuntos insignificantes, é sempre algo sagrado e santo, uma insinuação a nós sobre a presença de Deus; negar esse conhecimento parece a ele uma espécie de traição dessa insinuação. A base do argumento é, repetindo, o claro mandamento divino contra mentir que ele considera presente na Escritura; compreender a sua concepção filosófica de verdade pode nos ajudar a entender a maneira como ele lê a Escritura nesse assunto.

Mas – poderia perguntar aqui um filósofo moderno – por que alguém deveria sentir-se inclinado a tomar a sério uma abordagem de mandamento divino da ética? Esforçar-me-ei para responder a esta pergunta na seção seguinte.

## Ética de Agostinho essencialmente em segunda pessoa

Dois grandes livros da tradição ocidental levam o nome de "As confissões": um é *Confissões* de Agostinho (400), o outro é *Les confessions* [*Confissões*] de Jean-Jacques Rousseau (1717-1728). De todas as maneiras, o par faz uma comparação instrutiva. Uma comparação tem a ver com os seus destinatários; a outra diz respeito ao seu propósito.

Os destinatários das *Confissões* de Rousseau estão claros desde a sua famosa abertura. "Começo uma obra sem precedente". Rousseau diz (uma surpresa, dado o seu título): "Quero mostrar a meus semelhantes um homem em toda a sua verdade da natureza; e esse homem será eu". Os seus destinatários, portanto, são as outras pessoas em geral. Noutras palavras, ninguém em particular.

E o propósito de Rousseau? Claramente, é uma autojustificação:

> Que a trombeta do juízo final soe quando ela bem entender; eu virei, com este livro na mão, apresentar-me diante do juiz supremo. Direi resolutamente: eis o que fiz, o que pensei, o que fui. Ser eterno, reúne em torno de mim a inumerável multidão dos meus semelhantes, que eles escutem as minhas confissões, que gemam das minhas indignidades, que eles se envergonhem das minhas misérias. Que cada um deles descubra, por sua vez, o seu coração ao pé do teu trono com a mesma sinceridade, e depois que um só te diga, se ousar: eu fui melhor do que esse homem.

Aqui, no mais nítido dos contrastes, está Agostinho:

> Ouve, Senhor, a minha prece, não desfaleça a minha alma sob a tua disciplina, nem desfaleça eu em confessar-te os atos da tua comiseração, com a qual me tiraste dos meus maus caminhos. Que doravante me faças mais doce do que todas as atrações atrás das quais eu corria. (*conf.* 1.15)

Se não contarmos a presunção literária imaginária citada acima, em todas as suas *Confissões* Rousseau nunca se dirige a Deus. Em todas as suas *Confissões*, Agostinho nunca dirige a qualquer outro – a não ser que contemos as figuras literárias em que ele se dirige a si mesmo ou a outras pessoas ou coisas. Todo o livro, como diz *Confissões* 1.5, é uma oração. É de fato uma confissão, tanto das fraquezas de Agostinho como do que ele vê como misericórdia de Deus.

Tanto Agostinho como Rousseau estão preocupados com a verdade; mas de maneiras totalmente diferentes. O som da verdade de Rousseau é *je, je, je* – eu, eu, eu; o som da verdade de Agostinho é *tu, tu, tu* – tu, tu, tu. E, Agostinho diria, *tu* não, *ego* é o que há de ser. Para ele, o primeiro passo no caminho do progresso moral é sair do que é privado para o que é comum; e o mais comum de tudo é a verdade e Deus.[11] Rousseau evidentemente pen-

---

11 Para Deus e a verdade como *commune* cf. em particular *De libero arbitrio*, Livro 1.

sa algo assim em sua filosofia política; é estranho e irônico que o autor de *Du contrat social* seja também o autor de *Les confessions*.

Rousseau acredita que chegar à verdade sobre ele mesmo é uma questão simplesmente de ser honesto e livre. Os únicos obstáculos que evitariam sua sinceridade e autenticidade de chegar à verdade são incidentais (defeitos de memória) ou externos (a pressão que a sociedade impõe sobre ele para acrescentar "ornamento supérfluo"). Entregue a si mesmo, a fazer o seu próprio percurso, livre de infortúnios e das pressões corruptoras impostas pelas outras pessoas, Rousseau pensa que só por si mesmo chegará *naturalmente* à verdade – e que essa verdade será uma verdade que muito provavelmente lhe fará um benefício grande e justificador.

As crenças de Agostinho sobre como escrever uma verdadeira biografia não podiam ser mais diferentes. "O homem é uma grande profundeza" (*conf.* 8.1). "E nós imaginamos que o coração do homem não é um abismo?" (*en. Ps.* 41.13). "Eis aqui, Senhor, meu coração; eis aqui meu coração, do qual tiveste misericórdia quando estava no profundo abismo" (*conf.* 2.4). Conhecimento de si mesmo, segundo Agostinho, não é alcançado simplesmente tentando ser "sincero", "autêntico" e "natural"; somente o desastre pode provir de tais tentativas sem ajuda. Antes, conhecimento real de si mesmo só é alcançado quando a própria pessoa chega a ser iluminada por relação de segunda pessoa com o Deus que fez a pessoa. Agostinho acha que Deus esteve "mais dentro dele que a sua parte mais interna, e mais alto do que a sua parte mais alta que ele podia conhecer" (*conf.* 3.6).

Um leitor secular moderno achará apenas demasiado natural supor que a maneira ostensiva de *Confissões* se dirigir a uma segunda pessoa – a Deus – é um mero recurso literário; que o público *real* de Agostinho deve ser, como o de Rousseau, seus contemporâneos, e que a sua verdadeira intenção também deve ser muito semelhante à de Rousseau: autojustificação. É difícil imaginar um equívoco mais fundamental. Não podemos esperar compreender as *Confissões* – não podemos esperar compreender Agostinho – a não ser que registremos que, para ele, Deus era uma pessoa com quem ele estava em relação: não apenas um "ele", mas um "tu" também.

Ademais, essa relação com Deus na qual Agostinho gosta de estar é, nas duas direções, uma relação de amor e desejo ou vontade. *Te volo*, diz Agostinho nas linhas finais do Livro 2, "eu te *quero*": numa concepção rousseauiana de Deus, o sentimento é inimaginável. Seja para qualquer outra direção que o escrito de Agostinho possa levá-lo, essa relação de segunda pessoa relativa a Deus à qual ele gosta de aderir é o coração do seu pensamento teológico e filosófico, e em particular de sua ética. Se não entendermos isso, quase com certeza entenderemos mal a estrutura e a dinâmica de seu pensamento em geral.

Por um lado, isso explica por que a regra de Agostinho em *De libero arbitrio* 1.4, *In Johannis evangelium tractatus* 29 (Jo 7,14-18), § 6 e em outros lugares, é a regra que ele legou a Anselmo: "crê para entenderes" ("crede ut intelligas"). O ponto central desta frase muitas vezes citada não é, como muitas vezes se diz, levar-nos a dar um "salto de fé" irracional de um sistema de crença de terceira pessoa para outro sistema de crença de terceira pessoa. Ao invés, é acerca de confiança de segunda pessoa: confiança numa pessoa, confrontada não como um *ele*, mas como um *tu*, que já é, em certa medida, conhecida; uma confiança tal que, baseados nessa confiança, possamos chegar à espécie de compreensão que é impossível *sem* confiança. Tampouco se deveria pensar – embora aparentemente seja frequente – que a confiança da espécie especificamente religiosa seja única ou peculiar a este respeito. No Livro 1 de *Confissões* Agostinho sai do seu caminho para ilustrar, a partir do seu próprio caso, como *todas* as relações humanas, e *todas* as confianças, são dependentes da mesma maneira de um contexto que é essencialmente estruturado por relações de segunda pessoa e está, como dizem, "já sempre" lá toda vez que qualquer indivíduo começa a entender.

A ética de segunda pessoa de Agostinho também nos leva de volta à minha pergunta de antes: por que a ética de Agostinho é, antes de mais nada, uma ética de mandamento divino e por que essa ética é crível. Para ele, uma ética de mandamento divino não é o que frequentemente se pensa hoje que deva ser – uma questão de obediência inquestionável a um conjunto de regras impessoais e inegociáveis transmitido sem explicação por uma autoridade inescrutável nebulosamente distante. Ao invés, é sobre procurar agradar a pessoa que melhor te conhece e ama e que mais se preocupa contigo. Poderíamos quase dizer que mais se parece com um caso de amor ou um casamento (feliz) do que com um código moral legal. Se alguma linha de pensamento em Agostinho promete realmente cumprir a tarefa que comecei dizendo que é impossível, a tarefa de medir o infinito com o finito – talvez esta seja uma.[12]

---

12  Pelos comentários e críticas sou grato a Christopher Coope, Andrew Pinsent, Karla Pollmann, e Eleonore Stump.

# 11 A doutrina de Agostinho sobre deificação

*David Vincent Meconi, S. J.*

O mundo de Agostinho estava cheio de deuses. Homens e mulheres de credos rivais buscavam não só comunicar-se com a divindade, mas também alcançá-la. Na mesma década em que Agostinho foi ordenado padre (391) e sagrado bispo (395) na Igreja de Cristo, por exemplo, o imperador Teodósio procurava apropriar-se de cultos não cristãos mudando um obelisco egípcio para o principal hipódromo em Constantinopla (390), o famoso tempo de Elêusis foi desmantelado depois de séculos de promissora devoção aos seus iniciados (395), e nos anos seguintes Eunápio publicava o seu guia hagiográfico para a Antiguidade pagã, *Vidas dos filósofos e dos sofistas*. A época de Agostinho estava cheia de religiões correndo para garantir a divindade, esforçando-se para viver como deuses.

A finalidade deste capítulo é mostrar quão central a deificação é no pensamento de Agostinho. Assim como a maioria dos seus contemporâneos, tanto cristãos como não cristãos, Agostinho era muito um pensador da Antiguidade tardia que via a essência e a finalidade da investigação filosófica como a assimilação da pessoa humana à divindade. De fato, Agostinho ultrapassa qualquer outro escritor patrístico latino no seu uso do termo técnico *deificare* e seus cognatos.[1] Contudo, num *corpus* que soma quase cinco milhões e meio de palavras, os seus dezoito usos parecem muitíssimo econômicos. Seria, no entanto, um erro metodológico restringir a doutrina

---

1 A pesquisa do Corpus Christianorum (CCL) revela dezesseis vários exemplos de deificação antes dos dezoito usos de Agostinho. Todas as referências a Agostinho seguem as abreviações padronizadas encontradas (FITZGERALD, 1999, p. 35-42) e estão incluídas simplesmente no corpo deste capítulo. As citações em inglês de *De civitate Dei* são tomadas de Bettenson (1984). NT: em português, são traduzidas do latim com ajuda das traduções em línguas neolatinas e em inglês.

de Agostinho da deificação apenas àqueles lugares no qual alguma forma de "deificação" aparece explicitamente. Porque, na mente de Agostinho, são abundantes os termos relacionados e sinônimos para descrever a criação deificada, assim como facilmente exprimíveis por termos mais de Escritura ou de credo – como tornar-se filhos divinamente adotados, tornar-se participante da vida de Deus e incorporação como membros do próprio corpo de Cristo, o que ele chama de "totus Christus". Reconhecidamente, o bispo de Hipona não é uma figura padrão na história da divinação do humano. A maioria dos estudiosos anteriores defendeu que a maneira de Agostinho de pensar tornou-o incapaz de sustentar que a pessoa humana pudesse ser divinamente transformada ou remodelada num participante íntimo na própria vida de Deus.

### Avaliações do século XX

O contraste entre a alegada incapacidade de Agostinho (e, portanto, do Ocidente latino) de conceber como a humanidade pode partilhar de modo glorioso a vida divina contra a grande quantidade de leitura dos padres gregos, que suposta e unanimemente enfatizaram a beleza da deificação cristã, parece ter começado com Josef Mausbach em 1925. Ao resumir o núcleo do pensamento patrístico, Mausbach concluía que, enquanto os padres orientais acentuavam a "maravilhosa elevação, iluminação e deificação" da humanidade, Agostinho, infelizmente, via a graça apenas como

> uma cura, uma libertação e uma reconciliação de uma pessoa afastada de Deus, decrépita e escravizada [...]. Agostinho vê a pessoa humana em sua pecaminosidade, como ele está cheio da tragédia da luta interna assim desde o ponto de partida ele constrói a sua ética e espiritualidade.[2]

---

2  Mausbach (1925, p. 37-38).

A justaposição condenatória de Mausbach entre Agostinho e os padres gregos durou bastante no século XX.

Tomemos, por exemplo, o amplo estudo de Myrrha Lot-Borodine sobre a deificação patrística. De modo diferente dos gregos, argumenta ela, Agostinho falhou em explicar a *compénétration* entre Deus e a humanidade. Lot-Borodine, por conseguinte, conclui que por causa da incapacidade de Agostinho de conceber a possibilidade de divinização cristã, toda a tradição teológica ocidental teve de explicar a salvação em termos diferentes de deificação ("mais non à la déification").[3] Bastante recentemente, o livro de Linda Woodhead, *An introduction to christianity* [*Uma introdução ao cristianismo*], introduz a divinização como

> um tema que durante muito tempo foi central na vida cristã, particularmente no ascetismo e no monaquismo [...] a finalidade da oração, da liturgia e da própria encarnação: Deus se fez homem para que o homem se tornasse divino.

Correto, mas depois Woodhead continua discutindo que tal tema oniabrangente nunca foi realmente aceito na "tradição latina, pela influência de Agostinho, [o qual] tendeu a colocar um abismo intransponível entre o homem e Deus mediante a sua doutrina da queda e da pecaminosidade original".[4] Agostinho é repetidamente olhado com suspeita por supostamente falhar em realçar a divinização como a meta e a finalidade do cristianismo. Essas dicotomias radicais podem tornar mais fáceis a categorização de figuras e temas históricos, mas raramente são irrepreensíveis.

Os estudantes de Agostinho estão apenas agora percebendo quão pervasivo e indispensável é o tema da humanidade deificada para a maneira do bispo de Hipona entender e explicar a vida em Cristo. A partir de meados do século XX começou uma leitura alternativa de Agostinho. A primeira publicação que teve realmente influência apareceu em 1954, de autoria

---

3   Lot-Borodine (1970, p. 39-40).
4   Woodhead (2004, p. 80); as mesmas preocupações foram levantadas também por Sherrard (1959, p. 143-144).

do agostiniano espanhol Victorino Capánaga.⁵ Talvez a leitura alternativa mais importante provenha do estudo de Gerald Bonner sobre as quinze instâncias (então disponíveis) de *deificare* que perpassam a macroestrutura teológica de Agostinho.⁶ Depois de Bonner, no entanto, os eponimamente chamados "sermões Dolbeau" revelaram três novas instâncias de *deificare*, assim revigorando este estudo.⁷ Vários verbetes de enciclopédia indicam uma nova consciência de que Agostinho não é tão oposto à possibilidade de deificação humana como a tradição o tornou;⁸ eu produzi a primeira monografia completa, e outros estudos continuam discutindo que a deificação é um princípio central no pensamento do bispo de Hipona.⁹

## A metáfora da deificação na tradição patrística

Gozando de uma longa linhagem, o termo deificar (θεοποιεῖν) foi primeiro empregado num sentido cristão por Clemente de Alexandria,¹⁰ mas recebeu a sua expressão mais legendária e lapidar no final da obra de Atanásio sobre a Encarnação: "Ele se fez homem para que o homem pudesse tornar-se Deus".¹¹ Enquanto tal troca é formulada de uma maneira ou de outra na maioria dos padres da Igreja, o seu sentido pleno não seria definido até o século VI quando o Pseudo-Dionísio declarou que a deificação (*theosis*) cristã é "a obtenção da semelhança com Deus e união com ele na medida

---

5 Capánaga (1954). Enquanto o estudo de Capánaga é o divisor de águas, existe uma dissertação anterior em africâner, Stoop (1952).
6 Bonner (1986).
7 *Cf.* Sermo 23B, apud Hill (1997); sobre *Sermones* 23B, cf. também Casiday (2001).
8 Gustave Bardy, "Divinisation: Chez les Pères Latins", *in*: Bardy (1957, v. 3, seção 3); Agostinho se encontra em p. 1395-1397. *Cf.* também os verbetes de enciclopédia de Bonner: "Deificare," *in*: Mayer (1996a, v. 2, p. 265-267); e "Deification, Divinization", *in*: Fitzgerald (1999, p. 265-266).
9 Meconi (2013); Keating (2004, p. 227-251); Russell (2004, p. 329-332). Outros estudos incluem Puchniak (2006); Chadwick (2002); Urbano López de Meneses (2001, p. 112-124); Williams (1999, p. 29); Botterill (1994, p. 206-207); Reta (1993); Wilson-Kastner (1976); Juberias (1972, p. 115-118).
10 *Cf.* Clemente de Alexandria, *Protrepticus* 1.8 e *Paedogogus* 1.6.26.
11 Atanásio, *De incarnatione* § 54; PG 25.192B.

do possível".¹² Por trás da compreensão que os padres tinham de deificação, portanto, estavam dois componentes filosóficos centrais: 1) a capacidade da humanidade de alcançar a semelhança com Deus; e 2) a subsequente participação da humanidade em Deus ao alcançar essa similitude divina. Estes termos obviamente platônicos, *homoiosis* (igualdade) e *methexis* (participação), garantem duas verdades correlativas essenciais à deificação cristã: 1) a natureza humana é completada e não obliterada ao apropriar-se da vida divina; e 2) a "divindade" que cada humano recebe permanece, certamente, de Deus e, portanto, continua sempre adjetival e uma maneira de participação, nunca uma posse.

Por conseguinte, a deificação acaba sendo uma metáfora soteriológica padrão na Igreja primitiva. A articulação clara de Stephen Ullmann da "estrutura básica da metáfora" é útil: "Há sempre dois termos presentes: a coisa sobre a qual estamos falando e a coisa com a qual a comparamos".¹³ Falar de deificação cristã é, portanto, manter dois correlativos sempre em relação: 1) o Deus que é o único divino, embora escolha deificar; e 2) aquelas pessoas criadas que ele chama para receber e, consequentemente, participar de sua divindade. Estes dois agentes, portanto, não estão sempre separados (como se o escolhido chegasse a possuir a divindade autonomamente), nem a criatura é sempre transmudada ou absorvida na divindade. Como metáfora para a salvação humana, a deificação ensina adequadamente que a vida cristã é união transformativa e assimilativa da humanidade com Deus, aperfeiçoando o humano enquanto humano através da participação em alguém em cuja imagem e semelhança a humanidade foi originalmente formada.

## Tentativa inicial de Agostinho em linguagem de deificação

A doutrina da deificação muito provavelmente veio primeiro a Agostinho através dos *Libri platonicorum* sobre os quais ele refletiu quando estava em Milão (384-387). Numa carta datada de 389, o uso inicial que Agostinho

---

12 Pseudo-Dionísio, *Hierarquia eclesiástica* 1.3; PG 3.376A.
13 Ullmann (1962, p. 213).

faz do *deificare* latino aparece, ao exortar o seu amigo doente Nebrídio a não gastar as suas energias viajando. Nebrídio é instruído a buscar alívio não ativamente neste mundo, mas, ao invés, procurar ser deificado no lazer ("deificari in otio"), uma linha que parece ter sido tirado da trigésima segunda das *Sententiae* de Porfírio.[14] Dada essa clara conexão entre o cristianismo recém-abraçado de Agostinho e sua recente imersão no neoplatonismo, este foi o exemplo mais estudado de sua dependência da linguagem explícita de deificação, dividindo os estudiosos em dois campos rivais.

Um grupo sustenta que a *Epistula* 10 demonstra que Agostinho continuava a preferir o conteúdo e os contornos do neoplatonismo mesmo após a sua conversão cristã. Eles argumentam que a "deificação no ócio" prescrito aqui não é outra coisa que o descanso privilegiado de um antigo sábio, assinalando que não há absolutamente nenhuma menção de Cristo, graça santificante, ou do papel dos sacramentos em realizar a divinização.[15] Um dos biógrafos mais compreensivos de Agostinho aponta esta linha e nota embaraçosamente que o jovem convertido não deve ter percebido "quão egoístas e presunçosas eram essas palavras".[16] Outro grupo de estudiosos destaca que o infinitivo passivo indica que a compreensão de Agostinho de deificação aqui não é o dos antigos pagãos, alcançado pelos poderes intelectuais de alguém, mas um estado de graça recebido por aqueles suficientemente humildes para entrar no *otium* da oração silenciosa e do culto eclesial.[17] A omissão de qualquer linguagem cristã pública de graça, salvador ou dos sacramentos, afirmam eles, nos diz mais acerca da juventude de Agostinho e sua zelosa apologética em vencer os aspectos do prolongado paganismo de Nebrídio do que sobre o que o próprio Agostinho efetivamente acreditava nesse período.

Enquanto a *Epistula* 10 faz claramente eco da insistência platônica de que a meta da vida intelectual e assimilação a Deus (por exemplo Platão,

---

14 Folliet (1962, p. 225-236). *Cf.* também Teske (1992) e Beatrice (1989).
15 *Cf.* G. Bardy, "Divinization", *in*: Bardy (1957, p. 1.391): "Le sens du mot *deificari* paraît encore très général, ou peut même dire philosophique; car il n'est pas mis en rapport avec les mystères chrétiens".
16 Van der Meer (1961, p. 209).
17 Teske (1992, p. 290); *cf.* também Lawless (1987, p. 51).

*Teeteto* 176B: ὁμοίωσις θεῷ), não chega a uma real apreciação do que tal vida significaria e como seria obtida. Reflexões soteriológicas de Agostinho mais sustentadas só viriam bem depois do ano 400. Quando ele tinha sido ordenado padre, consagrado bispo, tinha encetado um estudo intensivo de São Paulo e se engajara ativamente nos negócios tanto da Igreja como do Estado por mais de uma década. O exame das obras existentes do século V revela que a linguagem da deificação é sempre ampliada por outras imagens ricas de salvação em Cristo. Esta é uma união encontrada primeiro na antropologia de Agostinho, na qual a dinâmica da deificação é inicialmente esboçada, e é para ela que agora nos voltamos.

### Feitos à imagem do Deus trino

Agostinho foi único entre os padres da Igreja a argumentar que a pessoa humana era a única criatura trazida ao mundo de maneira incompleta. Enquanto os outros dias da criação recebem um "e era bom", a leitura muito cuidadosa que Agostinho fez da Escritura alertaram-no sobre o fato que Deus não sela o sexto dia com a sua declaração exclusiva, "esset bonum", mas no sexto dia Deus olha *todas* as coisas juntas e declara que todas as coisas juntas (*cuncta*) são muito boas (*cf.* Gn 1,31). Como tal, o dia em que os humanos são criados ainda está incompleto, apontando para algo além dele mesmo. Adão é, pois, apresentado como "prenunciando alguém outro ainda por vir" (*Gn. litt.* 3.24; CSEL 28.92). É assim que Agostinho explica o dinamismo divino inerente na alma humana; embora criado naturalmente bom, a *imago Dei* ainda aspira a ser como Deus, e é na própria humanidade de Adão que é prenunciado como isso se cumprirá.

Esse desejo de uma cópia ser como o seu arquétipo paradigmático foi algo que Agostinho elaborou desde bem cedo. Em seus *Soliloquia* (386-387), ele sabidamente admite não querer saber nada além de "Deus e a alma", e os dois se encontram em sua subsequente discussão sobre a *imago Dei* na qual Agostinho astutamente descreve a si mesmo (A) falando com a razão personificada (R):

R. Não te parece que a tua imagem que se reflete no espelho quer ser tu mesmo e é falsa pelo fato de não o ser?
A. Realmente parece.
R. E que dizer da pintura, qualquer tipo de estátua e coisas desse gênero, tudo obra de artistas, por acaso cada coisa não se apresenta como aquilo a cuja semelhança foi feita?
A. Estou inteiramente de acordo (*sol.* 2.9.17; PAFFENROTH, 2000, p. 72-73; *cf. c. Acad.* 3.17.39).

É essencial entender este movimento. A união de deificação com Deus para Agostinho não é a abolição da natureza humana, mas sua única realização. O coração está *inquietum* fora da vida divina para a qual ele foi criado. O pecado despersonaliza e destrói. Crescer em semelhança com Deus restaura a pessoa de outro modo fragmentada. "Sinto-me horrorizado pela dissemelhança com ele, e inflamado pela semelhança com ele" (*conf.* 11.9.11: "Et inhorresco et inardesco: inhorresco, in quantum dissimilis ei sum, inardesco, in quantum similis ei sum"; CCL 27.200). A doutrina da *imago Dei* permite que Agostinho explique a deificação como a consumação de todos os impulsos humanos e atuação, partilhando a cópia de todo o seu modelo, para cujo descanso final todas as pessoas humanas são criadas.

Portanto, enquanto o desejo natural pela vida divina está presente em cada alma humana, a aversão original da humanidade a Deus tornou cada um de nós incapaz de obter a vida de Deus por nosso próprio poder. Mesmo a filosofia de Agostinho do mal moral leva a marca da deificação: conhecendo o único bem que ainda faltava no paraíso, o inimigo da humanidade promete a única, solitária coisa que ele pode usar para tentar nossos primeiros pais, aliás, perfeitos: "sereis como deuses" (Gn 3,5). Ou seja, no nível da criação, Satanás sabia que Adão e Eva tinham tudo o que podiam desejar, mas a única coisa que ainda lhes faltava era a apropriação total da união divina com Deus, a única coisa com a qual Satanás podia tentá-los. O inimigo prometeu a divindade a Adão e Eva, ao passo que eles foram feitos para serem "deuses criados" por participação no único Deus verdadeiro (*civ. Dei* 14.13: "Dii enim creati non sua veritate, sed Dei veri participatione sunt dii"; CCL 47.435; *cf.* Trin. 10.5.7). Agostinho, portanto, pergunta:

Em tudo isso, afinal, que outra coisa o homem procura senão ser, como se fosse possível, o único ao qual tudo está sujeito, numa perversa imitação do Deus onipotente? Se o imitasse submetendo-se a ele e vivendo segundo os seus preceitos, através dele teria todas as coisas submissas [...]. Portanto, também na soberba há certo desejo de unidade e de onipotência. (*vera rel.* 45.84; HILL, 2005, p. 87; CCL 32.243; *cf. en. Ps.* 103, *exp.* 2.11; *civ. Dei* 14.13; *en. Ps.* 70, *exp.* 2.6)

Tornar-se como Deus é a promessa de Deus à humanidade, mas é somente Deus que concede isso. Constituído de maneira inata para uma união de deificação, a pessoa humana peca ao buscar essa união e onipotência separada de Deus (o que Agostinho chama de "perversa imitatio"). Essa ruptura entre a humanidade e Deus havia, pois, de ser reparada pelo Deus feito homem e por esta razão o Filho de Deus se torna humano: "Deos facturus qui homines erant, homo factus est qui Deus erat" – "para fazer deuses os que eram homens, fez-se homem aquele que era Deus" (*s.* 192.1; PL 38.1012).

## Imagens agostinianas da deificação

Além desse uso inicial de *deificari* na *Epistula* 10, há seis usos relegados ao efeito "deificador" de um texto sagrado e, depois, onze usos mais importantes que exortam os membros da sua comunidade cristã a se tornarem deuses, filhos divinamente adotados de seu Pai celeste.[18] Cada exemplo mais abertamente soteriológico desses aparece sempre no contexto da encarnação do Filho, sendo a divinização da humanidade claramente o resultado da baixeza de Cristo. O esvaziamento (*kenosis*) é o cumprimento (*theosis*) da humanidade realizado pela habitação do Espírito Santo e pelos sacramentos da Igreja de Cristo.

A fim de compreender como Agostinho entende a vida deificada, voltemos agora para as três principais imagens que ele utiliza para iluminar tão

---

18 *Cf.* Meconi (2013, p. 82-88).

grande promessa: 1) linguagem de recapitulação na qual o dador de vida natural é também o doador de vida divina; 2) a "grande permuta" na qual Deus se torna homem para que os homens possam tornar-se deuses; 3) a linguagem mais explicitamente escriturística da adoção divina.

*Recapitulação.* Se Gerald Bonner está correto, e Agostinho recebeu a sua compreensão da deificação cristã através de Ireneu de Lyon (m. *ca.* 202), não nos deveria surpreender o fato de ver como uma teologia da recapitulação é encontrada nos escritos de Agostinho também.[19] Ireneu e outros padres da Igreja encontram justificação para a recapitulação em passagens como a insistência de São Paulo de que todas as coisas são restauradas em Cristo (*cf.* Ef 1,10), bem como sua apresentação de Cristo como o Novo Adão (*cf.* Rm 5; 1Cor 15) que desceu e assim reuniu a condição humana decaída em si mesmo. Ou, como diz Ireneu, o Filho encarnado "recapitulou (*recapitulavit*) a si mesmo na longa linha da humanidade e deu-nos salvação a fim de recuperar em Jesus Cristo o que nós tínhamos perdido em Adão".[20] Em todo modelo recapitulativo há quatro momentos distintos, a começar com 1) contrários opostos – o primeiro empobrecido, o último melhorando; 2) o movimento contrário do último "de volta" ao estado do primeiro; 3) identificação subsequente do último com a deficiência do primeiro; 4) a perfeição consumada do primeiro em união com o último.

Esse modelo é preenchido através das obras de Agostinho, especialmente nos seus sermões. Muitas vezes a sua pregação emprega o par criador e recriador para descrever esse processo recapitulativo. Aquele que te fez é também aquele que se torna como você a fim de te fazer igual a ele: "Tranquilizai-vos (*vacate*) [...]. E vede que eu sou Deus. Isto é: não vós, mas eu sou Deus. Eu criei, eu recrio; eu formei, eu reformo; eu fiz, eu refaço. Se não pudeste fazer-te, como podes refazer-te?" (*en. Ps.* 45.14; *cf. Jo. ev. tr.* 38.8; *s.* 125.4; *en. Ps.* 37.27). De novo, acentuando a fraqueza da ordem criada, Agostinho realça que só a humanidade perfeita de Cristo pode elevar os pecadores a Deus: "Aí tens alguma coisa para a tua fraqueza, aí tens algo para a tua perfeição. Erga-te Cristo mediante o que és homem;

---

19 *Cf.* Bonner (2007, p. 63).
20 Ireneu, *Adversus haereses* 3.18.

conduza-te mediante o que Deus é homem, conduza-te ao que é Deus" (*Jo. ev. tr.*23.6; *cf. Jo ev. tr.* 108.5, *s.* 117.17; *en. Ps.* 103, *exp.* 4.1).

Em 1990, François Dolbeau, um medievalista francês, estava remexendo nas pilhas da Stadtsbibliothek em Mainz e, num volume empoeirado compilado em meados do século XV, topou com vinte e seis dos sermões perdidos de Agostinho. Num desses *extravagantes*, agora etiquetado *s.* 23B (DOLBEAU 6; MAINZ 13), foi proferido no inverno de 404, provavelmente em Cartago, quando o bispo Agostinho procurava ensinar o povo a como entender o plural *dii* quando ocorriam na Escritura. No Salmo 81, por exemplo, ouvimos que "Deus se levantou na sinagoga dos deuses", e Agostinho usa essa ocasião para ensinar aos presentes que a compreensão cristã de "deuses" é totalmente diferente do que a dos seus vizinhos pagãos, que rezavam aos deuses (e deusas) na esperança de se tornarem eles mesmos deuses. Agostinho começa:

> A que esperança o Senhor nos chamou, o que nós agora produzimos, o que suportamos, o que esperamos é bem sabido [...]. Nós produzimos mortalidade, suportamos enfermidade, esperamos a divindade. Pois Deus não quer apenas nos vivificar, mas também deificar. Quando a fraqueza humana ousaria esperar por isso, a não ser que a verdade divina o tivesse prometido? (*s.* 23B.1, linhas 1-6; HILL, 1997, p. 37)

O bispo de Hipona exige que sua comunidade procure ver que a sua fraqueza apenas desafia a grandeza de Deus a tomar a fraqueza pelo bem da salvação deles. Deus é tanto *vivificator* como *deificator*, aquele que implantou esperança em todas as pessoas por divindade ("exspectamus divinitatem"). Essa esperança é ratificada pelo próprio poder de Deus. Contudo, para tornar tal poder divino eficaz, Deus entra humildemente na nossa fraqueza de mortalidade humana e assim reúne tudo em si mesmo.

*A grande troca e tornar-se "deuses".* Continuando no *Sermo* 23B, vemos Agostinho aproveitar a oportunidade para mover-se da linguagem de recapitulação – Deus como vivificador e deificador – para como a descida do Filho realiza a transformação simultânea da humanidade de Deus e da divindade da humanidade, com isso esclarecendo de novo o que Agostinho entende por deificação:

> Contudo, não foi suficiente para nosso Deus prometer-nos divindade nele, a não ser que ele levasse nossas fraquezas, como a dizer: "Queres saber quanto te amo, quão certo deves estar de que te darei minha realidade divina? Tomei para mim tua realidade mortal". Não nos deve parecer incrível, irmãos, que os homens se tornem deuses [...]. O Filho de Deus se fez um filho de homem, para que os filhos dos homens se fizessem filhos de Deus. (*s.* 23B.1, linhas 10-14; HILL, 1997, p. 459)

A iniciativa é toda do Filho: ele primeiro assume o que pertence à humanidade de modo que possa dar aos homens a sua própria realidade divina ("divinum meum"). Isto é amor: que Deus assuma a fraqueza humana para dar a sua própria vida. Ao fazer isso, ele transforma os homens em "deuses", um termo que aparece mais frequentemente no contexto da linguagem de Agostinho sobre o Filho trocando a sua humanidade pela nossa divindade.

Por exemplo, se voltarmos para a seção seguinte do *Sermo* 23B, vemos que é precisamente aí que Agostinho leva posteriormente a sua comunidade, opondo o Deus que é assim por natureza e os deuses que são feitos assim pela graça:

> Nosso Deus, o verdadeiro Deus, o único Deus, levantou-se na sinagoga dos deuses, muitos deles não da natureza dos deuses, mas por adoção, por graça. Há uma grande diferença entre o Deus que existe, o Deus que é sempre Deus, verdadeiro Deus, não apenas Deus, mas também Deus deificador; ou seja, se posso dizer assim, o Deus fazedor de deuses, Deus não feito que faz deuses, e deuses que são feitos, mas não por um artífice. (*s.* 23B.2)

Note-se como num espaço muito breve Agostinho é capaz de distinguir entre 1) o único Deus verdadeiro que deifica ("deificatorem deum") e 2) os deuses que foram legitimamente feitos tais pela graça ("non natura deorum, sed adoptione, sed gratia").

Muitas vezes, este "qualia commercia" (*s.* 80.5; PL 38.486) no qual Cristo "vende" a sua divindade para adquirir a sua Igreja, assume um tom remunerativo: uma "maravilhosa troca" ("mira commutatio"), ou um "comércio divino" ("divina commercia") que é "realizado neste mundo pelo negociante celeste [...]. Sem ele nós não somos nada, mas nele *nós também somos Cristo*" (*en. Ps.* 30.II.3; BOULDING, 2004, p. 323 [itálico meu]). Agostinho frequentemente forja essa identificação entre o cristão e Cristo de maneira tão forte que é capaz de exclamar: "Alegremo-nos, pois, e demos graças, porque não fomos feitos cristãos, mas fomos feitos Cristo" (*Jo. ev. tr.* 21.8: "Ergo gratulemur et agamus gratias, non solum nos christianos factos esse, sed Christum"; CCL 36.216). Ou usando a sua passagem escriturística favorita, a do Espírito Santo derramando a caridade em nossos corações (*cf.* Rm 5,5), ele afirma que através de tal caridade ("per dilectionem"), os eleitos são incorporados ("in compage") no corpo de Cristo; e haverá um Cristo que ama a si mesmo ("erit unus Christus amans se ipsum": *ep. Jo.* 10.3; PL 35.2056). Esta é a gloriosa "transação" que realiza a união transformadora do cristão em Cristo, a deificação dos santos e a formação do corpo de Cristo.

Os cristãos se tornam Cristo quando ele desce em suas vidas, uma grande transação ("grande commercium") ao custo da vida do Filho de Deus na cruz (*s.* 329.1; PL 38.1454; *cf. en. Ps.* 147.16). Isso foi conseguido porque o próprio Filho assumiu o que havia de ser redimido ao ser oferecida ao Pai, a mortalidade da humanidade. O Filho morre não por algo de sua própria natureza eterna, mas por assumir a nossa ("assumpsit pro te, quod offeret pro te"), tomando assim de nós o que ofereceria ao Pai: "Nem tu tinhas de onde viveres, nem ele não tinha de onde morrer. Que grande mudança ('o magna mutatio'). Vive do que é dele, porque ele morreu do que é teu" (*s.* 265D). No Salmo 117,15-16 ouvimos como o salmista louva a Deus porque Israel derrotou os inimigos, mas Agostinho remodela essa guerra não mais simplesmente em termos de poder militar, terreno, mas em termos da maior batalha possível – recriar um humano como deus.

Grande poder (*virtus*) exaltar o baixo (*humilem*), deificar o mortal, da fraqueza tirar perfeição, do que está por baixo glória, do sofrimento vitória [...]. Nenhum ser humano jamais se elevou, nenhum homem se aperfeiçoou, nenhum homem deu glória a si mesmo, nenhum homem venceu, nenhum homem foi salvação para si mesmo (*en. Ps.* 117.11).

A descida do Filho e a consequente subida da humanidade forma uma linguagem quase tridimensional de Agostinho de nós nos "tornarmos deuses". Enquanto tais passagens deixam claro que a fraqueza do Filho resulta em nossa glória, o que Agostinho entende por se tornar deus? É claro que não é mera figura de linguagem, que pareça ser mais do que um título honorífico, como Moisés era "um deus" para o faraó (*cf.* Ex 7,1). Essa linguagem de "tornar-se deuses" é a maneira de Agostinho convidar a sua comunidade a transcender os seus hábitos decaídos, a sua tendência "humana" para a dominação, a vingança, a sensualidade e se tornar igual a Deus ao deixar que Deus dê forma ao intelecto e ações dela. Aqui Agostinho pode ter sido influenciado pelo princípio platônico que "o semelhante conhece o semelhante", tirando talvez de Plotino, para quem assimilação e cognição eram necessariamente correlativas. Alguém "se torna" o objeto do seu conhecimento somente se for semelhante e igual (συγγενὲς καὶ ὅμοιον) para um poder entrar em contato com o outro. Por exemplo, é preciso tornar-se "igual ao sol" a fim de ver o sol ou "de algum modo igual a deus" (θεοιδὴς πᾶς) a fim de fitar Deus.[21] Não é assim que Agostinho inicia *De Trinitate*? Ele começa advertindo os leitores de que a sua habilidade natural de ver nunca contemplará o mistério da Trindade; ao contrário, eles devem procurar ver com um poder descritível apenas como algo "mais do que humano" ("ultra homines": *Trin.* 1.2.11; CCL 50.40).

*Adoção divina.* Essa nova vida é também descrita em termos de tornar-se filhos do Pai celeste. Agostinho depende da imagem paulina da adoção para realçar o papel indispensável da graça. De acordo com Agostinho, há várias maneiras de "ser" divino: uma maneira é ter nascido assim, outra é

---
21 Plotino, *Enéadas* 1.6.9.

o ser divino ter sido dado, mas outros são feitos deuses através do glorioso ato da adoção. De uma maneira retórica inteligente, portanto, o Filho é a pessoa divina que nasceu (*natus*), o Espírito Santo é a pessoa divina que é dada (*datus*), enquanto a pessoa humana é o "deus" que é feito (*factus*). Ou seja, o Espírito Santo provém não como gerado ("non quomodo natus"), mas como dado ("sed quomodo datus"), ao passo que um santo é feito deus através da graça da adoção ("factus ut per gratiam in adoptionem": *Trin.* 5.14.15; CCL 50.222).

Precisando, naturalmente, se defender (e defender a tradição cristã) de toda acusação de politeísmo ao empregar tal nomenclatura, Agostinho se baseia nesse estado deificado do eleito para explicar o uso escriturístico do plural *dii* (como vimos acima em *s.* 23B). Em *Enarrationes in Psalmos* 49, por exemplo, ele explica porque um canto de louvor do cristão pode começar com "o Deus dos deuses" (Sl 49,1). Há um só Deus por natureza, mas ao adotar filhos e filhas, Deus faz "deuses" pela graça. De fato, aqui os atos de justificação, deificação e adoção parecem todos como o mesmo dom de vida nova pois "aquele que justifica é o mesmo que deifica, porque ao justificar-nos ele nos fez filhos e filhas de Deus". Por isso, Agostinho continua: "se fomos feitos filhos de Deus, fomos feitos deuses; mas somos filhos pela graça dele que nos adotou, não porque somos da mesma natureza como o unigênito". A paternidade dual do Pai é de novo realçada: um Filho divino por natureza, enquanto o resto foi feito filhos pela graça, "não nascidos do próprio ser de Deus de tal maneira que eles sejam o que ele é; é mediante um dom gratuito que vieram a ele e se tornaram com Cristo seus coerdeiros" (*en. Ps.* 49.2; BOULDING, 2004, 381). Esta passagem está repleta com todas as imagens relacionadas que Agostinho usa para explicar a sua compreensão da vida deificada: tornando-se deuses, tornando-se filhos e filhas do Pai, pela graça feitos coerdeiros junto com o único Cristo.

De modo semelhante à sua necessidade de distinguir entre os tipos de D/deuses, Agostinho também sabe que é essencial distinguir entre as duas maneiras de ser filho de Deus: Filho por natureza e incontáveis outros filhos e filhas pela graça. Em Jo 20,17 ele encontra justificação para afirmar essa dupla paternidade. Cristo diz a Maria Madalena que ele ainda não subiu "ad Patrem meum et Patrem vestrum" e fica óbvio por que "ele não diz 'nosso Pai'. Portanto, de um modo, 'meu', de um modo diferente, 'vosso'. Pela natureza, 'meu', pela graça 'vosso'" (*Jo. ev. tr.* 121.3; RETTIG, 1993, 5.59). Agostinho, portanto, fundamenta a deificação humana na geração natural do Filho sem jamais subsumir erroneamente a criatura no criador. A sua doutrina da adoção divina não apenas conserva a natureza humana, ela a aperfeiçoa ao prover homens e mulheres com uma vida nova, não decaída. Como filhos divinamente adotados, somos agora capazes de realizar atos sobrenaturais como verdadeira caridade e gozar de estados sobrenaturais como imortalidade e incorruptibilidade.[22]

Para dar um exemplo muito concreto de como essa nova vida se manifestou, Agostinho usa Efésios 4,25 para se falar da habilidade de um humano decaído dizer a verdade. No *Sermo* 166 (datado depois de 409), ouvimos que nos fazendo igual a ele, Deus não apenas conforma nossa natureza mortal com a sua própria vida, mas nos capacita agora a agir de maneira sobrenatural. Ao fazer as pessoas humanas deuses através da adoção, os humanos se tornam *tão* humanos que eles começam a agir como Deus através da realização da sua humanidade pela graça:

> Não te irrites. Não se diz a ti que não és um homem [...]. Deus, de fato, quer fazer de ti um deus, não por natureza, como é aquele que te gerou; mas por seu dom e adoção. Pois assim como ele, ao assumir a humanidade se fez participante de tua mortalidade, assim por exaltação te faz participante da sua imortalidade [...]. Portanto, *pondo de lado a mentira, falai a verdade* [Ef 4,25], a fim de que esta carne mortal que ainda tendes de Adão, precedendo a novidade do espírito, mereça ela mesma a renovação e transformação no tempo de sua ressurreição; e assim o homem todo deificado ["totus homo deificatus"] possa aderir à verdade eterna e imutável. (*s.* 166.4; PL 38.909)

---

22 Por exemplo, não podemos amar como simples humanos, "mas eles amam uns aos outros porque são deuses e todos eles filhos e filhas do Altíssimo, de modo que podem ser irmãos e irmãs para o seu único Filho, amando uns aos outros com o amor com o qual ele mesmo os amou" (*Jo. ev. tr.* 65.1; *cf. s.*121.5, *Jo. ev. tr.* 111.6 e *conf.* 13.31.46-47 contém discussões maravilhosas de como Deus começa a operar dentro e através da alma santificada).

Como "deuses", os homens deificados agora transcendem a mendacidade de Adão. Esse "humano totalmente deificado" é feito deus mediante a sua participação em Deus, através de sua "adesão" a Deus, partilhando de sua vida de modo a ser renovado não apenas em espírito, mas transformado de carne mortal em carne imortal.[23]

Esta é uma transformação do ser humano conformado com a igualdade do Filho, agora filho ou filha adotado do mesmo pai, realizado pela unidade concedida aos santos pelo Espírito Santo. Assim é o Espírito que une ao Pai não só os semelhantes a Cristo, mas todos os cristãos juntos. Esta é a Igreja, essa *ecclesia* harmoniosa de oração na qual as criaturas podem finalmente alcançar o *quietum* para o qual os seus corações foram feitos. O Espírito anima a Igreja de Cristo num corpo e aqui os filhos divinamente adotados estão unidos a Cristo e uns aos outros.

## O dom que é o Espírito Santo

É um lugar comum agostiniano que o Espírito Santo é o Dom do Pai e do Filho, o Amor entre o Amante e o Amado, o Grude que une as pessoas eternamente.[24] Acabamos de ver que todos os exemplos de *deificar* aparecem dentro de uma discussão sobre os efeitos da Encarnação do Filho, mas o Espírito também desempenha um papel indispensável na transformação divina da humanidade. Como o princípio de comunhão, o Espírito une as pessoas humanas ao Filho, bem como uns aos outros no corpo do próprio Filho, efetuando assim dois componentes essenciais da doutrina da deificação de Agostinho: união divina e habitação divina.

Primeiro e acima de tudo, o Espírito é o princípio de união. Como a comunhão eterna entre o Pai e o Filho, a taxonomia que Agostinho utiliza para descrever a obra do Espírito na economia é sempre dizer que o Espírito

---

23 Com relação ao termo "aderir" (*adhaerere*), Robert Wilken (2003, p. 72) escreve que "nenhuma outra palavra bíblica pareceu a Agostinho personificar todo o mistério da fé de maneira tão plena".
24 Meconi (2013, p. 147-150).

é sempre a pessoa divina que une junto (*conjungere*), que faz inerência entre (*inhaerere*), que vincula (*vinculare*) o Pai e o Filho etc. Como a pessoa da Trindade cuja função particular é unir pessoas, o Espírito Santo une não apenas pessoas divinas, Pai e Filho, mas também pessoas humanas a Deus, bem como uns aos outros. O Espírito Santo é, portanto, o amor entre pessoas que vem aos que o desejam, porque o Espírito vive para unir-nos a Deus, "de modo que possamos permanecer sempre nesse sumo e incomutável bem" (*doc. Chr.* 1.34.38; HILL, 1996, p. 123). Ao unir-nos a Deus, o Espírito inevitavelmente nos une aos outros membros do corpo de Cristo, porque a união cristã é sempre "tanto com referência a Deus como a todos os outros [...] porque é pelo seu dom que somos um com todos os outros; com ele somos um único espírito (1Cor 6,17)" (*Trin.* 6.5.7; HILL, 1991b, p. 209; CCL 50.235). O Espírito Santo, portanto, torna o cristão uno com Deus bem como uno com o povo de Deus.

O segundo papel do Espírito na deificação é habitar a alma cristã. O Espírito aperfeiçoa o deificado reunido ao corpo do Filho. Pelo amor, que é o Espírito habitando no fiel, eles realizam verdadeira perfeição ao amar retamente. Com uma glosa a 1João 4,12-16, Agostinho pede aos seus ouvintes:

> Começa a amar, para te aperfeiçoares ("incipe diligere, perficieris"). Começaste a amar? Deus começou a habitar em ti. Ama aquele que começou a habitar em ti, de modo que habitando em ti de maneira mais perfeita ele possa te aperfeiçoar [...]. Pergunta ao teu coração. Se ele estiver cheio de caridade, tens o Espírito de Deus. (*ep. Jo.* 8.12; RAMSEY, 2008a, p. 127-28; PL 35.2043)

O resultado da atividade do Espírito na alma é o aperfeiçoamento da caridade, um amor que conforma o cristão a Cristo. Para ilustrar essa transformação no Espírito, Agostinho muitas vezes empregará as imagens de Paulo à Igreja em Corinto, de que o Espírito torna os crentes templos do próprio Deus. Quando o Espírito une a alma criada a Deus, o próprio espírito começa a morar no eleito, tornando cada um templo de Deus (*cf.* 1Cor 3,16). Ao combinar intuições de São Paulo, um dos credos batismais que ele conhecia e a sua linguagem de se tornar "deuses", Agostinho é de novo capaz de fazer importantes distinções ao discutir o que acontece quando o Espírito habita uma alma racional. Os cristãos professam a fé no Espírito e depois na Igreja, porque é nesta ordem que chegamos a conhecer Deus. Porque somos seus novos templos, conhecidos pelo fato que mesmo que tenhamos sido feitos "deuses", não somos a espécie de deuses ou de templos ao qual se reza:

> Por isso nem a Igreja toda nem parte dela quer ser adorada no lugar de Deus, tampouco alguém quer ser um deus para aqueles que pertencem ao tempo de Deus, que é edificado por aqueles que o Deus não feito fez. Assim o Espírito Santo, se ele fosse criatura e não criador, certamente seria uma criatura racional; pois a criatura racional é a suma criatura. E por isso não seria colocado na regra da fé antes da Igreja porque também ele pertenceria à Igreja naquela parte que está no céu, e não teria templo, mas ele mesmo seria o templo. (*ench.* 15.56; HILL, 2005, p. 307; CCL 46.79-80)

Vemos de novo que Agostinho, ao utilizar essa linguagem provocativa, é cuidadoso em fazer distinções que mantenham a sua doutrina da deificação isolada de qualquer insinuação de politeísmo. Dado que templos criados também podem ser considerados deuses, esses templos não devem ser adorados; adora-se desde um templo, não a ele. O Espírito Santo tem templos, mas ele mesmo não é templo, pois é Deus, provado pela reta ordem do credo, a *regula fidei*, no qual o Espírito vem antes da Igreja, porque é o Espírito que torna essa reunião de almas racionais (e santificadas) templos divinos. Noutras palavras, do Espírito de Cristo vem o corpo de Cristo: "de Spiritu Christi non vivit, nisi corpus Christi" (*Jo. ev. tr.* 26.13; CCL 36.266). Do Espírito Santo surge a Igreja, o "Cristo total", na qual os santos se tornam um com Deus e com todos os outros para sempre. Concluamos agora estas reflexões examinando onde a deificação e a eclesiologia de Agostinho se encontram.

## O "totus Christus"

Agostinho sabia pelo exegeta donatista Ticônio (m. *ca.* 400) que às vezes Cristo fala nas Escrituras como nossa cabeça e às vezes no interesse do seu corpo, a Igreja.[25] Ticônio não podia imaginar como Cristo podia falar ao mesmo tempo como cabeça e como membros, sendo o Cristo total a plenitude de sua igreja (*cf. s.* 341.1). Esse "Cristo total" é precisamente a maneira pela qual os cristãos se tornam Cristo, como a Encarnação não apenas une todas as pessoas humanas em Cristo, mas permite que elas encontrem a sua mais verdadeira identidade nele também. O "totus Christus" é, portanto, a maneira como o Filho

> nos une num corpo com ele e nos faz seus membros, de modo que nele nós também somos Cristo ("in illo et nos Christus essemus") [...]. A partir disso é óbvio que nós somos o corpo de Cristo, sendo todos ungidos. Nele todos nós pertencemos a Cristo, mas somos Cristo também porque em certo sentido todo o Cristo é cabeça e corpo ("et omnes in illo et Christi et Christus sumus quia quomodo totus Christus caput et corpus est": *en. Ps.* 26.II.2 [tradução minha]; CCL 38.155).

A maioria das alusões de Agostinho ao "totus Christus" aparece em suas *Enarrationes in Psalmos* porque aí Cristo fala como um com o seu povo escolhido, os filhos de Abraão:

> lembrai-vos que Cristo é descendente de Abraão, e se nós também somos descendentes de Abraão, nós também somos Cristo. Portanto, somos Cristo ("ergo et nos Christus") [...] [mas] não somos o Verbo, não estávamos com Deus no princípio, nem por nós foram feitas todas as coisas. Mas quando consideramos a carne, encontramos aí Cristo, e em Cristo encontramos tanto a ele como a nós ("et ibi Christus et ille et nos": *en. Ps* 142.3; BOULDING, 2004, p. 346-47; CCL 40.2026).

---

25 *Ibidem*, p. 195-196.

Tarcísio van Bavel vê nesta doutrina agostiniana do "totus Christus" a "segunda pobreza" ("seconde pauvreté") de Cristo.[26] O Senhor continua uma nova espécie de esvaziamento ao continuar a identificar-se com o seu corpo místico na terra – especialmente com os assediados, os famintos e os perseguidos:

> Pelo contrário, se observarmos a nós mesmos, se considerarmos o seu corpo, ele é também nós ("quia et nos ipse est"). Afinal, se não fôssemos ele, não seria verdadeiro isto: *quando o fizestes a um dos mínimos meus, fizestes a mim* [Mt 25,40]. Se nós não fôssemos ele, isto não seria verdadeiro: *Saulo, Saulo, por que me persegues?* [At 9,4]. Assim também nós somos ele, porque somos os seus membros, porque somos a sua cabeça, porque ele é a nossa cabeça, porque o Cristo todo é cabeça e corpo. (*s.* 133.8)

Incorporados ao corpo de Cristo, os cristãos hão de se reconhecer nele. Como "cabeça", Cristo faz do corpo deles o seu próprio corpo, com isso forjando uma união de identificação mútua tão real que, nela, ele se torna nós e nós nos tornamos ele.

Muito frequentemente a essa mesma identificação entre cabeça e corpo é dada expressão eclesial quando Agostinho prega sobre a Eucaristia. Dentro do "totus Christus", esse corpo é continuamente celebrado, como cada membro da Igreja é chamado a receber o que ele ou ela há de se tornar:

> Se, portanto, sois o corpo e membros de Cristo, é o mistério vosso que é colocado na mesa do Senhor; recebeis o vosso mistério. A isso que sois respondeis Amém, e ao responder expressais vosso assentimento. Ouves, pois, *Corpo de Cristo*; e respondes: *Amém*. Sê membro do corpo de Cristo, para seres verdadeiro *Amém*. (*s.* 272; PL 28.1242)

O "Amém" litúrgico da Igreja corrobora a incorporação do membro *no* corpo e *como* o corpo de Cristo: todos hão de receber o que são e beber onde os nomes deles estão inscritos (*cf. en. Ps.* 32., *exp.* 2.4). Porque este é o

---

26  Van Bavel (1954, p. 113).

efeito do culto que se mostra eterno nas almas daqueles que ainda estão no tempo. É aqui que o "sacramento da piedade" se realiza tanto como penhor de unidade como vínculo de caridade. "O sacramentum pietatis! O signum unitatis! O vinculum caritatis!" (*Jo. ev. tr.* 26.13; CCL 36.266).

## Conclusão

A deificação é um tema central no pensamento de Agostinho, que esclarece como ele entendia e apresentava a vida cristã. Cuidadoso em fazer uma distinção estrita entre o Deus que deifica e aqueles que são feitos deuses pela graça, a deificação agostiniana significa a perfeição da pessoa humana quando ele ou ela chega a viver em união total e perfeita com Deus. A transformação da criatura decaída em santo deificado não abole, mas leva à perfeição a ação humana como filhos de Adão agora feitos coerdeiros com Cristo.

Além disso, a doutrina da deificação de Agostinho não se limita aos seus usos esporádicos de *deificare*, mas emerge em suas muitas descrições ricas da nova vida do cristão em Cristo. Para explicar isso ele preferiu a linguagem da assimilação e identificação à linguagem mais tradicional de participação.[27] Por quê? Ele conscientemente ficou longe do *locus classicus* da maioria da deificação patrística – 2Pedro 1,4 de tornar-se participantes da natureza divina – porque ele via os pelagianos se apropriando dessa passagem na sua promoção da perfeição humana.[28] A fim de adiantar e expor um termo possivelmente tão enganoso como *deificar*, ele apelou muito facilmente para imagens de "tornar-se deuses" através da descida de Cristo, tornar-se filhos divinamente adotados do Pai, bem como templos do Espírito Santo.

---

27 "Participação" em Agostinho é um termo altamente técnico e importante. É um conceito essencial no entendimento de sua doutrina da deificação porque é precisamente como ele explica a capacidade da criatura agraciada de gozar de uma parte limitada num atributo divino. Ele parece evitar a citação de 2Pedro 1,4 e seu uso de participação porque os pelagianos usurparam essa passagem para os seus próprios fins, mas isso não implica que ele evite a linguagem da participação também. Para ver mais sobre a teoria da participação de Agostinho *cf*. Meconi (2013, p. 51-52) bem como Meconi (1996).
28   *Cf*. Russell (2004, p. 332); Meconi (2013, p. 128-132).

Esta leitura remodela como nos aproximar do pensamento geral de Agostinho, recebendo uma compreensão mais plena de seu propósito ao pregar e escrever; somos até capazes de situar as frases mais pessimistas de seus últimos anos, antipelagianos, num contexto mais preciso. Há também grandes possibilidades ecumênicas nesta reinterpretação de Agostinho. Pois ele nunca foi um penologista obcecado com a evitação e a consequência do pecado, mas um amante da verdade e um pastor de almas que se esforçou por exortar a si mesmo e os outros a uma vida deificada em Cristo.

# PARTE V
*Vida política e eclesial*

# 12 Filosofia política de Agostinho*

PAUL WEITHMAN

O tópico da filosofia política de Agostinho deve ser abordado com cuidado. Agostinho nunca dedicou um livro ou um tratado às questões que agora chamamos de "filosofia política". Diferente de Aristóteles, ele não tratou de maneira seriada essas questões nem tirou as implicações institucionais de suas respostas. Diferente de Hobbes, ele não elaborou uma teoria filosófica da política, se por isso se quer significar um tratamento sinótico daquelas questões que dependem de estratagemas teóricos ideados para esse fim. Discussões sobre política podem ser encontradas em muitos escritos de Agostinho. Essas discussões recorrem grandemente à ética, teoria social, filosofia da história e, especialmente, psicologia e teologia, e apresentam conclusões que nem nós nem Agostinho consideraríamos filosóficas. É, portanto, questionável se Agostinho acreditava que a filosofia política era um assunto que devesse ser distinguido dos temas de outras áreas da investigação filosófica ou política. Um conjunto característico de opiniões políticas pode ser recuperado dos textos de Agostinho. Esse conjunto não constitui uma filosofia política consistente, mas um corpo teológico frouxamente articulado de pensamento político que Agostinho nunca montou.

Embora Agostinho não reunisse suas opiniões políticas num todo coerente, gerações de leitores viram unidade e poder em seu pensamento político. Nos séculos desde a morte de Agostinho, a sua obra mostrou-se uma fonte compensadora para filósofos e teólogos preocupados com a natureza e os fins do governo, com as relações entre Igreja e Estado, com as implicações políticas do pluralismo religioso e moral, e com as condições de guerra

---

\* Agradeço a Brian Daley, S. J., Robert Markus, Brian Shnaley, O. P. e Eleonore Stump pelos comentários sobre a versão original deste capítulo.

justa. A sua importância para a teoria política medieval dificilmente pode ser exagerada. No século XX, pensadores sociais criativos tão diferentes como Reinhold Niebuhr, Alasdair MacIntyre e John Milbank voltaram a ela com proveito.[1] Infelizmente é impossível traçar aqui a gestação do corpo de pensamento através dos muitos escritos de Agostinho, descrever em detalhe as opiniões políticas clássicas e cristãs que a alimentaram, ou discutir a sua subsequente influência. Meu objetivo é simplesmente esboçar o seu perfil como apareceu na maturidade.

### Amor, as duas cidades e o *saeculum*

A fonte mais rica de material político no conjunto das obras de Agostinho é *De civitate Dei*, que Agostinho começou para responder àqueles que acusavam a cristianização do Império Romano pelo saque de Roma. Aí ele discute que, apesar da diversidade das culturas humanas, nações e linguagens, a divisão mais fundamental na humanidade é entre os dois grupos que ele chama de Cidade de Deus e Cidade Terrena.[2] O uso de Agostinho do termo "cidade" para descrever esses grupos sugere, corretamente, que ele pensa que a sua dinâmica interna pode ser iluminada usando conceitos apropriados para explicar o comportamento de entidades políticas como Roma. Isto também sugere, enganosamente, que as cidades podem ser identificadas com sociedades políticas existentes com as quais os seus leitores têm familiaridade. Para ver por que esta segunda sugestão é errônea e ver como o motivo das duas cidades

---

1 *Cf.* Niebuhr (1953); MacIntyre (1988); Milbank (1990).
2 Sobre a diversidade humana *cf. De civitate Dei* 14.1. A não ser que seja notada outra coisa, as citações de *De civitate Dei* são da tradução de R. W. Dyson (1998). Entre as edições inglesas disponíveis, esta há de ser geralmente preferível pelo fato de ser literal, pela economia de tradução e pela viveza da sua prosa. Às vezes, segui a tradução de Henry Bettenson (1972) ou eu mesmo retraduzi passagens. A não ser que outra coisa seja notada, todas as traduções das obras de Agostinho são minhas. NT: Na tradução em português, todas as citações foram confrontadas com o original latino (PL 41), levando em conta as nuanças da tradução inglesa. Foram, em geral, também conferidas traduções em línguas neolatinas, sobretudo em espanhol e italiano.

estrutura o pensamento político de Agostinho, devemos começar com a sua psicologia e o lugar central da teologia dentro dela.

Agostinho pensa que os seres humanos são movidos pelo que ele chama de "amores" deles. Ele usa esse termo para abarcar uma variedade de atitudes para com as coisas que possuímos, bem como uma gama de apetites e aversões para com coisas que não possuímos (*civ. Dei* 14.7). Esses amores podem ser motivos transitórios que explicam atos isolados, traços de caráter que motivam ação habitual, ou orientações fundamentais de uma pessoa que unificam o seu caráter. Agostinho pensa que duas maneiras de amar são especialmente importantes: "gozo" e "uso". Gozar de algo é amá-lo por amor dele mesmo; Agostinho contrasta isso com respeito a uma coisa como útil para garantir outra (*doc. Chr.* 1.31). Algo digno de ser inteiramente amado por amor de si é capaz de conferir verdadeira felicidade (*civ. Dei* 8.8). A sua posse segura aquieta o desejo. Só Deus é digno de ser amado dessa maneira e, como Agostinho diz a Deus no início de suas *Confissões*, "nosso coração está inquieto até que descanse em ti" (*conf.* 1.1). Ao contrário, nenhum bem criado pode aquietar completamente os apetites e transmitir a felicidade e a paz trazidas pelo gozo de Deus; por isso nenhuma criatura é digna de ser inteiramente amada por amor dela mesma.

A justiça perfeita, pensa Agostinho, consiste numa disposição duradoura a amar objetos, inclusive Deus, de acordo com o seu valor (*vera rel.* 48.93). O pecado é um afastamento de Deus que põe nossos amores em desordem. Agostinho associa essa desordem com o orgulho (*civ. Dei* 14.13) porque pensa que consiste em dar importância indevida a nós mesmos e à satisfação de nossos desejos. Dessa exaltação orgulhosa de si segue-se mais desordem. Nosso amor pelas coisas se torna desproporcional ao que a natureza delas merece (*civ. Dei* 15.22), de modo que gozamos de objetos que deveriam ser usados e usamos bens que deveriam ser gozados. Buscamos felicidade em coisas que não podem conferir, inclusive prazeres carnais, glória transitória, reputação duradoura e poder sobre os outros. Apesar de nossa desordem psicológica, Agostinho pensa que mantemos algum desejo de fazer o que devemos. Estamos, portanto, em desacordo conosco mesmos. Assim Agostinho pensa que a melhor das vidas é assediada tanto por conflito interior (*civ. Dei* 14.7) como por conflitos com os outros, conflitos evidentes até nas relações mais íntimas (*civ. Dei* 19.5 e 8).

Em *De civitate Dei*, Agostinho depende de sua explicação do amor para esclarecer a origem e o progresso das duas cidades. Os amores aos quais ele apela não são motivos transitórios. São orientações fundamentais dos membros. A Cidade Terrena, diz ele, foi criada "pelo amor de si que chega até o desprezo de Deus" (*civ. Dei* 14.28), e consiste daqueles que se exaltam e amam o domínio. Por mais rebelde que seja (*civ. Dei* 15.4), esta cidade tem certa unidade, dado que seus membros buscam glória e subjugam nações (*civ. Dei* 15.28). Agostinho remonta a fundação da Cidade Terrena a Caim, o filho de Adão e Eva que, segundo as Escrituras, matou seu irmão Abel e fundou uma cidade (*civ. Dei* 15.1.2). A Cidade de Deus consiste de todos aqueles que estão retamente orientados para ele. Seus membros estão unidos por seu comum amor de Deus, "um amor que se alegra num bem comum e imutável, ou seja, um amor que de muitos faz um coração" (*civ. Dei* 15.3). Dado que essa cidade inclui os santos e os anjos,[3] apenas alguns cidadãos seus estão no mundo e estão espalhados por ele. Agostinho fala deles como "em peregrinação" nesta vida e esclarece as implicações dessa imagem evocativa usando uma linguagem técnica introduzida em sua discussão do amor. Os membros da Cidade de Deus usam o mundo enquanto estão nele; não gozam dele (*civ. Dei* 15.7).

Agostinho às vezes fala como se a Cidade de Deus fosse a Igreja (*civ. Dei* 13.16). Sua visão de conjunto, no entanto, é que

> muitos réprobos estão misturados na Igreja com os bons. Uns e outros [...] foram recolhidos na rede do Evangelho; e neste mundo, como no mar, nadam sem separação, recolhidos na rede até serem levados para a praia. (*civ. Dei* 18.49; *cf.* também 18.54)

Portanto, na Igreja visível, os membros das duas cidades existem lado a lado (*civ. Dei* 1.35). Toda sociedade política também inclui cidadãos de cada uma delas. Portanto, nenhuma instituição ou sociedade visível pode ser

---

3 Sobre os anjos *cf. De civitate Dei* 10.7.

identificada nem com a Cidade de Deus nem com a Cidade Terrena. A distinção entre as duas é mais escatológica do que política. É mais entre aqueles que estão ou não destinados à vida eterna com Deus do que entre aqueles que são ou não são membros de uma dada sociedade. Os membros das duas cidades estão entremesclados no *saeculum*, esse reino de existência temporal no qual ocorre a política.[4]

Em *De civitate Dei,* Agostinho se apega ao amor de poder que caracteriza a Cidade Terrena e levanta uma questão que parece um contraponto óbvio à sua observação nas *Confissões* de que nossos corações descansam apenas em Deus. "Uma vez estabelecida nas mentes dos poderosos", pergunta ele, "como pode essa cupidez de domínio descansar até que, pela sucessão costumeira de cargos públicos, tenha alcançado o poder máximo?" (*civ. Dei* 1.31). A sua resposta é que o arrogante não descansa até que tenha alcançado o domínio. Ele pensa que o inquieto amor deles pelo poder explica a ascensão de grandes impérios e a hegemonia de Roma sobre o seu próprio mundo. Essa identificação de uma das forças propulsoras da história política com o amor que define a Cidade Terrena sugere que a história se desenrola numa luta entre ela e a Cidade de Deus. De fato, Agostinho reconhece que todo ser humano tem uma vontade dividida. Também aqueles destinados a passar a eternidade com Deus têm alguma responsabilidade pelos conflitos da vida temporal. Eles, portanto, precisam da contenção que, como veremos, Agostinho pensa que o governo existe para proporcionar.

### Escravidão, governo e propriedade

Agostinho era relativamente indiferente a uma questão acerca do governo que interessou profundamente tanto a Platão como a Aristóteles, a saber: qual forma de governo é a melhor. Numa passagem inicial Agostinho observou superficialmente que, se um povo está comprometido com o bem comum, deve ser-lhe permitido escolher os seus governantes; depois não

---

4 Para uma discussão aprofundada dessa noção no pensamento de Agostinho *cf.* Markus (1970).

considera mais o assunto (*lib. arb.* 1.6). De novo, de modo diferente de Platão e Aristóteles, Agostinho não está interessado nos processos históricos e sociais pelos quais um regime é tipicamente transformado em outro. Está mais interessado em como a providência de Deus atua através da história política do que como essa história depende das forças caracteristicamente postas em movimento por uma forma institucional ou outra. Para perceber isso, ajuda ver exatamente a quais questões a sua discussão sobre o governo pretende responder.

Agostinho não tinha um conceito claro do estado, entendido como aparelho governante de uma sociedade. Suas observações sobre a origem e fim do governo, portanto, não são respostas a perguntas acerca da origem ou finalidade do estado. Grosseiramente colocada, a questão de Agostinho não diz respeito às instituições políticas, mas às razões para certos relacionamentos humanos. Observa que alguns seres humanos têm a autoridade para governar outros. Ele pergunta como surgiram tais relações de autoridade e a que fins servem. Agostinho não duvida de que os seres humanos sejam naturalmente sociais; de fato, ele observa que não há nenhuma espécie tão naturalmente social como a humanidade (*civ. Dei* 12.28). Ele tampouco duvida de que as sociedades humanas naturalmente precisem de direção. Ao se perguntar acerca das origens e fins da autoridade política, o que ele pretende perguntar é se as sociedades precisam naturalmente ser dirigidas por autoridade que seja política ou se, ao invés, o que é natural a nós é sujeição a alguma outra espécie de autoridade.

A resposta de Agostinho a essa pergunta, que será encontrada mais tarde em *De civitate Dei*, depende do que ele entende por "natural". Ele encerra o capítulo 14 do Livro 19 dessa obra falando da autoridade exercida por um pai e um marido benevolente. Inicia o capítulo 15 dizendo que "isto é prescrito pela ordem natural, assim Deus criou o homem". A equação de Agostinho de "a ordem natural" com a condição em que "Deus criou o homem" deixa claro que para ele "natural" e seus cognatos – quando aplicados aos seres humanos – se referem à nossa condição anterior ao pecado original.

Agostinho parece pensar que mesmo se o pecado original não tivesse sido cometido, os seres humanos sem pecado teriam se reproduzido e multiplicado para encher a terra (*civ. Dei* 13.24, 14.26). Por causa da nossa sociabilidade natural, eles teriam vivido em grupos, e esses grupos provavelmente teriam necessitado direção. A questão sobre qual espécie de direção é natural a nós pode ser tratada perguntando que espécie de direção ela teria sido. Mais tarde, no mesmo capítulo, Agostinho nota que a Escritura diz que os patriarcas foram mais pastores do que reis. Assim, diz ele, Deus "indica de qual ordem da natureza é preciso" (*civ. Dei* 19.15). Dado que a "ordem natural" se refere à nossa condição antes do pecado original, esta passagem sugere que Agostinho pensa que não haveria nenhuma relação de súdito-rei se o pecado original não tivesse sido cometido. Lida em combinação com a observação no final do capítulo 14; a passagem sugere também que Agostinho pensa que se tudo tivesse se passado como Deus tencionava, e o pecado original não tivesse sido cometido, os grupos humanos teriam sido guiados por autoridades parecidas com o *paterfamilias* romano ou o patriarca bíblico.

Agostinho, porém, pensa que a constituição dos patriarcas não mostra exatamente "o que a ordem da natureza exige". Mostra, por contraste, "o que o mérito dos pecadores exige ('quid exigat meritum peccatorum'). Pois nós cremos que é com justiça que uma condição de servidão é imposta ao pecador" (*civ. Dei* 19.15). Esse contraste entre patriarcas e senhores-escravos junto à anterior entre patriarcas e reis, sugere que Agostinho pensa que a autoridade política é em aspectos importantes como o senhorio de escravos. Isso confirma, portanto, que ele pense que a autoridade política, como a escravidão, é uma consequência do pecado.

A conclusão de Agostinho de que a escravidão não é natural e sua afirmação explícita de que ela resulta do pecado não acrescenta nada às opiniões que ele herdou da tradição patrística. Ele ordena que os senhores tratem os seus escravos com bondade e repete o mandato de São Paulo de que os escravos devem obedecer aos seus senhores. O importante é que Agostinho parece afirmar uma semelhança entre senhorio e governo. Também é enigmático. O que acontece com a autoridade política que faz Agostinho pensar que ela não existiria se os seres humanos não fossem pecadores? O que se passa com o pecado que faz Agostinho pensar que a autoridade política existe por causa dele?

Tomemos primeiro a segunda questão. Como vimos, Agostinho observa que nós somos por natureza a mais social das espécies; ele completa o pensamento dizendo que somos também os mais "briguentos por perversão" (*civ. Dei* 12.28 [segundo Bettenson]). Enquanto Agostinho pensa que nós nunca perdemos nosso desejo de paz, pensa também que a desordem psicológica que a nossa pecaminosidade induz torna difícil para nós viver em paz conosco e com os outros (*civ. Dei* 21.15). Nossa tendência ao conflito é tão forte que a paz nos evitaria se os grupos fossem governados apenas por poder parental. Depois de ter sido cometido o pecado original, é necessário o poder coercivo da autoridade política. Mas porque os amores dos seres humanos pecadores são distorcidos e os conflitos surgem entre nós, os objetivos da autoridade política devem ser limitados:

> a cidade terrena [...] deseja uma paz terrena, e limita o acordo harmonioso de cidadãos concernente a dar e obedecer a ordens para o estabelecimento de uma espécie de compromisso entre as vontades humanas sobre as coisas importante para a vida mortal. (*civ. Dei* 19.17 [segundo Bettenson])

De maneira interessante, o tratamento que Agostinho dá à propriedade está de acordo com o modelo formulado em seu tratamento da autoridade política. Ele segue outros escritores patrísticos ao pensar que a divisão da propriedade não é natural.[5] Uma razão pela qual ela não é natural é que muitas vezes é injusta: Agostinho sugere numa carta que os que fazem mau uso de sua propriedade a possuem injustamente (*ep.* 153). Poderia esperar-se que Agostinho sugerisse que aqueles que têm propriedade fossem privados dela. Um pensador mais interessado em questões institucionais poderia esboçar leis que permitissem a sua expropriação e a redistribuição justa. Agostinho, ao contrário, continua, de modo surpreendente, a

---

5  *Cf.* em geral Deane (1963, p. 104-105).

dizer que uma função da lei da propriedade é proteger a posse injusta de modo que "os que usam a sua [propriedade] de maneira má se tornem menos injuriosos" (*ep.* 153) do que poderiam ser de outra maneira. Ele provavelmente quer dizer que aqueles que fazem mau uso da propriedade que possuem legalmente fazem isso por causa do seu forte apego aos bens materiais. O seu apego é tão poderoso que eles roubariam ou reteriam as coisas que querem se as leis exigissem que eles as abandonassem quando as usam de maneira má. As leis de propriedade que permitem que o injusto retenha a posse os impedem, portanto, de "obstruir [o fiel] por seus atos maus". Como fica evidente de sua discussão do amor, Agostinho pensa que um apego tão forte aos bens finitos é uma desordem afetiva que resulta do pecado humano. Portanto, a razão fundamental pela qual a propriedade privada não é natural é que ela é uma acomodação ao nosso amor indevido pelas coisas materiais. Como a autoridade política, a propriedade privada beneficia a todos por permitir que vivamos juntos de maneira mais pacífica do que se fosse de outro modo.

Isso nos leva de volta à primeira questão: o que tem a autoridade política que leva Agostinho a pensar que ela não teria existido se os seres humanos não fossem pecadores? A resposta é que, para Agostinho, a característica principal da autoridade política é exatamente essa característica de que uma autoridade necessitaria para governar pessoas propensas ao conflito: a autoridade para coagi-las. Esta autoridade é comum àquelas com poder político e com autoridade sobre os escravos. Agostinho insiste também que a sujeição à autoridade política, como a sujeição de um escravo ao senhor, é moralmente edificante, porque ambas promovem a humildade, particularmente quando os bons estão sujeitos aos maus (*en. Ps.* 124.8). Portanto, a autoridade política, assim como o senhorio de escravos, depende da coerção e ensina humildade. É por causa dessas semelhanças fundamentais que Agostinho equipara a primeira autoridade com a última, movendo-se de uma para a outra no capítulo 15 de *De civitate Dei* e alhures (*en. Ps.* 124.8).

## Agostinho, Cícero e Roma

A afirmação de que a sujeição política é semelhante à escravidão parece sujeita a várias objeções. Em primeiro lugar, nenhuma – ou muito poucas – sociedade mantém a paz mediante formas de coerção que se parecem com o tratamento de escravos. Como deve ter sido óbvio para Agostinho, a paz em qualquer sociedade depende em grande medida de uma concordância voluntária. Em segundo lugar, pode-se dizer que uma sociedade política existe para efetuar algum grau de justiça. O fato de as sociedades serem percebidas por seus membros fazendo isso, pelo menos em certa medida, ajuda a explicar por que membros dessas sociedades acatam livremente as exigências da ordem social. Em terceiro lugar, porque as sociedades políticas podem efetivamente visar à justiça, os cidadãos são capazes de realizar importantes elementos do bem humano ao tomar parte em políticas que ajudam a realizar o bem comum. À medida que a sua sociedade é justa, eles exercem virtudes como justiça, patriotismo e sacrifício de si, que são boas para eles e ajudam a manter a sua sociedade. O segundo e terceiro pontos são acentuados por Cícero, que, ao defender o segundo, colocou-se numa tradição de pensamento político que tem sua origem na Atenas clássica. Ao pretender refutar essas afirmações, Agostinho toma uma posição firme contra essa tradição.

Cícero trata desses pontos em seu diálogo *De re publica*, uma obra bem conhecida de Agostinho. Um dos participantes nesse diálogo é Cipião Africano, que afirma que uma sociedade "não é toda assembleia da multidão, mas uma assembleia unida em companheirismo por acordo comum sobre o que é certo e uma comunidade de interesse".[6] Cipião, mais tarde, pergunta retoricamente: "o que é uma sociedade senão uma parceria na justiça?".[7] Mais tarde ainda ele elogia aqueles que servem ao bem comum, insinuando que eles sejam os cidadãos mais virtuosos.[8] Agostinho menciona as primeiras duas observações destas bem cedo em *De civitate Dei* (*civ. Dei* 2.21) e volta a elas no Livro 19. Apresenta a afirmação tradicional de que a justiça prevalece

---

6 Cícero, *De re publica* 1.25; cf. *civ. Dei* 2.21.
7 *Ibidem*, 1.39.
8 Cf. *ibidem*, 6.26.29.

apenas onde a cada um é dado o que lhe é devido. Diz que a justiça, portanto, exige o culto do verdadeiro Deus. Uma vez que Deus não era cultuado em Roma, a justiça nunca prevaleceu lá. Dado que em geral se concorda que Roma era uma sociedade, segue-se que a definição de Cipião de sociedade deve estar errada (*civ. Dei* 19.24).

Agostinho começou a escrever *De civitate Dei* para responder à acusação de que o abandono das divindades romanas em favor do Deus do cristianismo foi uma injustiça que levou ao saque de Roma pelos bárbaros. A afirmação de que Roma era injusta porque o Deus cristão não era cultuado lá teria impressionado muitos dos leitores de Agostinho como uma provocação arrogante, no melhor dos casos, e uma petição de princípio, no pior dos casos. Agostinho, portanto, apoia sua resposta a Cícero com linhas de pensamento mais sofisticadas, que ele tece habilmente. Uma delas é uma versão altamente polêmica da história romana. Agostinho lembra os seus leitores que Roma foi fundada por um fratricida que não podia suportar dividir a glória da fundação com seu irmão (*civ. Dei* 15.5). Ele relata o rapto que os romanos fizeram das sabinas com um sarcasmo alegre dirigido ao historiador romano Salústio, que se gabava da justiça dos primeiros romanos (*civ. Dei* 2.17). Observa que o culto dos deuses romanos era caracterizado por "males horríveis e detestáveis" (*civ. Dei* 2.6), particularmente nos teatros, onde os feitos dos deuses eram representados (*civ. Dei* 1.32). Cita Salústio sobre os esforços dos ricos romanos em suprimir os pobres antes da destruição de Cartago e sobre o declínio de Roma depois (*civ. Dei* 2.18). E em resposta aos que acusam o cristianismo pela queda de Roma, Agostinho escreve:

> Justamente os antigos tinham fundado e aumentado Roma com seus trabalhos, e tornaram-na mais abominável[9] enquanto estava de pé do que depois de ruída, porque na sua ruína caíram pedras e madeira, ao passo que na vida deles caíram os esteios adornados não dos muros, mas dos costumes. Ardiam mais os seus corações com concupiscências prejudiciais do que os edifícios de Roma com as chamas. (*civ. Dei* 2.2)

---

9 Em latim: *foediorem*.

Agostinho se volta para a história de Roma para apoiar a sua afirmação de que se Roma era uma sociedade, não foi porque a justiça prevalecia nela, mas apesar de que não prevalecia. Todavia, Agostinho usa também a história para apresentar outra coisa importante e mais sutil. Esse ponto é que por causa da injustiça de Roma, a cidade nunca foi digna do lugar que os seus cidadãos patriotas deram a ela em seus amores. Agostinho acredita, como vimos, que a justiça exige coisas amorosas como a sua natureza merece. Essa afirmação, junto à sua narrativa histórica, fortalece o seu caso que a justiça nunca prevaleceu em Roma, porque ele insinua que até os cidadãos mais nobres da república não eram verdadeiramente justos, apesar da sua observação acerca dos "adornos morais".

Esta conclusão permite que Agostinho apresente outros dois argumentos. Capacita-o a rebater a opinião de Cícero de que cidadãos devotados cheguem perto de genuína excelência humana respondendo – nos momentos mais polêmicos – que até quando Roma estava em seu apogeu, os seus cidadãos mais nobres desenvolveram qualidades que apenas apresentaram semelhanças de virtudes. Permite também que ele refute a tese de que a estabilidade e o poder de Roma nesse período houvessem de ser explicados pelas virtudes cívicas dos seus cidadãos. Agostinho é chocante e eficaz ao máximo quando impugna a virtude das figuras veneráveis da história romana. As passagens nas quais ele faz isso têm considerável força retórica (*civ. Dei* 1.19), especialmente quando combinadas com a sua opinião expressa de que os cristãos são os melhores membros e funcionários que uma sociedade podia ter (*ep.* 138). O caso de Agostinho contra a superioridade moral dos grandes romanos do passado realmente depende, no entanto, de sua ideia do que as virtudes são ou não. Afirmações acerca da reta ordem do amor estão, naturalmente, no centro da sua argumentação.

Algumas das afirmações mais extremadas de Agostinho acerca das condições da virtude, e suas conclusões mais extremas sobre a falta dela por parte dos romanos nobres, podem ser encontradas em *De civitate Dei*. Nela, Agostinho escreve dos antigos romanos:

> Amaram a glória com ardentíssimo amor; por ela quiseram viver e não vacilaram em morrer por ela [...]. Porque servir lhes parecia desonroso, e mandar e dominar glorioso, quiseram com todo empenho, primeiro, que sua pátria fosse livre e depois, senhora [...]. Esta avidez de louvor e desejo de glória realizou neles todas aquelas façanhas louváveis e gloriosas segundo a estimação dos homens (*civ. Dei* 5.12)

Dado que Agostinho pensa que a justiça exige coisas amorosas de acordo com a sua natureza, ele chega a dizer que "não há verdadeira virtude senão a que tende àquele fim onde está o bem do homem" (*civ. Dei* 5.12). A glória terrena, para si mesmo ou sua cidade, não é "onde está o bem do homem". Portanto, a paixão dos romanos por glória não era uma virtude apesar das conquistas que tenha trazido para a cidade que eles amavam. Agostinho não nega que "esses homens de antigamente", que "fundaram e estenderam" Roma, mostraram uma autodisciplina que faltou aos "seus descendentes", pois ele concede que eles "superaram o desejo de riquezas e muitos outros vícios" (*civ. Dei* 5.13). Para determinar, porém, se esse autodomínio é genuinamente virtuoso, Agostinho sustenta que é necessário olhar para os amores – os desejos e aversões subjacentes – que constituem o seu motivo característico.

Agostinho afirma em *De civitate Dei* que atos de autocontrole são pecaminosos se feitos por medo de punição (*civ. Dei* 14.10; *mor.* 30); a abstinência "só é boa quando é praticada de acordo com a fé no Deus supremo, que é Deus" (*civ. Dei* 15.20). Ele afirma que o autodomínio dos antigos romanos estava enraizado não na fé em Deus, mas no medo que Cartago destruísse Roma (*civ. Dei* 1.30-31) e em desejos de liberdade para Roma, de domínio e imitação de imortalidade que vem da glória duradoura. "O que mais havia para eles amarem – pergunta ele – senão glória, pela qual eles procuravam encontrar mesmo depois da morte uma espécie de vida nas bocas daqueles que os louvavam?" (*civ. Dei* 5.14). Ele conclui que nem esses amores nem o autodomínio que os motivava fizeram os romanos virtuosos. Apenas os tornaram "menos vis" (*civ. Dei* 5.13).

Em outro lugar Agostinho é menos comedido. Numa carta escrita mais ou menos no tempo em que começou *De civitate Dei*, ele concede que aqueles que fundaram e preservaram Roma tinham "certa retidão característica" à qual ele se refere como "virtude civil" (*ep.* 138). A noção de uma virtude cívica tomou grande importância no republicanismo cívico, uma tradição do pensamento político que começou com Cícero.[10] De acordo com esta tradição, as virtudes são traços que orientam o seu possuidor para o bem comum da sua cidade. Agostinho, porém, nunca sugere que o que ele chama de "virtude civil" seja genuinamente virtuoso. Como para acentuar que não era, ele se apressa a acrescentar que os romanos tinham essa "retidão característica", "sem verdadeira religião", e que empalidece em comparação com as virtudes que tornam os homens cidadãos da Cidade de Deus.

Portanto, a observação de Agostinho sobre a virtude cívica não nos deve cegar ao caráter radical do seu pensamento político. Os seus argumentos de que a autoridade política é exercida por causa do pecado humano, ou seja, pode ser semelhante à escravidão, que existe para refrear e humilhar aqueles que estão sujeitos a ela, e esses cidadãos não desenvolvem as virtudes ao se dedicar à vida política, juntos constituem um constante assalto à tradição do pensamento político que localiza "o bem para o homem" no bem comum mais de uma cidade terrena que celestial. Esse assalto culmina na definição de Agostinho de uma república que ele oferece no Livro 19 de *De civitate Dei*. "Um povo – diz Agostinho aí – é uma multidão reunida de seres racionais associados de comum acordo em torno de objetos que amam" (*civ. Dei* 19.24). As sociedades políticas gozam do apoio de seus membros à medida que seus membros amam as mesmas coisas. O mais importante nesta definição é a sua implicação para a estabilidade social. As sociedades não precisam, como insinuou Cipião, ser sustentadas por um comum amor de justiça. Podem ser estabilizadas simplesmente pelo amor dos seus cidadãos pela paz limitada que seus governos estabelecem.

Às vezes Agostinho é rotulado como "positivista" em política ou, mais comumente, "realista político".[11] A sua definição de povo dá algum crédito à acusação de positivismo. Os positivistas em filosofia jurídica defendem que um preceito conta como lei em virtude de ter sido promulgado ou proposto

---

10  Sobre o republicanismo *cf.* Pettit (1997).
11  *Cf.* Deane (1963, p. 221-243) e Niebuhr (1953, cap. 9).

da maneira correta. Não deixa de ser uma lei porque não está adequadamente relacionado com uma lei natural ou moral. De modo semelhante, Agostinho pensa que um grupo conta como povo em virtude de ter um objeto comum de amor. Não deixa de ser assim porque o objeto que une não é justo; de fato, Agostinho dá a entender que bandos de ladrões são sociedades (*civ. Dei* 4.4). Há também amplos fundamentos para dizer que Agostinho é um realista político. Ele reconhece que os que têm autoridade às vezes devem fazer coisas que lamentam, como torturar o inocente (*civ. Dei* 19.6). Ele detalha as verdades da história romana e demole os mitos que os romanos dos últimos dias contam acerca do passado de sua cidade. Tem clareza acerca dos amores de poder e glória que efetivamente movem os seres humanos e que, como vimos, explicam por que a autoridade política existe em primeiro lugar. Ele descreve a paz terrena que o poder existe para garantir como um mero acordo mútuo. Finalmente, Agostinho às vezes sucumbe ao tédio que sugere que a futilidade de buscar valores éticos em política, como ao perguntar cedo na *De civitate Dei*: "Com respeito à presente vida dos mortais, que em poucos dias passa e se acaba, que interesse tem para o homem sob cujo domínio político ele vive?" (*civ. Dei* 5.17.1).

O positivismo e realismo de Agostinho não significam, porém, que ele pense que uma sociedade qualquer seja tão boa como qualquer outra. Sugere que o mundo poderia estar em melhores condições se estivesse dividido em pequenos reinos em vez de imensos impérios (*civ. Dei* 4.15). Imediatamente depois de oferecer a sua definição de povo como multidão que concorda sobre os objetos do seu amor, Agostinho continua: "e, obviamente, quanto melhores forem os objetos de sua concórdia, melhor o povo; e quanto piores os objetos desse amor, pior o povo" (*civ. Dei* 19.24). Ele tampouco pensa que o que quer que façam os que têm autoridade política para garantir a paz seja aceitável. A certa altura de sua obra inicial, ele diz que a lei humana deve ser conforme à lei divina (*vera rel.* 31.58).[12] Além disso, como veremos, Agostinho apresenta um ideal ou "espelho" para os cristãos em posições de autoridade política (*civ. Dei* 5.24; *ep.* 155), deixando

---

12 Sobre a afirmação que esse compromisso não se encontra em suas obras tardias *cf.* Markus (1970, p. 89).

claro assim que pensa que há maneiras melhores e piores de governar. Agostinho não acha, portanto, que os vários aspectos da vida política estejam além da avaliação ética. As afirmações de que Agostinho tem uma visão "negativa" da política ou que pensa que a política é "moralmente neutra" são, portanto, exageradas.[13] Elas enfatizam a partida de Agostinho de uma tradição de pensamento segundo o qual a política é uma parte integral da genuína prosperidade humana. Ao fazer isso, obscurecem as avaliações comparativas que ele estava disposto a fazer. Obscurecem também o fato de que mesmo aqueles cujos amores são adequadamente ordenados podem anexar um considerável valor instrumental ao fim para o qual a autoridade política existe para proteger (cf. doc. Chr. 2.25).

O valor instrumental desses fins abre a possibilidade de avaliar positivamente as realizações políticas e militares de Roma. Há certamente lugares nos quais Agostinho fala delas de modo positivo (ep. 138). O fato de ele fazer isso nos leva de volta à questão por que Roma realizou o que realizou. Como vimos, esta é exatamente a questão à qual os historiadores romanos esperavam dar uma resposta convincente ao citar as virtudes dos romanos antigos[14] ou a sabedoria da constituição romana.[15] Como vimos também, Agostinho admite que o autocontrole, a disciplina militar e o patriotismo dos romanos fortaleceram Roma e estenderam a sua influência (civ. Dei 5.12). Mas ao negar que essas qualidades são virtudes plenamente desenvolvidas, e ao negar, mais tarde, que podemos "por claro exame [...] fazer julgamentos acerca dos méritos dos reinos" (civ. Dei 5.21), Agostinho tira a força pretendida de sua explicação. Além disso, aproveitar-se dessa explicação do sucesso romano seria deixar de lado o que é mais importante na discussão de Agostinho sobre a ascensão e a queda dos impérios. Vimos que a sua análise da política começa pelo fato de que alguns seres humanos guiam a vida de outros pela ameaça e pelo uso da força. A autoridade deles para fazer isso é divinamente ordenada, diz Agostinho, para humilhar os que estão sujeitos a ela e controlar os seus desejos de felicidade terrena. Agostinho pensa que até os

---

13 Cf. a literatura citada por Burnell (1992).
14 Cf. as observações sobre Catão e Salústio em De civitate Dei 5.12.
15 Cf., por exemplo, Políbio, Ascensão do Império Romano, Livro 6.

bons precisam dessa disciplina. Às vezes ela é imposta pela sujeição deles aos maus; para esse fim Deus usa até homens como Nero (*civ. Dei* 5.19).

O que é verdadeiro da sujeição de algumas pessoas a outras é igualmente verdadeiro, pensa Agostinho, da sujeição de povos a impérios. Por isso ele diz:

> Este Deus, autor e dador da felicidade, porque ele é o verdadeiro Deus, só ele distribui reinos terrenos tanto aos bons como aos maus. E não faz isso temerariamente nem ao acaso, já que é Deus, não fortuna, mas segundo uma ordem de coisas e de tempo, oculto para nós e conhecidíssimo para ele. (*civ. Dei* 4.33)

A história não oferece evidência de que Roma ou qualquer outro império fosse favorecido pela Fortuna ou destino, nem a ascendência de Roma pode ser entendida simplesmente apelando-se para as qualidades morais dos romanos. Foi Deus quem deu poder à Assíria e à Pérsia (*civ. Dei* 5.21). Foi Deus quem fez uso do patriotismo e da disciplina dos romanos "para refrear os graves males de muitas nações" (*civ. Dei* 5.13 ["domanda gravia mala"]). Portanto, a história política é governada pela providência de Deus. À medida que essas explicações históricas são possíveis, devem referir-se a ela. Para Agostinho, porém, tais explicações devem ser sempre tentativas. Ele pode conjeturar acerca das razões de Deus para dar poder a Roma (*civ. Dei* 18.22). Mas, como vimos pela passagem citada, ele é da opinião de que as razões por que a história se desenrola assim são "ocultas para nós".

### Violência justificada

Embora nenhuma sociedade política possa ser a Cidade de Deus, não deveriam os governantes cristãos usar os poderes coercivos de seu ofício para levar o seu reino para mais perto desse ideal? Apesar da dificuldade de discernir a ação de Deus na história, não é provável que Deus suscitasse governantes cristãos exatamente para esse fim?

Em sua mais famosa passagem sobre os deveres dos governantes cristãos, o "espelho dos príncipes" em *De civitate Dei*, Livro 5, Agostinho diz que eles "fazem de sua potência a serva de sua majestade para dilatar ao máximo o seu culto" (*civ. Dei* 5.24). Pode-se pensar que isto sugere que Agostinho pensava que o governante cristão devia "difundir o seu culto" pela força, se fosse necessário. Mas o que quer que esta passagem sugira quando tomada isoladamente, as opiniões de Agostinho consideradas eram mais complexas. Como resultado de seu envolvimento na controvérsia donatista no norte da África durante a última década do século IV, Agostinho não abandonou a sua oposição à coerção religiosa.[16] Mas parece que ele achava que se justificava numa estreita classe de casos. Ao passo que chegou a crer que sanções oficiais podiam trazer membros de uma seita herética do cristianismo à convicção sincera e ortodoxa, ele nunca endossou a coerção de pagãos ou judeus. Ele, portanto, reconhecia limites às maneiras como o culto de Deus podia ser "dilatado". E enquanto Agostinho sem dúvida pensava que os imperadores cristãos de Roma deviam tentar "dilatar o seu culto", parece ter estado inseguro que tais tentativas efetivamente produzissem um ganho: ele secamente lembra àqueles que disseram que o poder imperial podia ser usado para difundir o cristianismo que a Roma pagã promoveu a causa de Cristo ao criar os mártires.[17]

Às vezes se diz que Agostinho "interiorizou" a ética ao mudar o foco da avaliação moral da ação do agente e suas consequências para as disposições psicológicas das quais as ações procedem.[18] O seu espelho dos funcionários cristãos dá algum crédito a esta afirmação. Apesar da injunção de Agostinho de colocar o poder imperial ao serviço de Deus, *De civitate Dei* é um extenso hino ao imperador cristão que ama e teme a Deus e age com clemência, humildade, piedade e generosidade (*civ. Dei* 5.24). Isto, junto à sua reserva acerca do que se esperaria da conversão dos imperadores romanos, sugere que os funcionários públicos, pelo menos, serão julgados mais pelos seus motivos do que por sua eficácia. É claro, uma ética plenamente interiorizada

---

16 O melhor estudo deste assunto é Brown (1964).
17 Para uma discussão nuançada *cf.* Markus (1970, cap. 3).
18 Para um tratamento sofisticado *cf.* Taylor (1989, cap. 7).

afirmaria não apenas que não seremos julgados negativamente com base na ineficácia, mas também que não seremos julgados negativamente mesmo se realizarmos atos que parecem ser maus. Só assim daremos plena força à famosa observação de Agostinho: "ama e faze o que queres" (*Jo. ev. tr.* 7.8). Para encontrar uma ética tão interiorizada em Agostinho, é necessário voltar do seu tratamento dos deveres dos governantes cristãos para a sua discussão sobre a guerra.

É irônico que um autor que escreveu de maneira tão eloquente sobre o bem da paz desempenhasse um papel central no surgimento da teoria cristã da guerra justa. Agostinho foi capaz de desempenhar esse papel ao oferecer interpretações alternativas de passagens da Escritura que pareciam apoiar o pacifismo. Por exemplo, muitos na Igreja primitiva acharam que a injunção do Evangelho de "voltar a outra face" exigia quietismo também diante de agressão. Agostinho opõe-se a que Cristo desafiou o funcionário do Templo que bateu nele em vez de voltar a ele a outra face (Jo 18,23). Além disso, ele sustenta que o que Cristo exige "não é uma disposição do corpo, mas do coração, pois nele está o sagrado aposento da virtude" (*c. Faust.* 22.76). Isso abre a possibilidade de que pelo menos algumas formas de violência possam ser justificadas se elas procederem de um coração que ama corretamente. Mas que formas, se houver alguma, Agostinho efetivamente pensa que podem ser justificadas?

Numa das primeiras obras, Agostinho consente que leis que permitem o uso da força para defender a si mesmo, e talvez ao outro, contra-ataque injusto, podem ser leis justas. Ele faz isso baseado em que as leis podem permitir males menores para evitar males maiores (*lib. arb.* 1.5). Ao apelar para esse fundamento, ele insinua que usos de força defensiva podem ser maus porque atos de violência podem estar em desacordo com exigências morais, embora as leis que permitem esses atos não estejam. Esta distinção entre a licitude de atos e a justiça das leis que os permitem é uma das distinções da qual Agostinho parece depender de maneira consistente. Assim, numa de suas cartas ele parece negar que pessoas privadas podem usar força para defender outros (*ep.* 47),¹⁹ apesar de ter dito em outro lugar que a lei que permite que façam isso é irrepreensível. Contudo, ele chega a um conjunto diferente de conclusões quando se volta para o uso da força defensiva por soldados. Aí ele argumenta tanto que as leis que declaram guerra podem ser moralmente aceitáveis como que, quando são aceitáveis, aos cristãos não só é permitido obedecê-las, mas são obrigados a obedecê-las. Ele estabelece a primeira afirmação argumentando que as guerras podem ser declaradas se outra nação se recusa a devolver propriedades das quais ela se apropriou injustamente ou se recusa a corrigir injustiças.²⁰ Estabelece a segunda afirmação argumentando, com uma restrição, que os soldados são obrigados a travar uma guerra que foi declarada por uma autoridade legítima (*c. Faust.* 22.74); a restrição é que os soldados envolvidos na guerra não devem ser motivados pela crueldade, sede de sangue ou desejo de vingança. Agostinho pensa que nós nunca podemos estar certos de nossos próprios motivos. Mas na medida em que tentam não agir a partir desses motivos, os cristãos podem lutar em guerras apesar da aparente ordem de Cristo em contrário. A restrição de Agostinho dá, portanto, algum apoio para a afirmação que sua ética de violência, no mínimo, é "interiorizada".

## A importância contínua do pensamento político de Agostinho

A divisão do mundo em duas cidades não teve origem com Agostinho. Ao contrário, ele encontrou a imagem das duas cidades em outros escritores e adaptou-a para a sua finalidade (*doc. Chr.* 3.34). Por que ele faz isso? Por que, em particular, ele afirma que aqueles que amam a Deus constituem uma única cidade composta dos seres angelicais, dos vivos e dos mortos? Agostinho acredita numa comunhão de santos, na qual os participantes celestiais ajudam os seus membros que ainda estão em suas vidas terrenas.²¹ A crença numa comunhão de santos levanta várias questões acerca

---

19 Citado em Deane (1963, n. 22, p. 311).
20 Aqui sigo Deane (1963, p. 160).
21 *Cf.* as observações sobre o ministério dos anjos em *De civitate Dei* 10.7.

da natureza e da unidade de tal comunhão. Agostinho pode ter pensado que ganharia alguma compreensão dessas questões ao conceptualizar de novo essa comunhão como uma comunidade política bem organizada unificada pelo amor por seu governante. Se for assim, então este seria um caso de usar a teoria política para responder a questões teológicas. Mas Agostinho procedeu ao contrário? As suas afirmações acerca da cidade celeste acrescentaram algo ao seu pensamento político?

Vimos que Agostinho não situa a política fora da avaliação ética. Menos ainda a situa fora da crítica teológica. Nivela essa crítica ao desenvolver uma visão alternativa da sociedade, a Cidade de Deus. Essa cidade serve como um ideal social, o amor retamente ordenado, paz e justiça, as quais nenhuma sociedade terrena pode realizar. É um ideal com o qual até a maior cidade terrena sofre por comparações que Agostinho não hesita em fazer com algum detalhe. Assim ele opõe as riquezas de Roma aos tesouros da Cidade de Deus (*civ. Dei* 5.16). Justapõe a enganosa imortalidade buscada pelos heróis romanos com a vida eterna ganha pelos mártires cristãos (*civ. Dei* 5.14). Contrasta Roma com a Cidade de Deus comparando-a com a Cidade Terrena, lembrando os leitores que ambas foram fundadas por fratricidas (*civ. Dei* 15.5). Agostinho, portanto, usa a Cidade de Deus como modelo contra o qual as sociedades políticas realmente existentes, especialmente os grandes impérios (*civ. Dei* 18.2), podem ser medidos e achados em falta. Assim ele expõe a vaidade de suas pretensões morais e eleva o desejo de seus leitores de serem membros da cidade na qual o "Sumo Bem há de ser encontrado" (*civ. Dei* 19.11). Que ele passou a fazer isso depois em *De civitate Dei* é claro a partir de uma passagem no início do livro, em que Agostinho escreve: "Vou agora falar sobre a origem e o progresso evolutivo e o final que lhes [às duas cidades] corresponde [...] tudo para a glória da Cidade de Deus que brilhará com mais claridade em comparação com a outra cidade" (*civ. Dei* 1.35).

Insinuei no começo que o pensamento político de Agostinho não se adapta confortavelmente às categorias contemporâneas da investigação política. Como a obra de Agostinho, as disciplinas que agora estudam política – teoria política, filosofia política e ciência política – têm implicações críticas. A teoria política e a filosofia política articulam normas pelas quais as sociedades de fato hão de ser julgadas. O mesmo é verdadeiro de parte da ciência política. Os seus profissionais fazem companhia a Agostinho em suas opiniões de que a atividade política pode ser ou parecer um empreendimento racional. Tentam entender o comportamento político em termos de teoria da escolha racional, racionalizar decisões entre opções de política segundo os seus esperados riscos, custos e benefícios, localizar as preferências racionais e procedimentos para o seu agrupamento racional, defender procedimentos deliberativos para uma troca racional de opinião de modo que os cidadãos respeitem uns aos outros e adiram ao seu bem comum, organizar instituições que encorajem o progresso libertando a razão humana ou encontrar princípios de justiça cuja autoridade racional estabeleça e legitime instituições adequadas a eles. Pelo contrário, o que parece interessar Agostinho acerca de política é o que ela mostra sobre as forças divinas e psicológicas que regem a vida humana e que a razão humana não pode plenamente penetrar ou controlar.

Vemos que nas mãos de Agostinho uma análise da vida política revela invariavelmente a ação daquelas forças que ele chama de "amores". Ele apela para os amores de si mesmo, para glória, imortalidade e paz para explicar por que os seres humanos precisam de regimes de propriedade privada e de autoridade coerciva, por que eles constroem e mantêm impérios e como as sociedades permanecem estáveis. Agostinho leva em conta a possibilidade, como aconteceu com os romanos, de que a vida política discipline os amores humanos menos desejáveis. Mas ele negaria que a política possa erradicar ou reorientar esses amores fundamentais ou que esses amores possam ser duradouramente submetidos à nossa razão por desígnio institucional feliz. Em vez disso, ele oferece uma explicação da estabilidade política que rivaliza de maneira interessante com explicações que apelam para explicações racionalistas de respeito mútuo, justiça e legitimidade institucional. Alguns, portanto, pensaram que a sua obra promete um corretivo para teorias políticas que exageram o papel que a razão pode ou deve ter na organização da vida política.

Essa promessa só pode tornar-se boa se Agostinho puder reduzir de maneira convincente as teorias alternativas da maneira como os seres humanos fazem política ou se comportam na política. Numa tentativa sustentada de fazer isso, Agostinho lembra episódios que historiadores apologetas ocultam ou negligenciam. Ele prova de maneira incansável o que pretende ser comportamento virtuoso, expondo a operação de amores mal orientados e mostrando como frequentemente eles se mascaram com motivos nobres, com a conivência de autoengano e ideologia. Peter Brown escreveu que, para Agostinho, "atividade política é meramente sintomática: é apenas um meio pelo qual os homens exprimem orientações que estão profundamente dentro deles".[22] A explicação de Agostinho acerca dessas orientações humanas profundas fornece um conjunto de conceitos que os pensadores religiosos usaram para fazer sentido da vida política. O desenvolvimento desses conceitos é a sua contribuição mais duradoura e valiosa para o pensamento político.

---

22   Brown (1965, p. 9).

# 13 Céu e a "ecclesia perfecta" em Agostinho

*David Vincent Meconi, S. J.*

Agostinho é inigualável em apresentar a história da vida de alguém em termos de providência divina. E enquanto todas as histórias devem ter um final, o capítulo conclusivo da narrativa cristã, como contada por Agostinho, é menos o de um término que de uma consumação incessante. Porque o céu é a única "vera vita" (*ep.* 130.2.3), na qual Deus concede divindade aos humanos, imortalidade aos mortais e glória aos marginalizados (*cf. en. Ps.* 109.1).[1] O céu é onde a *spes* [esperança] humana se torna *res* [coisa] divina, sendo o próprio ser de Deus a recompensa da fé e fidelidade peregrinas (*cf. s.* 19.5, 169.10, 360B.16), em que somente Deus é finalmente percebido como a meta de todos os desejos humanos (*cf. civ. Dei* 10.3). Os santos chegam aí "não com pés velozes, mas com caridade" (*en. Ps.* 149.5; BOULDING 2004, p. 496). A sua cidadania é constituída apenas pelo amor de Deus (*cf. civ. Dei* 19.28), em que pessoas de todas as espécies estão reunidas na "ecclesia perfecta" (*en. Ps.* 5.8, 28.1; *s.* 95.2; *ep.* 185.9.40).

Embora em nenhum lugar ele empregue a frase "visio beatifica", no entanto ele junta a intelecção transformativa dos neoplatônicos[2] com as promessas do Evangelho, de maneira a fornecer uma imagem do céu na qual os eleitos não apenas veem e amam a Deus (*cf.* Mt 5,8), mas se tornam sempre mais semelhantes a ele.[3] Sem nunca ter sido o foco de nenhum tratado à

---

1 Todas as referências a Agostinho seguem as abreviações padronizadas como encontradas em Fitzgerald (1999, p. 35-42) e estão incluídas simplesmente no corpo do capítulo. As citações em inglês da *De civitate Dei* (*civ. Dei*) vêm da tradução de Bettenson (1984). NT: as traduções de Agostinho em português são conferidas com o latim e traduções disponíveis na internet: www.augustinus.it.
2 *Cf.* Plotino, *Enéadas* 1.2.6, 1.6.5-9.
3 *Cf.* Platão, *Teeteto* 176B; 1João 3:2.

parte, as reflexões de Agostinho sobre o céu perpassam praticamente cada aspecto de sua obra. Como assim? É o único verdadeiro fim de toda a atividade e esforço humano e, portanto, a beatitude duradoura é exatamente a meta à qual tende todo o seu pensamento. Assim, o céu é central na compreensão de Agostinho porque ele o vê como a meta e o modelo de toda verdade e sabedoria (epistemologia), de todas as ações verdadeiramente virtuosas (ética) e de todas as sociedades corretamente ordenadas (filosofia política e eclesiologia).

Este capítulo elucida quatro aspectos de Agostinho sobre a vida celestial. Primeiro, examinaremos os efeitos dos quais os que estão no céu gozam. O que de fato "acontece" aos eleitos quando esse estado perfectivo é realizado? Com que se parecem aqueles que estão na "ecclesia perfecta"? Nosso segundo assunto examina uma dificuldade muito importante para Agostinho: o que significa ver Deus e, desse modo, tornar-se como ele? Como Deus pode ser visto e que implicações isso tem para "ver" no novo céu e na nova terra? Ou seja, o que exatamente os santos veem? Em terceiro lugar, devemos examinar Agostinho sobre a predestinação celestial. Esta seção não pretende explicar toda a dinâmica envolvida na teologia agostiniana da predestinação, sem mencionar seu legado muitas vezes horrível, mas, ao invés, examina como os que estão no céu chegaram lá. A quarta e última seção sustenta que a vida celestial não é simplesmente uma realidade distante e futura, mas, de fato, está disponível mesmo enquanto na terra. Embora o céu seja a única verdadeira *patria* da pessoa humana, é uma realidade que pode ser gozada mesmo enquanto *in via*.

## O céu como a "ecclesia perfecta"

O céu para Agostinho claramente não é uma simples volta à primeira perfeição experimentada no Éden. É uma vida infinitamente melhor do que a graça conferida ao primeiro casal no Éden. O Segundo Adão transformou a humanidade para sempre. Enquanto no primeiro Adão os humanos podiam não pecar ("posse non peccare") e não morrer ("posse non mori"), a vida celeste é marcada pela impossibilidade de pecar (non posse peccare) e, portanto, pela incapacidade de morrer ("non posse mori"):

> Portanto, a primeira liberdade da vontade era poder não pecar, a última será muito maior: não poder pecar. A primeira imortalidade era poder não morrer, a última será muito maior: não poder morrer. O primeiro poder da perseverança era poder não abandonar o bem; a última felicidade da perseverança será não poder abandonar o bem. (*corrept.* 12.33; PL 44.936)[4]

Esta bem conhecida conversão agostiniana de "posse non peccare"/"posse non morri" para "non posse peccare"/"non posse mori" simboliza bem como ele concebe o melhoramento celestial. O céu claramente não é um mero restabelecimento do que foi perdido com a desobediência de Adão, mas uma transformação definitiva em algo melhor, uma "renovatio in melius", sendo as promessas do primeiro paraíso superadas definitivamente pela "renovação e recuperação da imortalidade" do céu (Gn. litt. 6.20.31; Hill 2002, p. 319). Agostinho descreve essa nova vida como "mudada para melhor" ("in melius commutati"), conseguida por meio de nossa participação na imortalidade e justiça de Deus (*civ. Dei* 21.15; CCL 47.781).[5] Essa superabundância permite que o caminhante humano chegue à casa e "descanse" naquele amor para o qual ele ou ela foi originalmente criado. Somente aqui o tempo abre caminho para a eternidade e somente nessa eternidade a alma humana pode finalmente se realizar (*cf. perf. just.* 8.17).

Na concepção de Agostinho da realização, a perfeição nunca pode ser entendida como um estado autônomo que a criatura agora goza *in se*. Antes, esta nova vida é sempre questão de relação, de participação mais plena em Deus e, também, em comunidade com os outros eleitos. Por exemplo, o atributo celestial da eternidade não é explicado como posse, mas como participação:

---

4  Cf. também *De Genesi ad litteram* 6.24.35-28.39; *De civitate Dei* 22.30; *Contra Faustum Manicheum* 24.2.
5  Cf. também *Enarrationes in Psalmos* 68, exp. 1I.2; *De baptismo* 7.44.87; *De correptione et gratia* 7.12.

Os anos de Deus estarão em nós [...] Do mesmo modo o próprio Deus estará em nós [...] Os anos de Deus não são algo diferente do próprio Deus. Os anos de Deus são a eternidade de Deus, e a eternidade é a própria substância de Deus, na qual não há nenhuma possibilidade de mudança. (*en. Ps.* 101, *exp.* 2.10; BOULDING, 2004, p. 70-71)

Nessa estabilidade final, as criaturas chegam a perceber Deus como "a meta de nossos desejos" e como "a quem veremos sem fim, amaremos sem fastio, louvaremos sem cansaço. Este dom, este afeto, esta ocupação será comum a todos, como é a vida eterna" (*civ. Dei* 22.30; BETTENSON, 1994, p. 1.088). Este estado eterno é a presença beatífica (*beatifica praesentia*) como a vivificação dos eleitos e a culminação de toda a *caritas* (*cf. ep.* 164.8).

Porque a fé e a esperança desaparecem em algo maior, a caridade se torna a marca distintiva do céu, como Agostinho deixa claro já no primeiro livro de *De doctrina christiana*, no qual ficamos sabendo por que fé e esperança expiram:

> à fé sucederá a visão, que contemplaremos na vida futura, à esperança sucederá a posse da própria felicidade à qual chegaremos; a caridade, embora cessem ali a fé e a esperança, aumentará ainda mais [...] pois, ao chegar à vida eterna, cessará a fé e a esperança, permanecendo a caridade mais firme e perfeita. (*doc. Chr.* 1.38.42-39.43)

Se é a caridade que verdadeiramente une uma sociedade, o céu é muito mais um lugar unido pelo amor. Agostinho, portanto, é cuidadoso em garantir que as imagens celestes da imortalidade, impecabilidade e incorruptibilidade nunca possam ser entendidas como estados autônomos dos eleitos, mas como a consequência de amar a Deus e assim compartilhar a sua vida.

Por isso a perfeição humana é por natureza comunitariamente construída. Aqui o bispo de Hipona deduz ansiosamente da opinião filosófica antiga que a vida dos sábios é social. Por conseguinte, a vida do santo cristão é sempre mais constituída pelas mais nobres relações, amizades e disponibilidade humilde aos outros (*cf. civ. Dei* 19.5). Por isso a vida celeste é essencialmente eclesial: porque não é somente onde os eleitos humanos habitam juntos, mas também onde estão unidos à "societas angelorum", uma parte constitutiva da alegria imortal da humanidade (*en. Ps.* 33, *exp.* 2.19), pois ambos foram criados para adorar a Deus para sempre juntos (*cf. ep.* 147.9). Não tendo a distinção tomista entre essência e existência, Agostinho (seguindo outros padres da Igreja) depende do conceito de "corpo espiritual" para identificar os anjos (*cf. ep.* 98.5 e 102.20; *Gn. litt.* 6.19-24; *en. Ps.* 145.3), mas a maior preocupação para ele é a questão do corpo humano ressuscitado. Enquanto os anjos não decaídos continuam incessantemente em sua adoração a Deus, os eleitos humanos gozarão de Deus cada vez mais plenamente quando forem trazidos de volta ao seu estado natural de serem corpo e alma (*cf. Gn. litt.* 12.35.68; *civ. Dei* 13.20).

Nesse último dia a alma e o corpo serão reunificados, assim transformando o corpo humano de "animale corpus" em "corpus spiritale", termos não facilmente traduzidos. A fim de fazer sentido de 1Coríntios 15,44 – "semeado corpo animal, ressuscita corpo espiritual" –, Agostinho vê esse movimento de um "corpo animal" mortal a um "corpo espiritual" ressuscitado, como a renovação dos eleitos num novo "corpo espiritual, no qual Adão ainda não se tinha mudado, mas que haveria de se mudar se não tivesse merecido a morte do seu corpo animal ao pecar" (*Gn. litt.* 6.24.35). Tendo cuidado em não interpretar esse "corpo espiritual" como algo desprovido de carne ou transcendente (*cf. ench.* 23.87-91; *civ. Dei* 22.19), Agostinho diz que o corpo celestial será conforme ao corpo ressuscitado de Cristo (*cf. civ. Dei* 10.29), e por isso possuirá "uma maravilhosa leveza" (*s.* 242.11; *cf. s.* 277.12). Essa conformidade consiste também nas feridas de nosso ser mortal se tornando sinais eternos da providência divina, como os *tormenta* corporais anteriores se tornam *ornamenta* celestiais glorificadas (*s.*280.5, *s.* 328.6). O corpo humano no céu não precisa mais de cuidados e, obviamente, não corre mais nenhum perigo de dissolução ou de morte (*cf. ep.* 118.14; *s.* 154.17). O corpo ressuscitado será diáfano porque a glória de Deus brilha através dele, assim capacitando os santos a conhecer uns aos outros perfeitamente e também saber os pensamentos (apenas honrosos) de cada um (*cf. s.* 243.5).

No entanto, de todas as ações corporais que Agostinho discute ao contemplar o coro celeste, uma coisa sobressai em suas preocupações pastorais: a "visão" de Deus. Ao terminar a volumosa *Cidade de Deus*, por exemplo, Agostinho admite que os corpos no céu serão imortais e espirituais ("immortalis et spiritalis": *civ. Dei* 22.29), mas se esforça para compreender a natureza dessa atividade (*actio*) corporal. Por isso ele não faz nenhuma pergunta simples ("non parva quaestio"), a saber, como os bem-aventurados verão Deus. Agostinho se recusa a aceitar a posição mais superficial simplesmente "espiritualizando" as atividades corporais dos santos no céu, procurando entender a natureza e as implicações de um corpo encarnado, mas espiritualizado, com todos os órgãos e atividades próprias de um corpo verdadeiramente humano.

### Ver Deus no novo céu e na nova terra

Explicar a felicidade humana em termos de "ver" Deus tem suas raízes em Platão[6] e foi desenvolvido por Filo, Plotino e pelos neoplatônicos tardios.[7] Muito provavelmente, Agostinho encontrou isso em suas leituras juvenis de Cícero.[8] Mais tarde, Agostinho deve ter ficado sabendo que as Escrituras cristãs também prometem que os santos se tornarão como Deus pela visão dele (*cf.* 1Jo 3,2). Ver é particularmente importante na escatologia de Agostinho porque o olho funciona como uma sinédoque do corpo inteiro. Por exemplo, o olho é o único órgão que Agostinho liga explicitamente com a divinização dos santos: eles verão a beleza de Deus através de olhos deificados ("oculis deificatis formam dei": *s.* 126.14). Não seria nenhuma surpresa, portanto, que uma das questões pastorais mais duradouras que Agostinho trata seja precisamente o que "ver Deus" no céu de fato significa.

---

6  *Cf.* Platão, *República* 7, 533D.
7  Em sua homilia sobre a sexta bem-aventurança – "Bem-aventurados os puros de coração porque verão a Deus" –, Gregório de Nissa usa a distinção de Filo entre a *ousia* e as *energeiai* de Deus para defender que Deus permanece inefável em sua essência, mas que aos santos no céu é concedido o conhecimento de suas atividades: Graef (1954, p. 147).
8  *Cf.* Cícero, *De oraatore* 2.160; *Tusculanae disputationes* 1.73.

No ano 408, Agostinho tenta responder a uma pergunta de uma viúva católica, Itálica, uma nobre *domina* que acabara de perder o marido e escreveu ao famoso bispo perguntando como ela deveria agora imaginar o seu ente querido que partira para junto de Deus. O pastor Agostinho começa tranquilizando Itálica, que ela e o marido serão ainda mais queridos um ao outro no céu do que eram na terra: "Nós temos esperança que não perdemos aqueles que partiram, mas foram enviados na frente, onde eles serão mais caros (*cariores*) a nós à medida que forem mais bem conhecidos e onde serão amáveis sem medo de perdê-los" (*ep.* 92.1; TESKE, 2001, p. 371). Por mais perfeito que possa ser, no entanto, nenhum humano pode ver Deus simplesmente porque o Deus invisível "não é assim" ("non ita est Deus": *ep.* 92.3). Afirmar com São João – "seremos semelhantes a ele porque o veremos tal qual é" (1Jo 3,2) – não significa que essa visão seja uma simples continuação de como agora vemos as coisas na terra. Por isso Agostinho ensina a Itálica que essa maneira carnal de reduzir as coisas a órgãos corporais não ocorre no céu e todos devemos, portanto, entender as afirmações da Escritura de ver a Deus como vê-lo "em espírito e em verdade", rejeitando a visão literalmente corporal de Deus como uma opinião demente (*dementiam*) (*ep.* 92.6).

Agostinho também goza de uma amizade especial com um casal católico, Armentário e Paulina. No final do ano 410 ele escreve para responder às perguntas deles acerca de viver em continência como irmão e irmã (*cf. ep.* 127). Três anos depois dessa correspondência epistolar, Agostinho escreve só para Paulina para responder ao seu persistente questionamento acerca da maneira como os santos veem Deus no céu. Esta carta, *Epístula* 147, que Agostinho mais tarde intitula *De videndo Deo* (*cf. retr.* 2.41), examina todas as referências escriturísticas a "ver Deus" e como outros teólogos como Ambrósio e Jerônimo trataram essas passagens. Citada por toda a Idade Média, esta carta a Paulina revela um pastor cuidadoso no final de sua vida que quer dar a melhor resposta que puder a uma amiga viúva e, talvez, também para si mesmo. No final, são oferecidas três possibilidades:

1. Deus é uma deidade visível percebida da maneira terrena de ver pelo órgão da visão;

2. Deus é imaterial e, portanto, invisível, mas os olhos dos santos estão feitos de tal maneira que podem agora efetivamente ver Deus assim como se olhassem para um objeto material na terra;
3. os olhos dos ressuscitados são "espiritualizados" de modo a ver Deus não de uma maneira física ou terrena, mas de uma maneira celeste, espiritual nova.

Destas três possibilidades, adverte Agostinho, devemos censurar a primeira como a ser evitada de qualquer maneira possível, a segunda se mostra mais tolerável (*tolerabilius*), enquanto a terceira opção é aquela com a qual devemos ficar por ora. Ou seja, no céu, os olhos dos eleitos são espiritualizados (citando 1Cor 15,53), levados assim dos órgãos de visão "naturais aos espirituais". O que quer que "ver Deus" signifique, não pode conotar um Deus que é visto com olhos humanos naturais ou um Deus que é visto como um objeto físico. Ao invés, "quando ele for visto, um espírito o verá, não um corpo" (*ep.* 147.21.49). Coerente com a sua afirmação de "olhos deificados" mencionado há pouco, observe-se que o olho é o único órgão humano explicitamente ligado há uma nova maneira de operar, quer dizer, "espiritualizada" no céu.

Apesar de meticulosa e influente como a *Epistula* 147 se mostra, ela não compromete Agostinho a nenhuma das posições, mas o leva antes a concluir que Deus *não* será visto e que, quando o for, o será espiritualmente. No final desse mesmo ano (413), Agostinho pregou o *Sermo* 277 no qual chega à mesma conclusão (ou falta dela). Deus não será visto corporalmente, mas

> se aquela carne há de sofrer uma transformação tão grande que por ela se possa ver o que não é visto num lugar, seja exatamente assim. Mas deve-se perguntar onde é ensinado. E se ainda não é ensinado, não pode ainda ser negado, mas certamente pode ser duvidado. Contanto, porém, que não se duvide que a carne há de ressuscitar, que o corpo animal há de se tornar espiritual, que, sendo corruptível e mortal, há de se se revestir de incorrupção e imortalidade, para que *onde quer que tenhamos chegado, sobre isso caminhemos* (Fl 3,16). Se por acaso nos equivocarmos ao investigar demais, pelo menos nos equivoquemos acerca da criatura, não do criador. Que cada qual se esforce quanto

puder em converter o corpo em espírito, contanto que não converta
Deus em corpo. (*s.* 277.18)

Aqui vemos um cuidadoso teólogo em ação dado o que foi ensinado, podemos rejeitar posições particulares; dado o nosso desejo de saber, podemos fazer perguntas e continuar a investigar o mistério de Deus, mas nunca podemos ofender a natureza divina materializando-a.

A posição final de Agostinho parece explicar todas as suas meditações anteriores, ao concluir que os olhos ressuscitados dos santos serão verdadeiramente transformados para contemplar realidades imateriais e, dessa maneira, é verdadeiro que "verão" a Deus; não é exato, contudo, que a natureza divina será diretamente percebida como mais um objeto da visão física. Os corpos celestes "verão" a Deus da maneira como "veem" a vida um no outro: "Deus será visto por aqueles olhos como se tivessem [em sua condição transformada] alguma qualidade semelhante à mente, com a qual possa ser discernida até a natureza incorpórea" ("quo et incorporea natura cernatur": *civ. Dei* 22.29). Os santos, agora perfeitamente unidos a Deus, se juntarão assim aos anjos na visão de Deus em todas as realidades celestiais.

Peter Burnell (*beatae memoriae*) coloca a posição de Agostinho deste modo:

> os bem-aventurados verão Deus ao ver a realidade interna de todas as outras almas – ou seja, o amor que as outras almas têm por Deus [...] Como eles verão Deus perfeitamente, mas indiretamente, ao ver as qualidades de todas as outras almas, assim observarão a realidade espiritual por meios físicos, porque com seus olhos verão as qualidades das almas expressas fisicamente.[9]

A finalidade e dignidade eternas são, portanto, dadas ao corpo ressuscitado como parte pretendida e original da glória redentora de Deus: no céu todas as partes da constituição humana original engrandecerão a Deus tornando Deus conhecido a todos através de sua identidade pessoal e

---

9 Burnell (2005, p. 167).

única. Desse modo, os bem-aventurados verão Deus da maneira mais clara e distinta que o invisível Deus pode ser visto:

> Ele será visto [com o espírito] em nós, nos outros, no outro, em si mesmo, no céu novo e na terra nova e em todo ser subsistente então; ele será visto em todo corpo por meio dos corpos ("videatur et per corpora in omni corpore") aonde quer que os olhos do corpo espiritual dirigirem o seu olhar penetrante. (*civ. Dei* 22.29.6)

A resposta de Agostinho ao uso dos olhos humanos está relacionada com outra importante questão ao tentar formar a sua compreensão da vida celestial. Com o que se parecerá o céu? O que exatamente constituirá a afirmação da Escritura de "um novo céu e uma nova terra" (Is 65,17; 2Pd 3,13; Ap 21,1)? Essa era a questão que Mônica e Agostinho ponderavam quando ela foi levada para essa mesma realidade: "indagávamos entre nós, à luz da presente verdade, que és tu, qual será a vida eterna dos santos" (*conf.* 9.10.23). A presente ordem criada como a experimentamos agora será abolida ou descartada no céu, ou será aperfeiçoada e transformada eternamente? Noutras palavras, exceto Deus e os eleitos, o que mais se pode esperar encontrar no céu: haverá lá outros corpos além dos corpos dos santos, haverá plantas e árvores, brisa do mar, constelações do céu?[10]

Esta é uma pergunta que Agostinho não responde diretamente em nenhum lugar, mas podemos arriscar uma resposta colocando-a entre os dois extremos que ele evita explicitamente. Sabemos que para Agostinho o céu não é uma simples continuação da ordem criada, nem é algo totalmente diferente e por isso irreconhecível a partir da presente criação. A primeira opinião errônea ele fica sabendo do heresiólogo e bispo italiano Filástrio de Brescia (m. *ca.* 397): a fé anônima que a ordem criada continua sem nenhuma mudança ou melhora (*cf. haer.* § 67, TESKE, 1995, p. 50). Isto

---

10 A tradição norte-africana tendia a representar esse "novo céu e nova terra" em termos criados muito concretos: por exemplo, com comida (§ 1.3) e o céu como "um lugar imenso, um jardim de delícias com roseiras e toda outra espécie de flores e todas as árvores tão altas como os ciprestes" (*Martírio de perpétua e felicidade* § 4.1; PL 3.44).

é obviamente uma ofensa à promessa da Escritura de um novo céu e uma nova terra.[11]

O outro extremo da crença que o novo céu e a nova terra são tão ontologicamente diferentes desta criação que não há absolutamente nenhuma continuidade entre o que Deus criou e o que Deus também redimirá. É um bom princípio agostiniano que Deus prefere emendar a terminar aquilo que é menos do que perfeito. Por isso Agostinho reage de maneira muito vigorosa contra a (que ele refere como sendo) opinião origenista de que o mundo foi criado apenas para a finalidade de purificar as almas que caíram antes de sua gênese. Segundo esse modo de ver, Deus criou o reino material para dar a oportunidade para as almas pecadoras vencerem a sua aversão à vida divina. Em sua obra a Orósio, *Contra os priscilianistas e origenistas*, Agostinho usa, portanto, a promessa bíblica de um "novo céu e uma nova terra" para defender que, longe de serem dispensáveis, uma vez que os eleitos estão purificados de seus desejos impuros, os novos céu e terra serão mais belos, mais doxologicamente deiformes, mais unificados em sua revelação do próprio ser de Deus. Contra esses cessacionistas cósmicos, Agostinho defende que o "último dia" será "não um fim que destrói, mas um fim que aperfeiçoa" (*c. Prisc.* 7.8).

Entre esses dois extremos – de que o céu será uma mera continuação ou uma total cessação desta realidade presente –, a compreensão de Agostinho do "novo céu e nova terra" procura um meio termo. Ao examinar as suas homilias sobre a ressurreição corporal, encontramos as insinuações mais úteis de como ele imagina o mundo futuro. Para começar, não há nada mais ofensivo intelectualmente do que a máxima de Porfírio de fugir de tudo o que é corporal; imaginar uma eternidade sem realidade corporal é afastar céu e terra (*cf. s.* 241.7). O corpo humano exibirá todos os seus membros não pelo bem do uso, mas, antes, a fim de mostrar a beleza que

---

11 Ao tratar das realidades escatológicas, Agostinho via como havia um erro comum, a saber, um literalismo simplista demais para ver como "expressões metafóricas e literais estão misturadas" na Escritura e assim "a preguiça carnal e a demora de uma mente inculta e descuidada fica contente com o sentido superficial, literal, e pensa que não se deva procurar um sentido mais profundo" (*civ. Dei* 20.21.2).

revela a harmonia das partes de outro modo discrepantes (*cf. s.* 243.3-4). Por conseguinte, de maneira muito positiva Agostinho situa a discussão que as coisas (*quae*) de que os humanos gozaram na terra estarão presentes também no céu, enquanto as coisas que achamos desagradáveis estarão certamente ausentes ("sed quae tibi placent erunt, quae tibi displicent non erunt"; *s.* 242.I.3). Ou se considerem os capítulos conclusivos de *De civitate Dei* nos quais ele admite que certamente o corpo ressuscitado estará plenamente presente no céu (*cf. civ. Dei* 20.16), mas depois continua a reafirmar os princípios escatológicos que tinha estabelecido nos livros anteriores:

> Por isso é possível, e muito crível, que então veremos os corpos mundanos do céu novo e da terra nova, que veremos com uma clareza assombrosa a Deus, presente em todas as partes e que governa todas as coisas ("universa etiam corporalia gubernantem") por meio dos corpos (*corpora*) que levamos, e os veremos aonde quer que voltemos os olhos. (*civ. Dei* 22.29)

Nesse modo de ver, faz-se uma distinção importante entre corpos (*corpora*) humanos e outras coisas corporais (*corporalia*). Daí surge como se as criaturas não humanas participam de fato da glória celestial de Deus, permitindo que ele continue o seu divino controle (*gubernantem*) de tudo o que ele sempre quis trazer à existência. Enquanto certamente permanece vago nos detalhes escatológicos precisos, o céu que Agostinho apresenta parece ser um mundo cheio da glória, da bondade e da governança de Deus através das coisas que ele fez e não simplesmente o corpo humano despido de tudo. No capítulo seguinte de *De civitate Dei*, isso parece ser de novo sugerido. Agostinho antevê que a vida celestial envolve não apenas a excelência do corpo ressuscitado tanto "interna como externamente" ("intrinsecus et extrinsecus"), mas que o grande artista ("tantus artifex") combinará também a perfeição do corpo "com outras coisas grandes e maravilhosas que serão então reveladas" (*civ. Dei* 22.30.1: "et cum ceteris rebus, quae ibi magnae atque mirabiles videbuntur", CCL 47.862).

Agostinho fez alusão a essa distinção desde relativamente cedo. Em *De vera religione* (final de 390), lemos como os santos "começarão a possuir o mundo, junto aos seus corpos agora restaurados à sua firmeza primitiva, em vez de serem possuídos pelo mundo" ("non cum mundo possideri, sed mundum possidere coeperit", *vera rel.* 34.44; *cf.* HILL, 2005, p. 57). Aqui se representa o céu como *tanto* o corpo (*corpus*) redimido *como* um mundo (*mundum*) que os santos possuem, sugerindo que há outras realidades terrestres que constituem o céu além dos corpos ressuscitados somente. Nesse modo de ver, o céu não é a cessação e desaparecimento da criação não humana, mas o perfeito domínio da alma redimida sobre esses bens quando ela goza da união consumada com Deus. Dessa maneira é realizada a paz final das almas divinas: na terra elas travaram guerra contra esses impulsos e bens inferiores, de modo que no céu "nos abrasamos no fogo do amor divino para conseguir essa paz ordenadíssima que traz consigo a estabilidade e a submissão do inferior ao superior" (*civ. Dei* 25.15). É assim que Deus deseja salvar *todas as coisas* que ele criou ("et salvat omnia qui creavit omnia"; *civ. Dei* 20.21).

Ao comentar o Salmo 35,7 – que Deus salvará os homens e os animais ("homines et iumenta saluabis Domine") – Agostinho reconhece que a *salus* dos animais não humanos aqui deve consistir de certa segurança e saúde, que pertence ao tempo ("salus iumentorum temporalis est"), mas depois ele compara essa salvação exatamente com aquela que o Senhor concede aos maus também ("Tuetur enim illos, et non illos deserit secundum modum suum, tamquam pecora sua: et non illos deserit"). A partir disso poderia parecer que embora os animais e as criaturas inferiores assemelhem-se aos maus no sentido de que não são conscientes de Deus nem anseiam explicitamente pelo céu ("non desiderant regnum coelorum"), Deus, no entanto, ergue-os e os coloca num lugar eterno próprio para eles (*en. Ps* 35.12; CCL 38.331). Agostinho trata os outros seres criados mais ou menos da mesma maneira. Por exemplo, ao discutir a comida do Senhor ressuscitado (por exemplo, Lc 24:41-43), Agostinho nos previne de que esse gozo de alimento é possível para os ressuscitados como "uma questão de poder, não de necessidade" ("potestas non egestas"; *s.* 242.2), deixando aberta a possibilidade de um literal banquete celeste.¹² De maneira semelhante, ele descreve a vida celestial como uma vida de música e de hinos de louvor (*cf. en. Ps.* 41.9), sugerindo (pelo menos) a presença do ar e, talvez, até de instrumentos musicais.

Por conseguinte, parece que no céu há mais do que simplesmente pessoas remidas e Deus. Como assim? De modo diferente da posição quase origenista examinada anteriormente, Agostinho vê até o mais material da criação como bom e querido por Deus, certamente uma lição que aprendeu quando estudava a sua saída do maniqueísmo. Ao descrever a vida dos *pii* no céu, ele destaca a totalidade e a perfeição da ordem redimida na qual todas as "partes" da criação se juntam em perfeita ordem: "E por isso se diz aos justos (*piis*) que esta é a terra deles, pois os ímpios de modo algum terão parte nela ['quod ipsa sit terra eorum quae ulla ex parte non erit impiorum'], porque ela foi dada igualmente" (*doc. Chr.* 3.34.49). Além disso, ele não apenas sugere que há coisas no céu além de Deus, anjos e pessoas humanas remidas, também fornece um plano de como essas realidades não humanas estarão em relação com as pessoas criadas.

Haja ou não uma beleza natural, as coisas criadas, animais não humanos etc. nunca são o foco direto de sua preocupação, mas tais criaturas boas são claramente importantes porque desempenham um papel na mistagogia celeste de Agostinho. Ou seja, nas mãos de Agostinho, as metáforas escriturísticas usadas para descrever a vida dos santos no céu se tornam personalizadas, no sentido de que a alma santificada realiza e assim "se torna" os símbolos religiosos usados economicamente na terra. Como bispo, Agostinho entendia bem a ritualização e a dependência dos sinais cristãos; como pastor, ele percebia que todos os símbolos e movimentos litúrgicos e bíblicos devem

---

12 Com base em sua distinção entre *uti* e *frui*, nós podemos entender como Agostinho argumentaria que, visto que havemos de usar o alimento apenas para alcançar Deus, uma vez que temos Deus não mais precisaremos "usar" coisas: "Aqui procuras alimento; [lá] Deus será o teu alimento. Aqui procuras abraços da carne" (*s.* 255.7). Contudo outras vezes lemos que não é a comida em si que é indecorosa no céu, mas *a necessidade* de comer: "A razão é que serão revestidos do dom inviolável, certo e omnímodo da imortalidade, de forma que, se lhes agradar, comerão por possibilidade, não por necessidade [...]. Pois tais corpos não são despojados da possibilidade, mas da necessidade de comer e beber" (*civ. Dei* 13.22).

ser assumidos, animados, e assim feitos pessoalmente efetivos nas vidas dos fiéis. Em sua doutrina do céu, essa assimilação se torna eternamente real: no céu o cultual e o pessoal se unem à medida que símbolos tangíveis, que foram usados pela Igreja na terra, cedem passagem à sua realização nas almas dos santos. No céu os fiéis se tornam, portanto, a verdadeira Jerusalém (*cf. en. Ps.* 147.7), os altares vivos de Deus (*cf. civ. Dei* 10.3), seus templos perpétuos (*cf. Jo. ev. tr.* 15.25) e vales de louvor (*cf. en. Ps.* 103, *exp.* 2.11). Eles são o ouro de Deus (*cf. s.* 62.12), seu crisma (*cf. s.* 19.6), sua cidade eterna (*cf. civ. Dei* 19.23) e verdadeiro descanso sabático (*cf. civ. Dei* 22.30). O que a Igreja professou na terra se torna real no céu: "sê o que proclamas, e serás o louvor dele" (*s.* 34.6; HILL, 1990, p. 168).[13] Dessa maneira, Agostinho sempre acentua o céu como a realização da vida humana, em que a verdadeira prosperidade é realizada à medida que os santos se apropriam dos símbolos e acessórios de Deus e, ao fazer isso, tornam-se deuses. Porque, por mais importantes que o sábado cristão, os referentes escriturísticos, os símbolos cultuais e rituais litúrgicos tenham sido na terra, ficarão inertes e ineficazes se não forem assimilados nas vidas dos santos no céu.

### Predestinados para a glória

No Evangelho de João, Agostinho teria lido que Jesus diz aos seus discípulos que no céu há muitas moradas (*mansiones*) preparadas para eles por Deus Pai (*cf.* Jo 14,2). Ao comentar sobre essas habitações celestiais, Agostinho nota que a passagem joanina revela uma interação entre o conhecimento de Deus desde toda a eternidade e a subsequente graça preveniente e salvífica no tempo. Predestinação e doação de graça estão necessariamente relacionadas no pensamento de Agostinho: "Predestinação é a preparação para a graça, enquanto a graça é a sua doação" (*praed. sanct.* 10.19; *cf.* TESKE, 1999, p. 165).

---

13  Para ver mais sobre isto, *cf.* Meconi (2008).

Ao examinar João 14,1-4, Agostinho vê que Deus é representado como *já* tendo preparado lugares para aqueles que passarão a eternidade em sua presença *assim como* ainda indo preparar lugares: "Escolheu predestinando antes da constituição do mundo, escolheu chamando antes da consumação do mundo". Noutras palavras, Deus predestina as *mansiones* dos seus eleitos antes do tempo; e pelo chamado de Cristo, Deus dá agora, no tempo, a cada um a graça de realizar a sua casa celeste. "Portanto, as moradas já existem, com respeito à predestinação; se não existissem, ele teria dito: 'irei e prepararei', ou seja, predestinarei. Mas porque elas ainda não existem, com respeito a agir, ele diz: 'irei e prepararei um lugar para vós'" (*Jo. ev. tr.* 68.1; RETTIG, 1993, p. 55-111, aqui 63, com leves ajustes). Esta conjunção de "praeparavit et praeparat" é a maneira econômica de Agostinho tentar sempre estabelecer a prioridade da graça divina em conformar alguém às realidades divinas sem reduzir as criaturas a meros autômatos dentro da economia divina.

Agostinho se esforça por garantir que a presciência de Deus acerca da cidadania celestial nunca tire a liberdade das pessoas humanas. Particularmente sensível ao *fatum* que o atraía como maniqueu, e que ainda resistia em outras escolas filosóficas (*cf. civ. Dei* 5.11), Agostinho sustentava que a graça não erradica a liberdade humana, mas, de fato, a estabelece.[14] Enquanto tudo o que está predestinado é necessariamente conhecido de antemão, nem tudo o que é sabido de antemão é necessariamente predestinado: Deus, por exemplo, não predestina ninguém a pecar ou a ser destruído. Em sua concupiscência centrada em si mesmos, contudo, aqueles que amam a si mesmos ao ponto de desprezar Deus e seus caminhos ("ad contemptum Dei": *civ. Dei* 14.28) são os únicos agentes de seu próprio perigo. Aqueles que livremente se afastam de Deus, o fazem por sua própria autonomia e se recusam a tornar-se o que foram criados para ser. A verdadeira identidade de alguém é revelada apenas ao aceitar a graça para estar em união com Deus.[15] Os que foram feitos à imagem e semelhança de Deus são

---
14  Para uma excelente discussão sobre relação um tanto complicada entre a agostiniana predestinação, presciência e liberdade humana, *cf.* Rist (1994, p. 266-283).
15  Este é todo o tema de *Confissões*: Agostinho finalmente tem uma história para contar

livres somente quando permitem que essa semelhança se realize ao viver de acordo com a vontade de Deus (*cf. ep.* 157.7-8; *Jo. ev. tr.* 41.8). Portanto, na própria avaliação de Agostinho, a predestinação não destrói a liberdade humana, ela a torna efetiva e realiza. No entanto, ele reconhece que há uma coisa que a predestinação estraga: "esse mais destrutivo erro que diz que a graça de Deus é dada segundo nossos méritos" (*persev.* 17.42; TESKE, 1999, p. 220). Os santos são, pois, "predestinados" a receber a graça e assim realizam a sua liberdade.

A maneira como Agostinho chegou a acentuar esse primado da graça é uma narrativa bem ensaiada. No princípio do seu episcopado, ele recebeu uma carta do idoso Simpliciano, um padre espiritual tanto dele como de Ambrósio quando estava em Milão (sucedendo a Ambrósio como bispo em 397). Simpliciano escreveu a Agostinho perguntando como entender as passagens mais espinhosas de Paulo (ou seja, Rm 7,7-25 e 9,10-29) que parecem representar Deus agindo arbitrariamente quando escolhe alguns para o céu. Agora que Simpliciano era o supervisor da Igreja milanesa, como explicar passagens tais como a declaração de Deus: "amei Jacó e odiei Esaú"? Por que Deus predestinaria uma pessoa para o céu e outra não? Bem mais tarde, em suas *Retractationes*, Agostinho admitiu que essas perguntas o forçaram a reavaliar como ele entendia a interação entre a graça divina e a liberdade humana, admitindo notoriamente: "[Para solucionar esta questão] trabalhei pelo livre-arbítrio da vontade humana, mas a graça de Deus venceu" ("sed vicit Dei gratia"; *retr.* 2.1.1).

Quer dizer, antes que fosse interrogado por Simpliciano, Agostinho admite imaginar a eleição de Deus como atribuível à fé humana previsível (*cf. ex. prop. Rm.* § 60-61).[16] Deus pode ter amado Jacó, por exemplo,

---

porque a sua vida agora tem um propósito unificado e integridade. Não há nenhuma narrativa coerente sem uma vida unificada em Deus. Foi assim que Peter Brown entendeu o apelo de Agostinho a uma teoria estrita da predestinação, dando à sua comunidade uma identidade segura: "porque ele proveu os homens com o que [Agostinho] sabia que eles nunca criariam por eles mesmos: um núcleo permanente de identidade, misteriosamente livre desses abismos vertiginosos cuja presença na alma ele sempre sentira de maneira tão aguda" (BROWN, 2000, p. 408).

16 Brown (2000, p. 139-150) é certamente o estudioso mais influente que argumenta que o

porque podia ver todo o bem que o fiel patriarca faria em prol do povo eleito de Deus. No entanto, pressionado por Simpliciano para explicar Romanos, Agostinho chegou a reconhecer que entender a presciência divina em termos de assentimento da criatura é equivalente a conhecer de antemão as obras, reduzindo a graça a um prêmio contratual. A partir de agora ele podia acentuar que a fé humana deve seguir-se ao favor divino:

> Portanto, antes de todo mérito está a graça; de fato, Cristo morreu pelos ímpios [*cf.* Rm 5,6]. Por vontade daquele que chama o mais novo, sem nenhum mérito das suas obras, para que o maior o servisse, e também o que está escrito: *amei Jacó*, provém do chamado de Deus, não das obras de Jacó. (*Simpl.* 1.2.7)

Desse modo, Agostinho tornou-se absolutamente inflexível que a graça de Deus de modo algum depende do assentimento conhecido de antemão ou de uma virtude subsequente de nossa parte, como ainda seria o merecimento humano do favor divino, ainda uma compreensão da graça que não é efetivamente *gratis*.

Por conseguinte, ele chegou a enfatizar que a graça de Deus precede necessariamente a qualquer bem ao qual a pessoa humana assente ou alcança: "Se algum mérito antecedeu aquela graça, já não se dá gratuitamente, mas se devolve conforme a dívida. Mas se não se dá gratuitamente, por que se chama graça ['si autem gratis non datur, gratia quare vocatur']?" (*s.* 26.14 [datado de 417]).[17] Ao destacar a natureza completamente gratuita da graça, Agostinho desenvolveu dois temas relacionados: a absoluta incapacidade da criatura decaída de se salvar e a priorização do favor divino. Precisamente porque todos estão doentes de pecado, a libertação que os homens e as mulheres buscam nunca pode vir deles mesmos. Dado que os filhos de

---

*Ad Simplicianum* de 397 marca uma mudança decisiva no primado da graça sobre a vontade humana, mas outros estudiosos como Goulven Madec (MADEC, 1996), bem como Harrison (2006), tentaram mostrar uma trajetória mais ininterrupta, em desenvolvimento. Para uma história dessa pesquisa, ver a excelente antologia Harmless (2010, p. 374-383).

17   A mesma etimologia é acentuada também em *Enchiridion ad Laurentium de fide spe et caritate* 25.98-99, *De praedestinatione sanctorum* 3.7 e *Enarrationes in Psalmos* 144.10.

Adão perderam livremente o seu direito ao favor divino, toda essa *massa damnata* tem necessidade de receber redenção (*cf. civ. Dei* 12.3; *simpl.* 1.2.15; *persev.* 8.17).[18]

Colocando as coisas desse modo, surge inevitavelmente a pergunta de por que Deus escolheria salvar alguém. Além disso, surge também a conclusão mais sinistra: por que Deus escolheria não salvar a todos? É claro que Agostinho admitirá que Deus é poderoso bastante para converter todos a quem quiser, mas quando pressionado explicitamente – por que uns gozam do céu e outros não – ele pode com simplicidade e segurança admitir que esse é o próprio mistério de Deus, algo "penes ipsum est", cabe totalmente a ele (*Gn. litt.* 11.10.13; *praed. sanct.* 10.19). Ele se esforça para encontrar uma solução, mas o máximo que ele consegue saber são estas duas máximas: 1) Deus nunca substitui a liberdade humana, 2) a vontade de Deus é justa sempre e em toda parte.

> Mas por que ele livra um indivíduo de preferência a outro, *seus julgamentos são inescrutáveis e os seus caminhos ininvestigáveis* [Rm 11,33]. Pois é melhor também aqui ouvirmos e dizermos: ó homem, quem és tu para responderes a Deus? [Rm 9,20], do que ousar dizer, como se conhecêssemos, o que quis que ficasse oculto aquele que, no entanto, não pôde querer nada injusto. (*praed. sanct.* 8,16)

A estrutura da salvação é colocada assim: Deus criou todos para estarem em união com ele, mas em Adão todos livremente rejeitaram esse convite. Os filhos de Adão, portanto, voltaram-se para si mesmos, e essa concupiscência tornou todos os homens e mulheres incapazes de conhecer a bem-aventurança sem um salvador. Mas Agostinho nunca se arriscou a decidir de modo definitivo por que Deus deu a alguns a graça de receber a sua salvação e a outros não.

Às vezes ele pode arriscar uma explicação filosófica. Por exemplo, talvez a maneira de Deus se relacionar com a humanidade seja, afinal, incompreensível porque Deus está além do que nosso limitado senso de justiça

---

18  Mais sobre isto em Rist (1994, p. 272-274).

pode entender ("ultra justitiam"; *s.* 341.9). Outras vezes ele repreende a arrogância humana em pedir uma resposta de Deus (*cf. Simpl.* 1.2.15; *persev.* 8.17). Mas, à medida que o seu compromisso com o pelagianismo se desenvolve, encontramos um pensador que, no fim das contas, é forçado a admitir que ele simplesmente não é capaz de colocar juntas de modo arrumado as peças predestinação, liberdade e céu. Uma linha no final dos seus dias (427) é muito reveladora. Numa carta ao abade Valentim de Adrumeto (um dos principais interlocutores nesta importante discussão), Agostinho usa duas imagens centrais do Novo Testamento: uma de Deus salvando o mundo (*cf.* Jo 3,17) e a outra de Deus julgando o mundo (*cf.* Rm 3,6). Se não houvesse graça divina, escreve Agostinho, como poderia o mundo ser salvo? No entanto, se não houvesse nenhuma livre escolha humana, como o mundo poderia ser julgado (*cf. ep.* 214.2)? As duas imagens são simultaneamente verdadeiras, e o melhor conselho que Agostinho pode dar a Valentim a esta altura é: "rezai para entenderdes de maneira mais sábia aquilo que piamente credes" (*ep.* 214.7).

Esta chamada Segunda Controvérsia Pelagiana (418-30) forçou Agostinho a voltar à conjunção de graça e livre-arbítrio com uma vingança. Esses anos foram testemunhas da sua mais vigorosa defesa da graça de Deus: *Epistulae* 194 (a Sixto de Roma em 418) e 217 (a Vidal de Cartago em 427), *De gratia et libero arbitrio* e *De correptione et gratia* em 426, bem como *De dono perseverantiae* e *De praedestinatione sanctorum* em 429.Contra o que ele percebia como o dogma pelagiano central, a crença de que a salvação depende mais da fé de alguém do que da graça de Deus, Agostinho respondeu de maneira rápida e copiosa.

A certas comunidades monásticas na África e Gália, o bispo de Hipona pretendeu mostrar que a sua compreensão de predestinação não nega o bem que o ascetismo e a fidelidade ocasionam. Enquanto a presciência de Deus nunca oblitera os esforços humanos, cada passo desses esforços é realizado pela graça de Deus.

> Eliminamos, portanto, pela graça o livre-arbítrio? De modo algum.
> Antes fortalecemos o livre-arbítrio. Afinal, como a lei não é eliminada

pela fé, assim o livre-arbítrio não é eliminado pela graça, mas confirmado [...] Do mesmo modo o livre-arbítrio não é eliminado pela graça mas confirmado, porque a graça cura a vontade pela qual nós livremente amamos a justiça. (*spir. et litt.* 30.52)

Embora Agostinho possa não ser capaz de explicar exatamente *como* o livre-arbítrio humano e a graça de Deus atuam juntos, deve ser mantido *que* ambos interagem sem dano ao outro. No seu modo de ver, a graça incentiva e torna a vontade criada realmente livre. Assim, aos que procuraram Deus nos seus votos monásticos (e, eu acrescentaria por extensão a Agostinho, todos os que desejam retamente a Deus), a resposta vem de que as ações humanas são livres e de fato têm importância, exatamente porque Deus primeiro emancipou a vontade para ser livre e para fazer boas ações.

Agostinho encontra na pessoa de Jesus Cristo o exemplo supremo dessa intersecção entre graça predeterminada e liberdade humana. A união hipostática revela uma humanidade que é ao mesmo tempo sem pecado e perfeita. Por que o Pai não apenas preserva, mas eleva esse singular caso de humanidade glorificada? Obviamente, não pode haver nenhum mérito prévio por parte da humanidade de Jesus no momento do *fiat* de Maria; a graça não é a recompensa de Jesus por algum ato futuro, mas é dada para o próprio bem dele assim como para o bem da raça humana – ele predestinado como nossa cabeça, nós como seus membros (*cf. praed. sanct.* 15.31). Exatamente devido a essa intimidade entre Cristo e o cristão, portanto, Agostinho previne contra preocupar-se com predestinação, como se ela diminuísse a verdade central do amor e da graça de Deus. Além disso, nem todos têm a capacidade intelectual para entender (*cf. persev.* 22.58), e alguns serão inevitavelmente consumidos por tal preocupação última (*cf. praed. sanct.* 8.16). O que deve ficar claro para todos é que em Cristo Deus morreu pelos pecadores, e cada batizado deve agora crer que ele ou ela foi predestinado/a ao céu. Às vezes Agostinho até impõe firmemente esse peso sobre a vontade de seu rebanho: eles podem ser salvos apenas se quiserem ("quod omnes homines possunt si velint": *Gn. adv. Man.* 3.6).[19] De modo semelhante, ao apresentar o céu

---

[19] Cf. *Retractationes* 1.10(9).2, em que Agostinho mais tarde acrescentou Provérbios 8,35

e o inferno à sua comunidade, o pastor Agostinho exorta os fiéis a fazerem a escolha certa, porque "agora está em tua mão [...] a qual dos dois queres pertencer. Escolhe agora, enquanto ainda é tempo, porque o que Deus misericordiosamente oculta, misericordiosamente adia" (*en. Ps.* 36.I.1; *cf. en. Ps.* 120.11). O céu começa precisamente no tempo; concluímos, portanto, este capítulo vendo como os efeitos da vida beatífica estão disponíveis àqueles que ainda caminham na terra.

### De *spes* a *res*: o céu também na terra

A seção final sobre a compreensão que Agostinho tem do céu examina como a vida celestial está disponível em parte aos eleitos de Deus enquanto ainda estão na terra. A realidade (*res*) do céu está disponível já agora aos que têm esperança (*spes*). Isto em Agostinho não é algo novo. Gregório de Nissa, por exemplo, baseava-se nessas passagens de "ver Deus" para afirmar que essa visão é possível para os santos mesmo enquanto estão na terra e que essa visão deificadora do Deus infinito nunca se esgotará completamente, mesmo no céu.[20] Aqui Agostinho está claramente em dívida, mas com restrições. Tal visão nunca seria plenamente obtida na terra, embora alguns poucos ("apud perpaucos") possam gozar dela parcial e fugazmente (*cons. Ev.* 1.5.8; CSEL 43.8).

Esta atual moradia entre nosso presente estado decaído e a vida celestial, quando nossa "plena adoção de filhos em redenção" ("adoptio plena filiorum in redemptionem") se tornará completa, é como Agostinho começa a seção-chave de seu *De peccatorum meritis et remissione* (datado de 411), no qual ficamos sabendo que:

---

a essa linha: "Porque é totalmente verdadeiro que todos os homens podem isso [a salvação] se o quiserem, *mas a vontade é preparada pelo Senhor*".
20   Mais sobre o sentido de Agostinho da *epektasis* celeste pode ser visto em Ladner (1959, p. 187-192).

Agora temos as primícias do Espírito e sob este aspecto já nos tornamos realmente filhos de Deus [...]. Agora, portanto, por um lado já começamos a ser semelhantes a ele possuindo as primícias do Espírito e por outro lado ainda somos dessemelhantes dele por causa dos remanescentes do velho estado de antes. Por isso, somos semelhantes a ele à medida que somos filhos de Deus pelo Espírito que regenera, mas dessemelhantes enquanto filhos da carne e do século. (*pecc. mer.* 2.8.10)

Segundo Agostinho, a graça está em ação na ordem criada lentamente conformando os filhos de Deus ao seu próprio ser. A vida realizada plenamente no céu é realizada aqui, embora de modo imperfeito e parcial:

O perfeito cumprimento da ausência de pecado está já agora sendo preparado naqueles que progridem e será plenamente realizado quando a inimiga morte tiver sido tragada e quando a caridade que agora se nutre de fé e de esperança se tornar perfeita pela visão e pela posse. (*perf. just.* 7.16)

Enquanto a vida deificada de união é um estado do qual a Igreja na terra pode começar a gozar e provar aqui e agora, os seus frutos estarão maduros somente depois que a morte estiver definitivamente derrotada para sempre.

É importante esclarecer essa interação entre a *spes* e a *res* da salvação cristã embutida por todo o pensamento de Agostinho. O cristão não só é capaz de manifestar os atributos divinos diante dos outros na terra, mas espera-se que o faça, e faça isso sempre 1) através do dom da esperança pela participação em Deus, fonte dessas boas ações e 2) ciente que ele ou ela participará no céu ainda "mais plenamente e mais completamente" ("plenius pertectiusque": *ep.* 140.33.77; PL 33.573). Portanto, enquanto os cristãos se tornam participantes da bondade na terra, o grau de participação de que gozam é apenas um antegozo da plenitude ainda a ser provada.

Em outra discussão do "summum bonum", Agostinho usa de novo tanto o "agora" como o "ainda não" da salvação voltando-se para o ensinamento de São Paulo que o mundo está salvo em Cristo e ainda espera a sua redenção final (*cf.* Rm 8,24-25). Agostinho conclui que "estamos salvos em esperança", porque "é em esperança que nos tornamos felizes; e como ainda não possuímos a salvação presente", contudo a esperamos no futuro. O intercâmbio paradoxal entre a beatitude gozada *in via* e a sua plenitude *in patria* é agora evidente: em esperança os cristãos já se tornaram beatos ("spe beati facti sumus"). Essa felicidade é, portanto, experimentada ("facti sumus") e é também um estado que espera aqueles que se mostram abertos à graça da perseverança ("spe beati [...] per patientiam": *civ. Dei* 19.4; BETTENSON, 1984, p. 857; CCL 47.668). Esse movimento da *spes* à *res* está frequentemente no centro das homilias de Agostinho sobre a ascensão de Cristo. Como a cabeça de um corpo, ele leva as mentes e as vontades de seus fiéis com ele quando deixa esta terra:

> Ele, enquanto está ali, está também conosco; e nós, enquanto estamos aqui, estamos também com ele. Isso é verdadeiro dele tanto em sua divindade como em seu poder e em seu amor; ao passo que para nós, embora não o possamos tornar verdadeiro com a divindade, podemos torná-lo verdadeiro com o amor. (*s.* 263.I.1; HILL, 1990, p. 222)

Unidos a Cristo como o corpo à sua cabeça, os cristãos não são mais meramente seres terrenos para Agostinho, mas foram transformados em cidadãos do céu.

## Conclusão

Agostinho emprega numerosas imagens para descrever a vida paradisíaca, e abundantes pressupostos teológicos estão ligados à sua doutrina do céu. Sobretudo, porém, o céu consiste na perfeição moral e na deificação dos eleitos de Deus. Agostinho pertence a uma comunidade na qual o céu molda a sua ética, teoria política, eclesiologia e uma particular visão do mundo. Colocar o céu e tudo o que ele acarreta como a consumação final da vida humana fornece a Agostinho uma última escala de valores, um "fim" pelo qual julgar todas as outras ações e pensamentos. Fornece também o corolário antitético. E enquanto a posteridade não aceitou tudo o que Agostinho tinha para apresentar em relação à mecânica de céu e inferno, o Ocidente cristão está para sempre em dívida com ele. Sequelas escuras seguiram-se de algumas de suas especulações, consequências com as quais o próprio Agostinho não gostaria de se preocupar.[21]

O céu é a única consolação da peregrinação terrestre (*cf. ep.* 92A). Apenas no céu o coração inquieto será saciado (*satiabitur: ep.* 147.26; CSEL 44.300). Envolve ser transformado em divindade que foi primeiro preparada por nossa deiformidade original. Como tal, é a realização de nossa natureza humana, uma vida que mesmo agora é realizável através de fé e ação adequadas. O céu é, portanto, um lugar de nova visão, de verdadeiro louvor e eterno florescimento: "Ali descansaremos e contemplaremos, contemplaremos e amaremos, amaremos e louvaremos. Eis o que haverá no fim, mas sem fim. Pois, que outro pode ser nosso fim senão chegar ao reino que não tem fim?" (*civ. Dei* 22.30).

---

21 Em 529, no Concílio de Orange, o debate entre Agostinho e Pelágio foi examinado e, enquanto os padres conciliares aceitavam muitos aspectos do predestinacionismo de Agostinho, não abraçaram todo o seu pensamento. Para um legado misto, *cf.* Pelikan (1971, p. 326-331).

# PARTE VI
*Linguagem e fé*

# 14 Fé e razão

*JOHN PETER KENNEY*

Para Agostinho, a meta da vida humana era "ver a face de Deus" neste mundo na maior medida possível e, com certeza, no próximo. A busca do conhecimento imediato de Deus por parte da alma dominou o seu pensamento, e ele reconstruiu a sua vida para esse fim. Para nos aproximar de suas reflexões acerca da fé e da razão precisaremos, pois, estar alertas a esse vetor central de seus escritos e, sobretudo, reconhecer várias das características resultantes que o separam do pensamento contemporâneo. Primeiro, há a característica central que ele partilha com muitos autores clássicos e patrísticos: que a busca da sabedoria divina é um modo de vida.[1] Para Agostinho, o conhecimento de Deus só pode emergir se a alma foi treinada para atualizar sua conexão latente com Deus. Mediante um modo especial de vida a alma pode recuperar a imagem de Deus dentro dela e, na profundeza interior de si, discernir a presença divina. A vida dedicada à disciplina moral e virtude ética é necessária até para começar esse processo de visão interior. Em segundo lugar, a recuperação dentro da alma está, para Agostinho, além de nossa capacidade humana sem assistência divina. Pois a alma não está agora na sua condição original de sua criação, mas está deformada por uma separação obscura de sua condição inicial na qual podia perceber diretamente a Deus. Agora ela está quebrada em sua capacidade moral e, como resultado, empobrecida em sua habilidade epistêmica para descobrir Deus. Com respeito a isto, como veremos, Agostinho levou além a tradição clássica em epistemologia. Finalmente, fé é o instrumento que abre a alma a essa necessária ajuda divina. Se a alma começa a se abrir para a

---

[1] Hadot (1995, parte I, parte II, caps. 5 e 8, parte III, cap. 10); Hadot (2002, parte II); Cooper (2012, cap. 1 e 6).

possibilidade de Deus, então a sua cura principia, à medida que o poder da graça divina opera para suprir a alma com a eficácia moral perdida pela Queda. A fé, porém, não é apenas uma aceitação propositiva, embora isso seja importante para Agostinho. É especialmente a adoção das verdades encontradas na Bíblia e interpretadas pela Igreja católica. Através da autoridade divinamente sancionada, Deus fala aos aspectos mais profundos da alma individual e restaura a sua condição prévia à Queda. A fé em Cristo cura a alma e leva ao conhecimento direto de Deus por parte da alma; para Agostinho, não há outro caminho.

Por conseguinte, compreender Agostinho sobre fé e razão exige reorientação de nossos termos naturais de reflexão. Para Agostinho, fé não é um compromisso doxástico, de crença ou opinião, em aberto; deve ser fé em Cristo, o poder divino cuja missão específica era reparar a condição humana. Portanto, a fé diz respeito à restauração moral e epistêmica da alma pelo poder divino, que leva à renovação de sua habilidade espiritual em discernir a presença de Deus. A fé para Agostinho é tanto interior e pessoal como exterior e pública. Não é análoga a julgamentos empíricos acerca da situação dos negócios, nem é como a adoção de uma visão do mundo ou campo noético que torna as crenças racionais. É sobre a conversão profundamente difícil da alma que leva à contemplação de Deus, uma tarefa impossível sem a intervenção divina.

O teórico era o pessoal para Agostinho. Para chegar ao seu pensamento precisamos voltar-nos para o curso do seu desenvolvimento e para textos específicos. Agostinho não era um sistemático; trabalhava sobre problemas à medida que eles surgiam no decorrer de sua vida, com controvérsias teológicas exigentes, que forçavam a realçar certas questões. Começaremos então com a sua adoção do maniqueísmo, o qual ele chegou a ver como uma filosofia religiosa baseada em fundamentos teóricos sadios. Depois o foco mudará para o seu crescente ceticismo, para o seu estudo do platonismo e, finalmente, para suas opiniões maduras como cristão ortodoxo.

## A religião da razão

O maniqueísmo era uma seita cristã proscrita no Império romano que se apresentava como uma alternativa científica e racional ao cristianismo ortodoxo.[2] A explicação maniqueia da verdade deslumbrou Agostinho no final de sua adolescência, e ele permaneceu como adepto por mais de uma década. O maniqueísmo se tornou para Agostinho, depois disso, um paradigma de confusões às quais a reflexão racional está propensa em matérias de religião.[3] Porque o maniqueísmo era uma teologia baseada no naturalismo científico, oferecia aos seus seguidores uma teoria unificada que tratava questões de metafísica, cosmologia e ética. Uma forma atenuada de materialismo, ele propunha um dualismo conflitivo no qual duas formas opostas de energia eram responsáveis pelo cosmos físico. Deus/Luz/Espírito era uma força passiva que se opunha ao poder ativo de Mal/Escuridão/Matéria. Os maniqueus eram o resto na humanidade cuja natureza interior abrigava um fragmento destruído da luz divina, tornando-os invulneráveis às ações exteriores do corpo material no qual os verdadeiros egos deles estavam encerrados. Para o jovem Agostinho, essa explicação era persuasiva tanto por sua aparência convincente de teoria com a qual foi ensinado, mas também porque ela apelava para os seus instintos mais básicos.[4] Como um "auditor" ou iniciado maniqueu, Agostinho ainda não era obrigado a assumir o rigor ascético de um "santo", assim ficando livre para continuar a sua coabitação com a sua concubina. E apelava para a sua vaidade, fazendo dele um membro da vanguarda humana que abrigava a divindade nos recessos do seu ego interior.

Contudo, Agostinho finalmente chegou a olhar o maniqueísmo como emblemático do abuso da razão e das falhas a que era propenso. "Verdade, verdade" era o lema deles (*conf.* 3.6.10); ele nos conta que os maniqueus confiavam apenas na razão, livres de qualquer autoridade externa, rejeitando

---

2  Brown (2000, cap. 5).
3  O relato autobiográfico de Agostinho de seus dias como maniqueu se estende pelos livros 3 a 7 de suas *Confissões*.
4  O Livro 3 de *Confissões* está concentrado em sua adoção do maniqueísmo.

o Antigo Testamento e emendando o Novo (*util. credo* 1.2). Inicialmente, o materialismo deles parecia-lhe internamente coerente, a aplicação poderosa e convincente da razão humana à cosmologia e teologia. Mas aqui estavam as sementes do desassossego de Agostinho em relação à razão.[5] Os maniqueus dependiam do que ele chegou a considerar uma espécie estreita de razão indutiva que servia de apoio para o materialismo deles tanto em cosmologia como em teologia. À medida que ele se tornou mais lido em artes liberais, descobriu que a cosmologia maniqueia era inconsistente com o que encontrou em autores clássicos de ciência natural (*conf.* 5.3.3). Questões de tomada de decisão começaram a se avolumar à medida que ele ponderava as afirmações teóricas centrais do maniqueísmo, particularmente a sua mescla de astronomia e teologia. As suas próprias observações astronômicas não concordavam com as teorias maniqueias (*conf.* 5.3.6). Além disso, a tentativa de Agostinho de garantir respostas detalhadas para as suas questões fracassou quando Fausto, o pensador chefe da seita, mostrou-se um retórico sem formação nem em ciências naturais nem em filosofia (*conf.* 5.6.11-7.12). Finalmente, o materialismo dualista do maniqueísmo excluía qualquer resolução do problema do mal, pois permitia o insaciável poder da matéria como elemento primordial em oposição à bondade. Isso era, afirmaria ele mais tarde, a principal causa de sua deficiência: o fracasso do materialismo dualista em oferecer uma explicação suficiente para o mal além de mero reconhecimento de sua existência bruta (*conf.* 5.10.19).

A desilusão com o maniqueísmo levou Agostinho a várias conclusões importantes (*conf.* 5.14.25). Primeiro, a razão empírica apenas agora lhe parecia inadequada para tratar questões de teologia de maneira conclusiva. A religião da razão falhou em dar uma explicação adequada do seu materialismo religioso, que pudesse refutar teorias alternativas. De maneira mais importante, porém, o seu aparente intelectualismo apelara para a vaidade dele. Adulava a sua autoestima como membro de uma elite ontológica que era a única a conter nela as centelhas da luz divina, da bondade e da razão. Permitia também que ele fomentasse sua exagerada autoestima enquanto

---

5 Sua desilusão com os maniqueus se torna aguda em *Confissões* 5.

continuava a viver com uma concubina. A religião de Fausto, portanto, alimentou e inflou a falsa visão de sua própria natureza e, ao fazer isso, juntou o fracasso epistêmico com o ético. Essa conexão de crença com condição moral do ego dominou doravante o pensamento de Agostinho, tornando-o intensamente alerta aos fundamentos pessoais das afirmações teológicas.

### "Livros dos platônicos"

O fracasso do maniqueísmo – a autoproclamada forma racional do cristianismo – mergulhou Agostinho no ceticismo teológico e no libertinismo (*conf.* 5.14.24). Ele conta que teria se perdido num turbilhão de prazeres carnais se não tivesse se agarrado à única crença que nunca seria abalada: o julgamento após a morte. Só isso o preveniu contra o epicurismo. Os seus primeiros escritos, produzidos antes de seu batismo como cristão ortodoxo, exibiam esse persistente estado mental. Neles ele enfatiza que seu real interesse sempre estivera em "Deus e a alma" (*sol.* 1.2.7; *ord.* 2.18.47). Mas ele perdera toda convicção de que o conhecimento desses assuntos era possível, mantendo apenas um incipiente medo escatológico do julgamento. Tudo isso mudou quando ele encontrou "alguns livros dos platônicos" e uma assustadora nova noção de razão (*conf.* 7.9.13).[6] Não sabemos com toda certeza o que exatamente ele leu, mas estavam incluídos tratados tirados da escola romana que incluíam especialmente Plotino e Porfírio.[7] Essas obras o introduziram à concepção da contemplação interior que era um aspecto central da epistemologia da escola romana. Tendo se concentrado sobre uma análise empírica do cosmos, seu vetor agora mudou para reflexão interior, *a priori*. A contemplação – *thēria* ou *contemplatio* – era uma prática pela qual o ego interior podia afastar-se do plano da percepção sensorial e das distrações da existência terrena. Através da contemplação interior os elementos mais altos da alma podiam entrar em associação imediata com

---
6 *Cf. De beata vita* 1.4; *Contra academicos* 3.17.37-20.43; *Soliloquia* 1.4.9; *De vera religione* 4.7; *Epistula* 118.5.33.
7 *Cf.* Kenney (2005, parte II, cap. 4); Brown (2000, cap. 9).

a própria verdade.⁸ Os elementos da contemplação incluíam: primeiro, o treinamento inicial da mente em matemática, dialética e outras disciplinas mentais que aperfeiçoavam a capacidade da alma para a reflexão racional no tempo. Entendia-se que isso levava à *noēsis* ou *intellectus*, a intuição racional pela qual a mente podia captar, por compreensão repentina, os primeiros princípios da realidade. Portanto, os fundamentos inteligíveis da realidade sensível não deviam ser descobertos por observação empírica, mas por raciocínio interior. Em segundo lugar, além de reconhecer a substância dos inteligíveis – as perfeitas naturezas que eles definem e exemplificam –, a alma era capaz de discernir o nível de realidade como um todo que os inteligíveis compartilham. O mundo inteligível constituía um nível transcendente do ser externo, o próprio nível da divindade. A divindade só poderia ser descoberta pelo exercício interior da razão. Em terceiro lugar, através do exercício da contemplação a alma também chegava a reconhecer as profundezas do ego, alertando-o contra o fato desencorajador de que o ego da consciência empírica era apenas algo superficial, apinhado de impressões passageiras impostas sobre ele pela experiência sensível. A estabilidade seria descoberta quando a alma tivesse sido estabelecida na sua mais íntima natureza e tivesse recuperado a sua conexão nativa com o divino e o eterno. Finalmente, esse processo de interioridade exigia tanto uma disciplina mental como, de maneira crucial, a cura ética da alma. Apenas quando a alma chegasse a exercer as virtudes e afastar sua falsa atenção do sensível e transitório, ela poderia reclamar sua dignidade inerente. Esse valor interior descansava no ego inteligível que o *intellectus* – a mais alta espécie de razão – revelou e permitiu.

"E o que é a face de Deus senão a verdade pela qual suspiramos e para a qual, porque é nossa amada, nos tornamos puros e belos?" (*ord.* 1.8.23). Agostinho escreve em *De ordine*, um dos seus primeiros livros escritos na esteira do seu encontro com os "libri platonicorum", mas antes de seu batismo como católico. Ele abraçou a teoria platônica dos dois mundos: "Mas há outro mundo inteiramente remoto dos olhos, que o intelecto de poucos

---

8 Esta contemplativa "ascensão através das artes liberais" pode ser vista numa obra anterior ao batismo, *De ordine* 2.11.31-16.44. *Cf.* Harrison (2006, p. 41-48).

homens sãos discerne" (*ord.* 1.11.32). A sua alma, cuja concentração sobre o mundo visível foi perdida e cuja vagabundagem moral tem sido tolerada, agora discerniu o que nunca entendeu antes, a transcendência do divino:

> Quando a alma se tiver composto e ordenado, e restaurado a harmonia e a beleza, então poderá ter a visão de Deus e da própria fonte da qual emana todo o verdadeiro e o próprio pai da verdade. Ó grande Deus, como serão aqueles olhos! Quão sãos, quão belos, quão fortes, quão constantes, quão serenos, quão ditosos! E o que eles veem? O que, por favor? O que pensaremos, o que estimaremos, o que falaremos? Apresentam-se como palavras da nossa linguagem comum, mas todas se tornaram sórdidas por coisas muito vis. Não direi mais nada senão que a visão da beleza nos é prometida, e por cuja imitação as outras coisas são belas, e por cuja comparação repugnantes. (*ord.* 2.19.51)

A compreensão que a alma tem de Deus é intelectual e não empírica, é mental e não corpórea. Quando a alma se colocou em ordem ética, ela pode restaurar a sua habilidade de participar nos inteligíveis, que constituem os fundamentos ontológicos da realidade sensível. Essa visão intelectual de Deus como o próprio belo excede as categorias finitas do intelecto. Enquanto enobrecida pelo alcance do intelecto purificado, a alma lembra-se também das limitações de sua finitude. A íntima conexão entre contemplação e condição ética da alma é realçada em outro tratado catecumenal, *Soliloquia*:[9]

> O olhar da alma é a razão. Mas como não se segue que todo aquele que olha vê, o olhar correto e perfeito, isto é, ao qual segue o ato de ver, se chama virtude; a virtude é, então, a razão correta e perfeita. Entretanto, o próprio olhar não pode voltar os olhos, mesmo já sãos, para a luz, se não houver essas três coisas: a fé pela qual, voltando o olhar ao objeto e vendo-o, se torne feliz; a esperança pela qual, se olhar bem, pressupõe que o verá; e o amor pelo qual deseja

---

9 A "Razão", como interlocutora personificada com Agostinho, faz esta afirmação.

ver e ter prazer nisso. Já ao olhar segue a própria visão de Deus que é o fim do olhar, não porque já deixe de existir, mas porque já não há nada a aspirar. Esta é verdadeiramente a perfeita virtude, a razão atingindo o seu fim, seguindo-se a vida feliz. A própria visão é o entendimento existente na alma, que consiste do sujeito inteligente e do objeto que se conhece; como ocorre com a visão dos olhos, que consiste do mesmo sentido e do objeto que se vê. Faltando um dos dois, não se pode ver. (*sol.* 1.6.13)

O eixo inicial desta representação da contemplação é ético. A contemplação é um tipo de conhecimento que requer a purificação moral da alma como uma condição necessária. A realização da virtude permite que a reta razão se desenvolva em compreensão cognitiva direta de Deus, entendido como ser inteligível que transcende o cosmos – em nítido contraste com o maniqueísmo. A visão intelectual de Deus é "intellectus in anima" – entendimento dentro da alma. Essa é a nova concepção de conhecimento que se apoderou de Agostinho, lançando a sua conversão para uma versão transcendentalista do cristianismo à qual ele tinha sido introduzido por Ambrósio, bispo de Milão, e seu círculo de intelectuais católicos.[10]

### Visão intelectual nas *Confissões*

A apresentação definitiva da compreensão de Agostinho da visão intelectual pode ser encontrada no Livro 7 das *Confissões*, que conta o seu encontro, antes do batismo, com o platonismo. Naquele, ele explica a sua adoção de transcendentalismo e a concepção do intelecto que a respalda. Mas define também a limitação de sua recém-descoberta forma de conhecimento transcendental. Ele oferece dois relatos; a parte inicial da primeira versão reza assim:

---

10 Sobre Ambrósio, *cf. Confissões* 5.13.23-24 e 6.3.3-4.

E, admoestado a voltar daí para mim mesmo, entrei no mais íntimo de mim, guiado por ti, e consegui, porque te fizeste meu auxílio. Entrei e vi com o olhar da minha alma, seja ele qual for, acima do mesmo olhar da minha alma, acima da minha mente, uma luz imutável, não esta vulgar e visível a toda a carne, nem era uma maior como que do mesmo gênero, como se ela brilhasse muito e muito mais claramente e ocupasse tudo com a sua grandeza. Ela não era isto mas outra coisa, outra coisa muito diferente de todas essas, nem tampouco estava acima da minha mente como o azeite sobre a água, nem como o céu sobre a terra, mas era superior a mim, porque ela própria me fez, e eu inferior, porque feito por ela. Quem conhece a verdade, conhece-a, e quem a conhece, conhece a eternidade. (*conf.* 7.10.16)

A alma despertou para a sua profundeza interior e, afastando-se da luz material do mundo físico, discerne pelo olho da alma ("oculus animae") à luz da razão. Ao fazer isso, a alma reconhece a sua dependência ontológica dessa luz. Chegou a conhecer a própria verdade, transcendente e eterna, a fonte de toda realidade. Esta é a promessa da virada contemplativa para os recessos interiores da alma, a descoberta da própria verdade:

E eu disse: "Porventura nada é verdade, já que ela não está difundida pelos espaços dos lugares, nem finitos nem infinitos?" E tu clamaste de longe: Pelo contrário, eu sou quem sou. E ouvi, tal como se ouve no coração, e já não havia absolutamente nenhuma razão para duvidar, e mais facilmente duvidaria de que vivo do que da existência da verdade, a qual se apreende e entende nas coisas que foram criadas. (*conf.* 7.10.16)

O que a contemplação proporcionou à alma é indubitável, conhecimento *a priori*, a certeza de um nível transcendente de realidade que é a raiz da alma e a sede da verdade. É recuperável apenas por reflexão interior.

Esse conhecimento interior é descrito de novo, embora notas inquietantes sejam repetidas à medida que as limitações da contemplação se tornam evidentes a Agostinho. Porque a contemplação é de dupla face, oferece a certeza da verdade bem como a revelação da contingência. A alma reconhece a sua dependência e a sua distância dos seres eternos. Mas além de sua estrutura ontológica, ela deve chegar a um acordo com o caráter episódico do conhecimento contemplativo, porque a condição moral da alma determina o alcance e grau de seu avanço epistêmico em direção ao ser. Isto é clara e penosamente evidente desde o começo da passagem, descrevendo seus esforços de contemplação interior antes do seu batismo:

> E admirava-me por já te amar a ti, não a um fantasma em vez de ti, e não persistia em fruir do meu Deus, mas era arrebatado para ti, pela tua beleza, e logo a seguir era arrancado de ti, pelo meu peso, e caía nestas coisas, gemendo; e esse peso era o hábito carnal. Mas comigo estava a lembrança de ti, e não duvidava de forma alguma de que existe um ser a que me pudesse unir, mas eu ainda não estava capaz de me unir. (*conf.* 7.17.23)

A sexualidade errante de Agostinho acorrentou-o, deixando apenas uma compreensão momentânea, interior do divino. Não tendo ainda adotado uma vida cristã nem sido ritualmente lavado de seus pecados, a alma de Agostinho se encontra com uma mistura de certeza, memória e pesar. Essa condição ambivalente imprime um marcador crítico no retrato de Agostinho do conhecimento contemplativo, ao qual voltaremos.

No entanto, na descrição catecumenal que Agostinho faz da contemplação há muito que certifica o seu sucesso, embora de vida curta. Ele articula cinco níveis de cognição interior pelos quais a alma passa: o corpo; a alma que percebe o corpo; a força interior da própria alma; o poder do raciocínio discursivo; e, finalmente, o próprio intelecto. Eis o texto dessa subida narrativa de *Confissões*, Livro 7:

> Procurando por que motivo aprovava eu a beleza dos corpos, quer celestes, quer terrestres, e porque estava eu pronto a emitir um juízo correto a respeito das coisas mutáveis e a dizer: Isto deve ser assim, aquilo não deve ser assim, buscando, pois, o motivo por que julgava, quando assim julgava, tinha descoberto a imutável e verdadeira eternidade da verdade, acima da minha mente mutável. E assim, gradualmente, desde os corpos até à alma, que sente através do corpo, e

da alma até à sua força interior, à qual o sentir do corpo anuncia as coisas exteriores, tanto quanto é possível aos animais irracionais, e daqui passando de novo à capacidade raciocinante, à qual compete julgar o que é apreendido pelos sentidos do corpo; a qual, descobrindo-se também mutável em mim, elevou-se até à sua inteligência e desviou o pensamento do hábito, subtraindo-se às multidões antagônicas dos fantasmas, para que descobrisse com que luz era aspergida quando clamava, sem nenhuma hesitação, que o imutável deve antepor-se ao mutável, o motivo pelo qual conhecia o próprio imutável – porque, se não o conhecesse de algum modo, de nenhum modo o anteporia, com certeza absoluta, ao mutável – e chegou àquilo que é, num relance de vista trepidante. Então, porém, contemplei e compreendi as tuas coisas invisíveis por meio daquelas coisas que foram feitas, mas não consegui fixar o olhar e, repelido de novo pela minha fraqueza, entregue uma vez mais aos meus hábitos, não levava comigo senão uma lembrança que ama, e como que desejosa de alimentos bem cheirosos que ainda não podia comer. (*conf.* 7.17.23)

O sucesso cognitivo da intelecção interior está completo, tendo levado a uma cognição intensa, momentânea, do próprio ser eterno. Agostinho, porém, considera-o passageiro em sua imediatez; um conhecimento que mais tarde é lembrado, mas não pode ser sustentado. É uma forma sem mediação de intelecção na qual o conhecedor alcança um conhecimento não simbólico, não discursivo de Deus. A restrição a essa cognição é a condição ética da alma que força a suspensão de sua associação intelectual com o divino. Esse aspecto episódico definia assim para Agostinho a limitação inerente da intelecção contemplativa, sua capacidade restrita estabelecida pelo estado moral das almas humanas.

Os muitos matizes da concupiscência – "concupiscentia carnis" – que afligem a alma são o impedimento duradouro para a contemplação nesta vida. Mas podem ser mitigados pela única solução disponível à humanidade: fé humilde no poder curador de Deus. Isto se tornou, para Agostinho, uma linha nítida de diferenciação entre os platônicos pagãos e os cristãos. Ao passo que descobriu a eficácia da contemplação através de seu encontro com os tratados dos platônicos, ele vê os seus esforços de adotar intelecção interior como apenas um sucesso parcial. A contemplação platônica não pode ser sustentada exatamente porque o platonismo não ofereceu uma solução para a natureza decaída da alma. Ao invés, os platônicos se apresentam, na opinião de Agostinho, como sábios em sua autoestima, um ato de presunção espiritual baseado no orgulho (*superbia*) equivocado em suas realizações cognitivas (*conf.* 7.20.26).[11] Ao fazer isso, os platônicos estão recapitulando o pecado da Queda. Os cristãos, ao contrário, reconhecem os limites morais da contemplação e confessam a sua necessidade de assistência divina a fim de superar a natureza decaída da alma. Realmente, as representações da contemplação a partir do Livro 7 de *Confissões* reconhecem a atuação divina como guia e sustentadora da alma. Nada pode substituir a intervenção de Deus. Somente a confissão, enraizada na humildade diante da presença salvífica de Deus, pode restaurar na alma a capacidade de conhecer Deus – parcialmente enquanto ainda neste mundo, mais plenamente no próximo. Agostinho encontrou em Isaías 7,9 a confirmação de que a fé vem antes da contemplação:[12] "Se não caminharmos por meio da fé não podemos chegar à visão que não passa, mas permanece, unindo-nos à verdade através do intelecto purificado, por isso um disse: se não crerdes, não permanecereis, e o outro: se não crerdes, não entendereis" (*doc. Chr.* 2.12.17). A purificação é uma condição necessária para o entendimento contemplativo e isso só está disponível a partir de um poder capaz de remover os efeitos da Queda na alma. A fé, portanto, não é uma alternativa para a intelecção interior; é a fonte do seu exercício exitoso.

Como esse poder de purificação pode ser encontrado de maneira confiável? Apenas voltando-se para a autoridade de Cristo e da sua Igreja. Agostinho insistia que nunca se desviaria da autoridade de Cristo porque só ela tem o poder de mudá-lo. Essa afirmação era profundamente pessoal

---

11 Esta é a acusação central de Agostinho ao platonismo.
12 Aqui Agostinho comenta duas leituras diferentes da passagem, a saber: da *Vetus Latina* e da *Vulgata*. A passagem é frequentemente encontrada nele, aparecendo em *De Trinitate* 7.6.12, 15.2.2; *Epístula* 120.1.3; *De magistro* 11.37; *De libero arbitrio* 1.2.4, 2.2.6 etc.

para ele, baseada em sua nova determinação quando começou a ler Romanos e aceitou as suas admoestações como dirigidas a ele (*conf.* 8.11.28-29). Mas ele ofereceu igualmente uma variedade de regras mais generalizáveis para experimentar autoridades rivais, em particular em suas primeiras obras como cristão, quando essa questão era especialmente exigente. Enquanto a razão é distinta da autoridade, está, no entanto, envolvida em refletir sobre a autoridade na qual se pode confiar, e isso muda segundo o contexto de que tipo de fé está envolvida (*vera rel.* 24.45; *cf. util. credo* 12.26). Assim encontramos, por exemplo, análises de diferentes objetos de crenças diversas: aqueles em que se crê, mas não são plenamente entendidos, como os acontecimentos históricos; aqueles que são entendidos ao mesmo tempo em que são cridos, como a matemática; finalmente, aqueles que são cridos e depois entendidos. O último caso é o das coisas divinas, pois só os puros de coração podem ver Deus (*div. qu.* 48). Agostinho reconhece que o catolicismo foi criticado como uma religião baseada na fé, mas insiste que a verdadeira compreensão de assuntos teológicos só pode ser alcançada seguindo-se um caminho traçado pela autoridade (*util. credo* 9.21). A autoridade, ele insiste, abre a porta para um conhecimento mais profundo, pois só ela pode curar a alma de suas desordens, tornando-a primeiro dócil e depois forte (*ord.* 2.9.26; *cf. util. credo* 14.31 e 16.34). A alma pode assim entender o que a razão (*ratio*) é, a qual ela segue por meio dos preceitos da autoridade; e depois o que o intelecto (*intellectus*) é, que contém em si todas as coisas; e, finalmente, a fonte além de todas as coisas, que ele pode discernir. É apenas aceitando o caminho curativo da fé e seguindo os preceitos éticos da autoridade que a alma pode progredir rumo a uma compreensão interior. Então, porém, a alma pode superar o seu foco apetitivo em coisas mortais crendo na graça de Deus, e pode voltar-se da mutabilidade para o Imutável (*vera rel.* 12.24).

## A fé de Mônica

Há outro aspecto da compreensão que Agostinho tem da fé e da razão, que exige muita atenção: a questão do acesso à contemplação interior. Aqui nos deparamos com um aspecto às vezes negligenciado, mas decisivo, do seu pensamento: Agostinho chegou a ver o conhecimento contemplativo não como um terreno apenas dos filósofos, mas aberto a cristãos sem dotes intelectuais especiais. Embora nos seus primeiros tratados haja uma ênfase na educação nas artes liberais como fundamento para uma intelecção superior, este tema não persiste.[13] Esse programa soçobrou devido à poderosa presença de sua mãe, Mônica, uma norte-africana sem instrução cuja autoridade espiritual foi a "pedra 'angular' " dos capítulos da vida religiosa dele. Mônica passou a ser vista pelo seu filho como a figura da sabedoria não aprendida, uma mulher cujas fraquezas óbvias foram retratadas carinhosamente, mas francamente, no Livro 9 das *Confissões*, foram ofuscadas pela graça divina que era evidente durante todo o curso regular da vida dela. Ela era um desafio para as pretensões dele de homem sábio, um paradigma desse conhecimento espiritual mais profundo conseguido por cristãos simples, mas tão frequentemente evasivo para ele. Em Cassicíaco, antes do seu batismo, ele sugere um forte modelo de dois níveis para acomodar cristãos como Mônica: aqueles que alcançam santidade através apenas de autoridade só conseguirão conhecimento direto de Deus na próxima vida, ao contrário daqueles poucos filósofos que podem conseguir esse estado epistêmico final durante o seu tempo de vida terrena.[14] Mas esse modelo foi solapado nos tratados de Cassicíaco pelas intervenções conclusivas de Mônica nas disputas dos filósofos. Além disso, essas obras foram escritas antes do acontecimento descrito por Agostinho no Livro 9 de *Confissões* – a "visão em Óstia" – no qual ele e Mônica alcançam o conhecimento contemplativo de Deus. Essa

---

13 *Soliloquia* 2.20.35; também, para a "subida através das artes liberais" *De ordine* 2.11.30-16.44. Cf. *Retractationes* 1.3.2 e 1.4.4 para seu juízo retrospectivo.

14 Em *Confissões* 7.20.26 Agostinho nos diz que começou a se olhar de maneira orgulhosa como sábio depois de ter lido o platonismo. Isto está bastante claro em *De ordine* 2.9.26, em que os simples cristãos estão subordinados aos filósofos cristãos, que formam uma elite feliz.

passagem, a descrição preeminente do conhecimento imediato de Deus nas obras de Agostinho, exige exame cuidadoso (*conf.* 9.10.23-25). Agostinho começa situando a cena. Mônica e Agostinho estão debruçados numa janela que dá para o jardim interno no porto de Óstia enquanto esperam passagem de volta para a África do Norte. A morte de Mônica é iminente, mas insuspeitada, e a conversa deles se volta para a vida celestial dos santos. Agostinho, recém-batizado, planeja entrar para uma vida ascética ao voltar. A apercepção conjunta deles da Sabedoria divina é descrita duas vezes. Eis a primeira versão:

> E a conversação nos levou à conclusão de que diante da jocundidade daquela vida o prazer dos sentidos físicos, por grande que seja e na maior luz corpórea, não se sustenta a comparação, e até nem mesmo a sua menção; elevando-nos com mais ardente ímpeto de amor para o próprio ser, percorremos sobre todas as coisas corpóreas e o próprio céu, de onde o sol e a lua e as estrelas brilham sobre a terra. E ainda ascendemos em nós mesmos com a consideração, a exaltação, a admiração das tuas obras, chegaremos às nossas almas e até vamos além delas para atingir a região da abundância inexaurível, onde eternamente alimentas Israel com o alimento da verdade, onde a vida é a sabedoria pela qual foram feitas todas as coisas presentes e que foram e que serão, mas essa sabedoria não foi feita, mas é assim como foi e sempre será. Não é possível para ela ter sido no passado ou ser no futuro, pois simplesmente é, dado que é eterna. E enquanto falávamos dela e anelávamos por ela, tocamos levemente nela com toda a força da mente, e suspirando deixamos para trás as primícias do espírito, para descer de novo ao som vazio das nossas bocas, onde a palavra tem princípio e fim. E o que é semelhante à tua palavra, o nosso Senhor, estável em si mesma sem envelhecer e renovadora de todas as coisas? (*conf.* 9.10.24)

Esta é uma descrição da cognição conjunta da sabedoria divina, na qual as almas sobem da conversação externa para a reflexão interior e daí através de níveis de realidade. Saíram do tempo e entraram na presença da sabedoria eterna, da qual eles depois descem de volta para a conversação temporal. O modelo básico é semelhante ao encontrado antes em *Confissões* 7.17.23. Agostinho reflete de novo sobre a subida que ele e Mônica experimentaram:

> Dizia-se, portanto: se, por um homem, se calasse o tumulto da carne, se calassem as imagens da terra, da água e do ar, se calassem os céus, e a própria alma se calasse e superasse não pensando em si mesma, e se calassem os sonhos e as revelações da fantasia, toda língua e todo sinal e tudo o que nasce para desaparecer, se, para um homem, se calasse completamente, sim, porque, quem as escuta, todas as coisas dizem: "nós não fizemos a nós mesmas, fez-nos aquele que permanece eternamente"; se, dito isso, agora emudecêssemos, por ter elevado o ouvido para o seu criador, e só ele falasse não com a boca das coisas, mas com a sua boca, nós não ouviríamos mais a sua palavra por meio da língua de carne ou voz de anjo ou fragor de nuvem ou enigma de parábola, mas diretamente a ele, por nós amado nestas coisas, ouvíssemos diretamente a ele, sem estas coisas, como agora estendidos com um raio de pensamento tocássemos a eterna sabedoria estável acima de todas as coisas, e tal condição se prolongasse, e as outras visões, de qualidade grandemente inferior desaparecessem, e essa única ao contemplá-la nos arrebatasse e absorvesse e imergisse em alegrias interiores, e portanto a vida eterna se assemelhasse àquele momento de intuição que nos fez suspirar: não seria isso o "entra no gozo do teu senhor"? E quando se realizará? Não talvez no dia em que todos ressurgirem, mas nem todos estaríamos mudados. (*conf.* 9.10.25)

Mônica alcança esse instante de compreensão porque foi transformada pela graça divina e a sua vida interior foi purificada. O Livro 9 apresenta essa narrativa, oferecendo-nos intuições de suas lutas com muitas das exigências da vida de uma mulher na Antiguidade tardia. Ao mesmo tempo, as suas muitas virtudes são evidentes, a humildade, prudência, perseverança e, especialmente, coragem diante do potencial martírio (*conf.* 9.7.15).[15]

---

15  O fato de ela ser "mártir", ou testemunha na face da morte, é muitas vezes negligenciado, talvez porque seus perseguidores arianos também fossem cristãos.

Mas o caminho dela era de fé enraizada na autoridade que a leva, aqui em Óstia, à sua confirmação dramática. Assim, Mônica completou uma variante cristã do esquema da subida filosófica iterado por Diotima no *Banquete* de Platão e, ao fazer isso, confirmou que a compreensão imediata da sabedoria é alcançável tanto por almas filosóficas como demóticas através do poder de Deus. Se para os platônicos a filosofia era uma maneira de vida que levava à contemplação do Uno, então Mônica cumpriu esse fim por outros meios. O seu modo de vida – não instruído, mas sábio pela graça divina – tornou-se para Agostinho o primeiro exemplo do caminho cristão de fé e autoridade que leva à compreensão. Como tal, catalisou para ele uma compreensão que o entendimento pode ser mais bem buscado de uma maneira inteiramente distinta da filosofia.

O novo caminho de Agostinho para o conhecimento contemplativo devia ser seguido não por uma vida filosófica tradicional, mas pelo estudo da revelação divina. Fornece ulterior consideração por que era assim. Para Agostinho, a ignorância que a alma tinha do divino não era apenas questão de incorporação, de incapacidade cognitiva resultante do bloqueio de sua percepção racional pelo corpo. Agostinho avançou além da noção mais limitada do declínio da alma no platonismo plotiniano, especialmente a audácia da alma em escolher tornar-se sumamente identificada no corpo físico. Ao invés, ele chegou a considerar o próprio processo de conhecimento racional como limitado pela Queda.[16] E a Queda não podia ser subsumida no modelo eterno de procissão e retorno que constituía os níveis metafísicos da realidade em Plotino. Não, para Agostinho a Queda era singular, temporal e totalmente desastrosa. E era irremediável nos próprios termos. Portanto, o conhecimento de Deus não estava dentro da compreensão da alma, pois os recursos de sua própria renovação ética nunca estavam no seu controle. O que a alma de Mônica conseguiu em Óstia não foi apenas um avanço cognitivo, mas também a reversão da condição humana decaída. Ela chegara a conhecer a sabedoria divina de maneira imediata e não simbólica, mas também no momento. Ela fez isso porque a sua alma recebera o poder de o

---

16 O tratado-chave é *De diversis quaestionibus ad Simplicianum*. *Cf.* Harrison (2006, parte I, cap. 1 e 2, parte II, cap. 8).

fazer através de uma vida de preparação na graça. Não uma graça concebida como um caso de causalidade eficiente, de algum poder infuso na alma pela ação da compulsão, e sim pelo lento exame pela alma dos contornos éticos de vida em referência a Deus. Mônica fizera tudo isso em sua longa vida de oração, de modo que sua alma foi melhorada a tal ponto que esse momento de compreensão foi agora possível.

## Os fundamentos eclesiais da contemplação

O que Agostinho buscava era um meio de seguir esse caminho de maneira habitual. Encontrou essa maneira num novo modelo de contemplação que visava reformar a alma – agora entendida como dependente da ajuda divina para a sua realização. A restauração da razão só podia ser ocasionada através da fé baseada na autoridade. Além disso, podia ser sustentada apenas submetendo a alma à presença contínua da graça de Deus mediante a sagrada Escritura. A contemplação deve ser assunto de permanente estudo da revelação a fim de descobrir os seus significados ocultos para a alma individual. Porque a intelecção interior que a alma tem de Deus é, no máximo, momentânea, que deixa uma memória a ser lembrada e restaurada pela atenção à Escritura. A ambivalência interior da contemplação – conhecimento da sabedoria transcendente unido com o reconhecimento que a alma tem do seu exílio – deve ser habitualmente confrontada e, à luz dessa tensão, a alma deve voltar-se para a revelação divina. A contemplação interior trouxe para a alma esse conhecimento do seu estatuto, mas há perigos em seu discernimento. Pois o pecado é condicionado pelo conhecimento; ele é um ato de volição contra o que a alma conhece como verdadeiro, e assim a alma pode estar propensa a exacerbar o seu estado decaído quando entende quão longe está afastada do divino e do eterno. Desse modo, precisa manter o seu foco na sabedoria divina por meio do poder da graça. Pode fazer isto pela meditação diária da Escritura. Os livros 12 e 13 das *Confissões* exploram este tema; aí a dialética filosófica é substituída pela reflexão da Escritura dirigida para a vida interior da alma. Ao saturar a alma na palavra divina, a graça erradica alguns efeitos da Queda e avança o reconhecimento interior que a alma tem da presença da sabedoria divina. Realmente, Agostinho imagina isso como participação na intelecção interna de Deus, unindo a alma com o Espírito Santo (*conf.* 13.31.46). Mas talvez o aspecto mais saliente dessa transição, da contemplação filosófica para a teológica, seja o contexto mais amplo no qual o conhecimento de Deus está agora situado. Para Agostinho, a intelecção interior é, paradoxalmente, denominada em termos tanto sociais como individuais. Contemplar Deus através da Escritura e unir-se à Igreja, "a alma viva do fiel", no seu conhecimento coletivo de Deus (*conf.* 13.21.31). Como tal, a busca da sabedoria é reformulada por Agostinho, e agora é denominada em termos sociais. Quando a fé busca entendimento, faz isso afastando-se de uma busca unicamente individual de conhecimento para uma que seja também socialmente fundada – na Escritura e na Igreja. A Igreja não é apenas o árbitro institucional da Escritura, ela constitui a vida coletiva das almas que em conjunto conhecem Deus (*conf.* 13.34.49).[17]

Podemos concluir observando quão distante as visões de Agostinho estão do discurso contemporâneo sobre a fé e o conhecimento. A fissura central é encontrada na compreensão de Agostinho do conhecimento religioso como o exercício de contemplação interior pela alma. Por essa razão, o estatuto moral da alma define o seu horizonte epistêmico. Porque a alma está inerentemente no quadro – por assim dizer – de qualquer esforço para descobrir o divino e o transcendente, o seu caráter ético determina não apenas o que pode estar disposto a olhar como cognitivamente certo, mas o que é efetivamente capaz de conhecer. Lucidez moral é uma condição necessária para conhecer Deus. Nessa interpretação do conhecimento religioso, Agostinho construiu naturalmente sobre atitudes de longa duração para com o conhecimento metafísico mantidas por algumas antigas escolas filosóficas, especialmente o platonismo. Por isso, a filosofia tinha de ser um "modo de vida" pelo qual a alma pudesse ser treinada para a árdua tarefa de abandonar as distrações terrenas e concentrar-se na sua capacidade de conhecer o transcendente. Como vimos, porém, Agostinho chegou a ver essa

---

17  *Cf.* Kenney (2005, parte III, cap. 7).

estratégia espiritual em grande parte como um fracasso, porque ela superestimava a natureza e o poder da alma humana. E o estatuto moral da alma também podia ser facilmente exteriorizado e atribuído às confusões de sua materialização no espaço e no tempo. Agostinho concluiu, a partir de sua própria experiência, que faltava à alma uma capacidade inerente para curar a sua condição. Foi assim porque a fonte da Queda foi profundamente integrada dentro da natureza humana e não no exterior. A Queda da alma foi decisiva e completa. E assim a alma não podia chegar de maneira confiável a conhecer o divino e o transcendente sem auxílio divino. Qualquer "modo de vida" que a alma puder seguir para obter conhecimento de Deus deve ser-lhe concedido por dispensação divina. A graça abriria a alma para o transcendente, de maneira episódica, em contemplação sem mediação e habitualmente por meio da meditação da revelação divina na Escritura. O "modo de vida" cristão foi calibrado para as exigências da existência humana decaída, exigindo fé na autoridade para dirigir sua renovação moral. A contemplação, portanto, se aninha num novo ambiente social, a Igreja, necessária para o seu exercício, substituindo a escola filosófica clássica. A este respeito, como em muitos outros, a compreensão que Agostinho tinha da fé e da razão era um desafio aos modos clássicos de pensamento. Entendendo-se com a sua explicação da antiga prática cristã de contemplação interior podia também convidar à reflexão sobre acordos conceptuais contemporâneos com respeito a fé e razão.

# 15 Agostinho sobre a linguagem

PETER KING

Agostinho faz o papel de herói e de vilão em duas narrativas contemporâneas sobre a filosofia da linguagem. Ele é saudado como o pai fundador da semiótica moderna, o primeiro a reconhecer que a linguagem é um sistema de signos. Mas é também ridicularizado (de modo mais célebre por Wittgenstein) por adotar a visão simplista que as palavras são essencialmente nomes dos objetos que elas representam. Cada narrativa contém uma medida de verdade, mas faz-se isso à custa de uma história mais básica: que Agostinho não apresenta uma "teoria do significado" (semiótica ou semântica) sistemática no sentido moderno, ou seja, uma explicação dos significados dos constituintes atômicos da linguagem que explicam de modo recursivo os significados de expressões compostas.[1] Ao invés, a abordagem que Agostinho faz à linguagem é moldada por seu treinamento como retórico profissional. Experiente em como fazer coisas com palavras, Agostinho toma a linguagem como, principalmente, um veículo (convencional) de comunicação e, portanto, concentra-se em entender os vários modos em que *usamos* linguagem para transmitir significado – em parte uma questão dos pensamentos e intenções ("cognitiones et voluntates") do falante, em parte uma questão de convenções e práticas linguísticas. O desfecho é que a semântica toma uma posição subordinada à pragmática: o "significado" de uma expressão, para Agostinho, é paradigmaticamente uma

---

1 Esta concepção de uma teoria do significado segue Davidson (amplamente falando). Ela tem dois componentes: a) um princípio de composicionalidade, que explica como o significado de uma dada expressão é função dos significados de suas partes constituintes; b) recursividade, que explica como construir expressões complexas e seus significados a partir de expressões atômicas simples e seus significados. As ulteriores restrições de Davidson, que têm a ver com a "convenção T" e interpretação caridosa de Tarski, não são importantes aqui.

questão de seu uso como veículo para comunicação entre falante e ouvinte. Como falantes, tentamos codificar nossos pensamentos de maneira eficaz em forma linguística para uma dada audiência. Como ouvintes (intérpretes), tentamos determinar qual conteúdo o orador quer transmitir em sua escolha de expressão, aproximando nosso pensamento de normas e convenções linguísticas, levando em conta o contexto e o que o falante disse em outro lugar, tudo o que leva a uma explicação de significado "holística" de cima a baixo. Dito isto, as análises e explicações agostinianas do uso tendem a ser mais fragmentadas do que sistemáticas, com apenas um eventual aceno a implicações mais amplas. A razão disso é que a maior parte das obras de Agostinho é dedicada à exegese (escriturística), na qual é muito importante explicar a importância de algum texto, o que envolve, entre outras coisas, identificar e equilibrar as várias maneiras em que pode ser razoavelmente interpretado. Essa tarefa, dedicada a descobrir as verdades apresentadas na Bíblia, era claramente mais importante para Agostinho do que fazer uma pausa para esclarecer a sua metodologia – especialmente porque havia a metodologia clássica para lidar com textos autorizados, de Virgílio a Homero, e suficientemente familiar aos seus ouvintes, de modo que não precisavam de muito comentário. As reflexões mais sistemáticas de Agostinho sobre a linguagem são encontradas no incompleto *De dialectica* (387), no *De magistro* (389) e no *De doctrina christiana* (397/427), que é dedicado às regras para a exegese escriturística.[2] O aprendizado e a interpretação da linguagem são também discutidos nas *Confissões* (397/401) e o "mundo interior" em *De Trinitate* (400/416-21). Na primeira obra, Agostinho trata livremente de filosofia da linguagem, de modo mais especial da explicação estoica dos signos, mas sua abordagem "retórica" da linguagem tem muito em comum com as visões contemporâneas acerca do sentido global e da indeterminação da tradução.

---

2 Os primeiros dois livros exigem manejo cuidadoso. Por um lado, Agostinho parece ter abandonado o *De dialectica* sem completá-lo e o deixou para trás de maneira tão completa que não tinha sequer uma cópia própria quando escreveu suas *Retractationes*. Por outro lado, o *De magistro* é uma obra dialética descompromissada na qual posições são adiantadas, invertidas, modificadas e rejeitadas durante o diálogo, enquanto é permitido que Adeodato, interlocutor de Agostinho, cometa erros elementares e apresente argumentos só para serem refutados.

É comum às narrativas analíticas e semióticas sobre a filosofia agostiniana da linguagem a afirmação de que as palavras são signos. Consideraremos, pois, a distinção entre signos naturais e signos dados; como as palavras, enquanto signos linguísticos, têm significado em sentenças; e que uma expressão pode ser interpretada de muitas maneiras, o que é uma característica fundamental e impossível de erradicar. Concluiremos discutindo se Agostinho defendeu que exista uma linguagem mental.

## Signos

Agostinho oferece duas descrições gerais de "signos"[*]: "o que se mostra ao sentido e algo além dele mesmo à mente" (*dial.* 5.7: "Signum est quod et se ipsum sensui et praeter se aliquid animo ostendit") e "uma coisa que, além da fisionomia que em si tem e apresenta a nossos sentidos, faz com que nos venha ao pensamento outra coisa distinta" (*doc. Chr.* 2.1.1: "Signum est enim res, praeter speciem quam ingerit sensibus, aliud aliquid ex se faciens in cogitationem venire").[3] Em cada caso, ele identifica a característica chave dos signos que são "coisas empregadas para significar (*significare*) algo" (*doc. Chr.* 1.2.2). Importante para Agostinho é que um signo é uma coisa como qualquer outra e, portanto, "mostra ao sentido" ou "apresenta" uma "aparência de significado" como faz qualquer objeto comum, mas além disso está ligado a algo diferente dele mesmo, algo que não é a coisa de que é signo e que, portanto, concebemos mais do que percebemos. A compreensão dele exige manejo cuidadoso. Embora Agostinho fale do signo como uma "coisa" (realmente, como uma coisa sensível), ele reconhece que as ações e os acontecimentos podem ser signos: acenar com a cabeça é sinal de assentimento, tosse persistente é sinal de gripe, o beijo de Judas é sinal de traição. Tampouco está claro que os signos devam ser sensíveis, falando de modo geral. Pensamentos

---

[*] NT: Na tradução, signo e sinal são usados no mesmo sentido: traduzem o *signum* latino.
3 Talvez derivado de Cícero, *De inventione* 1.30.48: "Sinal é aquilo que entra em algum sentido e que significa algo visto segui-lo imediatamente". Outras possíveis fontes são Quintiliano e Orígines.

recorrentes de suicídio, que estão inteiramente na mente, podem ser sinal de depressão. E o que serve como signo é também verdadeiro do que significa. Uma única lanterna pendurada na Velha Igreja do Norte era sinal de que as tropas britânicas atacavam por terra, por exemplo, o que não é uma "coisa"; uma palavra pode ser um sinal de um estado mental, por exemplo, "se" talvez signifique dúvida (*mag.* 2.3). Ademais, as observações de Agostinho de que um signo está ligado a algo "diferente" ou algo "além de si mesmo" não deve ser tomado literalmente; o nome "nome" é um signo de si mesmo, pois nomeia (todos) os nomes, incluindo "nome", pois ele também é um nome (*dial.* 10; *mag.* 4.8-9). Apesar dessas qualificações, porém, a explicação agostiniana dos signos contém duas visões decisivas para entender a sua semântica.

A primeira percepção é de que os signos têm *intencionalidade*: eles sempre se dirigem a algo, pois o sinal é sempre um sinal *de* algo. Não é necessário que isso dependa de uma característica intrínseca do sinal. Não há nada sobre a inscrição "g-a-t-o" que o torne adequado para significar gatos. Isto fica mais claro no caso limite em que arbitrariamente declaro que uma coisa é sinal de outra, por exemplo "Seja $f(x) = 3x+17$" ou "eu apelido este divã de 'Fred' ". Contudo, o fato de que não é preciso haver nenhuma característica intrínseca do sinal que o faça signo do que ele significa não quer dizer que não possa haver uma característica que ligue signo ao significado. Agostinho indica que um ícone ou uma estátua podem parecer os objetos dos quais são signos, por exemplo. Assim, a fumaça é sinal de fogo e a pegada de um animal é sinal daquele animal (*doc. Chr.* 2.1.2). Nesses casos, a relação real respalda a intencionalidade do signo, as relações de semelhança e causalidade, respectivamente. No entanto, se há tal relação ou não, a questão de Agostinho é que sempre faz sentido perguntar do que um sinal é signo, ou seja, o que o sinal significa, pois "um sinal não pode ser signo se não significa nada" (*mag.* 2.3).

A segunda percepção é de que os sinais têm *intencionalidade*: significam algo, mas não alguma coisa, não importa quão amplamente entendida, mesmo se intencionalmente "miram" coisas. Agora é fácil ler mal Agostinho defendendo que os signos devam ser explicados extensionalmente, ou seja, em termos das coisas das quais eles são signos. Adeodato, por sua vez, cai nessa leitura equivocada extensional no *De magistro*, e Agostinho tenta fazê-lo reconhecer o seu erro perguntando de que a palavra "nada" é signo – afinal, "nada" não seleciona nenhuma coisa. Quando esse ato pedagógico falha, Adeodato fica perplexo e Agostinho propõe que eles continuem, esperando que "entendam essa espécie de dificuldade com mais clareza na ordem devida" como ele a coloca (*mag*. 2.3). A inscrição "Fido" é um signo; de modo mais particular, é um nome; se perguntarmos de que "Fido" é signo ou nome, a resposta natural é que significa ou nomeia Fido, ou seja, esse cão. De fato, Agostinho muitas vezes fala como se a significação de um signo fosse dada ao mostrar uma coisa. Felizmente, porém, esta não é a sua opinião considerada, pois levaria rapidamente ao princípio semântico desacreditado, ridicularizado por Ryle como a teoria "Fido"-Fido de significado.[4] Ao contrário, Agostinho afirma que a inscrição "Fido" como signo "mostra" Fido "à mente" e "faz" Fido "entrar no pensamento", como ele diz ao descrever o que deve ser um signo. O cão Fido é o alvo intencional do signo "Fido", mas apenas enquanto mostrado à mente ou entrando no pensamento, o que não é como ser captado em qualquer leitura extensionalista. Esta é uma parenta da opinião moderna de que o sentido determina a referência: "Fido" significa Fido em virtude da presença de Fido na mente em pensamento, no qual tal presença determina sobre o que é o pensamento (ou seja, Fido como alvo intencional) e assim fornece um referente para a expressão linguística. Adeodato não prestou atenção à restrição de Agostinho, de que os signos significam o que significam por causa de algo na mente, a saber, a presença intencional do objeto que é o alvo, e assim ele confundiu o objeto externo efetivo com o objeto intencional de significação. Mas os signos são intencionais, e Agostinho é consciente de que introduzem contextos opacos.[5]

---

4 Não faltam comentaristas prontos a repetir o erro de Adeodato e acusar Agostinho de defender a teoria "Fido"-Fido: *cf.*, por exemplo, Kirwan (1989, p. 49) e King (1995, n. 18, p. 18,).

5 Agostinho nota que a transitividade falha: "palavra" é *inter alia* um signo do nome "nome", que é signo do nome "rio", que é signo de um rio, mas "palavra" não é um signo de um rio (*mag*. 4.9). Falha também substitutivamente, como esperado.

A força das percepções de Agostinho deve ser clara, bem como algumas questões que levanta. Como as relações reais respaldam a intencionalidade da significação, naqueles casos em que respaldam? Como um objeto está presente à mente? E a mente de quem está em questão aqui? A pessoa que dá o signo ou a pessoa que o recebe? É a significação propriedade do signo, o uso do signo, a interpretação do signo?

### Signos naturais e dados

Agostinho trata dessas questões com a distinção entre signos *naturais* e *dados*.

> Alguns sinais são naturais, outros são dados. Os naturais são os que, sem intenção nem desejo de significação, dão a conhecer (*cognosci*), por si próprios, alguma outra coisa além do que são em si. Assim, a fumaça significa fogo. Ela faz isso sem querer significar, mas nós sabemos por experiência, observando e comprovando as coisas, ainda que só apareça a fumaça, há fogo embaixo. A esse gênero de sinais pertence a pegada do animal que passa; e o rosto irado ou triste significa o sentimento da alma, ainda que ele não tivesse nenhuma intenção de exprimir essa irritação ou tristeza. Da mesma maneira, acontece com qualquer outro movimento da alma que é revelado no rosto, sem que nada tenhamos feito para o manifestar [...]. Sinais dados são os que todos os seres vivos se dão mutuamente para manifestar, à medida que isso lhes é possível, os movimentos de sua alma [impulsos mentais] como sejam as sensações e os pensamentos. Não há outra razão para significar, isto é, para dar um sinal, a não ser expor e comunicar ao espírito dos outros o que se tinha em si próprio ao dar o sinal. (*doc. Chr.* 2.1.2-2.3)

Falando aproximadamente, os signos são naturais quando não envolvem uma intenção de serem sinais, ao passo que são dados se têm essa intenção, devido ao seu uso na comunicação.

Os signos naturais são não convencionais; o fogo causa fumaça, o veado que passa deixa uma pegada de casco, a expressão facial mostra o estado mental de uma pessoa. Estas são relações reais que existem independentemente do desejo de alguém de que elas existam; a fumaça, a pegada de um casco e a expressão facial podem, mas não precisam significar fogo, um veado ou tristeza presentes na mente de alguém. Contam, no entanto, como signos nas descrições de Agostinho porque são capazes de tornar esses objetos presentes na mente em pensamento, quer isso aconteça intencionalmente ou não.[6] Eles tornam os seus objetos presentes fundamentando inferências confiáveis ou, mais em geral, contando como evidência que indica a existência e presença dos objetos dos quais são signos: "por observação e atenção a coisas comuns" podemos razoavelmente inferir a existência de fogo a partir da presença de fumaça, que conta como evidência para a conclusão de que há fogo, e conexões inferenciais semelhantes ligam o rastro ao veado e a expressão ao estado mental.[7] Aqui Agostinho faz contato com as suas antigas fontes, pois o uso original de "sinal" era fundamentalmente inferencial.[8] Dois pontos. Primeiro, a força da conexão entre um sinal natural e o que ele significa em geral evita meras relações associativas de serem sinais, quando, por exemplo, a forma de uma nuvem me leva a imaginar um cavalo. Em segundo lugar, a afirmação de Agostinho é de que os sinais naturais são a garantia para tirar as conclusões como notado; essa alusão indireta é a única maneira como a mente está envolvida no fato de os sinais naturais serem signos, e está claramente no lado do "receptor" ou intérprete do sinal natural – os estados mentais do produtor de sinal natural são postos de lado e nenhum dos signos é a espécie de coisa que tem estados mentais, de modo que somos

---

6 Agostinho fala sobre "querer" e "desejar" da parte dos próprios sinais, o que é certamente errado; ele deve ter em mente que tudo que *produz* o sinal não precisa fazer isso intencionalmente, como o fogo não tem intenção de assinalar a sua presença causando fumaça. *Cf.* Kirwan (1989, p. 42-43).

7 Este último caso pode não ser inferencial tanto quanto constitutivo: ver alguém sorrir pode ser observar que as pessoas estejam num estado mental feliz, assim como ver manchas avermelhadas pode ser observar que têm sarampo; a inferência, se houver, é à causa subjacente do que o sorriso e as manchas avermelhadas são sintomas.

8 *Cf.* Allen (2001) para a discussão de signos nesse sentido.

deixados com o sujeito epistêmico (potencial) que estaria garantido, comumente, de tirar as conclusões como descritas.

Os signos dados, ao contrário, são produzidos a fim de chamar algo à mente.[9] Os signos linguísticos (palavras) são o exemplo favorito de Agostinho de sinais dados, embora haja sinais dados não linguísticos em abundância: ícones, mapas, bandeiras, sinais de trânsito, pinturas, sirenes etc. Agostinho sustenta que o principal propósito da linguagem é a comunicação; o *De magistro* começa com a pergunta que Agostinho faz: "O que te parece que queremos realizar quando falamos?", e Adeodato responde: "Ou ensinar, ou aprender" (*mag.* 1.1), sendo cada um identificado como uma maneira de chamar algo à mente, e os outros usos da linguagem são mostrados como derivados da comunicação (*mag.* 1.2). Tudo isto está na linha de sua declaração, em *De doctrina christiana* 2.2.3, de que a única razão para dar sinais é a comunicação. Ao descrever os signos dados, Agostinho afirma que eles se destinam "a transferir para a mente de outra pessoa o que está acontecendo na mente de quem dá o sinal", que é uma questão de "mostrar" àqueles a quem o sinal é dado "os seus impulsos mentais ou o que quer que eles sentiram ou entenderam" (*doc. Chr.* 2.2.3). Em "impulsos mentais", Agostinho inclui estados afetivos em geral, tanto volições como emoções; as crianças tentam dar sinais de sua vontade (*conf.* 1.6.8), lemos as Escrituras para descobrir os pensamentos e desejos ("cogitationes et voluntates") daqueles que as escreveram, e com isso descobrir a vontade de Deus (*doc. Chr.* 2.5.6). Ao comentar João 8,19 Agostinho descreve o processo de comunicação:

> Também em ti, ó homem, quando a palavra está no teu coração, é uma coisa diferente do som; mas a palavra que está em ti, para chegar a mim, precisa do som, como de um veículo: toma, pois, o som e sobe nele como se fosse um veículo, corre através do ar e chega a mim [...]. Disseste o que pensavas e pronunciaste essas sílabas, de modo que o que estava escondido dentro de ti chegasse até mim; o som das sílabas transportou ao meu ouvido o teu pensamento, e

---

9 Os signos dados são frequentemente, embora nem sempre, convencionais. Posso bater em alguém para dar sinal de minha raiva contra alguém, mas bater em alguém, mesmo como uma mostra de temperamento, não revela minha raiva como questão de convenção.

através do meu ouvido o teu pensamento desceu ao meu coração.
(*Jo. ev. tr.* 37.4)

Em *De doctrina christiana* 1.13.12, Agostinho acrescenta a esse esboço o ponto que o pensamento "codificado" no som permanece na mente do falante, não mudado pelo processo de codificação. Em suma, o dador do sinal exprime algo ao usar signos; os signos são o veículo do que é expresso; o público dos signos entende o que os signos exprimem e, desse modo, o que a pessoa que deu os signos quis significar com o uso deles.

A explicação que Agostinho dá de signos dados é, portanto, uma descrição do mecanismo do caso paradigmático de comunicação por sinais, especialmente adequado para explicar os signos linguísticos. Note-se que não há nenhuma referência aberta às mentes aqui, apenas ao que pode ser expresso pelo uso dos signos. No *De dialectica* 5, Agostinho chama o que é expresso por signos linguísticos de *dicibile*, o "dizível": "tudo o que acerca da palavra percebe não o ouvido, mas a mente, e fica incluído na mesma mente [...] o que é entendido na palavra e está contido na mente", claramente uma latinização e apropriação do *lekton* estoico.[10] Um "dizível" é algum conteúdo inteligível, que no caso em exemplo é o mesmo para falante, ouvinte e fraseado; é identificado como o que o falante tem em mente como também com o que é expresso quando ele fala – e assim quem conhece a linguagem sabe o que é expresso pelo fraseado e o que o falante tem em mente, ou seja, o que ele quis dizer.[11] Agostinho é bem consciente que a situação que ele descreve é um paradigma. Em situações que não alcançam o ideal, temos de introduzir outras distinções. Primeiro, um falante pode usar palavras para transmitir algo diferente do que pensa: Agostinho dá como exemplo os

---

10 *Cf.* Frede (1994) para uma explicação clara da noção estoica de *lekton*, que mostra o que Agostinho achou atraente na teoria. Há uma vasta literatura sobre a filosofia estoica da linguagem. *cf.* Algra *et al.* (1999) para uma visão geral. A explicação agostiniana dos signos tem muitos dos vícios e das virtudes de sua progenitora. O seu uso da teoria semântica estoica foi extensivamente explorado, mas os antigos estudos de Markus (1957) e Jackson (1969) foram suplantados por Ruef (1981) e Borsche (1994).
11 *Cf.* Sexto Empírico, *Adversus mathematicos* 8.12.

mentirosos, impostores, atores etc. (*mag*. 13.41-42).[12] Além disso, mesmo quando não há intenção de enganar, um falante pode falhar em exprimir o que tem em mente. Em recitação decorada, por exemplo, a mente da pessoa muitas vezes divaga enquanto fala, de modo que o que o falante diz não corresponde àquilo em que pensa, embora possa transmitir algo que quer transmitir; lapsos da língua também podem resultar num fraseado que não exprime o que o falante quer e está tentando exprimir (*mag*. 13.42). Do lado do receptor, pode haver diferentes interpretações do fraseado do falante, por exemplo, quando uma palavra é tomada de maneiras diferentes por pessoas diferentes (*mag*. 13.43); um simples mal-entendido pode levar a uma compreensão diferente do que foi dito (*mag*. 13.44). A fonte mais comum de dificuldade é indiscutivelmente o meio de expressão: sinais, mesmo signos linguísticos, nem sempre são um veículo claro para expressão: Agostinho discute ambiguidade, obscuridade e linguagem equívoca em *De dialectica* 9-10 e em *De doctrina christiana* 3.

Assim Agostinho pode distinguir a) o que o dador de signo quer exprimir pelo seu uso de signos, aproximadamente nosso "significado do falante"; b) o que os signos dados exprimem, à medida que essa noção é bem definida; c) o que um receptor dos signos pode achar que exprimem, aproximadamente nosso "significado de ouvinte".[13] Além disso, Agostinho d) distingue o que um dador de signo quer que um receptor entenda pelo seu uso de signos, embora comumente nem sempre seja o que ele tenta usar para os signos exprimirem; e) o que um receptor entende que o falante quer exprimir pelo seu uso de signos, embora comumente nem sempre seja o que ele acha que os signos exprimem. A exegese escriturística, por exemplo, exige que mantenhamos a-e cuidadosamente distintos: alguém pode interpretar algo na Bíblia como exprimindo uma verdade mesmo quando o escritor não era consciente disso e, portanto, podia não ter em mente exprimi-lo (*conf.* 12.18.27); de fato, muitas vezes não podemos dizer com

---

12  Em *De mendacio* 3.3 4 *Enchiridion ad Laurentium de fide spe et caritate* 7.22, Agostinho afirma que mentir é tencionar enganar alguém afirmando o oposto do que ele acredita, se o que ele acredita é verdadeiro; certamente não é para indicar o que ele pensa.
13  Kirwan (1989, p. 39-46) pressiona eficazmente Agostinho nessas distinções.

certeza qual a intenção do autor (*conf.* 12.24.33). Outras distinções estão disponíveis a Agostinho ao levar em conta o pano de fundo pragmático para a comunicação. Em todos os casos, mas particularmente para a linguagem, as "criaturas vivas" que dão sinais umas às outras têm de dominar as práticas e convenções importantes.

Agostinho é claro, em *De doctrina christiana* 2.1.2, que não está fornecendo uma teoria sistemática e sim um conjunto de recursos para usar em suas análises da linguagem acima de tudo.

Um signo, ou mais precisamente o uso de um signo, pode ser ou *próprio* ou *transferido* (*dial.* 10; *doc. Chr.* 2.10.15: "sunt autem signa vel propria vel translata"). O uso próprio de um signo linguístico é comumente chamado de seu uso literal, ao passo que seu uso transferido inclui discurso figurativo ou metafórico. De maneira mais exata, um signo dado é próprio quando é usado para significar aquilo de que ele deve ser o sinal: uma estátua pode ser um signo de Hércules porque se parece muito em sua aparência com ele, o nome "Sócrates" pode ser um signo de Sócrates por um ato batismal de acordo com os costumes linguísticos. Outros usos significativos de sinais são transferidos quando um signo é usado para significar algo do que se pretende que seja signo. Quando um pecador abjeto declara que é um verme, a palavra "verme" não tem o seu uso próprio, pois não quer dizer que ele seja literalmente um verme; ao invés, quer dizer que é um sinal de que ele é semelhante a um verme por ser insignificante e desprezível – tais características são "transferidas" por seu uso desse signo. A transferência pode ocorrer em contextos não linguísticos também. Colocar uma coroa na cabeça de uma pessoa é sinal de que ela é a rainha; se eu ponho uma coroa numa pilha de dinheiro, passa a ser um signo de que o dinheiro reina sobre tudo. Mas os usos mais interessantes e nuançados de signos são encontrados na linguagem.

## Significado e linguagem

Falar, Agostinho nos diz, é dar um sinal por meio de voz articulada (*dial.* 5), especificamente um sinal externo da vontade (*mag.* 1.2); uma palavra é "o que é pronunciado por um som articulado acompanhado de algum significado" (*mag.* 4.9; *cf.* também 4.10, 5.12 e 10.34). As palavras, portanto, são uma subclasse de signos. É tentador tirar a conclusão de que o significado (no sentido moderno) de uma palavra é o que ela significa, ou, colocando de outra maneira, essa significação, no caso de um signo linguístico, é significado. Isto não está totalmente correto. Agostinho nos diz repetidamente que letras escritas são signos de palavras faladas.[14] Contudo, o significado de uma inscrição não é o seu fraseado correspondente, mas é o que o fraseado significa. Novamente, um dado fraseado não é apenas um sinal do que significa, mas também funciona como um signo de si mesmo (*dial.* 10; *mag.* 8.22), e Agostinho chama o primeiro de *dictio* e o último de *verbum* em De dialectica 5.[15] Mas uma palavra não significa a si mesma, mesmo se sempre for um signo de si mesma. Ademais, Agostinho declara em *De dialectica* 9 que qualquer palavra falada isoladamente é ambígua, quer dizer, traz muitas coisas à mente sem decidir entre elas. Sendo assim, não há nenhuma resposta clara sobre o que "o" sentido da palavra é. O nome comum "animal" é um signo do gato Félix e do cão Rover, mas não significa nenhum deles (ou ambos). Por isso, o sentido de um signo linguístico não pode simplesmente ser identificado com o que significa, mesmo se essa identificação esteja frequentemente correta do ponto de vista intuitivo.

---

14  Cf. *De dialectica* 5 (na qual Agostinho diz que inscrições não são palavras), *De magistro* 4.8 e *De doctrina christiana* 2.4.5 (na qual Agostinho diz que as letras como "signos de palavras" foram inventadas porque as vibrações no ar passam rapidamente). Aristóteles diz que as letras são sinais de discursos em *De interpretatione* 1 16a3-4, um texto que Agostinho pode ter conhecido (não existe consenso sobre a questão por parte dos estudiosos).

15  A distinção entre uso e menção, como comumente empregada hoje em dia, trata a menção de uma palavra como a criação de uma nova palavra, que é o nome da palavra mencionada; Agostinho sustenta que é a mesma palavra que pode ser signo de uma coisa e signo de si mesma. Adeodato propõe, em *De magistro* 8.23, que devamos sempre entender as palavras como mais usadas que mencionadas, uma proposta que Agostinho rejeita em favor da "lei da razão": que devemos seguir indicações contextuais para desambiguar uso e menção (*mag.* 8.24).

Agostinho introduz a noção de "significado" que é independente de significação. O seu raciocínio é que enquanto cada palavra é um signo, não se segue que uma sequência de palavras seja um sinal de algo; combinações de signos, se reunidos da maneira certa, podem exprimir um significado ("comprehendunt sententiam"), ou seja, conteúdo proposicional; sequências incompletas, ou fragmentos de sentença, de modo algum "completam um significado" ("non impleant sententiam") e deixam a expressão pendente (*dial.* 2).[16] Ao analisar textos escriturísticos, Agostinho é cuidadoso em perguntar pelo "sentido" (*sententia*) que eles exprimem (*cf. doc. Chr.* 1.36.40, 2.12.18 e 3.27.38).[17] Ele não é consistente em seu uso, eventualmente referindo-se à *significatio* de sentenças, mas em tais casos ele parece ter em mente nossa moderna noção de "significância", que é muito mais geral que "significado". Em contextos que exigem precisão, Agostinho é cuidadoso em falar da *sententia* expressa por uma sentença.

Enquanto o gramático trata dos aspectos auditivos dos fraseados, como a sua silabação, acentuação, consonância e sintaxe (*dial.* 5), o dialético lida com as suas verdades (*dial.* 7): podemos entender o significado de uma expressão mesmo se a sintaxe não está correta, como em casos de barbarismos e solecismos, que é o que interessa para a semântica. As próprias palavras são individuadas semanticamente. Uma palavra é *simples* se significa algo que é uno em si, como "animal", e *composta*, como "vagalume" (*dial.*1). Uma palavra como *ambulo* ("caminho") é sintaticamente simples, mas semanticamente composta, pois traz à mente tanto caminhar como aquele que caminha, embora formas verbais finitas em terceira pessoa não incluam nenhum sujeito (*dial.* 1). Agostinho está familiarizado com a divisão tradicional das oito partes do discurso – nome, verbo, adjetivo, advérbio, pronome, conjunção, preposição, interjeição –, mas não a considera fundamental. Em *De magistro* 5.12-16, ele defende que todas as palavras são

---

16  Aqui Agostinho está seguindo a explicação estoica de *lekta*, "deficientes" e "indeficientes": *cf.* Diógenes Laércio, *Vidas dos filósofos* 7.53.
17  Às vezes Agostinho falará do *sensus* de um texto, por exemplo, *De doctrina christiana* 2.6.7 e 2.12.17, mas esta parece ser apenas outra maneira de falar de sua *sententia*. Agostinho precisa de tal noção para distinguir entre uma mera sequência de sinais e uma sentença coerente, algo que Plutarco dizia que os estoicos não conseguiam.

nomes independente da parte do discurso. Sustenta que podemos tratar qualquer palavra como o referente de um pronome e, dado que segundo os gramáticos um pronome toma o lugar de um nome, qualquer palavra é um nome. Numa leitura dura, Agostinho é culpado de confundir uso e menção aqui, pois seus exemplos giram em torno de sentenças como " 'e' é uma conjunção"; numa leitura mais benévola ele está chamando a atenção para o fato que, se uma parte do discurso é significativa, então deve dar uma espécie de contribuição semântica para o todo, e podemos sempre introduzir um nome para qualquer contribuição que for dada.[18] Como foi notado acima, cada palavra é um signo de si mesma, ou mais exatamente de seu papel linguístico e, portanto, o nomeia, um fato que fica simples no caso de identidade interlinguística, por exemplo de *et* (latino) e *kai* (grego). Tampouco as partes do discurso são exclusivas; uma das maneiras de dizer "sim" em latim é *est*, que é, portanto, um nome da concordância de alguém e também um verbo.

Nomes e verbos são partes privilegiadas do discurso porque uma sentença pode ser composta só deles (*dial.* 2; *mag.* 5.16). De modo diferente dos nomes, um verbo "significa coisas declinadas por tempos" (*mag.* 4.9), uma observação notável porque marca uma mudança em relação a Aristóteles, que sustentava que os verbos e outras partes do discurso têm "consignificação" (ou seja, significação em combinação com outras palavras), sendo os verbos na essência apenas nomes que consignificam tempos.[19] Sentenças simples, ou seja, sequências de palavras semanticamente identificadas como exprimindo um significado completo ("impleant sententiam"), vêm em duas espécies diferentes: a) aquelas suscetíveis à verdade e falsidade, a saber, asserções e b) as que não o são, muito embora exprimam um significado completo, como ordens, desejos, maldições e outras sentenças não declarativas (*dial.* 2).[20] Sentenças são "compostas" quando "a sua conexão está submetida a julgamento" (*dial.* 3), como são os componentes em

---

18  *Cf.* Burnyeat (1987, p. 68) para esta leitura benévola.
19  Aristóteles, *De interpretatione* 3 16b6.
20  Aqui Agostinho segue de novo suas fontes estoicas: *cf.* Diógenes Laércio, *Vidas dos filósofos* 7.66ss.

condicionais,²¹ conjunções e disjunções, os tipos estoicos de fórmulas moleculares. Além dessas breves observações, Agostinho nada diz mais sobre sentenças em geral, reservando seus esforços para exegese detalhada de sentenças particulares.

Agostinho rejeita três respostas comuns à pergunta sobre como fraseados se tornam signos linguísticos, ou seja, como um fraseado se torna o signo de alguma coisa. Primeiro, ele rejeita inequivocamente a explicação estoica da origem das palavras como, de algum modo, signos naturais do que elas significam (*dial.* 6).²² As palavras em si não refletem o mundo ou as essências encontradas no mundo. Enquanto é verdade que todos se esforçam para tirar proveito da semelhança ao dar ou inventar signos, de maneira que o signo se pareça com aquilo do que é sinal, isso em geral não dá certo porque as coisas se parecem umas com as outras de muitas maneiras (*doc. Chr.* 2.16.23). Em segundo lugar, ele rejeita o método aristotélico no qual o significado de um signo é explicado por uma definição adequada. Isto é, afirma ele em *De magistro* 2.3-7.21, o mesmo que explicar signos por signos e, a não ser que o que o signo significa seja ele mesmo um signo (como um "verbo"), isso não nos leva mais perto do que o signo significa. Em terceiro lugar, as coisas não melhoram se apelarmos para meios que não usam a linguagem, como a definição mostradora, devido a uma versão do círculo hermenêutico (*mag.* 10.29): mostrar é inútil porque apontar um dedo é mais um *signo* de apontar do que da coisa que é apontada, assim como seria dizer "olha!" (*mag.* 10.34). Agostinho tira a conclusão radical de que, a partir das palavras, aprendemos apenas o som delas, e que elas não podem fazer mais do que nos levar a procurar mais (*mag.* 11.36).²³ Agostinho, é claro, está interessado em como as palavras podem servir de veículo para a transmissão do conhecimento, que não é absolutamente o mesmo que

---

21 Agostinho tem cuidado em distinguir sentenças condicionais, que são compostas de duas sentenças conectadas por uma partícula condicional, das inferências, nas quais a concessão de uma sentença (possivelmente composta) é a base para aceitar outra sentença: *De dialectica* 3 e *De doctrina christiana* 2.33.51.
22 *Cf.* Allen (2005) para uma discussão da teoria estoica e Long (2005) para relação dela com a teoria platônica dos nomes no *Crátilo* e a crítica de Agostinho no *De dialectica*.
23 *Cf.* Watson (1982), Burnyeat (1987), Kirwan (1989, p. 53) e Louth (1989).

saber o que uma palavra significa, mas permanece o fato de que não está claro como podemos aprender o significado de alguma palavra com a qual não temos familiaridade (*mag.* 10.29 e 10.33).

Em vez disso, Agostinho segue a opinião epicureia, que considera a origem da linguagem como utilitária, um assunto de descobertas úteis que facilitam a cooperação – uma visão talvez adotada por alguns estoicos, mas que Agostinho pode também ter conhecido por Lucrécio.[24] A linguagem existe não por natureza, mas por acordo e convenção ("societatis consenso" e *institutio*): "As pessoas não estão de acordo [acerca dos signos] porque eles têm o poder de significar, mas têm o poder de significar porque as pessoas concordam sobre eles" (*doc. Chr.* 2.24.37). Falando corretamente, trata-se de manter convenções linguísticas (*doc. Chr.* 2.13.19). Em certo sentido, não há dificuldade acerca de como as palavras "colam" no mundo, porque, como falantes da linguagem, nós nunca estivemos separados do mundo; socializados desde o nascimento num sistema de práticas linguísticas, nossas reflexões filosóficas começam a partir desse fundo comum (descrito em *conf.* 1.6.8 e 1.8.13 e também em *doc. Chr.* pref. 9, 2.14.21, e especialmente 4.3.5).[25] Se dizemos algo verdadeiro quando usamos linguagem é outra questão, evidentemente, mas esta é uma questão mais apropriada à epistemologia do que à filosofia da linguagem, mesmo quando Agostinho combina de modo regular as duas.[26] Uma consequência de sua adoção dessa visão é que os limites de significação dependem de quais convenções linguísticas estão em vigor. Uma palavra não pode significar o que quer que alguém queira que signifique, pelo menos se se quer comunicar com outros, o que Agostinho considera a primeira finalidade da linguagem.

---

24 *Cf.* Verlinsky (2005). Há traços desse modo de ver em Amônio, em *Cat.* 2.8-14, que é posterior a Agostinho, mas uma testemunha da tradição platônica tardia; *cf.* também Porfírio, em *Cat.* 57-58.

25 Em *Epistula* 187.7.25 Agostinho indica que aquilo que Wittgenstein ridicularizou como linguagem de lajota em *Confissões* 1.8.13 é no máximo uma protolinguagem primitiva, não um modelo de discurso plenamente desenvolvido – ponto de Wittgenstein *avant la lettre*. Se isso é possível apenas se já possuímos alguma 'linguagem mental' antes de adquirir uma linguagem natural comum é discutido na conclusão.

26 *Cf.* Bearsley (1983); Burnyeat (1987); Cesalli e Germann (2008).

## Interpretação e indeterminação

Em *De magistro* 2.3, Agostinho pergunta a Adeodato o que a *Eneida* de Virgílio 2.659 significa ao perguntar sobre as suas primeiras palavras em ordem. Adeodato cai na armadilha e aceita um princípio ingênuo de composicionalidade semântica, tomando o sentido da linha inteira como uma função do sentido (significação) de suas partes individuais. Ao passo que é verdade que cada palavra enquanto signo linguístico tem alguma significação, para Agostinho é claro que esse princípio ingênuo de composicionalidade não se sustenta. Depois de notar em *De dialectica* 9 que qualquer palavra falada isoladamente é ambígua, por trazer muitas coisas à mente sem decidir entre elas, ele afirma que o significado de uma determinada palavra é explicado pelas outras palavras em discussão – em suma, que o seu significado é determinado pelo seu *contexto*, um ponto que ele explora em detalhe no *De dialectica* 10. Em *De magistro* 8.24, Agostinho propõe como "lei racional" que devemos seguir indicações contextuais para desambiguar uso e menção e para perguntar sobre como podemos saber a significação da palavra desconhecida "*sarabara*" que ele descreve como é aprendida no contexto. A necessidade de apelar para o contexto é um dos temas centrais do *De doctrina christiana*. Pode acontecer que o sentido (*sententia*) de uma palavra ou de uma expressão idiomática seja ambíguo, mas tornado totalmente claro (*clarescit*) pelo que se segue (*doc. Chr.* 2.12.18). De fato, uma das restrições sobre uma interpretação de um texto é se ele é coerente com outras passagens; se não for, o significado proposto deve ser abandonado (*doc. Chr.* 1.37.89). O procedimento natural é explicar passagens obscuras por passagens óbvias e usar evidência a partir de passagens indiscutíveis para passagens ambíguas (*doc. Chr.* 2.9.14). Num caso do que Agostinho chama de ambiguidade "literal", quando tentamos descobrir que significação tem uma palavra numa passagem escriturística, se a Regra de Fé (a saber, que a Escritura expressa verdades apenas de maneira edificante) não prefere uma significação à outra, devemos olhar o contexto circundante e, se esse não determinar mais uma do que a outra, ambas são permitidas (*doc. Chr.* 3.2.2).

A insistência de Agostinho em que a significação de uma palavra, ou a interpretação de uma passagem, depende do seu contexto é diretamente oposta à composicionalidade semântica. Mais do que o sentido de uma expressão ser uma função dos sentidos de suas partes constituintes, o sentido de qualquer parte pode ser afetado, alterado ou completamente mudado pelo contexto em que aparece; como ele diz em *De doctrina christiana* 3.3.7, eles devem se encaixar (*cohaerere*). Em suma, Agostinho adota uma versão de holismo semântico. Uma palavra individual (signo) pode ser capaz de trazer muitas coisas à mente; o seu uso num contexto sentencial, ou numa rede textual mais ampla, regerá a sua interpretação no uso. Por conseguinte, significar está amplamente aberto a todas as maneiras nas quais as pessoas podem fazer coisas com palavras – uma conclusão que serve para Agostinho como retórico profissional também.

Se o significado é holista, o significado de um dado texto é indeterminado. O contexto aduzido para apoiar a sua interpretação pode diferir; as limitações da interpretação podem diferir dependendo do texto ou dos propósitos por trás de sua intepretação; intérpretes diferentes podem ver coisas diferentes no mesmo texto. Agostinho reconhece todas estas várias possibilidades. A maioria de suas discussões dos princípios de interpretação pertence à exegese escriturística, na qual limitações especiais se aplicam, mas elas podem ser relaxadas para se aplicarem a casos comuns de interpretação. Ora, Agostinho insiste que um dado texto pode ter muitas interpretações diferentes verdadeiras (*cf. conf.* 12.18.27, 12.27.37, 13.24.36; *doc. Chr.* 3.2.2 e 3.27.38). Ele chega a dizer que há tantas interpretações verdadeiras distintas quanto há de intérpretes (*conf.* 12.31.42). Muitas interpretações podem ser de diferentes espécies retóricas: alegoria, parábola, adivinhação, literal, ironia, história, metáfora, antífrase, profética, espiritual... não há nenhuma lista definitiva ou privilegiada dos tropos retóricos que Agostinho permite. Ele tampouco diz que haja uma única interpretação verdadeira para cada espécie, embora diga que há uma interpretação verdadeira de cada uma das várias espécies para a linha inicial do Gênesis (*conf.* 13.24.36). Ao contrário, há passagens que não devem ser lidas literalmente (por exemplo); Agostinho oferece uma regra prática para passagens bíblicas: que tudo na Escritura que não é derivado de bons princípios (o amor a Deus e o próximo) ou da verdadeira fé (a compreensão desses princípios) é necessariamente figurado (*doc. Chr.* 3.10.14). Há outras passagens, como as que descrevem feitos dos patriarcas, que devem ser interpretadas literalmente e num sentido transferido, ou transposto (*doc. Chr.* 3.22.32). A abundância de interpretações é uma característica deliberadamente planejada por Deus para as Escrituras (*doc. Chr.* 3.27.38), assim como ele deliberadamente introduziu obscuridades com as quais podemos exercitar nossos intelectos e habilidades interpretativas (*doc. Chr.* 2.6.7), e também incluiu figuras de linguagem para tornar a leitura da Escritura mais agradável e mais gratificante:

> Mas por qual razão parece-me mais agradável esta apresentação do que aquela proposta sem nenhuma comparação desse gênero, tirada dos livros divinos? Ainda ao se tratar de um mesmo fato e de uma mesma ideia? É difícil de explicar, e essa é outra questão. Basta dizer que ninguém contesta o fato de se aprender mais espontaneamente qualquer coisa com a ajuda de comparações, e que se descobre com maior prazer as coisas que se procuram com certa dificuldade. (*doc. Chr.* 2.6.8)

O que se aplica à exegese escriturística se aplica igualmente a casos comuns de interpretação, embora devamos estar menos inclinados a dizer que são "verdadeiros" do que "bem fundamentados" ou algo assim. No entanto, quando o sentido de uma passagem é unívoco e os melhores esforços para esclarecer a sua obscureza ainda não tiveram êxito, então, e só então, sugere Agostinho, devemos tentar determinar o seu sentido mediante o raciocínio – um último recurso perigoso, pois a razão muitas vezes se extravia (*doc. Chr.* 3.28.39).

Normalmente, o intérprete tenta discernir a intenção (*voluntas*) do autor do texto; isso é particularmente importante no caso da exegese escriturística, na qual se supõe que o Espírito Santo está agindo através do escritor (*doc. Chr.* 3.27.38); esta é a maneira como podemos conhecer, embora indistintamente, a vontade de Deus (*doc. Chr.* 2.7.9). Comumente, porém, nem sempre é possível dizer o que um autor pretendeu, ou pelo menos não com certeza, especialmente em casos não escriturísticos nos quais o escritor pode não ter sido correto (*conf.* 12.24.32-33; ver também 12.25.35). Fidelidade à intenção do autor é em geral apenas uma das obrigações para com a interpretação; Agostinho está disposto a endossar uma interpretação que ele considera expressar a verdade mesmo que não seja, ou possa não ter sido, o que o autor tinha em mente (*conf.* 12.18.27). Para passagens escriturísticas isto pode contar como a inspiração do Espírito Santo; para outras passagens pode ser caridade, ou uma obrigação geral a tentar interpretar a maioria do que alguém diz como verdadeiro, embora endossando uma leitura não facilmente atribuída ao autor. Como em estética, não há razão para pensar que o autor seja o único, ou mesmo o mais importante, intérprete de sua obra; a falácia intencional em geral passa por interpretação. A verdade é pública, não privada, e por isso pode ignorar toda hipótese psicológica sobre a intenção do autor (*conf.* 12.25.34).

## Conclusão

Agostinho aparece como surpreendentemente moderno em vários aspectos quando apreciamos a profundidade de seu compromisso com uma compreensão "retórica" da linguagem. Alguns comentadores, no entanto, pensam que ele tinha outra teoria da linguagem, mais fundamental do que a concepção retórica apresentada aqui, a saber, uma forma de linguagem mental – uma explicação do pensamento como fundamentalmente linguístico, que é anterior e fundamenta a possibilidade das espécies de linguagens naturais discutidas acima.[27] Há duas razões para pensar que Agostinho tinha uma teoria de linguagem mental. Primeiro, a sua descrição do aprendizado de linguagem da criança parece apelar para estados conceituais anteriores à aquisição da linguagem, em particular os seus desejos comunicativos e o desejo de dominar os adultos que a cercam. Em segundo lugar, no seu *De Trinitate* Agostinho apresenta uma teoria elaborada da Palavra Interior, que

---

27  Cf. Sirridge (1996; 2000); uma opinião diferente é dada por Panaccio (1999).

ele identifica como não sendo linguagem, mas subjacente a toda linguagem convencional. As duas merecem comentário.

Enquanto é inegável que Agostinho atribui pelo menos algumas habilidades conceituais à criança, não está claro que essas habilidades conceituais sejam uma forma de linguagem. Em *Confissões* 1.6.8, Agostinho fala dela que dá sinais de sua vontade, por exemplo, mas isso não precisa ser mais que uma maneira de descrever a fome da criança do ponto de vista dela (por assim dizer). Se nós ainda não estamos convencidos de que habilidades conceituais pressupõem linguagem, não há nada na discussão agostiniana do aprendizado da linguagem que sugira que a criança já tenha uma linguagem mental, à qual vários sons convencionais estão correlacionados.

As coisas são mais complexas para a teoria da Palavra Interior. É verdade que Agostinho está desenvolvendo uma teoria por razões teológicas, para explicar João 1,1, mas ele sem dúvida responderia que a teoria tinha um alcance maior. A descrição detalhada de como uma Palavra Interior é formulada tem muito a ver com a mecânica da cognição, mas não de uma maneira especialmente semelhante à linguagem; não há, por exemplo, nenhuma discussão de categorias diferentes de pensamento que correspondem a diferentes tipos de palavras. A Palavra Interior pode "estar por baixo" da linguagem, mas isso não precisa significar mais do que significa no conteúdo exprimível, o *dicibile* [o *dizível*], antes de ser expresso, e certamente a opinião de Agostinho que podemos pensar antes de falar não acarreta uma linguagem mental em qualquer sentido filosoficamente interessante. Ela tampouco pressupõe que o conjunto de capacidades conceituais envolvidas na Palavra Interior em nosso caso existe antes da aquisição de nossa primeira linguagem natural, de modo que não precisa ser anterior. Concluo que, na doutrina de Agostinho da Palavra Interior, nada exige que aceitemos que ele sustenta que exista uma linguagem mental no sentido descrito.

É claro que gerações posteriores de pensadores medievais leram frequentemente Agostinho como defendendo tal teoria. Mas eles não estavam mais corretos em fazer isso do que estiveram em pensar que ele propunha uma semiótica composicional, que era a maneira como era comumente lido (por exemplo, por Anselmo), ou corretos em ignorar a importância de suas restrições sobre a interpretação de sua filosofia da linguagem. Se deixarmos de lado as leituras medievais e modernas equivocadas, podemos reconhecer Agostinho como o original e poderoso filósofo da linguagem que ele, sem dúvida, foi.

# 16 Hermenêutica e leitura da Escritura

*Thomas Williams*

## Um panorama dos escritos exegéticos de Agostinho

Agostinho começou a escrever comentários sobre a Escritura não muito tempo depois de sua conversão.[1] Sua primeira obra dessas, com a intenção de ser uma réplica aos ataques maniqueus ao relato da criação, foi *De Genesi contra manichaeos* (388-390).[2] De muitas maneiras, ela dá o tom para muitas de suas obras posteriores: Agostinho admite um sentido alegórico, mas previne contra o entusiasmo excessivo por alegoria e conspurcação do sentido literal; vemos também, desde o começo, o interesse de Agostinho pela Escritura como um escritor controverso e polêmico. Depois de sua ordenação ao sacerdócio em 391, ele parece ter passado por uma espécie de bloqueio de escritor,[3] começando, mas deixando incompleto, um tratado sobre teoria exegética (*De doctrina christiana*,[4] iniciado em 396,

---

1 A edição das obras de Agostinho na Patrologia Latina (PL), originalmente publicada por Jacque-Paul Migne entre 1844 e 1849, está disponível na internet em: <www.augustinus.it/latino/index.htm>. Nas notas sobre obras individuais forneço referências a edições latinas mais recentes e também a traduções inglesas (quando disponíveis). NT: Na tradução, a numeração é segundo o original latino. Esse *site* na internet contém também traduções em italiano, francês, espanhol, alemão e inglês. A obra de Agostinho não está totalmente traduzida para o português. Muitos livros estão. As traduções feitas em Portugal são muito boas, e foram usadas nesta tradução, quando disponíveis na internet.

2 CSEL 91; Hill (2004).

3 O'Donnell (1992, v. 1, p. 42-44), discute como "um projeto literário depois do outro se desfez nas mãos [de Agostinho]" no período entre a sua ordenação e o escrito das *Confissões*. *Cf*. também O'Donnell (2006, p. 139-142).

4 Green (1995).

mas não completado até 427), outro comentário sobre o Gênesis (*De Genesi ad litteram imperfectus liber*, 393-394)[5] e uma exposição a Romanos (*Epistulae ad Romanos inchoata expositio*, 394-395).[6] Conseguiu terminar um comentário versículo a versículo sobre Gálatas, dando o sentido literal (*Epistulae ad Galatas expositio*, 394-395)[7] e um comentário sobre o Sermão da Montanha (*De sermone Domini in monte*, 393-396).[8] Sua *Expositio quarundam propositionum ex epistula ad Romanos* (394)[9] é resultado de conversações com os monges em Hipona, que registraram suas respostas às perguntas deles sobre Romanos; Agostinho nos diz mais tarde (*retr.* 1.23) que ainda não tinha pensado cuidadosamente suficiente acerca da explicação de Paulo da eleição e graça divina nessa epístola.

Agostinho encontrou a sua voz ao escrever as *Confissões* (397). Os livros 11-13 das *Confissões* são um extenso comentário sobre Gênesis 1. É frequentemente descrito como um comentário alegórico, mas isso está errado: a maioria é totalmente literal nos padrões de Agostinho, que são totalmente diferentes dos nossos. Só no Livro 13, capítulo 12, começa a verdadeira alegoria. Agostinho vê na história da criação divina do mundo informe outra história sobre a recriação divina da alma pecadora. Depois de *Confissões* vieram duas obras que não pretendiam ser um comentário contínuo: *Quaestiones Evangeliorum* (399-400)[10] é uma coleção solta de respostas a perguntas de um correspondente sobre Mateus e Lucas; e as *Adnotationes in Job* (399)[11] foram compiladas e publicadas, não com muita habilidade, por outros. *De consensu evangelistarum* (399-400),[12] ao contrário, foi um produto de composição mais cuidadosa; nele Agostinho discute a autoridade e natureza dos Evangelhos e tenta reconciliar contradições evidentes entre eles.

---

5   CSEL 28; Hill (2004).
6   Divjak (1971).
7   Plumer (2003).
8   CCL 35; Kavanagh (2001).
9   Divjak (1971).
10  CCL 44B.
11  CSEL 28/2.
12  CSEL 43; tradução de S. D. F. Salmond em Schaff (1886).

Os maiores escritos exegéticos de Agostinho, a maioria longas obras compostas durante muitos anos, apareceram entre 400 e 420. *De Genesi ad litteram* (401-415)[13] é uma obra inconclusa de grande envergadura, que pretende mostrar a consistência da Escritura com a ciência da época; a polêmica contra os maniqueus não figura mais no título, mas de modo algum foi esquecida. Talvez a maior obra sua sobre a Escritura seja o *Tractatus in evangelium Iohannis* (406-421;[14] as datas são muito discutidas), uma coleção de sermões que tratam de todo o texto do Evangelho. É uma hábil mistura de exegese literal e alegórica, de especulação filosófica, exortação moral e polêmica teológica. O comentário a 1João (*Tractatus in Iohannis epistulam ad Parthos*, 406-407)[15] é outra coleção de sermões exegéticos, como é o altamente alegórico *Enarrationes in Psalmos*,[16] que Agostinho começou em 392 e terminou por volta de 417.[17] (Vários sermões nas *Enarrationes*, porém, foram compostos especialmente para a obra e nunca foram pregados). Os outros sermões de Agostinho são em geral exegéticos. Uma *Expositio epistulae Jacobi ad duodecim tribus*, provavelmente escrita em torno de 412, não existe mais.

Em 419, Agostinho escreveu dois comentários sobre os primeiros sete livros da Bíblia. *Locutiones in Heptateuchum* lida com as obscuridades do texto latino que surgem das peculiaridades do idioma hebraico ou grego; *Quaestiones in Heptateuchum* oferece exposição mais desenvolvida de passagens difíceis.[18] Perto do fim de sua vida Agostinho fez uma coleção de diretivas morais no *Speculum Scripturae* (*Espelho da Escritura*, 427).[19]

*De octo quaestionibus ex Veteri Testamento* é de data incerta e sua autenticidade é controvertida.

---

13 CSEL 28; Hill (2004).
14 CCL 36; tradução em Hill (2009); *Homilies on the Gospel of John (41-124)*, Works of Saint Augustine III/13 (no prelo).
15 Ramsey (2008a).
16 CCL 38-40; Boulding (2004).
17 Rowan Williams (WILLIAMS, 2004) dá uma explicação persuasiva do compromisso de Agostinho com os Salmos, ligando as *Enarrationes in Psalmos* como os temas centrais das *Confissões*.
18 CCL 33.
19 CSEL 12.

### Prática exegética

A prática exegética de Agostinho desafia a generalização fácil. Um leitor que quiser fazer uma ideia do estilo dele como comentarista bíblico não pode fazer melhor do que o seguir através de algumas passagens representativas. Ofereço aqui uma introdução a essa tarefa, mostrando a abordagem agostiniana a Gênesis 1,1-2a em *Confissões* 11.3-12.13. A primeira coisa que se nota é que Agostinho espremeu 8.500 palavras de comentário a um texto que tem (na sua versão) apenas dezessete palavras. É claro que ele nem sempre é tão prolixo, mas Agostinho encontra muito em seus textos escolhidos – em parte porque, estando totalmente convencido da autoridade divina deles, ele tem a *expectativa* de encontrar muito neles. Ele não é um intelectual cauteloso, com medo de se comprometer além da evidência, treinado para um ceticismo árido que tira o atrativo dos maiores textos; traz para a sua exegese a medida plena da fé cristã. Sua meta, ademais, não é apenas informar-nos, mas ajudar-nos a ver as coisas de modo diferente. Por isso ele não oferece (por exemplo) apenas uma rápida definição de algum termo difícil na Escritura e depois prossegue; ele pede que seus leitores examinem até que, tirando as implicações de alguma experiência ou ideia totalmente comum, ele nos leva a ver por nós mesmos o que o termo significa. E ele para muitas vezes para louvar a Deus e exortar os seus leitores – o que não são digressões, ao ver dele, mas uma parte integral da tarefa de um exegeta. Esses procedimentos, porém, não são para comentários curtos.

"No princípio Deus criou o céu e a terra". Na opinião de Agostinho, a mudança e a variação das coisas criadas é em si evidência de que estas têm a sua existência desde alguma fonte fora delas. Além disso, a beleza, a bondade e até a própria existência do céu e da terra apontam para a perfeita beleza, bondade e ser do seu Criador, a quem arremedam em sua maneira fragmentada e defeituosa. Quer dizer, o céu e a terra foram feitos, e foi Deus quem os fez: mas como? Ele não pode ter usado nenhum material preexistente para fazê-los, porque todo esse material é também parte do céu e da terra. Portanto, um argumento puramente racional mostra que Deus criou *ex nihilo*, e Agostinho muitas vezes se baseia nesse argumento filosófico em seus comentários. Mas o argumento racional nos deixou com uma pergunta não respondida: *Como* Deus criou o céu e a terra? Para encontrar a resposta, Agostinho se apoia em outra técnica exegética favorita: usa uma parte da Escritura para esclarecer outra. Pois a própria Escritura nos diz como Deus fez o céu e a terra: "Ele falou e foram feitos" (Sl 33,9) e "com a tua palavra os fizeste" (Sl 33,6). Que espécie de palavra é esta? Não poderia ser uma palavra produzida por uma voz física e com duração temporal, porque ainda não havia vozes físicas nem tempo. Deve ter sido uma palavra eterna – de fato, a Palavra da qual João evangelista escreveu. "E assim nos convidas a compreender aquela palavra, que é Deus ante ti, ó Deus, a Palavra que é dita eternamente e pela qual todas as coisas eternamente são ditas" (*conf.* 11.7.9). Esta Palavra, que é a própria Verdade, é corretamente chamada de o Princípio, pois "se não permanecesse quando erramos, não teríamos para onde voltar. Mas quando retornamos de nosso erro, certamente voltaremos conhecendo; e para que conheçamos, ele nos ensina, porque é Princípio e nos fala" (*conf.* 11.8.10).[20]

Assim, "no princípio" quer dizer "na Palavra coeterna". Dado que a Palavra é eterna, o ato divino de criação é eterno, e não há nenhum espaço para perguntas como "o que Deus fazia antes de criar o céu e a terra?" Agostinho, por conseguinte, embarca numa longa explicação da natureza da eternidade e do tempo,[21] tudo visando mostrar a loucura de tais perguntas e nos fornecer alguma compreensão inevitavelmente turva e parcial, do modo de existência completamente diferente de nossa vida neste reino de princípios e fins.

Tendo explicado "No princípio", Agostinho passa para "Deus criou o céu e a terra". Aqui ele se baseia numa passagem dos Salmos (115,15-16) na qual a própria Escritura comenta a Escritura: "Sede abençoados pelo Senhor, que fez o céu e a terra. O céu dos céus é do Senhor, mas a terra ele

---

20 João 8,25 reza, na versão de Agostinho: "Eles lhe disseram: 'quem és tu?' Jesus disse-lhes: 'O princípio, porque eu também falo convosco'". Note-se novamente um modelo familiar: através de argumentação puramente filosófica Agostinho nos mostra o que a palavra criadora pode não ter sido e depois, pela Escritura, ele nos mostra o que foi.

21 Para a visão agostiniana da eternidade e do tempo, *cf.* o capítulo 4 deste volume.

deu aos filhos dos homens". Aqui "céu" é identificado com o céu dos céus, e terra significa toda a criação visível – inclusive o que convencionalmente chamamos de céu (o firmamento). Agostinho entende o "céu dos céus" como uma espécie de criatura intelectual que contempla incessantemente a Deus e é perpetuamente feliz nessa contemplação. Embora ele seja capaz de mudar, de fato não muda – de modo que não está sujeito ao tempo.[22]

Então nos é dito algo sobre a terra (isto é, toda a criação material): "A terra era invisível e informe (*incomposita*)". Que dizer, o primeiro passo da criação material é a matéria sem forma:

> Não foste tu, Senhor, que me ensinaste que antes de formares esta matéria informe e a especificasses não havia nada, nem cor, nem figura, nem corpo nem espírito? No entanto, não havia nada: era uma espécie de informidade, sem nenhuma beleza. (*conf.* 12.3.3)

Não que Deus tenha de fato primeiro criado a matéria sem forma e depois passado a dar forma a ela; não se trata de uma sucessão temporal, mas de prioridade lógica. A análise racional mostra que, por baixo de toda mudança de uma forma a outra, deve haver algum "material" que, também, não tem forma, mas é capaz de tomar forma; é dessa matéria sem forma que Agostinho fala.

Esse quase nada informe é atemporal, porque o tempo está presente apenas onde há mudança na forma. A temporalidade das criaturas significa mutabilidade, o que, em certo sentido, é limitação; mas é também a esfera na qual Deus pode agir formando-as. O céu dos céus tampouco é temporal, porque embora seja mutável, nunca de fato mudou. Por isso não há nenhuma menção de "dia" quando "Deus criou o céu [isto é, dos céus] e a terra [isto é, matéria informe]", porque nenhuma dessas criações é temporal. Temos dias apenas quando Deus começa a formar matéria de várias maneiras.

---

22 A discussão clássica dessa misteriosa criatura (ou possivelmente criaturas) é Pépin (1953).

## Teoria exegética: dimensões epistemológicas

Novamente, isto é o que Agostinho considera exegese literal – porque ele está lendo o relato da criação não como (por exemplo) a história da Igreja ou da salvação individual, e por isso não o está lendo alegoricamente. No entanto, também num comentário literal o exegeta está livre para tirar material de todas as diferentes partes da Escritura e do melhor da filosofia. A abordagem não é acadêmica no sentido moderno – nenhum biblista que se respeite em nossa época ofereceria uma leitura do Gênesis que dependesse muito de São João evangelista e Platão – e os resultados são, em geral, tudo menos senso comum. Agostinho é consciente que a leitura que ele acaba de fazer causará estranheza a algumas pessoas:

> Outros, admiradores do livro do Gênesis e não repreensores [ele pensa nos maniqueus, que inclui neste último grupo], dizem: "não é isto que o Espírito de Deus, que escreveu essas coisas por meio de Moisés seu servo, quis que se entendesse nestas palavras; não quis que se entendesse isso que tu dizes, mas outra coisa: o que nós dizemos". (*conf.* 12.14.17)

Em sua resposta Agostinho expõe a teoria que legitima a sua prática exegética. Começa estabelecendo algumas coisas das quais ele está certo, coisas que "a verdade me diz com voz forte no meu ouvido interior" (*conf.* 12.15.18). Ele usou esta expressão três vezes em 12.11, em que começa a expor a sua exegese, exceto que foste "tu, Senhor, que me disseste com voz forte no meu ouvido interior". Notem-se duas diferenças decisivas na expressão como aparece aqui. Primeiro, mudou da segunda para a terceira pessoa; o sujeito agora é a "Verdade", que para Agostinho significa especificamente Deus Filho. Em segundo lugar, não é mais o tempo passado perfeito ("tu disseste"), mas presente ("a Verdade diz"). Estas mudanças sugerem elementos importantes da teoria que surgirá. O que aprendemos da Escritura é aprendido da própria Verdade. E a Verdade não é passado, mas presente, sempre acessível. Ela está na "memória" intelectual na qual vemos não as imagens das realidades passadas que já se foram (como é o caso com o sentido memória), mas das próprias realidades presentes – de fato eternas.

Há um paralelismo cuidadoso na invocação de Agostinho do que lhe é dito "com voz forte no [seu] ouvido interior". Em 12.11 ele usa a expressão para introduzir uma discussão a) da eternidade de Deus, depois b) da relação entre Deus e as criaturas, mais tarde c) do céu do céu ou dos céus dos céus; posteriormente ele acrescenta, independentemente dessa expressão, uma discussão d) da atemporalidade da matéria informe. A sequência volta a ocorrer em 12.15. Há três coisas das quais ele tem certeza, porque a própria Verdade lhe diz: a) Deus é eterno e imutável, por isso não há sucessão nele e, portanto, nenhuma mudança em sua vontade em relação às criaturas; b) tudo o que existe vem de Deus, que é sumamente; e c) há uma criatura sublime, não coeterna com Deus, mas também não temporal. Finalmente, diz ele, d) havia também matéria informe, que foi criada por Deus e também não é temporal. Em cada ponto desses ele se imagina perguntando a seus objetores: "Isso é verdadeiro?" e eles invariavelmente respondem: "Nós não o negamos".

Mas se os contraditores concedem todos estes pontos – que em conjunto constituem quase o total da exegese agostiniana –, qual é a objeção deles? Simplesmente que quando Moisés escreveu "céu", ele não estava pensando no "céu dos céus", e quando escreveu "terra", não pensava na criação material total. Por isso Agostinho continua a considerar várias interpretações rivais dessas expressões. O importante para nossos propósitos não é especificamente o que os diferentes relatos dizem, mas o fato de que Agostinho mantém que todos os relatos são verdadeiros. Ele insiste que o que diz é verdadeiro e os contraditores não o devem negar. Porém o que eles dizem também é verdadeiro, e ele não negará isso tampouco.

Essa extraordinária generosidade para com outras interpretações faz perfeito sentido à luz da epistemologia e filosofia da linguagem de Agostinho. As palavras escritas são signos de palavras faladas e palavras faladas, por sua vez, são signos dos pensamentos dos falantes. Se tudo for bem, as palavras escritas captarão exatamente as palavras faladas, e as palavras faladas transmitirão perfeitamente os pensamentos do falante; quem ler essas palavras entenderá exatamente o que elas significam, e assim os conteúdos da mente do leitor combinarão exatamente com os conteúdos da mente do autor. Agostinho, porém, está sempre disposto a chamar a nossa atenção para as muitas maneiras como as coisas podem não ir tão bem. Um falante pode mentir ou se enganar acerca do que pensa. Os pensamentos do autor podem ir além de sua habilidade – talvez de qualquer habilidade humana – de significá-los por palavras. O leitor pode ser vago demais ou distraído demais para fazer uso das palavras de tal maneira que elas levem a sua mente exatamente para essas realidades que deveriam significar, ou as próprias palavras podem ser ambíguas. Além disso, Agostinho é consciente, ao menos de maneira intermitente, que está lendo as Escrituras na tradução latina,[23] e a tradução complica a história ainda mais.

As palavras do Gênesis são ambíguas, pelo menos no sentido em que elas estão não descartam uma variedade de interpretações rivais, todas elas plausíveis. Bem, o que Moisés escreveu significa o que Moisés teria dito, de modo que podemos reduzir a ambiguidade se conseguíssemos que Moisés falasse a nós – o que, naturalmente, não podemos:

> Faz com que eu ouça e compreenda como no princípio fizeste o céu e a terra. Isto escreveu Moisés, escreveu e partiu deste mundo, passou daqui de junto de ti para junto de ti, e agora já não está diante de mim. Pois se estivesse, detê-lo-ia, pedir-lhe-ia e suplicar-lhe-ia por teu intermédio que me aclarasse o sentido das suas palavras, e abriria os ouvidos do meu corpo aos sons que surgissem da sua boca, e se Moisés falasse em língua hebraica em vão bateria à porta dos meus ouvidos, já que nenhuma ideia chegaria à minha mente; se, porém, falasse em latim, compreenderia o que ele me dissesse. (*conf.* 11.3.5)

Comumente até isto seria dificilmente satisfatório, pois geralmente não podemos saber que um falante também creia no que está dizendo: "Quem conhece os pensamentos de um homem senão o espírito do homem dentro dele?" Ademais, normalmente não é muito importante descobrir

---

23 *Cf.*, por exemplo, *De doctrina christiana* 2.11.16-15.22.

o que alguém pensa: "Acaso pretendem os mestres que se conheçam e retenham os seus pensamentos, e não as disciplinas que pensam ensinar quando falam? Quem seria tão estultamente curioso para enviar o seu filho à escola para aprender o que o mestre pensa?" (*mag.* 14.45).

Com Moisés as coisas são um tanto diferentes, pois podemos supor que Moisés conhecia a sua própria mente e tinha a intenção de comunicar os seus pensamentos de maneira fiel, e dado que temos um compromisso anterior de crer que tudo o que Moisés pensou e disse sob inspiração divina era verdadeiro. Mesmo assim, uma entrevista com Moisés seria tudo o que precisaríamos para vencer a deficiência dos signos? Não seria. Se ele falasse em latim, diz Agostinho,

> Eu saberia o que ele diz. Mas como saberia eu se ele estava a dizer a verdade? E mesmo que o soubesse, acaso o saberia a partir dele? A verdade, que não é hebraica, nem grega, nem latina, nem bárbara, por certo me diria no meu íntimo, na morada do meu pensamento, sem os órgãos da boca e da língua e sem o ruído das sílabas: Ele diz a verdade, e eu, determinado e cheio de confiança, diria de imediato àquele teu servo: Tu dizes a verdade. (*conf.* 11.3.5)

O argumento até agora oferece duas razões por que a exegese bíblica não está, afinal de contas, preocupada em decifrar a intenção do autor. A primeira é que a nossa capacidade de chegar até a intenção do autor é limitada. Moisés não procura que lhe façamos perguntas, e qualquer texto difícil pode ter mais do que uma interpretação plausível e defensável. A segunda e mais profunda razão é que o que garante a veracidade do autor, e assim do texto, é a verdade divina; e essa mesma verdade divina está disponível a nós mesmos independente de nossa interpretação do texto.

Suponha, então, que Agostinho diz que Gênesis 1,1 quer dizer $x$, e eu digo que quer dizer $y$; suponha ainda que ao consultar Cristo como Mestre Interior descobrimos que tanto $x$ como $y$ são verdadeiros. A única pergunta é: Moisés queria dizer $x$ ou $y$? Agostinho pergunta: por que não ambos?

Assim, quando alguém diz: "ele tinha em mente o que eu penso", e outro: "ele tinha em mente o que eu penso", julgo que seria mais religioso dizer: "Por que não antes as duas coisas, se ambas são verdadeiras?" E se outro visse nessas palavras uma terceira, ou uma quarta, ou ainda uma outra verdade, por que não acreditar que aquele [Moisés] viu todas essas verdades? (*conf.* 12.31.42)

De certa forma, surpreendente não é orgulho, mas apenas boa teologia (e epistemologia) agostiniana suspeitar que podemos encontrar verdades nos escritos de Moisés que nunca passaram por sua mente:

> Finalmente, Senhor, tu que és Deus e não carne e sangue, se o homem não vê tudo, podia fugir do teu espírito bom, que me conduzirá a uma terra justa, alguma coisa daquilo que terias revelado aos futuros leitores através daquelas palavras, quando mesmo quem as falou talvez tivesse em mente um só entre os muitos sentidos verdadeiros? E se é assim, seja pois aquela coisa que ele tinha em mente mais excelsa que as outras. Mas a nós, Senhor, ou a demonstras ou queiras mostrar outra verdadeira, ou seja, a tua revelação dada a nós, aquela mesma concedida àquele teu homem, ou alguma outra coisa que surge das mesmas palavras, em qualquer caso seremos alimentados por ti, e não nos iluda o erro. (*conf.* 12.32.43)[24]

Poderia então parecer que a Escritura seja totalmente desnecessária: se temos acesso independente à verdade, para que precisamos de uma revelação escrita? A resposta de Agostinho é dupla. Primeiro, as palavras escritas da Escritura são signos, e ajudam a dirigir o olho de nossa mente para as realidades que significam. Suponha que eu queira chamar a tua atenção para alguma coisa, então aponto para ela e digo "olha lá". Tu a vês e assim chegas a conhecê-la. Eu começo a congratular-me com o meu sucesso como mestre, mas tu replicas: "minha visão estava funcionando perfeitamente bem, obrigado. Fui eu quem olhei e fui eu que vi por mim mesmo. Portanto, o que eu conheço, sei por mim mesmo, não por ti". "Bastante verdadeiro – respondo

---

24 Agostinho faz um argumento semelhante em *De doctrina christiana* 3.27.38.

eu –, mas terias olhado se eu não tivesse apontado?" A Escritura é um apontador assim. Não aprendemos coisas inteligíveis de Moisés ou Paulo ou dos evangelistas; aprendemos olhando-as por nós mesmos na Verdade eterna. Mas as palavras da Escritura são sinais que dirigem nossa atenção para o que veríamos, embora raramente, sem eles.

Segundo, repara que até agora falei apenas das realidades inteligíveis, visto que estas são realidades atemporais e imutáveis das quais a Verdade fala ao nosso ouvido interior. Há também verdades que pertencem ao reino do tempo e da mudança, e o nosso único acesso independente a essas verdades é através de nossos sentidos. Eu não consulto Cristo, o Mestre Interior, a fim de descobrir se a porta do meu escritório está aberta; apenas olho. Os sentidos só podem dizer-me sobre o presente; a memória dos sentidos também me diz sobre o passado – mas só o meu próprio passado e nem sequer todo ele. Isto significa que a maior parte do passado não é apenas desconhecido, mas incognoscível: não posso conhecê-lo através da Verdade Interior porque não é uma realidade inteligível atemporal, e não posso conhecê-lo através dos sentidos ou da memória dos sentidos, porque não está agora nem nunca esteve presente aos meus sentidos. Nesse passado incognoscível estão verdades das quais, acredita Agostinho, preciso desesperadamente estar ciente; o mais importante, naturalmente, é que "a Palavra se fez carne e habitou entre nós". As palavras da Escritura nos tornam cientes de tais verdades no passado incognoscível; se não acreditarmos nelas com base na autoridade da Escritura, não podemos ter nenhuma fé nelas. Portanto, a Escritura é indispensável não somente porque dirige nossa razão para ver o que de outra maneira não podemos entender, mas porque ela nos informa sobre coisas que nem a razão nem o sentido podem agora nos revelar.

### Teoria exegética: dimensões morais

Na opinião de Agostinho, a busca do conhecimento pelo conhecimento está falida. Tal busca parte da curiosidade, que para ele não é um traço admirável, mas um vício; ele a identifica com aquela "concupiscência dos olhos" da qual João escreveu: "Pois tudo o que há no mundo – a concupiscência dos olhos, a concupiscência da carne e o orgulho da vida – não é da parte do Pai, mas do mundo" (1Jo 2,16). Assim não é surpreendente que, quando Agostinho discute a legitimidade de interpretações rivais da Escritura, ele revele uma profunda preocupação com a moralidade das discussões exegéticas. Apego indevido à sua própria exegese manifesta uma espécie de orgulho, o amor à opinião própria simplesmente porque ela é a sua opinião. Em *Confissões* 10, Agostinho descreve isto como uma forma do "orgulho da vida", o terceiro da ímpia trindade de pecados de 1Jo 2,16. É mais grave ainda quando o exegeta é levado pelo desejo de uma reputação de erudito brilhante; "esta é uma vida miserável e ostentação revoltante" (*conf.* 10.36.59). Além disso, dado que a verdade é propriedade comum, a opinião própria de alguém não é realmente própria se for verdadeira; é a propriedade comum de todas as pessoas que pensam corretamente, e ninguém tem qualquer participação individual nela: "Ninguém considere coisa alguma como sua própria a não ser a mentira, pois toda verdade procede daquele que diz 'eu sou a verdade'" (*doc. Chr.* Prólogo, 8). Igualmente, apenas a temeridade e a insolência justificariam tal confiança em alguma coisa que não podemos efetivamente saber. Podemos conhecer o que a própria Verdade diz, mas não podemos saber com nenhum grau de certeza o que Moisés ou Paulo pensavam quando escreveram o texto bíblico que estamos expondo. Mais importante de tudo, a caridade exige que nos abstenhamos de todas "disputas perniciosas" assim.

Porque a caridade é a meta última de toda exegese digna de mérito. "Quem julga ter entendido as divinas Escrituras ou alguma parte delas, e com esta inteligência não edifica este duplo amor de Deus e do próximo, ainda não as entendeu" (*doc. Chr.* 1.36.40). Além disso, a caridade é o tema unificador e animador do tratado de Agostinho sobre a interpretação bíblica: *De doctrina christiana* (*Sobre a doutrina cristã*). A sua mensagem é esta: tenham sempre consciência do fim, e ficai em guarda contra a tendência perniciosa dos meios para invadir os fins. Agostinho insiste que o fim de todas as coisas é Deus. Só ele há de ser amado por ele mesmo – "gozado", na terminologia de Agostinho. Qualquer outra coisa a ser amada seria "usada", quer dizer, amada pelo bem de Deus. Também os seres humanos, incluindo nós mesmos, deveriam ser "usados" neste sentido, o que não significa "explorados". Mas Agostinho não pode absolutamente falar de maneira consistente em "usar" a nós mesmos e nossos semelhantes, e define a caridade como "o movimento da alma que nos conduz a gozar de Deus por ele mesmo e de nós e do próximo por Deus" (*doc. Chr.* 3.10.16). Ao contrário, cobiça é "o movimento da alma que arrasta o homem ao gozo de si mesmo e do seu próximo e qualquer outra coisa corpórea sem preocupar-se com Deus" (*doc. Chr.* 3.10.16). Agostinho diz que a Escritura "não manda nada senão a caridade e não repreende nada senão a cobiça" (*doc. Chr.* 3.10.15).

O interesse em interpretação bíblica por si mesma é uma forma dessas de cupidez; a exegese há de ser usada pelo bem da caridade, não gozada por si mesma. Na metáfora de Agostinho, não é a terra distante onde seremos felizes, mas apenas um veículo no qual podemos ser levados para lá:

> A plenitude e o fim da Lei e de toda a Escritura divina é o amor a um ser [i.e. Deus] do qual se há de gozar e de um ser [i.e. nosso próximo] que pode compartilhar esse gozo conosco [...]. A fim de que conhecêssemos e fôssemos capazes de alcançar isso tudo, pela divina Providência foi constituída, para a nossa salvação, toda a presente economia *temporal, da qual nós devemos servir-nos não com um amor e gosto que nela, por assim* dizer, se detenha, mas que seja transitório. Deve ser para nós como um caminho, como um veículo de qualquer gênero [...]. Devemos amar as coisas que nos carregam em vista daquele ao qual somos levados. (*doc. Chr.* 1.35.39; *cf.* também 1.4.4)

Ignorar, portanto, é esse fim que até leituras errôneas da Escritura são dificilmente objetáveis se não edificam a caridade. Alguém culpado de tal leitura errada deve ser corrigido apenas em bases pragmáticas, não no interesse de exatidão acadêmica (um ideal ao qual Agostinho não mostra a mínima lealdade):

> Engana-se tal como o viajante que por equívoco abandonasse o caminho e, o que é pior, seguisse a sua caminhada através do campo para chegar ao ponto aonde o primeiro caminho justamente conduzia.

Todavia, é preciso não deixar de corrigir o que erra e demonstrar-lhe quanto é mais útil não abandonar o caminho por receio que, tomando o hábito de desviar, ele se veja obrigado a ir por vias transversais e más. (*doc. Chr.* 1.36.41)

## Teoria exegética: dimensões práticas

Como vimos, o Livro 1 de *De doctrina christiana* diz respeito a coisas; explica quais coisas hão de ser gozadas e quais usadas. Os livros 2 e 3 discutem os signos, e em particular os signos convencionais ou palavras encontradas nos escritos bíblicos (Notar de novo as preocupações de Agostinho que os meios não invadem fins. Os signos existem para as coisas e não o contrário, por isso ele primeiro tem de explicar a natureza das coisas antes de poder sensatamente discutir os signos que nos apontam essas coisas). O objetivo de Agostinho é fornecer preceitos práticos para intérpretes da Bíblia, para ajudá-los a entender tanto os signos desconhecidos (Livro 2) como os signos ambíguos (Livro 3).[25]

A ferramenta mais importante para entender signos literais desconhecidos é um conhecimento completo do hebraico e do grego, de modo que o intérprete possa resolver quaisquer dúvidas que surjam de traduções conflituosas.[26] Para entender signos figurados desconhecidos, o intérprete precisa de um amplo conhecimento da natureza das plantas, animais e outras coisas que a Escritura usa em suas figuras; de outro modo não saberemos (por exemplo) por que a pomba trouxe o ramo de oliveira para a arca e por que o salmista diz: "tu me aspergirás com hissopo". O intérprete deve também entender o significado figurado dos números e saber algo da história secular. Deve ter familiaridade com a música, as artes, os vários comércios e profissões

---

[25] O Livro 4 discute estratégias retóricas para ensinar e pregar e, portanto, fica fora de nossa preocupação neste capítulo.

[26] O preceito de Agostinho é melhor do que a sua prática: o grego dele era medíocre e não sabia nada de hebraico. Por conseguinte, ele conhecia as Escrituras em tradução latina. Para uma visão geral do que sabemos sobre a versão da Bíblia de Agostinho, *cf.* O'Donnell (1992, v. 1, p. 69-71).

e esportes – não como profissional, mas a fim de entender as Escrituras quando elas usam expressões figuradas tomadas dessas áreas. A astronomia é apenas secundariamente útil e está por demais aliada a superstições perniciosas dos astrólogos para ser totalmente segura. "A dialética é de grande valor para penetrar e resolver todo gênero de dificuldades que se apresentam nos livros sagrados", embora os intérpretes devam estar em alerta contra o amor à controvérsia e a "ostentação pueril de enganar o adversário" (*doc. Chr.* 2.31.48). Além disso, uma pessoa inteligente reconhecerá argumentos falaciosos mesmo sem estudar as regras da inferência e uma pessoa estulta achará difícil demais aprender as regras. Se puderes reconhecer um mau argumento quando o vês, não precisas saber o nome técnico da falácia que ele ostenta; e tal conhecimento especializado é sempre uma tentação ao orgulho em alguém e desdém pelos outros.

Ao adquirir o conhecimento que permitirá uma leitura inteligente das Escrituras, o exegeta cristão está livre para servir-se da sabedoria pagã, até da filosofia pagã – especialmente dos platônicos. Quando os israelitas fugiram do Egito, deixaram para trás os ídolos, mas levaram com eles o ouro e a prata, tesouros do Egito que os israelitas podiam usar melhor. Assim também o cristão deve repudiar as "fantasias fraudulentas e supersticiosas" dos pagãos, mas apropriar-se de quaisquer verdades que eles possam ter encontrado, o ouro e a prata que os pagãos "extraíram das minas da divina providência" (*doc. Chr.* 2.40.60). Afinal, "todo bom e verdadeiro cristão deve entender que toda verdade que ele possa encontrar é do seu Senhor" (*doc. Chr.* 2.18.28). Também, assim como os tesouros de Israel sob Salomão ultrapassavam o ouro egípcio, assim também as verdades a serem encontradas apenas na Escritura são mais preciosas do que qualquer uma que possa ser tomada dos pagãos.

Tendo discutido a interpretação de signos desconhecidos no Livro 2, Agostinho passa a considerar os signos ambíguos no Livro 3. As ambiguidades de pontuação e construção hão de ser corrigidas de acordo com a "regra de fé" como é encontrada em passagens não ambíguas da Escritura e no ensinamento da Igreja e por atenção ao contexto, pois toda boa interpretação deve preservar a consistência interna.²⁷ Mais difíceis são as ambiguidades de palavras figuradas. Precisamos de algum princípio para determinar se uma locução ou uma história é literal ou figurada, e aqui Agostinho recorre ao termo "caridade".

> Para as locuções figuradas se há de observar a seguinte regra: que há de se examinar com diligente consideração o que se lê, durante o tempo que for necessário para chegar a uma interpretação que nos conduza ao reino da caridade. Mas se a expressão já tem este sentido próprio, não se julgue que ali haja locução figurada. (*doc. Chr.* 3.15.23)

Por exemplo, quando a Escritura diz: "se o teu inimigo está com fome, dá-lhe de comer; se está com sede, dá-lhe de beber", devemos tomar a admoestação literalmente. Mas quando ela prossegue dizendo: "porque ao fazer isso amontoarás brasas na cabeça dele" (Pr 25,21-22; Rm 12,20), devemos tomar figuradamente. Afinal de contas, um monte de brasas seria causar dano a nosso inimigo. Não podemos sequer tomar a expressão de modo figurado – mas de modo não caridoso –, significando que nosso ato de bondade envergonhará e confundirá nosso inimigo; antes,

> a caridade te incline para a beneficência, de sorte que entendas que as brasas de fogo são os gemidos ardentes de penitência, com os quais se cura a soberba de quem se condói de ter sido inimigo do homem por quem se vê socorrido em sua miséria. (*doc. Chr.* 3.16.24)

Pelo mesmo princípio, também as histórias dos atos maus de grandes homens e mulheres da fé podem ser tomados literalmente, pois eles são como avisos contra o orgulho em nossa própria bondade (As histórias podem ser tomadas figuradamente também, mas tais leituras não tomam o lugar de uma leitura literal). Por outro lado, "ninguém pensará seriamente que a mulher que ungiu os pés do Senhor com o unguento precioso o fez ao

---

27 Agostinho ressalta esta exigência em numerosos lugares. *Cf.*, por exemplo, *Confissões* 12.29 e *De doctrina christiana* 1.36.41, 3.2.2 e 3.3.6.

modo como costumam fazer os homens malvados e luxuriosos em seus banquetes lascivos que detestamos" (*doc. Chr.* 3.12.18). A única leitura que conduz à caridade é figurada: "o bom odor é a boa fama que alguém que leva uma vida boa terá através de suas ações, quando seguir as pegadas de Cristo, como se ungisse os pés dele com o mais precioso unguento" (*doc. Chr.* 3.12.18).

### Teoria exegética: espírito e letra

Embora no *De doctrina christiana* Agostinho rejeite de maneira enfática uma interpretação literal dos relatos da unção dos pés de Jesus, no *De consensu evangelistarum* 2.79 ele trata os relatos como históricos. Realmente, Agostinho é amplamente responsável pela tradição que identifica a pecadora de Lucas 7,36-50 com a mulher em Betânia descrita em Mateus 26,6-13 e Marcos 14,3-9 e que em João 12,1-8 tem o nome de Maria, a irmã de Marta e Lázaro.[28] Assim, por volta de 405, Agostinho chegou a crer em algo que em 396/397 dissera que "ninguém seriamente acreditaria". Esta evolução ilustra a aproximação crescentemente nuançada de Agostinho à relação entre o espírito e a letra.

Em *Confissões,* Agostinho dá grande importância para o uso que Ambrósio fez de 2Coríntios 3,6: "A letra mata, mas o espírito dá vida":

> Eu me alegrava também porque os velhos escritos da lei e dos profetas já não eram colocados diante de mim para lê-los com o mesmo olho que antes os tornava absurdos para mim, quando os atacava pelas concepções que falsamente atribuía aos teus santos; na realidade esse não era o modo deles de pensar. E eu ouvia alegremente Ambrósio dizer frequentemente em seus sermões públicos: "a letra

---

28 A identificação ulterior de Maria de Betânia com Maria Madalena, embora uma consequência natural dessa tradição, não se encontra em Agostinho. Note-se que embora Agostinho leia os quatro relatos como envolvendo a mesma mulher, ele não pensa que todos eles narrem o mesmo acontecimento; ele defende dois episódios de unção, um registrado por Lucas e outro registrado pelos outros três evangelistas.

mata, mas o espírito vivifica". E quando, removendo o seu véu místico, dava uma interpretação espiritual a certas passagens que, tomadas literalmente, pareciam ensinamentos perversos. (*conf.* 6.4.6)

Porque Agostinho credita às interpretações espiritualizantes de Ambrósio um papel tão importante na sua libertação dos maniqueus e em tornar a cristandade católica parecer intelectualmente sustentável, é fácil cair no erro de pensar que o próprio Agostinho passou a adotar a regra com que Ambrósio tão enfaticamente exortava a sua comunidade. Ele fez isso apenas de uma maneira muito moderada e com entusiasmo decrescente à medida que o seu engajamento com a Escritura amadurecia.

Já em 388-390, em *De Genesi contra Manichaeos* 2.2.3, Agostinho diz que se alguém consegue interpretar um texto literalmente "e pode evitar blasfêmias e pregar tudo que está de acordo com a fé católica, não apenas não devemos olhá-lo com desconfiança, mas olhá-lo realmente como um exegeta digno de muito louvor". Mas se alguém não conseguir chegar a uma interpretação literal, uma interpretação figurada é permitida, "sem detrimento a uma interpretação melhor e mais cuidadosa que o Senhor veja que seja apta para trazer à luz através de nós ou de outros". O ponto não é exatamente que as interpretações espirituais como tais sejam inaceitáveis – pois Agostinho nota que temos autoridade apostólica para leituras figuradas do Antigo Testamento –, mas que interpretações espirituais como meio de evitar as dificuldades de interpretações literais são no máximo medidas provisórias. A sua interpretação espiritualizante dos relatos da unção parece ilustrar este ponto. Nos primeiros trabalhos como *Enarrationes in Psalmos* (392) e (como vimos) *De doctrina christiana* (396/397), encontramos apenas uma interpretação espiritualizada. Pelo tempo do *De consensu evangelistarum* (405), Agostinho encontrou uma maneira de entender os acontecimentos literariamente, de modo que eles não mais representam libertinagem, mas, ao contrário, falam de humildade, arrependimento e perdão. A letra não mata mais. No entanto, o espírito continua a dar vida, e a interpretação espiritual persiste ao lado do sentido literal nas obras tardias como *In Johannis evangelium tractatus* 50 (*ca.* 410-420).

Assim, Agostinho – que nunca foi um seguidor entusiasta da regra de Ambrósio como seria de se esperar pela leitura de *Confissões* – a esta altura tinha realmente se afastado muito do uso de 2Coríntios 3,6 que Ambrósio lhe exortara. Contudo, uma ruptura mais decisiva ainda está por vir. Em *De spiritu et littera* (412), Agostinho defende que o versículo não é de modo algum primariamente sobre interpretações espirituais da Escritura:

> Quero demonstrar, se conseguir, que as palavras do Apóstolo: "A letra mata, o espírito dá vida" não se referem às locuções figuradas, embora também estas possam ser bem adaptadas, mas são entendidas antes da lei que proíbe expressamente o mal [...]. A letra da lei que ensina a não pecar mata, se faltar o espírito que dá vida, pois ela na realidade faz com que o pecado seja conhecido em vez de evitado e, portanto, mais aumentado do que diminuído, porque a transgressão da lei é acrescentada ao mal da concupiscência. (*spir. et litt.* 5.7-8)

A rejeição desdenhosa de Agostinho do sentido histórico dos relatos da unção, portanto, acaba se tornando uma perda não apenas de sua maior habilidade em exegese literal, mas também de sua crescente abordagem crítica da regra de Ambrósio.

# PARTE VII
*Legado de Agostinho*

# 17 Legado de Agostinho: êxito ou fracasso?

*Karla Pollmann*

### Observações preliminares

Está na essência de um grande livro que ele muda cada vez que é relido [...]. Nossos próprios grandes textos clássicos, e muitos daqueles que são considerados menos clássicos também, estão sempre mudando. Se decidirmos voltar a eles de novo, são diferentes do que eram, assim como nós somos diferentes. Nosso latim e grego ajudaram a fazer o que nós nos tornamos. E mais tarde, de várias maneiras, retribuímos o elogio. Eles *nos* fizeram. Nós *os* fizemos. Esta é a nossa tradição.

Estas palavras, citadas do discurso presidencial à Classical Association em 2012 por Sir Peter Stothard,[1] que tinha principalmente obras de autores gregos e latinos desde Homero até Estácio em mente, são verdadeiras do fenômeno da recepção textual em geral. E, *mutatis mutandis*, são também uma caracterização válida de importantes aspectos da recepção de Agostinho através das épocas. Enquanto Agostinho pode, de muitas maneiras, ser chamado de figura típica da Antiguidade tardia, em alguns aspectos ele é diferente dos seus iguais. O seu passado não foi a elite educada, mas devido à ambição de seus pais e suas grandes habilidades intelectuais ele previu que faria uma carreira secular bem-sucedida. A língua grega não era o seu ponto forte, o que antecipa a separação entre as partes oriental e ocidental

---

[1] Stothard (2012, p. 8).

do Império Romano, que começaria logo após a sua vida. Ele viveu num tempo de agitação histórica, quando a desintegração do Império Romano, cujas fronteiras eram cada vez mais ameaçadas pelas invasões bárbaras, era incipiente. Ao mesmo tempo, o crescimento da cristandade questionava a religião pagã e o modo geral de pensar. Tudo isso criou uma atmosfera de incerteza, mas também uma atmosfera na qual os valores tradicionais eram cada vez mais examinados, seja a fim de serem defendidos, transformados ou abandonados. A própria vida de Agostinho de algum modo espelha certos desenvolvimentos e características desse "tempo intermédio". Em suas *Confissões*, Agostinho conta de maneira viva como foi torturado por esse pluralismo de ideias, buscando o seu próprio caminho e tentando fazer a escolha certa no supermercado dos vários sistemas de crença e estilos de vida em oferta. Assim, ele pode verdadeiramente ser chamado de figura liminar e inovador original, bem como um transmissor e transformador de pensamento antigo. Agostinho teve de desempenhar vários papéis – como bispo, juiz, teólogo, amigo, mestre, conselheiro – e ele fala em todos esses papéis em vários tempos. E, como a carreira de escritor de Agostinho abrange 44 anos, ele eventualmente também muda a sua mente ou escolhe variar ângulos para lançar luz sobre uma questão. Por exemplo, inicialmente ele pensava que a filosofia podia levar à verdade perfeita (*ord*. 1.8.24), mas mais tarde acreditou que isso só podia ser garantido pelo Deus cristão (*doc. Chr.* 2.48-53). Ou, primeiro ele acreditou que o Império Romano, ao se tornar cristão, era a culminação da história humana, mas depois ele se apercebeu de que o Império Romano era apenas um império como muitos outros e condenado a perecer um dia (*civ. Dei* 18.22 etc.). Tudo isso torna compreensível que a obra de Agostinho teve uma recepção muito diferente e heterogênea, até polarizada, durante os séculos.

Além disso, os escritos de Agostinho tiveram influência em muitos campos. Ele não só estabeleceu mais ou menos o que se tornaria os principais contornos e fundamentos da teologia ocidental, mas também influiu em disciplinas seculares como teoria política, semiótica, filosofia da história, psicologia, epistemologia, ética social, música, artes, educação e pedagogia/

didática, e antropologia.² De fato, muitos grupos opostos podem reivindicá-lo como autoridade em apoio à sua posição – protestantes e católicos, pacifistas e teóricos da guerra, feministas e patriarcas. Enfim, há aqueles que abusam de sua autoridade e afirmam que ele disse coisas que efetivamente não disse. De algum modo consciente disso, Agostinho mostrou relativamente cedo (em comparação com outros autores antigos) uma consciência acentuada do fato que tinha de controlar a sua recepção por outros.³ Primeiro, ele tentou canalizar a recepção de sua *vida* com suas *Confissões* quase biográficas (escritas por volta de 400). Esta narrativa aparentemente sincera da vida de Agostinho não apenas esconde uma perspectiva implicitamente apologética, mas contém também um complexo programa teológico. Portanto, suas afirmações não devem sempre ser tomadas como fatos autobiográficos ao pé da letra.⁴ Em segundo lugar, Agostinho tentou controlar a recepção de suas obras escrevendo, no final de sua vida (428/429) a sua retratação (*Retractationes*), na qual ele reviu a maioria de suas obras, com exceção de suas cartas e sermões. A intenção dessa obra bem única é "repreender ou defender" seus escritos prévios (*ep.* 224.2).

É também digno de menção que o próprio Agostinho esteve entre os primeiros a usar a autoridade dos primitivos pensadores cristãos para reforçar os seus argumentos caso o resto falhasse. Foi nessa época que começou a surgir a consciência de uma biblioteca de autores "clássicos" cristãos, e Agostinho se tornou bem cedo um deles. A apreciação da pessoa dele seria extremamente diversa mesmo durante a sua vida. Por um lado, Jerônimo o chama de "o segundo fundador da fé cristã" (*ep.* 141.2). Por outro lado, como bispo de uma diocese menor, ele teve de suportar ser ignorado por Ático, o bispo de Constantinopla,⁵ sem mencionar a relação aberta de ódio que tinha com o aristocrata e muito inteligente Juliano de Eclano. Controlar a recepção dele não se tornou mais fácil por um comentário na biografia que Possídio fez de Agostinho, escrita logo após a morte deste. Em *Vita*

---

2 *Cf.* Pollmann e Gill (2012); Pollmann *et al.* (2013).
3 Pollmann (2010).
4 Baker-Brian (2007, p. 151-167).
5 Leyser (2000, p. 3).

*Augustini* 31.9, Possídio destaca que podiam tirar mais proveito de Agostinho aqueles que puderam ouvi-lo e vê-lo como pregador presente na Igreja e os que, sobretudo, tiveram conhecimento íntimo de sua conduta entre o povo ("sed ego arbitror plus ex eo proficere potuisse, qui eum et loquentem in ecclesia praesentem audire et videre potuerunt, et eius praesertim inter homines conversationem non ignoraverunt"). O próprio Agostinho não punha muita confiança na autoridade terrena e Conrad Leyser chega à conclusão de que

> o bispo de Hipona era, aos olhos dos seus leitores latinos primitivos mais articulados e mais importantes, insuficientemente autoritário: muitos dos seus escritos são movidos por uma tentativa, sutil e convincente, de tornar o seu legado diferente.[6]

A fim de mapear o vasto campo da recepção do pensamento e obra de Agostinho, um amplo projeto internacional e interdisciplinar sobre a recepção de Agostinho através das épocas acabou de ser concluído sob a minha direção.[7] Concentrando-se nas obras de Agostinho, pensadores individuais e temas, o projeto visa apresentar informação solidamente documentada, embora não abrangente, sobre a recepção de Agostinho, incluindo áreas além dos limites mais estreitos da teologia, no *Oxford guide to the historical reception of Augustine* (*OGHRA*) [*Guia de Oxford para a recepção histórica de Agostinho*]. A seguir são detalhados alguns aspectos gerais importantes da recepção de Agostinho que estão apenas implicitamente contidos no *OGHRA*. Antes de embarcar nisso, porém, primeiramente algumas breves observações serão feitas sobre a noção de estudos de recepção importantes para o nosso contexto.[8] Para a nossa finalidade é suficiente definir a teoria da recepção como uma abordagem de textos que diz respeito, primeiro e acima de tudo, à(s) atualização(ões) histórica(s) de um texto por um ou mais leitor(es), seja isto através de citação exata, paráfrase mais ou menos

---

6 *Ibidem*, p. 5.
7 Este projeto foi generosamente financiado por Leverhulme Trust. Para maiores informações *cf*. <www.st-and.ac.uk/classics/after-augustine> e Pollmann e Lambert (2004).
8 Para mais detalhes sobre este parágrafo *cf*. Pollmann (2008, p.32s).

exata, ou a mera apóstrofe do autor como autoridade, e se for para finalidades doxográficas mais mundanas, para fins políticos ou outros fins concretos muito específicos, ou em contextos interpretativos mais amplos. Por conseguinte, estudos de recepção não implicam em primeiro lugar interpretação textual. Ao contrário, ao desenvolver e usar a teoria da recepção, buscam entender as interpretações textuais como foram produzidas historicamente em diferentes épocas por vários leitores e analisar o processo de produzir interpretações antes que fornecê-las.[9] Embora isso tenha consequências para como nós mesmos olhamos e interpretamos os textos, envolve sobretudo o reconhecimento do fato de que um texto não deve ser limitado aos significados que lhe foram historicamente atribuídos. A crítica dos estudos de recepção ajudou a aprimorá-los e desenvolvê-los mais, por exemplo, tornando os estudiosos mais criticamente conscientes da relatividade e subjetividade ("ideologia") de suas próprias abordagens e abrindo os estudos de recepção a novas áreas, inclusive literatura feminista e multicultural, cultura popular, o leitor comum e a história do livro. Assim se segue que produção literária e sua recepção são parte da história de um povo em geral e, mais especificamente, parte da história das ideias. Além disso, como os estudos de recepção levam agora de maneira cada vez mais crescente em conta os meios[*] além da palavra escrita, tornam-se parte dos estudos culturais em geral.[10]

## Fatores-chave da recepção de Agostinho

*O "cultivo" de sua pessoa*

Duas ênfases diferentes podem em geral ser identificadas quando se chega à análise do legado de um autor: a análise pode concentrar-se na

---

9   Hardwick (2003, p. 4-11, 107-113); *cf.* o verbete multidisciplinar "Rezeption" em Wischmeyer *et al.* (2009).
\*   NT: "Meio" e "meios" traduzem as palavras latinas *medium* e *media*, normalmente usadas em inglês.
10  Este último aspecto é menos central no *OGHRA*, mas é o foco de Pollmann e Gill (2012).

pessoa ou, mais especificamente, nas obras do autor. Neste caso, pode-se apelar para o nome do autor como uma autoridade simbólica, e o conteúdo específico e leituras detalhadas de suas obras ou a análise de seus argumentos são de menor importância. Tal foco de recepção é encorajado pela elevação de um autor de várias formas que, em troca, a reforça. No caso de Agostinho, o culto de sua pessoa como santo na África do Norte pode remontar já ao século VI.[11] Tal leitura emblemática pode, naturalmente, ser encontrada numa recepção hostil. No segundo modo de recepção, a evidência textual de Agostinho está no centro do interesse do receptor, seja para preservá-lo, interpretá-lo, seja para analisá-lo mais ou menos criticamente, ou a fim de transformá-lo em algo que pode acrescentar brilho ao próprio pensamento. Esse foco intenso da exploração dos escritos de Agostinho como uma referência normativa torna tentador atribuir a ele *erroneamente* obras ou declarações. No primeiro caso, algumas obras ditas pseudoagostinianas às vezes formaram a imagem de Agostinho de maneira mais forte do que suas obras autênticas.[12] Aforismos e citações falsamente atribuídos a Agostinho podem ser encontrados através das épocas e continuam a se manifestar em páginas na internet.

*A transmissão de suas obras*

No conjunto, as obras autênticas de Agostinho estão incomumente bem transmitidas. Isso foi auxiliado por dois aspectos relativamente incomuns: primeiro, as *Retractationes* já mencionadas de Agostinho se referem à maioria de suas obras e tentam até fazer uma lista cronológica delas. Segundo, Possídio anexou à sua *Vita Augustini* uma lista (*indiculus*) de todas as obras de Agostinho que estavam presentes em sua biblioteca na época da morte de Agostinho. Possídio oferece uma ordem mais temática do que cronológica dessas obras. Através das épocas, a obra existente de Agostinho foi repetidamente sujeita a rigoroso esforço filológico a fim de garantir o texto mais confiável. Foi excepcional nisto a Idade Média tardia, a época chamada de

---

11  Vössing (2012).
12  Staykova (2012).

"Renascença agostiniana",[13] o humanismo (embora aqui o esforço filológico possa estar entrelaçado com interesses confessionais),[14] e as grandes empresas editoriais do *Corpus scriptorum ecclesiasticorum latinorum* (Viena) e o *Corpus christianorum latinorum* (Turnhout), que se iniciaram nos séculos XIX e XX, respectivamente. Durante muitos séculos, ainda que com intensidade variada, obras como a *Cidade de Deus*, *De Trinitate*, *De doctrina christiana*, as *Enarrationes in Psalmos* e as *Confissões* foram *best-sellers*, o que está refletido no grande número dos seus manuscritos. Um grande projeto empreendido pela Academia Austríaca de Ciências visa catalogar todos os manuscritos conhecidos no mundo que contenham obras autênticas de Agostinho. Um intrigante efeito colateral dessa pesquisa continuada, muito completa e sistemática, foi a descoberta de novas obras de Agostinho, até agora em três ocasiões: 29 cartas por J. Divjak na Bibliothèque Nationale (Paris) em 1981; 26 sermões por F. Dolbeau em 1990; e recentemente, em 2007, seis novos sermões de Agostinho foram identificados num manuscrito do século XII em Erfurt. Portanto, com respeito ao corpo das obras de Agostinho, outras descobertas ainda são possíveis.

*O papel das instituições na recepção de Agostinho*

As instituições são da máxima importância para garantir recepção duradoura e não podem ser superestimadas em sua função decisiva neste processo. Em geral, as instituições são o nível mais alto e mais eficaz em despersonalizar e perpetuar uma atividade humana ou interesse específicos. No caso da perpetuação do pensamento de Agostinho, as seguintes instituições são de particular importância: a Igreja; as instituições educativas incluindo mosteiros, escolas e universidades; grupos como a Ordem agostiniana, que se dedica especialmente à preservação e disseminação da obra de Agostinho; academias científicas; e comunidades religiosas menos organizadas que têm um interesse intelectual e/ou espiritual nos escritos de Agostinho. Sempre que há uma íntima afinidade entre religião e atividade política, então o

---

13  Saak (2012).
14  *Cf.* Backus (2013); Visser (2011).

pensamento de Agostinho pode entrar também na cena política, especialmente, por exemplo, a sua *Cidade de Deus* na Idade Média, mas também no século XX (para este último, ver adiante). Um modo altamente eficaz de garantir a sobrevivência e consideração contínua da obra de um autor é a sua canonização por um grupo considerado autorizado e a integração desse cânone num currículo educacional ou num programa intelectual, que é então posto em prática de ensino por uma instituição. Duas coisas são dignas de nota a este respeito. Primeiro, existe uma relação dialética entre tal(is) instituição(ões) estável(is) que correm o risco de ficarem ossificadas com o passar do tempo, por um lado, e, por outro lado, indivíduos "rebeldes" que tendem a desafiar tais instituições e suas tradições. No caso de Agostinho, é a sua própria obra que permite tais desafios contra o estabelecimento; pode-se contrapor uma parte do seu pensamento contra a outra. Em segundo lugar, pelo menos dentro do quadro de *OGHRA* não foi possível estabelecer traços claros de recepção, uma vez que o conteúdo de sua obra está completamente esquecido. Ademais, embora a sua recepção possa ocorrer fora do âmbito estritamente religioso ou teológico, até agora sei dessa recepção apenas através de pessoas ou instituições que têm alguma espécie de conexão – ainda que tênue e distorcida – com a tradição religiosa cristã. Parece que até agora não há traços claros de recepção de um mecanismo estabelecido fora desse âmbito. Ideias e valores que formam uma tradição de reconhecida autoridade, como revelado pelo empreendimento *OGHRA*, estão relacionados de maneiras várias e potencialmente diversas a pessoas que têm alguma espécie de ligação institucional com essa tradição. Este é um caminho promissor de pesquisa que ainda não foi plenamente explorado no contexto do estudo da recepção de Agostinho.

*Recepção de Agostinho nos meios além do livro*

Se alguém se aventura em outras áreas além dos livros impressos ao investigar a recepção de Agostinho, é, no entanto, indispensável levar o meio escrito em conta no qual o pensamento de Agostinho está "fixado".[15]

---

15 Esta subseção segue de perto a Introdução do editor em Pollmann e Gill (2012, p. 1-10).

É verdade que as camadas de recepção, por assim dizer, podem obscurecer ou desfigurar aspectos do pensamento de Agostinho, como é particularmente notável no corpo dos escritos pseudoagostinianos, que gozaram de grande popularidade no final da Idade Média e no começo da modernidade. É também verdade que um autor famoso pode não ser lido, mesmo se – talvez especialmente se – for bem conhecido. No entanto, o recurso aos escritos de Agostinho é finalmente essencial tanto para a avaliação abrangente do processo de recepção como para a geração exitosa de ulteriores processos em qualquer meio. Por exemplo, visualizações de Agostinho vão desde logo após a sua morte até o século XX;[16] o século XX também se gaba de sua recepção em música,[17] bem como em psicoterapia moderna.[18] Como já foi mencionado, Agostinho *não* foi capaz de controlar a sua própria recepção como foi realizado pelas gerações posteriores em textos escritos. O mesmo é verdadeiro de sua recepção em outros meios também: Agostinho era altamente crítico das artes visuais, música e drama, mas isso não evitou que mais tarde pintores, compositores e dramaturgos fizessem dele ou de aspectos do seu pensamento os objetos dos seus esforços artísticos.

Todos os meios são formas de conhecimento por si mesmas. Por conseguinte, um dado meio realiza mais do que uma função no processo transmedial; como no exemplo das artes visuais, pode não apenas ilustrar, mas também comentar textos justapostos ou implicados, solapar, aumentar ou complementá-los para criar tensões deliberadas entre o visual e o textual. Este processo, por sua vez, abre a possibilidade de leituras alternativas e, de outro modo, interrogar ou criticar a fonte. Portanto, o efeito de usar diferentes meios para apresentar Agostinho e o seu pensamento vai além de mera arte ou exploração jocosa. Isso se deve predominantemente ao fato de que a pessoa de Agostinho e seus textos geralmente não são percebidos como ficção, e os seus escritos também não são interpretados como narrativas inventadas com uma função estética, embora se possa perceber, aproveitar e expandir uma estética.

---

16  *Cf.* Pollmann (2012) e V. Cvetkovič (2012).
17  Petersen (2012).
18  Pârvan (2012).

Especialmente em música ou arte, mas também em transformações devocionais ou conceituais, meios diferentes podem intensificar os efeitos meditativos e/ou emocionais do texto. Permitem até a descoberta intelectual de novas dimensões, de modo que se ouve ou vê (por assim dizer) o texto numa maneira profundamente nova. Esses meios não textuais sustentam também externa e internamente a apropriação e individualização do texto. Desta maneira, o texto entra na posse do ouvinte ou espectador que, como consequência, pode identificar-se mais prontamente com a mensagem. Por outro lado, e especialmente através da arte e música, perdem-se as complexidades dos argumentos textuais. É antes o caso em que extratos de um texto são ampliados e uma dimensão alternativa de diferenciação meta-argumentativa é acrescentada por um novo meio. Portanto, a intermedialidade pode significar a ampliação, mas também o solapamento da ilusão estética: o texto lê, ou comenta, a imagem, e a imagem lê o texto. Especialmente quando estas não são inteiramente congruentes, o espectador tem de meditar sobre as razões e a importância da discrepância, abrindo espaços metaficcionais para reflexão. Uma noção também importante nesse contexto é a intramedialidade, ou seja, a interação temática ou recepção dentro de um meio apenas. A intramedialidade pode ser produzida por textos e é, então, comumente chamada de intertextualidade, mas ocorre também em outros meios. Por exemplo, uma pintura ou um motivo visual tirado de um contexto familiar ainda evocará o ambiente original ao espectador entendido, e assim melhorando e aprofundando a mensagem. O mesmo é possível em música, em que o motivo (*leitmotiv*) evoca o contexto original e assim faz comentário sobre o novo.

Transmedialidade e intermedialidade alargam as possibilidades do meio textual original quando, por exemplo, permitem o envolvimento de públicos iletrados. Além disso, a maior parte do pensamento de Agostinho não é facilmente compreendida. Este desafio é muitas vezes resolvido em relação aos estágios da conversão de Agostinho, à sua visão da verdade e às suas noções do si mesmo, do desejo de Deus, graça e ser. A articulação em outro meio permite juntar novos elementos e estes, por sua vez, podem alargar, alterar, modernizar, individualizar, politizar ou polarizar a sua intenção original. Isto não só se aplica às artes visuais e à música, mas também aos meios devocionais como sermões e textos para meditação. Este último ainda merece substancialmente mais atenção acadêmica a esse respeito; isto é também verdadeiro para o vasto e complexo campo dos escritos pseudoagostinianos. Ademais, é prematuro a esta altura presumir que possamos estabelecer um padrão indicando qual dos textos de Agostinho ou qual das suas preocupações ocorre mais frequentemente em qualquer meio ou contexto dado. Isto também promete ser um campo excitante para investigação ulterior, especialmente quando o impulso criativo dos meios mutáveis que envolvem Agostinho sempre se inclinou na direção de derrubar as fronteiras tradicionalmente concebidas do conveniente, do esperado ou até mesmo do possível.

Em suma, a ampliação dos meios pelos quais Agostinho é recebido serve para universalizar a sua pessoa e o seu pensamento, pois estes podem ser adaptados de acordo com uma série maior de circunstâncias incluindo não apenas cenários sagrados e seculares, mas também âmbitos sensitivos recém-descobertos. Se o próprio Agostinho é transformado, de maneira que suas ideias e/ou sua linguagem são usadas para exprimir algo completamente diferente de sua intenção original (à medida que isso pode ser estabelecido), ou se o seu nome é usado para dar autoridade a textos não originalmente escritos por ele, então é criado um "mito" de Agostinho. Isso, por sua vez, modula percepções de seus escritos autênticos. Devido à sua ambiguidade e a uma miríade de adaptações podemos, por nossa vez, perder nossa ingenuidade e presumida objetividade, mesmo se tentarmos nos comprometer com o seu sentido.

*Recepções intelectuais do pensamento de Agostinho*

A recepção do pensamento de Agostinho pode tomar várias formas, frequentemente muito diversas, e isto pode ser observado de modo particularmente claro na Idade Média.[19] Pode ir desde incorporar alusões e citações de Agostinho, em parte reconhecidas, em parte não, em comentários bíblicos

---

19 Para uma visão geral *cf.* Otten (2013) e Saak (2012).

como os comentários sobre as cartas paulinas do professor carolíngio do século IX Sedúlio Escoto,[20] através de integração de sentenças tiradas dos escritos de Agostinho sob títulos sistematicamente organizados nas *Sententiae* de Pedro Lombardo (escritas entre 1145 e 1150), até usos mais complexos do pensamento teológico de Agostinho a fim de melhorar um programa místico de espiritualidade,[21] ou a fim de reformular poderosas ideias de Agostinho acerca da iluminação numa terminologia recém-conceptualizada ou camuflar novos conceitos de iluminação numa terminologia "agostiniana" aparentemente tradicional.[22] Em geral, a independência intelectual e atitude crítica (às vezes implícitas, no entanto incisivas) às vezes é subestimada. O que também ainda não está suficientemente reconhecido é o enorme potencial intelectual para desenvolver novas formas de pensamento, catalogando um pensamento do autor no que é frequentemente considerado um modo não original e servil de subserviência intelectual. Neste campo, é preciso muito mais pesquisa.

Mas modos diversos, também conflitantes, de recepção podem ser observados em outras épocas também.[23] A seguir, pretendo apenas ressaltar dois casos de um modo de recepção do pensamento de Agostinho que parece relativamente recente e particularmente característico do final do século XX, a saber, a *secularização do pensamento de Agostinho em teoria política e em literatura*.

Nosso primeiro exemplo é representado por Jean Bethke Elshtain (1941-2013), professora de Teologia e teórica política na Universidade de Chicago. Especialmente no seu livro *Augustine and the limits of politics* [*Agostinho e os limites da política*], ela depende de maneira pesada de citações diretas e referências das obras de Agostinho:[24] além dos sumários dos livros dele e das discussões mais amplas do pensamento de Agostinho em geral, Elshtain cita diretamente *Cidade de Deus* 79 vezes, as *Confissões* 34

---

20  Sloan (2012, p. 91-108).
21  C. Cvetkovič (2012).
22  Schumacher (2011).
23  *Cf.* por exemplo Bergjan e Pollmann (2010).
24  Ela não é a única dos teóricos políticos do final do século XX a fazer isso; *cf.* Baumgartner (2013), que ilustra que Agostinho pode ser citado tanto pelos defensores da guerra como pelos pacifistas.

vezes, *A Trindade* 24 vezes, e vários outros escritos como as *Cartas* e *Selected writings* [*Escritos selecionados*] vinte vezes.²⁵ Num livro de apenas 118 páginas, o uso abundante que Elshtain faz de Agostinho é também evidente no seu uso frequente de citações blocadas, ou recuadas. Essas referências extensas, muitas vezes ocupando aproximadamente meia página, ajudam a definir o propósito de Elshtain, visto que em geral indicam pontos-chave na sua discussão. Várias citações mais curtas tendem a ter pouco a ver com o argumento em discussão, mas lançam luz sobre o próprio Agostinho ou sobre aspectos não políticos do seu pensamento. Elshtain inclui quatro citações blocadas de *A Trindade*, três de *Confissões* e três de outros escritos de Agostinho, com dezenove tiradas de *Cidade de Deus*. Em relação às seções específicas de *Cidade de Deus*, Elshtain cita uma vez os livros 2 (p. 46), 3 (p. 46), 4 (p. 78), 8 (p. 81), 9 (p. 30), 13 (p. 31), 17 (p. 108) e 20 (p. 47), duas vezes os livros 1 (p. 19, 46) e 16 (p. 43, 53), três vezes o Livro 21 (p. 62, 104, 118), quatro o Livro 22 (p. 3, 38, 62, 118), cinco o Livro 10 (p. 30, 46, 47, 117 [duas citações nesta página]), 12 (p. 72, 82, 83, 102 [duas citações nesta página]) e 15 (p. 63, 95, 102, 103 [duas citações nesta página]), e sete vezes o Livro 14 (p. 44, 46, 52, 62, 83, 95, 102). O maior número de referências é de longe os livros 11 (p. 30, 31, 36, 53, 60, 61 [duas citações nesta página], 65, 66, 81, 82 [três citações nesta página], 83 [duas citações nesta página]), e 19 (p. 3, 27, 28 [duas citações nesta página], 29, 34, 37, 38, 39, 40, 52, 54, 95, 96 [quatro citações nesta página], 97, 108, 109 [duas citações nesta página], 110, 112), que Elshtain cita quinze e 23 vezes, respectivamente.

As citações das *Confissões* são tiradas da obra como um todo, sendo o Livro 6 o único que não tem nenhuma referência. Elshtain cita uma vez os livros 4 (p. 4), 8 (p. 47), e 11 (p. 33), duas vezes os livros 2 (p. 77, 78),

---

25 Devo estes números a Wilson (2005). Algumas dessas estatísticas são tiradas das vezes que Elshtain resume e põe em nota de rodapé uma citação de Agostinho sem usar as palavras diretas dele. Reconheço também que estas estatísticas não incluem as vezes em que Elshtain se refere a Agostinho, mas não faz referência a ele nas notas. *Cf.*, por exemplo, Elshtain (1995, p. 15), em que ela cita quase literalmente *Confissões* 13.24, mas no texto apenas atribui a Agostinho a citação. As citações de Agostinho que resumem seções de suas obras, mas não são mencionadas nas notas, também não estão incluídas nestas estatísticas, por exemplo, Elshtain (1995, p. 95).

3 (p. 12, 13) e 13 (p. 34, 43), três vezes os livros 7 (p. 12, 62, 80), 9 (p. 9 [duas citações nesta página], 65) e 12 (p. 33 [duas citações nesta página], 34), cinco vezes os livros 5 (p. 32 [duas citações nesta página], 57, 79 [duas citações nesta página]) e 10 (p. 6, 32, 63 [três citações nesta página]), e seis vezes o Livro 1 (p. 12 [duas citações nesta página], 13, 31, 53, 79). Mesmo quando trata de um ponto específico, como a discussão no Livro 12 acerca do significado da fala, a função da linguagem e a clareza da interpretação, Elshtain ainda só cita diretamente desse livro três vezes. O livro *Confissões* se presta a essa abordagem abrangente, dado que os argumentos sobre o problema do mal, a natureza do si mesmo, a relação entre si mesmo e os outros, e a importância de mostrar caridade para com seu próximo estão espalhados por toda essa obra. De fato, esses são temas-chave de *Confissões* e Agostinho volta constantemente a eles, repetindo-os, expandindo-os e olhando-os de vários pontos de vista diferentes. Em geral, as citações que Elshtain faz têm notas de rodapé.

Não sem surpresa, a obra teórica de Elshtain reflete de modo relativamente explícito sobre as condições, limites e consequências da recepção agostiniana. Poder-se-ia questionar a opinião dela de que o pensamento de Agostinho pode ser despojado de sua divindade e assim tornado aceitável aos leitores pós-modernos. Não seria, antes, o caso que, quando Agostinho deixa de ser teológico, cessa também de ser Agostinho? Ao mesmo tempo, contudo, obviamente não seria justo dizer que qualquer grande intelectual cuja obra explora uma vasta variedade de temas (como é realmente o caso de Agostinho) não tenha nada a oferecer àqueles que não concordam com seu credo religioso. Como Elshtain conclui no epílogo, Agostinho "dá o grande dom de uma maneira alternativa de pensar e de ser no mundo, uma maneira que em muitos aspectos vitais está disponível àqueles que não são doutrinariamente irmãos e irmãs de Agostinho".[26] Finalmente, a teoria de Elshtain sobre os limites descreveriam também a sua recepção de Agostinho. Embora ela se aproveite do pensamento dele, prova que não está presa por ele. Pode-se dizer que ela lida criativamente com Agostinho

---

26 Elshtain (1995, p. 114).

enquanto ao mesmo tempo o seculariza, um método não atípico da recepção do século XX.

Pode-se demonstrar isso no nosso segundo exemplo, a recepção de Agostinho no livro de Jostein Gaarder *Vita brevis: Carta a Santo Agostinho. Uma história de amor*, que apareceu no original norueguês em 1996 e foi traduzido para o inglês em 1997.[27] J. Gaarder (n. 1952), ex-professor de filosofia, ganhou fama mundial com o seu romance *O mundo de Sofia: romance da história da filosofia* [original norueguês de 1991*]. O romance de Gaarder sobre Agostinho, inspirado no livro de Peter Brown *O corpo e a sociedade* (1988), conta como um antigo manuscrito latino é descoberto num sebo argentino, aparentando ser uma carta a (Santo) Agostinho de uma mulher a quem ele renunciou em favor da castidade. Não sabemos o seu nome de fontes históricas, mas Gaarder a chama de Flória: muito instruída, apaixonada e compassiva, ela faz um comentário muito pessoal de *Confissões*.

Até a estrutura do romance é incomum: depois de um breve prólogo em itálico,[28] no qual é descrita a (fictícia) descoberta e compra do manuscrito pelo autor, segue-se a tradução da carta de Flória, apresentada nas páginas impares, com comentários e referências especialmente tomadas de *Confissões* colocadas nas páginas pares, opostas à página em que são citadas ou referidas indiretamente na carta. Segundo minha contagem, há 69 referências a *Confissões* e uma a *De bono conjugali*. Além disso, a Bíblia é citada várias vezes (principalmente o Novo Testamento), há seis referências a Cícero, três a Horácio e uma a Juvenal, Sêneca, Terêncio, Sófocles, *Eneida* de Virgílio e outros autores pagãos. Como o prólogo, as referências e anotações linguísticas ou históricas introduzem uma dimensão de realismo que visa aumentar o sentimento de autenticidade desse "documento".

---

27 Gaarder (1997). Minhas observações sobre a recepção de Gaarder são tomadas de Pollmann (2008, p .35-37). NT: O livro foi publicado no Brasil em 2009, traduzido a partir da tradução inglesa.

* NT: Traduzido em Portugal em 1995 e no Brasil em 2011.

28 Gaarder (1997, p. 3-8).

Examinemos agora a técnica de Gaarder de citar e usar *Confissões* (e outras fontes) olhando para uma passagem particularmente importante no livro. No capítulo 6,[29] Flória conta como Agostinho se encontrou com o bispo Ambrósio, ficou perturbado com a perspectiva de uma vida cristã no celibato e foi, finalmente, persuadido a comprometer-se com uma jovem adequada, o que significava ter de se livrar de Flória. Neste contexto, a maioria das passagens de *Confissões* 6 são citadas literalmente (e numa tradução correta). De ponta a ponta, os comentários de Flória a essas passagens deixam claro o foco de sua crítica: ela expõe a suposição problemática de Agostinho de que viver sem uma mulher e a salvação da alma pelo cristianismo estão inextricavelmente ligados. Em segundo lugar, ela ataca a generalização total de Agostinho de que o celibato é idêntico à renúncia de relação sexual, em vez de destacar o lado pessoal e afetivo no relacionamento heterossexual que está, então, também em jogo. Flória faz o seu ataque de duas maneiras. Primeiro, relativizando uma citação literal de Agostinho: depois de "Pensava que havia de ser muito infeliz se tivesse de passar sem o abraço de uma mulher" (tomada literalmente de *conf.* 6.11.20), ela acrescenta: "Era o *meu* abraço sem o qual não podias passar, Aurélio, que foi algo sobre o que falamos muitas vezes. Não podias escrever isso? Bem, é preciso tomar cuidado em citar nomes".[30] Flória ressalta aqui não só que ela não é apenas uma parceira sexual anônima, mas também uma parceira intelectual individual para Agostinho, reafirma também a sua educação fazendo alusão ao provérbio "deve-se tomar cuidado em citar nomes", que é do discurso de Cícero em defesa de Róscio.

Em segundo lugar, a questão de que o casamento não consiste apenas de sexo, mas também de afeição e companheirismo, é abordada citando Agostinho contra ele mesmo, em *Confissões* 6.12.11:

> Nenhum de nós [ou seja, nem Agostinho nem o seu amigo Alípio] era especialmente atraído àquilo que torna o casamento algo belo, a tarefa de estabelecer um lar e criar filhos. A preocupação principal

---

29 Gaarder (1997, p. 87-95).
30 Gaarder (1997, p. 91).

era que eu estava acostumado a satisfazer o meu desejo sexual insaciável, que me mantinha cativo e me incomodava violentamente.

Então ela desmascara isto ainda mais ao mostrar a situação familiar dele, com os filhos deles, Adeodato, e não simplesmente o compromisso sexual com Flória, que ele teria de abandonar se se casasse com outra: "o que realmente te incomodava é que um casamento [...] acarretaria a tua traição a mim. Pois não éramos almas gêmeas?".[31] Ela novamente acentua que a relação deles era muito mais do que simplesmente física e acusa Agostinho de tornar anônima e reduzir a relação deles a uma relação puramente carnal para sua linha específica de argumento. Isto é, ademais, apoiado pela nota 87 de Gaarder neste contexto,[32] na qual ele se refere à atitude mudada do idoso Agostinho, que numa passagem bem conhecida de *De bono conjugali* 5 afirma que abandonar a própria concubina a fim de casar com outra mulher, mais adequada, era cometer adultério.

Mas, apesar de toda essa leitura rigorosa, há no romance epistolar de Gaarder uma forte tendência a banhar a história de Agostinho com o que se poderia chamar de noção moderna de amor heterossexual romântico, que recoloca os ideais platônicos num relacionamento erótico amoroso. Isso fica claro quando Flória usa um tópos romântico: "tu que uma vez te inclinaste sobre mim para cheirar os meus cabelos quando tínhamos atravessado o rio Arno juntos".[33] Esta linha de pensamento leva então à própria conclusão ou lamento não agostiniano: "Fui traída por meu próprio esposo [isto é, Agostinho] em favor do amor celestial! Foi exatamente como aconteceu,

---

31 Este pensamento ou *tópos* é pelo menos tão antigo como o anseio de duas almas por unidade expressa no discurso de Aristófanes em Platão, *Banquete* 189C-193D, e expresso de maneira semelhante em Gaarder (1997, p. 81 e 137-139).
32 *Ibidem*, p. 91.
33 *Ibidem*, p. 89-90, de maneira semelhante em 81. Mas Flória não cometerá suicídio "romântico" no fim, evitando assim o seu modelo Dido (p. 95), a legendária rainha de Cartago, que no final do Livro 4 da *Eneida* de Virgílio se mata depois da partida do seu amante Eneias. Neste aspecto, Flória é mais parecida com Mônica, mãe de Agostinho, que, quando o seu filho parte de África para Roma, lamenta como Dido, mas depois decide segui-lo (*cf.* especialmente *conf.* 5.8.15).

Aurélio, foi exatamente assim!".[34] O próprio Agostinho não o teria colocado dessa maneira. Poderia admitir (como em *De bono conjugali* 5) que traiu Flória ao se comprometer com sua nova noiva, mas fica claro desde seus princípios teológicos que foi mais a sua mãe (e seu consentimento num estado de fraqueza e incerteza) que uniu o batismo (isto é, o cristianismo) a um casamento adequado, isto é, conveniente à carreira, em vez do celibato.[35] Portanto, se Flória foi traída, foi antes em prol de um sucesso terreno, material. De maneira significativa, em *De bono conjugali* Agostinho não diz nada sobre se era aceitável deixar a concubina (ou mesmo esposa) a fim de se tornar monge célibe ou padre (em vez de viver juntos "como irmão e irmã").

Voltando várias vezes ao título e *leitmotiv* do romance *Vita brevis*, Flória opõe a brevidade da vida a um ideal ascético que olha demais para o além, que pode até não existir: "a vida é curta, curta demais. Mas talvez seja aqui e agora que vivemos, e somente aqui e agora".[36] Flória interpreta a defesa que Agostinho faz do ascetismo sexual como uma negação deformada de sua feição e amor por ela,[37] ou, no linguajar psicológico moderno, uma atividade substitutiva. Ela acusa Agostinho de colocar uma moral totalmente subjetiva num pedestal absoluto, divino:

> Como retórico profissional devias pelo menos ter discutido a possibilidade de haver uma vida eterna para almas individuais, mas que as bases de julgamento são diferentes daquelas que tu mesmo quase tomas com certas. Por exemplo, creio que não seja necessariamente

---

34 Gaarder (1997, p. 93).
35 Talvez seja importante neste contexto ressaltar que pelo bem da simplicidade eu apenas parafraseio a linha da história de Agostinho como ele a apresenta nas *Confissões*, não obstante o fato de *Confissões* ser um artefato altamente elaborado cuja credibilidade autobiográfica deve ser manejada com o máximo de cuidado.
36 Gaarder (1997, p. 105-107). Agostinho usa a fase *vita brevis* em *Confissões* 3.7.13: "homines autem, quorum vita super terra brevis est". Na página 131 o *tópos* volta, e *cf.* também p. 159. É perfeitamente claro onde estão os prós e os contras: se alguém tem uma vida corrompida e não vê o que se pode fazer a respeito, o conceito de vida após a morte é confortadora e encorajadora. Se alguém tem uma vida consideravelmente boa ou realmente vê que ações podem ou devem ser consideradas como melhorando as coisas, então a visão de uma vida futura pode ser opressora (ou "negadora da vida").
37 Gaarder (1997, p. 115-117).

um pecado maior comprometer-se, na vida, em amor físico com a mulher do que separar essa mesma mulher do seu único filho.[38]

## Conclusão: recepção de Agostinho – êxito ou fracasso?

Espero ter conseguido tornar um pouco mais transparente, neste modesto esboço da vasta e difundida influência de Agostinho através do tempo, que o seu legado *não* é adequadamente caracterizado afirmando que ele segue um movimento linear para uma crescente ou decrescente normatividade e autoridade em relação à sua pessoa, obra e pensamento. Realmente, as vicissitudes de sua recepção espelham o modelo da natureza humana em geral com sua inclinação tanto para a estabilidade como para a transformação, controle e rebelião, imitação e emulação. Este esboço realça a diversidade de sua recepção, as potenciais polarizações e até os paradoxos (por exemplo, quando seculariza o seu pensamento) que podem ser observados nele, e favorece uma compreensão da recepção que tem mais a ver com os leitores de Agostinho e suas intenções do que com o próprio Agostinho, embora as complexidades e o enorme tamanho de sua obra favoreçam tal diversidade. Nessa linha de pensamento, a questão expressa no título desta contribuição pode ser respondida de uma maneira limitada, pois êxito ou fracasso são predominantemente determinados por grupos de leitores e podem mudar em sua avaliação por diferentes grupos de tais leitores através das épocas. Esta ênfase na construção da recepção através do leitor é correspondida pelo reconhecimento que, apesar de considerável esforço, Agostinho *falhou* em controlar a recepção de seu pensamento na medida em que ele teria desejado. Merece atenção o fato de que a recepção de Agostinho nunca parou; vários séculos foram chamados de "século de Agostinho" e o vigésimo e vigésimo primeiro séculos ainda estão interessados nele. Não apenas o Papa resignatário Bento XVI e o anterior arcebispo de Cantuária, mas também políticos holandeses e ingleses gostam de citar Agostinho, e pós-culturalistas

---

38 *Ibidem*, p. 131-133.

e pós-modernistas como Foucault e Derrida se referem a ele. Isto levanta questões interessantes sobre por que os seres humanos parecem sentir de maneira predominante a necessidade de se referir a uma autoridade a fim de reforçar a sua posição, evocando assim outra autoridade para aumentar a sua própria.

Mark Vessey pensou em alguns aspectos característicos quando se chega à recepção de Jerônimo, um contemporâneo de Agostinho. Vessey cunha o termo "jeromanesco" a fim de realçar certas características que reaparecem como modelo na recepção de Jerônimo através das épocas: ele é predominantemente visto como o erudito e intelectual cristão por excelência, que criou um vínculo entre a história romana universal e a produção literária cristã.[39] Vessey vê essa descrição de Jerônimo como um resultado de seus esforços performativos essenciais, e acrescenta como uma digressão: "a identidade de Agostinho foi igualmente performativa, mas quem quer falar do *agostinesco*?".[40] Esta pergunta deve ser respondida com cuidado adequado, à medida que entendemos recepção como um mecanismo inconclusivo que só será completado no final dos tempos. Então tudo é possível para o futuro. Ao olhar para os últimos 1.600 anos, mais ou menos, talvez seja justo dizer que Agostinho apresenta uma matriz de recepção mais vaga do que Jerônimo. Portanto, o agostinesco não existe da mesma maneira que o jeromanesco. De fato, o impacto de Agostinho é tal que leva outros a criarem várias formas do agostinesco para ele. Mas a flexibilidade imprevisível e a riqueza diversa do pensamento de Agostinho que pode estimular espaços enormes de curiosidade e imaginação são presumivelmente o seu legado mais duradouro. Portanto, considerando a recepção futura de Agostinho, podemos concluir com Sir Peter Stothard, com quem começamos este capítulo: "Precisamos da antiga confiança e de novo questionamento".[41]

---

39  Vessey (2009, p. 225-236).
40  *Ibidem, p.* 232.
41  Stothard (2012, p. 11).

# Referências

## Obras de Agostinho

BETTENSON, Henry (Trad.). *The City of God against the pagans*. Harmondsworth: Penguin, 1972.

_____. *City of God*. London: Penguin Classics, 1984.

BOULDING, Maria (Trad.). *The confessions*, Hyde Park, NY: New City Press, 1997.

_____. *Expositions of the Psalms,* v. 6 *(120-150)*, Works of Saint Augustine III/20. Brooklyn: New City Press, 2004.

DEKKERS, E.; FRAIPOINT, J. (Ed.). *Enarrationes in psalmos,* v. 3, CCL 38-40, 1956.

DIVJAK, J. (Ed.). *Expositio quarundam propositionum ex epistula ad Romanos, Epistulae ad Galatas expositio, Epistulae ad Romanos inchoata expositio*, CSEL 84, 1971.

DOMBART, B.; KALB, A. (Ed.). *De civitate Dei*, CCL 47-48, 1955.

DYSON, R. W. (Ed.) *The City of God against the pagans*. Cambridge: Cambridge University Press, 1998.

EVANS, E. (Ed.). *Enchiridion ad Laurentium de fide et spe et caritate*, CCL 46, 1969.

FRAIPONT, J.; DE BRUYNE, D. (Trad.). *Quaestionum in Heptateuchum libri VII. Locutionum in Heptateuchum libri VII. De octo quaestionibus ex Veteri Testamento*, CCL 33, 1958.

GREEN, W. M. (Ed.). *De libero arbitrio*, CCL 29, 1970.

HILL, Edmund (Trad.). *Sermons II (20-50)*, Hyde Park, NY: New City Press, 1990.

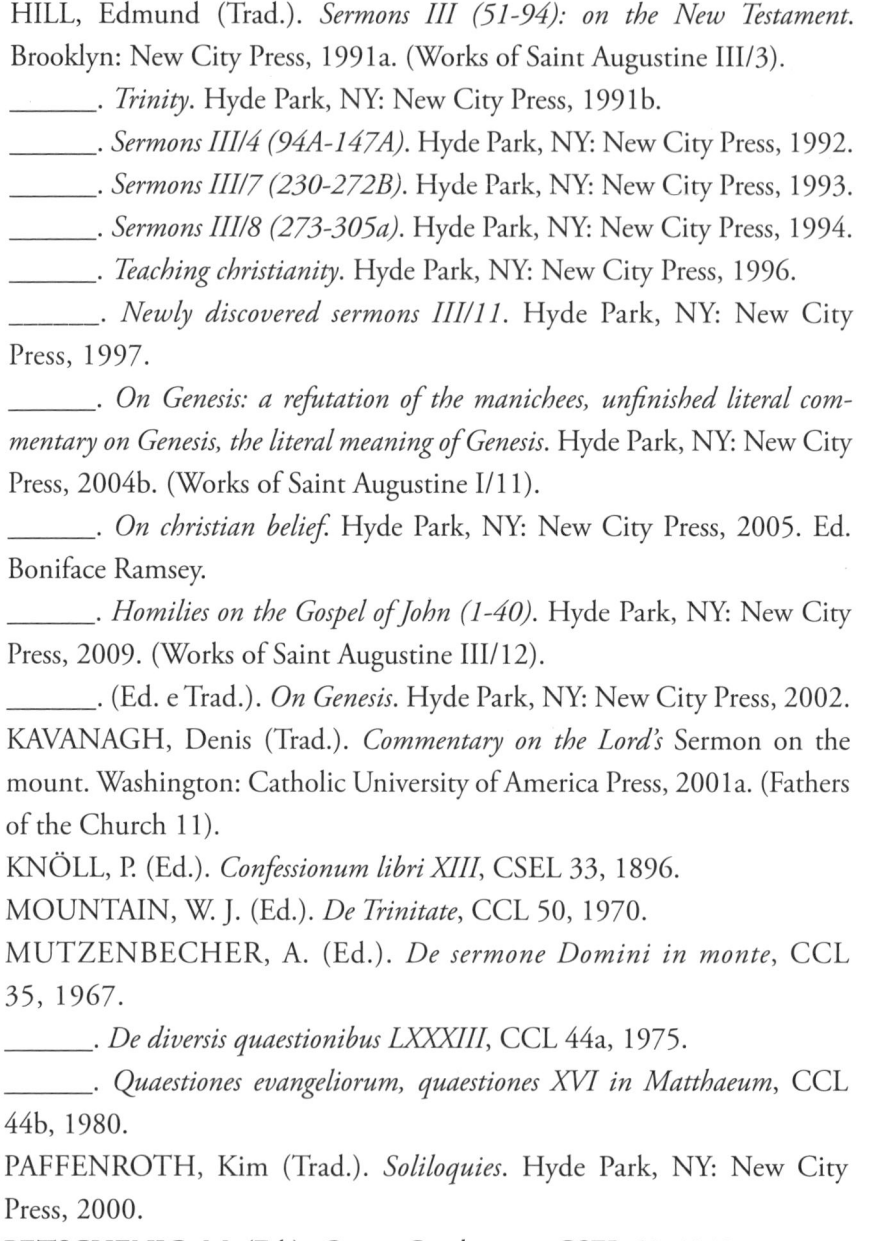

HILL, Edmund (Trad.). *Sermons III (51-94): on the New Testament*. Brooklyn: New City Press, 1991a. (Works of Saint Augustine III/3).

_____. *Trinity*. Hyde Park, NY: New City Press, 1991b.

_____. *Sermons III/4 (94A-147A)*. Hyde Park, NY: New City Press, 1992.

_____. *Sermons III/7 (230-272B)*. Hyde Park, NY: New City Press, 1993.

_____. *Sermons III/8 (273-305a)*. Hyde Park, NY: New City Press, 1994.

_____. *Teaching christianity*. Hyde Park, NY: New City Press, 1996.

_____. *Newly discovered sermons III/11*. Hyde Park, NY: New City Press, 1997.

_____. *On Genesis: a refutation of the manichees, unfinished literal commentary on Genesis, the literal meaning of Genesis*. Hyde Park, NY: New City Press, 2004b. (Works of Saint Augustine I/11).

_____. *On christian belief*. Hyde Park, NY: New City Press, 2005. Ed. Boniface Ramsey.

_____. *Homilies on the Gospel of John (1-40)*. Hyde Park, NY: New City Press, 2009. (Works of Saint Augustine III/12).

_____. (Ed. e Trad.). *On Genesis*. Hyde Park, NY: New City Press, 2002.

KAVANAGH, Denis (Trad.). *Commentary on the Lord's* Sermon on the mount. Washington: Catholic University of America Press, 2001a. (Fathers of the Church 11).

KNÖLL, P. (Ed.). *Confessionum libri XIII*, CSEL 33, 1896.

MOUNTAIN, W. J. (Ed.). *De Trinitate*, CCL 50, 1970.

MUTZENBECHER, A. (Ed.). *De sermone Domini in monte*, CCL 35, 1967.

_____. *De diversis quaestionibus LXXXIII*, CCL 44a, 1975.

_____. *Quaestiones evangeliorum, quaestiones XVI in Matthaeum*, CCL 44b, 1980.

PAFFENROTH, Kim (Trad.). *Soliloquies*. Hyde Park, NY: New City Press, 2000.

PETSCHENIG, M. (Ed.). *Contra Gaudentium*, CSEL 53, 1910.

PLUMER, Eric (Ed. e Trad.). *Augustine's commentary on* Galatians*: introduction, text, translation, and notes*, Oxford: Oxford University Press, 2003.

RAMSEY, Boniface (Trad.). *Homilies on the* First Epistle of John. Hyde Park, NY: New City Press, 2008a. (Works of Saint Augustine III/14).

_____. *Responses to miscellaneous questions.* Hyde Park, NY: New City Press, 2008b.

_____. *Revisions.* Hyde Park, NY: New City Press, 2010.

RETTIG, John W. (Trad.). *Tractates on the* Gospel of John *28-54.* Washington, DC: CUA Press, 1993b. (Fathers of the Church 88).

TESKE, Roland (Ed. e Trad.). *Arianism and other Heresies.* Hyde Park, NY: New City Press, 1995.

_____. *Answer to the pelagians,* v. 4. Hyde Park, NY: New City Press, 1999.

_____. *Letters II/1 (1-99).* Hyde Park, NY: New City Press, 2001.

_____. *Letters II/2 (100-155).* Hyde Park, NY: New City Press, 2003.

URBA, C. F.; ZYCHA, I. (Ed.). *De natura et gratia,* CSEL 60, 1913a.

_____. *De spiritu et littera,* CSEL 60, 1913b.

WILLEMS, R. (Ed.). *In Iohannis evangelium tractatus CXXIV,* CCL 36, 1954. 2. ed. em 1990.

WEBER, Dorothea (Ed.). *De Genesi contra manichaeos,* CSEL 91, 1998.

WEIHRICH, F. (Ed.). *Speculum, liber de divinis scripturis,* CSEL 12, 1887.

_____. *De consensu evangelistarum,* CSEL 43, 1904.

ZYCHA, I. (Ed.). *Contra Faustum,* CSEL 25, 1891.

_____. *De Genesi ad litteram,* CSEL 28, 1894a.

_____. *De Genesi ad litteram imperfectus liber,* CSEL 28, 1894b.

_____. *Quaestiones in Heptateuchum, Adnotationes in Iob,* CSEL 28/2, 1895.

_____. *De Fide et symbolo,* CSEL 41, 1900.

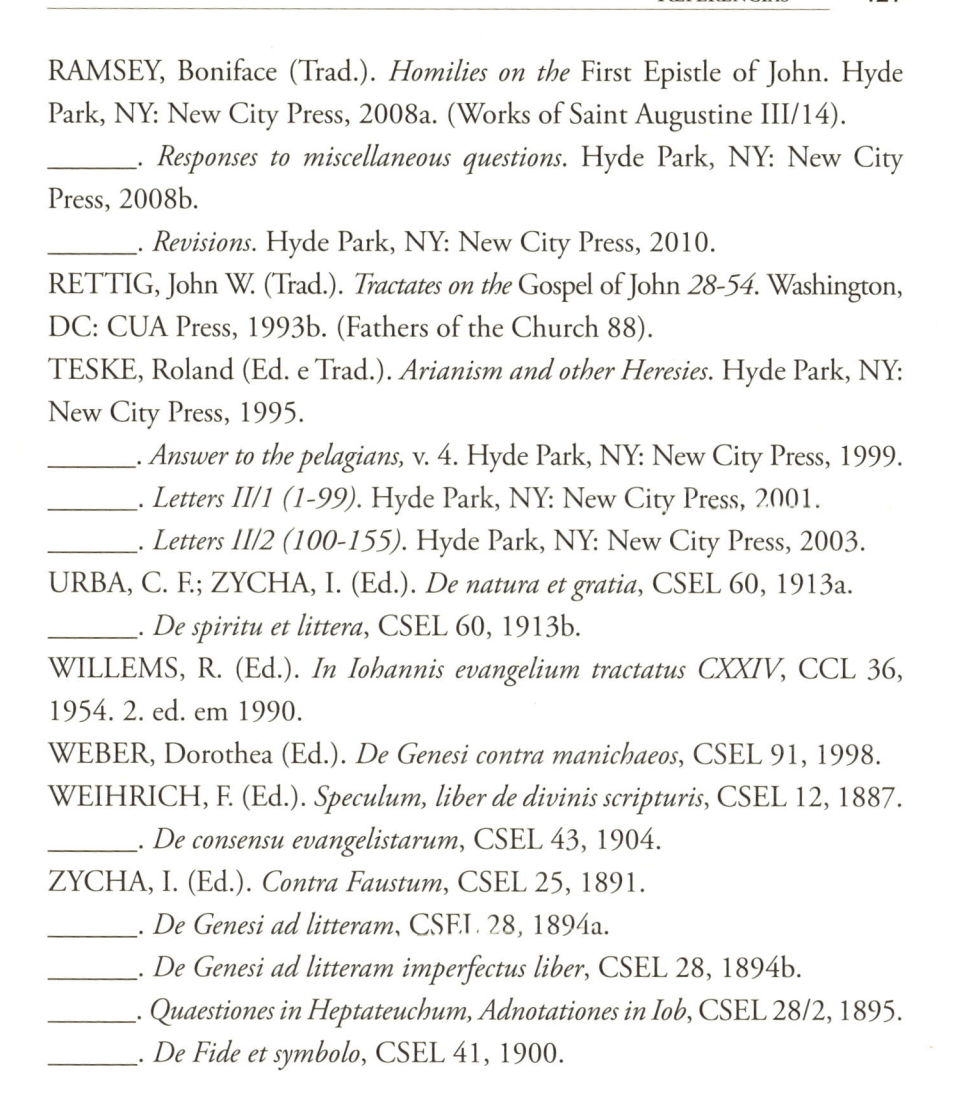

### Bibliografia adicional

ALGRA, Kempe; et. al. (Ed.). *The Cambridge history of hellenistic philosophy.* Cambridge: Cambridge University Press, 1999.

ALLEN, James. *Inference from signs: ancient debates about the nature of evidence.* Oxford: Oxford University Press, 2001.

ALLAN, James. The stoics on the origins of language and the foundations of etymology. *In*: FREDE, Dorothea; INWOOD, Brad (Ed.). *Language and learning: philosophy of language in the hellenistic age*. Cambridge: Cambridge University Press, 2005, p. 14-35.

ANATOLIOS, Khaled. *Retrieving nicaea: the development and meaning of trinitarian doctrine*. Grand Rapids: Baker, 2011.

ANTONIETTI, Alessandro; CORRADINI, Antonella; LOWE, E. Jonathan (Ed.). *Psycho-physical dualism today: an interdisciplinary approach*. Lanham: Rowman & Littlefield Publishers Inc., 2008.

BABCOCK, William S. Augustine on sin and moral agency. *Journal of religious ethics* 16, p. 28-55, 1988. Reimpressão em BABCOCK, William (Ed.). *The ethics of St. Augustine*. Atlanta, GA: Scholars Press, 1991, p. 87-113.

BACKUS, Irena. The confessionalization of Augustine in the Reformation and Counter-Reformation. *In*: POLLMANN, Karla (Ed.). *The Oxford guide to the historical reception of Augustine*. Oxford: Oxford University Press, 2013, p. 74-82.

BAKER-BRIAN, N. "Modern augustinian biographies: revisions and counter-memories". *In*: POLLMANN, Karla; DRECOLL, Volker Henning (Ed.). *Augustinrezeption durch die Jahrhunderte: Zeitschrift für Antikes Christentum* 11/1, p. 151-67, 2007.

BARDY, G. *Dictionnaire de spiritualité*. Paris: Beauchesne, 1957. Editado por M. Viller *et al.* e continuado por C. Baumgartner *et al.*

BARNES, Jonathan. The just war. *In*: KRETZMANN, Norman; KENNY, Anthony; PINBORG, Jan (Ed.). *The Cambridge history of later medieval philosophy*. Cambridge: Cambridge University Press, p. 771-784, 1982.

BARNES, Michel René. De régnon reconsidered. *Augustinian studies* 26, p. 51-79, 1995.

_____. The fourth century as trinitarian canon. *In*: AYRES, Lewis; JONES, Gareth (Ed.), *Christian origins: theology, rhetoric and community*. London: Routledge, p. 47-67, 1998.

_____. Re-reading Augustine's Theology of the Trinity. *In*: DAVIS, Stephen T; KENDALL, Daniel; O'COLLINS, Gerald (Ed.). *The Trinity: an interdisciplinary symposiumon the Trinity*. Oxford: Clarendon Press, p. 145-176, 1999.

BAUMGARTNER, C. War. *In*: POLLMANN, Karla (Ed.), *The Oxford guide to the historical reception of Augustine*. Oxford: Oxford University Press, p. 1889-1895, 2013.

BEARSLEY, Patrick. Augustine and Wittgenstein on language. *Philosophy* 58, p. 229-236, 1983.

BEATRICE, P. F. Quosdam platonicorum libros: the platonic readings of Augustine in Milan. *Vigiliae Christianae* 43, p. 248-281, 1989.

BERGJAN, Silke-Petra; POLLMANN, Karla (Ed.). *Patristic tradition and intellectual paradigms in the 17th Century*. Tübingen: Mohr Siebeck, 2010.

BLOWERS, Paul M. *Drama of the divine economy. creator and creation in early christian theology and piety*. Oxford: Oxford University Press, 2012.

BONNER, Gerald. Augustine's concept of deification. *Journal of theological studies* 37, p. 369-386, 1986.

_____. *Freedom and necessity*. Washington: Catholic University of America Press, 2007.

BORSCHE, Tilman. Zeichentheorie im Übergang von den Stoikern zu Augustin. *Allgemeine Zeitschrift für Philosophie* 19, p. 41-52, 1994.

BOTTERILL, Steven. *Dante and the mystical tradition: Bernard of Clairvaux in the Commedia*. Cambridge: Cambridge University Press, 1994.

BRACHTENDORF, Johannes. *De Struktur des menschlichen Geistes nach Augustinus: Selbstreflexion und Erkenntnis Gottes in* "De Trinitate". Hamburg: Felix Meiner Verlag, 2000.

_____. Augustine's notion of freedom: deterministic, libertarian, or compatibilistic? *Augustinian studies* 38, p. 219-231, 2007.

BRITTAIN, Charles. Intellectual self-knowledge in Augustine (*De Trinitate* 14.7-14). BERMON, Emmanuel; O'DALY, Gerald (Ed.). *Le De Trinitate de saint Augustin: exégèse, logique et noétique*. Paris: Institut d'Études Augustiniennes, p. 313-330, 2012a. (Collection des Études Augustiniennes, Série Antiquité 192).

_____. Self-knowledge in Cicero and Augustine. *Medioevo* 37, p. 107-135, 2012b.

BROWN, P. St. Augustine's attitude to religious coercion. *Journal of roman studies* 54, p. 107-116, 1964.

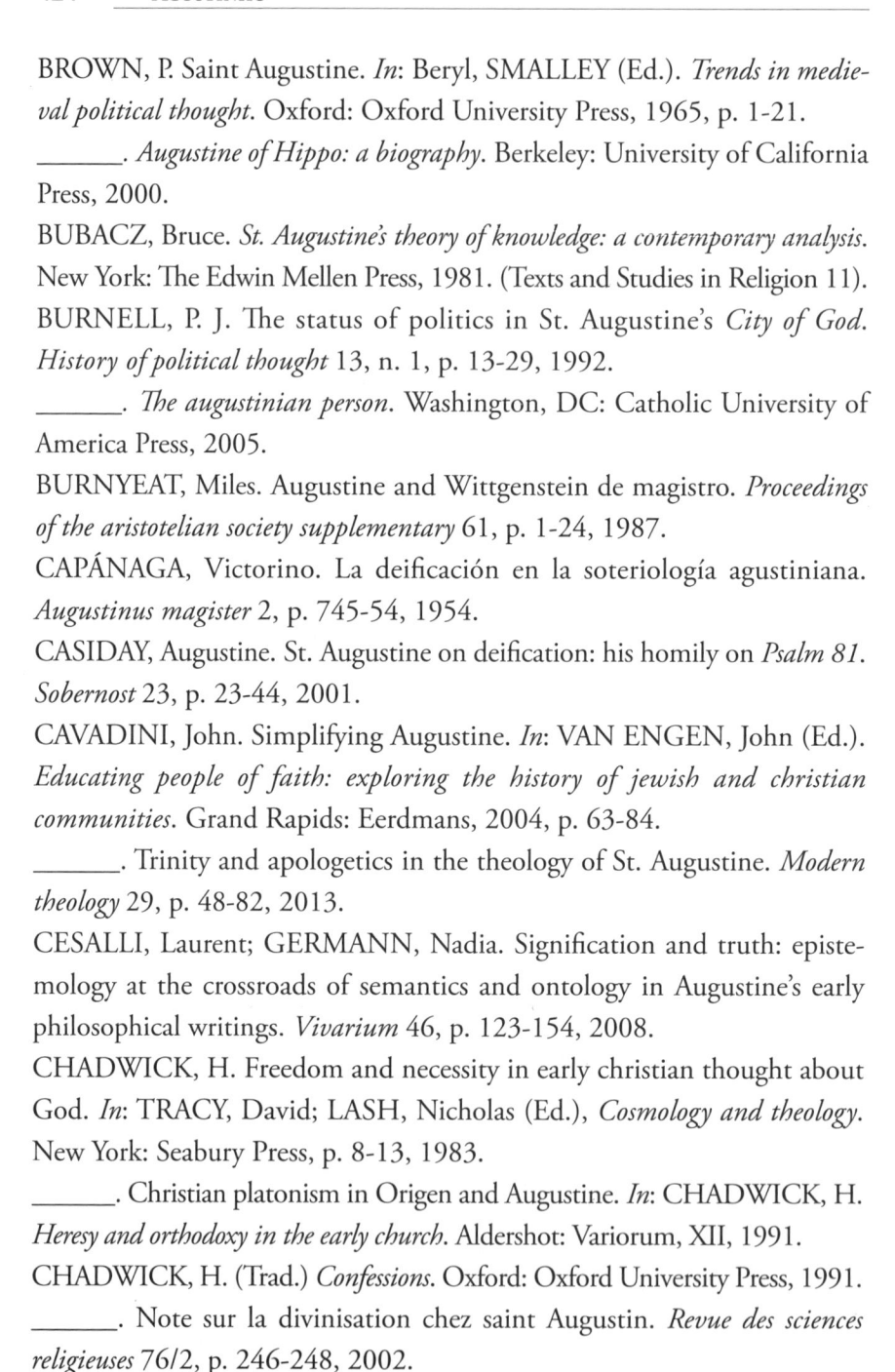

BROWN, P. Saint Augustine. *In*: Beryl, SMALLEY (Ed.). *Trends in medieval political thought*. Oxford: Oxford University Press, 1965, p. 1-21.

_____. *Augustine of Hippo: a biography*. Berkeley: University of California Press, 2000.

BUBACZ, Bruce. *St. Augustine's theory of knowledge: a contemporary analysis*. New York: The Edwin Mellen Press, 1981. (Texts and Studies in Religion 11).

BURNELL, P. J. The status of politics in St. Augustine's *City of God*. *History of political thought* 13, n. 1, p. 13-29, 1992.

_____. *The augustinian person*. Washington, DC: Catholic University of America Press, 2005.

BURNYEAT, Miles. Augustine and Wittgenstein de magistro. *Proceedings of the aristotelian society supplementary* 61, p. 1-24, 1987.

CAPÁNAGA, Victorino. La deificación en la soteriología agustiniana. *Augustinus magister* 2, p. 745-54, 1954.

CASIDAY, Augustine. St. Augustine on deification: his homily on *Psalm 81*. *Sobernost* 23, p. 23-44, 2001.

CAVADINI, John. Simplifying Augustine. *In*: VAN ENGEN, John (Ed.). *Educating people of faith: exploring the history of jewish and christian communities*. Grand Rapids: Eerdmans, 2004, p. 63-84.

_____. Trinity and apologetics in the theology of St. Augustine. *Modern theology* 29, p. 48-82, 2013.

CESALLI, Laurent; GERMANN, Nadia. Signification and truth: epistemology at the crossroads of semantics and ontology in Augustine's early philosophical writings. *Vivarium* 46, p. 123-154, 2008.

CHADWICK, H. Freedom and necessity in early christian thought about God. *In*: TRACY, David; LASH, Nicholas (Ed.), *Cosmology and theology*. New York: Seabury Press, p. 8-13, 1983.

_____. Christian platonism in Origen and Augustine. *In*: CHADWICK, H. *Heresy and orthodoxy in the early church*. Aldershot: Variorum, XII, 1991.

CHADWICK, H. (Trad.) *Confessions*. Oxford: Oxford University Press, 1991.

_____. Note sur la divinisation chez saint Augustin. *Revue des sciences religieuses* 76/2, p. 246-248, 2002.

CIPRIANI, Nello. Teologia. *In*: FITZGERALD, Allan (Ed.). *Agostino: dizionario enciclopedico*. Roma: Città Nuova Editrice, p. 1.362-1.365, 2007.

CONEN, P. F. *Die Zeittheorie des Aristoteles*. Zetemata 35. München: Beck, 1964.

COOPER, J. *Pursuits of wisdom*. Princeton: Princeton University Press, 2012.

COURCELLE, P. *Recherches sur les* Confessions *de Saint Augustin*. Paris: E. De Boccard, 1968.

CRAIG, William Lane. Augustine on foreknowledge and free will. *Augustinian Studies* 15, p. 41-63, 1984.

CROSS, Richard. *Quid tres*? On what precisely Augustine professes not to understand in *De Trinitate* V and VII. *Harvard theological review* 100, p. 215-232, 2007.

CVETKOVIČ, Carmen. *Seeing the face of God: the reception of Augustine in the mystical thought of Bernard of Clairvaux and William of St Thierry*. Turnhout: Brepols, 2012.

CVETKOVIČ, Vladimir. The Reception of Augustine in Orthodox Iconography. *In*: POLLMANN, Karla; GILL, Meredith (Ed.). *Augustine beyond the Book: intermediality, transmediality, and reception*. Leiden: Brill, p. 39-58, 2012.

DALEY, Brian. "A humble mediator": The distinctive elements in Saint Augustine's christology. *Word and spirit* 9, 1987, p. 100-117.

_____. Christology. *In*: FITZGERALD, Allan *et al.* (Ed.). *Augustine through the ages: an encyclopedia*. Grand Rapids, MI: W. B. Eerdmans, 1999, p. 164-169.

_____. Revisiting the "Filioque": roots and branches of an old debate. Part One. *Pro Ecclesia* 10, p. 31-62, 2001a.

_____. Revisiting the "Filioque", part two: contemporary catholic approaches. *Pro Ecclesia* 10, p. 195-212, 2001b.

_____. In many and various ways: towards a theology of theological exegesis. *Modern theology* 28, p. 597-615, 2012.

DEANE, H. A. *The political and social ideas of St. Augustine*. New York: Columbia University Press, 1963.

DE HALLEUX, André. Personnalisme ou essentialisme trinitaire chez les pères cappadociens. *In*: _____. *Patrologie et oecuménisme. Recueil d'études*.

Leuven: Leuven University Press, p. 215-268, 1990. (Bibliotheca Ephemeridum Theologicarum Lovaniensium 93).

DILLON, J. *The middle platonists*. Ithaca: Cornell University Press, 1977.

DJUTH, Marriene. Stoicism and Augustine's doctrine of human freedom after 396. *In*: SCHNAUBELT, Joseph C.; VAN FLETEREN, Frederich (Ed.). *Collectanea augustiniana*. New York: Peter Lang, 1990, p. 387-401.

DODARO, Robert. *Christ and the just society*. Oxford: Oxford University Press, 2004.

_____. Augustine on the roles of Christ and the Holy Spirit in the mediation of virtues. *Augustinian studies* 41, p. 145-63, 2010.

_____. a note on the leitmotif Christus, scientia et sapientia nostra in Goulven Madec's study of Augustine's christology. *In*: BOCHET I. (Ed.). *Augustin philosophe et prédicateur: hommage à Goulven Madec*, Collection des Études Augustiniennes, Série Antiquité 195. Paris: Institut d'Études Augustiniennes, 2012, p. 49-56.

DROBNER, Hubertus. *Person-exegese und Christogie bei Augustinus: zur Herkunft der Formel una persona*. Leiden: E. J. Brill, 1986.

_____. An overview of recent research. *In*: DODARO, Robert; LAWLESS, George (Ed.). *Augustine and his critics: essays in honour of Gerald Bonner*. London: Routledge, 2000, p. 27-29.

DUNHAM, Scott A. *The Trinity and creation in Augustine: An ecological analysis*. New York: SUNY Press, 2007.

DUPONT, Anthony. Continuity or discontinuity in Augustine? *Ars disputandi* 8, p. 67-79, 2008.

EFFE, B. *Studien zur Kosmologie und Theologie der Aristotelischen Schrift "Ueber die Philosophie"*. Zetemata 50. Munich: Beck, 1970.

ELSHTAIN, Jean Bethke. *Augustine and the limits of politics*. Notre Dame, IN: University of Notre Dame Press, 1995.

EMILSSON, Eyjólfur. *Plotinus on intellect*. Oxford: Oxford University Press, 2007.

FITZGERALD, A. D. (Ed.). *Augustine through the ages: an encyclopedia*. Grand Rapids, MI: Eerdmans, 1999.

FLASCH, K. *Was ist Zeit? Augustine von Hippo: das XI. Buch der Confessiones. Historisch-philosophische Studie. Text-Übersetzung-Kommentar*, 2. ed. Frankfurt am Main: Vittorio Klostermann, 2004.

FOLLIET, Georges. Deificari in otio: Augustin, Epistula 10. *Recherches Augustiniennes* 2, p. 225-236, 1962. (Supplement: Hommage au R. P. Fulbert Cayré).

FREDE, Michael. The stoic notion of a lekton. *In*: EVERSON, Stephen (Ed.). *Companions to ancient thought*, v. 3: *Language*. Cambridge: Cambridge University Press, p. 109-128, 1994.

GAARDER, Jostein. *Vita brevis: a letter to St Augustine. A Love Story*. London: Phoenix House, 1997. Tradução de Anne Born.

GILSON, E. *The christian philosophy of Saint Augustine*, Tradução de L. E. M. Lynch. London: Gollancz, 1961.

GIOIA, Luigi. *The theological epistemology of Augustine's* De Trinitate. Oxford: Oxford University Press, 2008.

GRAEF, H. *St. Gregory of Nyssa: The Lord's prayer, the beatitudes*. Ancient Christian Writers 18. Westminster, MD: Newman, 1954.

GREEN, R. P. H. (Ed. e Trad.). *Augustine: De doctrina christiana*. Oxford: Clarendon Press, 1995.

GRELLARD, Christophe. Comment peut-on se fier à l'expérience? Esquisse d'une typologie des réponses médiévale au scepticisme. *Quaestio* 4, p. 113-135, 2004.

GROSS, C. Augustine's ambivalence about temporality: his two accounts of time. *Medieval philosophy and theology* 8, p. 129-148, 1999.

HADOT, P. *Philosophy as a way of life*. Oxford, Blackwell Publishers, 1995.

_____. *What is ancient philosophy?* Cambridge: Harvard University Press, 2002.

HARDWICK, Lorna. *Reception studies*. Oxford: Oxford University Press, 2003.

HARMLESS, William. *Augustine in his own words*. Washington: Catholic University of America Press, 2010.

_____. A love supreme: Augustine's "jazz" of theology. *Augustinian studies* 43, p. 145-73, 2012.

HARRISON, C. *Rethinking Augustine's early theology*. Oxford: Oxford University Press, 2006.

HINTIKKA, Jaakko. "Cogito, ergo sum": inference or performance? *Philosophical review* 71, p. 3-32, 1962.

HODGSON, David. *The consequences of utilitarianism*. Oxford: Oxford University Press, 1967.

HÖLSCHER, Ludger. *The reality of the mind: St. Augustine's philosophical arguments for the human soul as a spiritual substance*. London: Routledge & Kegan Paul, 1986.

HORN, Christoph. Welche Bedeutung hat das Augustinische Cogito? *In*: HORN, Christoph (Ed.). *Augustinus: De Civitate Dei*. Berlin: Akademie Verlag, p. 109-129, 1997.

_____. Selbstbezüglichkeit des Geistes bei Plotin und Augustinus. *In*: BRACHTENDORF, Johannes (Ed.). *Gott und sein Bild*. Paderborn: Schöningh, 2000, p. 81-103.

_____. Augustine's theory of mind and self-knowledge: some fundamental problems. *In*: BERMON, Emmanuel; O'DALY, Gerard (Ed.). *Le De Trinitate de saint Augustin: exégèse, logiqueue et noétique*, Paris: Institut d'études augustiniennes, p. 205-219, 2012. (Collection des Études Augustiniennes, Série Antiquité 192).

HUSSERL, E. *Zur Phänomenologie des inneren Zeitbewusstseins (1893-1917)*. The Hague: Nijhoff, 1966. Husserliana 10. Boehm, R. (Ed.). Tradução inglesa em HUSSERL, E. *Collected works*, v. 4. Dordrecht: Kluwer, 1991.

INCANDELA, Joseph. Review of William Anglin's *free will and the christian faith*. *The Thomist* 58, p. 148-53, 1994.

JACKSON, Belford Darrell. The theory of signs in St. Augustine's *De doctrina christiana*. *Revue des études augustiniennes* 15, p. 9-49, 1969.

JONES, Daniel. *"Christus sacerdos" in the preaching of St. Augustine*. Patrologia: Beiträge zum Studium der Kirchenväter 14. Frankfurt am Main: Peter Lang, 2004.

JUBERIAS, Francisco. *La divinización del hombre*. Madrid: Editorial Coculsa, 1972.

KEATING, Daniel. *The appropriation of divine life in Cyril of Alexandria*. Oxford: Oxford University Press, 2004.

KEECH, Dominic. *The anti-pelagian christology of Augustine of Hippo, (396-430)*. Oxford: Oxford University Press, 2012.

KENNEY, J. P. *The mysticism of Saint Augustine: rereading the* Confessions. London; New York: Routledge, 2005.

KING, Peter. *Augustine*: Against the academicians *and* The teacher. Indianapolis: Hackett Publishing Company, 1995.

_____. Augustine on the impossibility of teaching. *Metaphilosophy* 29, p. 179-95, 1998.

KING, Peter; BALLANTYNE, Nathan. Augustine on testimony. *Canadian journal of philosophy* 39, p. 195-214, 2009.

KIRWAN, C. *Augustine*. London; New York: Routledge, 1989.

KNUUTTILA, S. *Modalities in medieval philosophy*. London: Routledge, 1993.

_____. Duns Scotus and the foundations of logical modalities. *In*: HONNEFELDER L.; WOOD, R.; DREYER, M. (Ed.). *John Duns Scotus: metaphysics and ethics*. Leiden: Brill, p. 127-143, 1996.

_____. Medieval Modal Theories and Modal Logic. *In*: GABBAY, D. M.; WOODS, J. (Ed.). *Handbook of the history of logic 2: mediaeval and renaissance logic*. Amsterdam: Elsevier, p. 505-578, 2008.

KRETZMANN, N. Goodness, knowledge, and indeterminacy in the philosophy of Thomas Aquinas. *The journal of philosophy* 80, p. 631-649, 1983.

_____. A particular problem of creation: why would God create this world? *In*: MacDONALD, S. (Ed.). *Being and goodness: the concept of the good in metaphysics and philosophical theology*, Ithaca: Cornell University Press, 1991, p. 229-249.

LADNER, Gerhart B. *The idea of reform*. Cambridge: Harvard University Press, 1959, p. 187-192.

LAWLESS, George. *Augustine of Hippo and his monastic rule*. Oxford: Clarendon Press, 1987.

LE BLOND, Jean Marie. *Les conversions de s. Augustin*. Paris: Aubier, 1950.

LEYSER, Conrad. *Authority and asceticism from Augustine to Gregory the Great*. Oxford: Clarendon Press, 2000.

LONG, Anthony. Stoic linguistics, Plato's Cratylus, and Augustine's *De dialectica*. *In*: FREDE, Dorothea; INWOOD, Brad (Ed.). *Language and learning: philosophy of language in the hellenistic age*. Cambridge: Cambridge University Press, 2005, p. 36-55.

LOT-BORODINE, Myrrha. *La déification de l'homme selon la doctrine des pères grecs*. Paris: Éditions du Cerf, 1970.

LOUTH, Andrew. Augustine on language. *Journal of literature and theology* 3, p. 151-58, 1989.

LOVEJOY, A. O. *The great chain of being: a study of the history of an idea*. Cambridge: Harvard University Press, 1936.

LOWE, E. Jonathan. *Subjects of experience*. Cambridge: Cambridge University Press, 1996.

_____. A defense of non-cartesian substance dualism. *In*: ANTONIETTI, Alessandro; CORRADINI, Antonella; LOWE E, Jonathan (Ed.). *Psycho--physical dualism today: an interdisciplinary approach*. Lanham: Rowman & Littlefield Publishers, Inc., 2008, p. 167-183.

MACDONALD, Scott. Primal Sin. *In*: MATTHEWS, Gareth B. (Ed.). *The augustinian tradition*. Berkeley: University of California Press, 1999, p. 110-139.

_____. Revisiting the intelligibles: the theory of illumination in *De Trinitate* XII. *Medioevo* 37, p. 137-166, 2012.

MacINTYRE, A. *whose justice? which rationality?* Notre Dame: University of Notre Dame Press, 1988.

MADEC, Goulven. Christus, scientia et sapientia nostra: le principe de coherence de la doctrine augustinienne. *Recherches augustiniennes* 10, p. 77-85, 1975.

_____. Christus. *In*: C. Mayer (Ed.), *Augustinus-lexikon*, v. 1. Basel and Stuttgart: Schwabe & Co. AG, 1986-1994, p. 845-908.

_____. Le Christ des païens d'après le *De consensu euangelistarum* de saint Augustin. *Recherches augustiniennes* 26, p. 3-67, 1992.

_____. *Saint Augustine et la philosophie*, Paris: Institut d'Études Augustiniennnes, 1996. (Collections des Études Augustiniennes, Série Antiquité 149).

MADEC, Goulven. Le Livre X du *De ciuitate Dei*: le sacrifice des chrétiens. *In*: *Lettura del De Ciuitate Dei libri lectio augustini a XVII settimana agostiniana Pavese (1999-2001)*. Roma: Institutum Patristicum Augustinianum, 2003, p. 235-246. (Studia Ephemeridis Augustinianum 86).

MANN, W. E. Inner-Life Ethics. *In*: MATTHEWS, Gareth B. (Ed.). *The augustinian tradition*. Berkeley: University of California Press, 1999, p. 140-165.

MARION, Jean Luc. *Idipsum*: The name of God according to Augustine. *In*: DEMACOPOULOS, George; PAPANIKOLAOU, Aristotle (Ed.). *Orthodox readings of Augustine*. Crestwood: St. Vladimir's Seminary Press, 2008, p. 167-189.

MARKUS, R. A. St. Augustine on signs. *Phronesis* 2, p. 60-83, 1957.

_____. *Saeculum*. Cambridge: Cambridge University Press, 1970.

MATTHEWS, Gareth B. *Thought's ego in Augustine and Descartes*. New York: Cornell University Press, 1992.

_____. Augustine and Descartes on minds and bodies. *In*: MATTHEWS, Gareth B. (Ed.). *The augustinian tradition*. Berkeley: University of California Press, 1999, p. 222-232.

MAUSBACH, Joseph. *Thomas von Aquin als Meister christlicher Sittenlehre unter Berücksichtigung seiner Willenslehre*. München: Theatiner Verlag, 1925.

MAY, G. *Schöpfung aus dem Nichts: Die Entstehung der Lehre von der creatio ex nihilo*. Berlin: De Gruyter, 1978.

MAYER, C. P. (Ed.). *Augustinus-lexikon*. Basel: Schwabe, 1996a.

_____. Creatio, creator, creatura. *In*: MAYER, C. P. (Ed.). *Augustinus-lexikon*. Basel: Schwabe, v. 2, p. 56-116, 1996b.

MCGINN, B. *The presence of God: A history of western christian mysticism*. New York: Crossroads Press, 1991.

MECONI, David. Saint Augustine's early theory of participation. *Augustinian studies* 27, p. 79-96, 1996.

_____. Becoming gods by becoming God's. *Augustinian Studies* 39, p. 61-74, 2008.

_____. *The one Christ: St. Augustine's theology of deification*. Washington: Catholic University of America Press, 2013.

MEIJERING, E. P. *Augustin über Schöpfung, Ewigkeit und Zeit: Das elfte Buch der Bekenntnisse*. Leiden: Brill, 1979. (Philosophia Patrum 4).

MEIXNER, Uwe. *The two sides of being: a reassessment of psycho-physical dualism*. Paderborn: Mentis, 2004.

_____. The reductio of reductive and non-reductive materialism – and a new start. *In*: ANTONIETTI, Alessandro; CORRADINI, Antonella; LOWE, E. Jonathan (Ed.). *Psycho-physical dualism today: an interdisciplinary approach*. Lanham: Rowman & Littlefield Publishers, Inc., 2008, p. 143-166.

MENN, S. *Descartes and Augustine*. Cambridge: Cambridge University Press, 1998.

MILBANK, J. *Theology and social theory: beyond secular reason*. Oxford: Blackwell, 1990. Reimpressão em 1993.

MILNE, C. H. *A reconstruction of the old latin text or texts of the gospels used by Saint Augustine*. Cambridge: Cambridge University Press, 1926.

MINER, Robert. Augustinian recollection. *Augustinian studies* 38, p. 435-450, 2007.

NASH, Ronald. *The light of the mind: St. Augustine's theory of knowledge*. Lexington: University Press of Kentucky, 1969.

_____. Some philosophic sources of Augustine's illumination theory. *Augustinian studies* 2, p. 47-66, 1971.

NAUTIN, P. Genèse 1,1-2, de Justin à Origène. *In*: VIGNAUX, Paul; CAQUOT, A. (Ed.). *In principio: interprétations des premiers versets de la Genèse*. Paris: Études Augustiniennes, 1973, p. 61-94.

NIEBUHR, R. *Christian realism and political problems*. New York: Charles Scribner's Sons, 1953.

O'CONNELL, R. J. *The origin of the soul in St. Augustine's later works*. New York: Fordham University Press, 1987.

O'DALY, G. Augustine on the measurement of time: some comparisons with aristotelian and stoic texts. *In*: BLUMENTHAL, H. J.; MARKUS, R. A. (Ed.). *Neoplatonism and Early Christian Thought*. London: Variorum Press, 1981, p. 171-179.

_____. *Augustine's philosophy of mind*. Berkeley and Los Angeles: University of California Press, 1987.

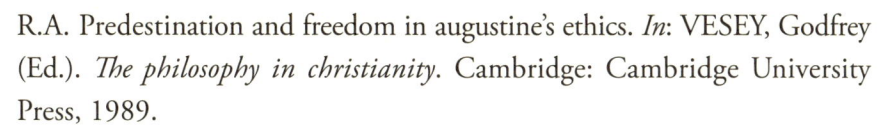

R.A. Predestination and freedom in augustine's ethics. *In*: VESEY, Godfrey (Ed.). *The philosophy in christianity*. Cambridge: Cambridge University Press, 1989.

_____. *Augustine's City of God: a reader's guide*. Oxford: Clarendon Press, 1999.

O'DONNELL, J. *Augustine: confessions*. Oxford: Clarendon Press, 1992.

_____. *Augustine: a new biography*. New York: Harper Collins, 2006.

OTTEN, Willemien. The reception of Augustine in the early middle ages (c.700-c.1200): presence, absence, reverence, and other modes of appropriation. *In*: PANACCIO, Claude. *Le discours intérieur de Platon à Guillaume d'Ockham*. Paris: Éditions du Seuil, 1999.

PÂRVAN, Alexandra. Beyond the books of Augustine into modern psychotherapy. *In*: POLLMANN, Karla; GILL, Meredith (Ed.). *Augustine beyond the Book: intermediality, transmediality, and reception*. Leiden: Brill, 2012, p. 313-338.

PELIKAN, Jaroslav. *The emergence of the catholic tradition (100-600)*. Chicago: University of Chicago Press, 1971.

PÉPIN, Jean. Recherches sur le sens et les origins de l'expression caelum dans le Livre XII des Confessions de S. Augustin. *Archivium latinitatis medii aevi* 23, p. 185-274, 1953.

PERLER, Dominik. *Zweifel und Gewissheit: Skeptische Debatten im Mittelalter*. Frankfurt am Main: Klostermann, 2006.

PETERS, E. What was God doing before he created the heavens and the earth? *Augustiniana* 34, p. 53-74, 1984.

PETERSEN, Nils Holger. St Augustine in twentieth-century music. *In*: PETTIT, Philip. *Republicanism*. Oxford: Oxford University Press, 1997.

PLANTINGA, A. *Warranted christian belief*. Oxford: Oxford University Press, 2000.

POLLMANN, Karla; GILL, Meredith (Ed.). *Augustine beyond the Book: intermediality, transmediality, and reception*. Leiden: Brill, 2012, p. 263-278.

POLLMANN, Karla. How to do things with Augustine: patristics and reception theory. *Journal for church studies* 5, p. 31-41, 2008.

_____. *Alium sub meo nomine*: Augustine between his own self-fashioning and his later reception. *Zeitschrift für Antikes Christentum* 14, p. 409-424, 2010.

POLLMANN, Karla. Art and authority: three paradigmatic visualizations of Augustine of Hippo. *In*: POLLMANN, Karla; GILL, Meredith (Ed.). *Augustine beyond the Book: intermediality, transmediality, and reception.* Leiden: Brill, 2012, p. 13-37.

_____. *The Oxford guide to the historical reception of Augustine.* Oxford: Oxford University Press, 2013.

POLLMANN, Karla; GILL, Meredith (Ed.). *Augustine beyond the book: intermediality, transmediality, and reception.* Leiden: Brill, 2012.

POLLMANN, Karla; LAMBERT, David. After Augustine: A survey of his reception from 430 till 2000. *Millennium* 1, p. 165-183, 2004.

PUCHNIAK, Robert. Augustine's conception of deification, revisited. *In*: FINLAND, Stephen; KHARLAMOV, Vladimir (Ed.), *Theosis: deification in christian theology.* Eugene, OR: Pickwick Publications, p. 122-133, 2006.

QUINN, P. L. Disputing the augustinian legacy: John Locke and Jonathan Edwards on Romans 5,12-19. *In*: MATTHEWS, Gareth B. (Ed.). *The augustinian tradition.* Berkeley: University of California Press, 1999, 1988, p. 324-337.

RATZINGER, Joseph. The Holy Spirit as communio: concerning the relationship of pneumatology and spirituality in Augustine. *Communio* 25, p. 324-37, 1988.

RETA, José Oroz. "De l'illumination à la déification de l'âme selon saint Augustin". *Studia Patristica* 27, 1993, p. 364-382.

RICOEUR, P. *Time and narrative*, v. 3. Chicago: University of Chicago Press, 1988. Tradução de K. Blamey e D. Pellaeur.

RIST, J. M. *Augustine: ancient thought baptized.* Cambridge: Cambridge University Press, 1994.

ROARK, T. *Aristotle on time: a study of the physics.* Cambridge: Cambridge University Press, 2011.

RUEF, Hans. *Augustin über Semiotik und Sprache: Sprachtheoretische Analysen zu Augustins Schrift "De Dialectica".* Berne: Wyss Erben, 1981.

RUSSELL, Norman. *The doctrine of deification in the greek patristic tradition.* Oxford: Oxford University Press, p. 329-332, 2004.

SAAK, E. L. Augustine in the Western Middle Ages to the Reformation. *In*: VESSEY, Mark (Ed.). *A companion to Augustine*. Oxford: Wiley-Blackwell, 2012, p. 465-477.

SCHAFF, Philip (Ed.). *St. Augustin: Sermon on the Mount, harmony of the gospels, homilies on the gospels*. Edinburgh: T & T Clark, 1886. A Select Library of the Nicene and Post-Nicene Fathers, series 1, v. 6.

SCHLAPBACH, Karin. *Augustin, contra academicos (vel De Academicis) Buch 1: Einleitung und Kommentar. Patristische Texte und Studien, Band 58*. Berlin; New York: Walter de Gruyter, 2003.

SCHUMACHER, Lydia. *divine illumination: the history and future of Augustine's theory of knowledge*. Oxford: Wiley-Blackwell, 2011.

SCHÜTZINGER, Caroline. *The german controversy on Saint Augustine's illumination theory*. New York: Pageant Press, 1960.

SEDLEY, D. *Creationism and its critics in Antiquity*. Berkeley, Los Angeles, and London: University of California Press, 2007.

SHERRARD, Philip. *The greek east and the latin west: A study in the christian tradition*. Oxford: Oxford University Press, 1959.

SHOEMAKER, Sydney. Self-reference and self-awareness. *The journal of philosophy* 65, p. 555-67, 1968.

SIEBEN, Hermann Josef. Augustins Entwicklung in der Frage der Identität des irdischen mit dem auferstandenen Leib. *In*: KOENEN, Karl-Ludwig; SCHUSTER, Josef (Ed.). *Seele oder Hirn? Von dem Leben und Überleben der Personen nach dem Tod*. Münster: Aschendorff, 2012, p. 141-182.

SIEBERT, Matthew. Knowing and trusting. Ph.D. dissertation, University of Toronto, 2014.

SIEBERT, Michael. *Platonic recollection and illumination in Augustine's early writings*. Ph.D. dissertation, University of Toronto, 2013.

SIRRIDGE, Mary. Quam videndo intus dicimus: seeing and saying in De Trinitate XV. *In*: EBBESEN, Sten; FRIEDMAN, Russell (Ed.). *Medieval Analyses in Language and cognition*, Acts of the symposium, "The Copenhagen school of medieval philosophy", 10-13 Jan. Copenhagen: Royal Danish Academy of Sciences and Letters, 1996, p. 317-330.

SIRRIDGE, Mary. Augustine's two theories of language. *Documenti e studi sulla tradizione filosofica medievale* 15, 2000, p. 35-57.

SLOAN, Michael. *The harmonious organ of Sedulius Scottus: introduction to his* Collectaneum in apostolum *and translation of its prologue and commentaries on Galatians and Ephesians*. Berlin: de Gruyter, 2012.

SOLIGNAC, A. Exégèse et métaphysique: Genèse 1,1-3 chez saint Augustin. *In*: VIGNAUX, Paul; CAQUOT, A. (Ed.). *In principio: interprétations des premiers versets de la Genèse,* études *augustiniennes*. Paris: Études Augustiniennes, 1973, p. 153-171.

SORABJI, R. *Time, creation and the continuum*. London: Duckworth, 1983.

STAYKOVA, Julia. Pseudo-Augustine and religious controversy in early modern England. *In*: POLLMANN, Karla; GILL, Meredith (Ed.). *Augustine beyond the Book: intermediality, transmediality, and reception*. Leiden: Brill, 2012, p. 147-166.

STOOP, Jan A. A. A. *Die Deificatio Hominis in die Sermones en Epistulae van Augustinus*. Leiden: Drukkerij Luctor et Emergo, 1952.

STOTHARD, Peter. *One night in Camden*. London: Classical Association, 2012.

STROBACH, N. *The moment of change: a systematic history in the philosophy of space and time*. Dordrecht: Kluwer, 1998. (New Synthese Historical Library 45).

STUMP, Eleonore. Atonement and justification. *In*: FEENSTRA, Ronald; PLANTINGA, Cornelius (Ed.). *Trinity, incarnation, and atonement*. Notre Dame, IN: University of Notre Dame Press,1989, p. 178-209.

_____. Libertarian freedom and the principle of alternative possibilities. *In*: HOWARD-SNYDER, Daniel; JORDAN, Jeff (Ed.). *Faith, freedom, and rationality: philosophy of religion today*. Lanham: Rowman & Littlefield, 1996, p. 73-88.

_____. Alternative possibilities and moral responsibility: the flicker of freedom. *The journal of ethics* 3, p. 299-324, 1999.

_____. *Aquinas*. London; New York: Routledge, 2003.

SWINBURNE, Richard. *The evolution of the soul*. Oxford: Oxford University Press, 1997.

_____. Wodurch ich ich bin: Eine Verteidigung des Substanzdualismus. *In*: NIEDERBACHER, Bruno; RUNGGALDIER, Edmund (Ed.). *Die menschliche Seele: Brauchen wir den Dualismus?* Frankurt: Ontos Verlag, 2006, p. 41-59.

_____. "From mental/physical identity to substance dualism". *In*: VAN INWAGEN, Peter; ZIMMERMAN, Dean (Ed.), *Persons: human and divine*. Oxford: Clarendon Press, 2007, p. 142-165.

TAPP, C.; RUNGGALDIER, E. (Ed.). *God, eternity, and time*. Aldershot: Ashgate, 2011.

TAYLOR, C. 1989. *Sources of the self*. Cambridge: Cambridge University Press.

TESKE, Roland. The world soul and time in st. Augustine. *Augustinian studies* 14, p. 75-92, 1983.

_____. Augustine's *Epistula X*: another look at *Deificari in otio*. *Augustinianum* 32, p. 289-99, 1992.

_____. *Paradoxes of time in St. Augustine*. Milwaukee: Marquette University Press, 1996.

ULLMANN, Stephen. *Semantics: an introduction to the science of meaning*. Oxford: Blackwell, 1962.

URBANO LÓPEZ DE MENESES, Pedro. *Theosis: La doctrina de la divinización en las tradiciones cristianas*. Pamplona: Ediciones Universidad de Navarra, S.A, 2001.

VAN BAVEL, Tarsicius. *Recherches sur la christologie de saint Augustin*. Paradosis 10. Fribourg: Editions Universitaires, 1954. (Edição especial).

VAN DER MEER, F. *Augustine the Bishop: church and society at the dawn of the Middle Ages*. New York: Harper Torchbooks, 1961.

VAN GEEST, Paul. *The incomprehensibility of God: Augustine as a negative theologian*. Leuven: Peeters, 2011.

VAN INWAGEN, Peter. against middle knowledge. *Midwest studies in philosophy* 21, p. 225-36, 1997.

_____. Resurrection. *In*: CRAIG, Edward (Ed.). *Routledge encyclopedia of philosophy*, v. 8. London: Routledge, 1998, p. 294-296.

VERBRAKEN, Pierre. Études critiques sur les sermons authentiques de saint Augustin. Steenbrugge: In abbatia S. Petri, 1976.

VERLINSKY, Alexander. Epicurus and his predecessors on the origin of language. *In*: FREDE, Dorothea; INWOOD, Brad (Ed.). *Language and learning: philosophy of language in the hellenistic age*. Cambridge: Cambridge University Press, 2005, p. 56-100.

VESSEY, Mark. Jerome and the jeromanesque. *In*: CAIN, Andrew; LÖSSL, Josef (Ed.). *Jerome of Stridon: his life, writings and legacy*. Farnham and Burlington: Ashgate, 2009, p. 225-236.

VISSER, Arnoud S. Q. *Reading Augustine in the Reformation: The flexibility of intellectual authority in Europe, 1500-1620*. New York: Oxford University Press, 2011.

VON HERRMANN, F. W. *Augustine, Husserl, and Heidegger on the question of time*. Levison: Mellon Press. Traduzido e anotado por F. Nan Fleteren e J. Hackett, 2008.

VÖSSING, K. Hippo Regius, die Vandalen und das Schicksal des toten Augustinus: Datierungen und Hypothesen. *Hermes* 140, 2012, p. 202-229.

WATSON, Gerard. St. Augustine's theory of language. *The maynooth review* 6, p. 4-20, 1982.

WETZEL, James. *Augustine and the limits of virtue*. Cambridge: Cambridge University Press, 1992.

WILKEN, Robert. *The spirit of early christian thought*. New Haven: Yale University Press, 2003.

WILLIAMS, A. N. *The ground of union: deification in Aquinas and Palamas*. Oxford: Oxford University Press, 1999.

WILLIAMS, Bernard. *A critique of utilitarianism*. Cambridge: Cambridge University Press, 1973.

WILLIAMS, Charles. *The descent of the dove: a history of the Holy Spirit in the church*. London: Longman's, 1939.

WILLIAMS, Rowan. *Sapientia* and the Trinity: Reflections on the *De Trinitate*. *In*: BRUNING, B. *et al.* (Ed.). *Collectanea augustiniana: mélanges T. J. Van Bavel*. Leuven: Leuven University Press, 1990.

_____. Augustine and the psalms. *Interpretation* 58, p. 17-27, 2004.

_____. Augustine's christology: its spirituality and rhetoric. *In*: MARTENS, Peter W. (Ed.), *In the shadow of the incarnation: essays on Jesus Christ in the early church in honor of Brian E. Daley*. Notre Dame: University of Notre Dame Press, p. 176-189, 2008.

WILLIAMS, T. (Trad.) *On free choice of the will by Augustine*. Indianapolis; Cambridge: Hackett Publishing Company, 1993.

WILSON, Laura A. A Philosophy of limitations: The reception of augustinian thought in Jean Elshtain's Augustine and the limits of politics. M. Litt. thesis, St Andrews, 2005.

WILSON-KASTNER, Patricia. Grace as participation in the divine life in the theology of Augustine of Hippo. *Augustinian studies* 7, p. 135-152, 1976.

WISCHMEYER, Oda, *et al.* (Ed.). *Lexikon der Bibelhermeneutik*. Berlin: de Gruyter, 2009.

WOODHEAD, Linda. *An introduction to christianity*. Cambridge: Cambridge University Press, 2004.

# Índice remissivo

Academia Austríaca de Ciências – 405
Adão e Eva – 140, 141, 245, 264, 286
Adeodato, filho de Agostinho – 22, 25, 356, 359, 362, 366, 371, 415
*Adnotationes* – 378, 421
Adoção – 32, 266, 270, 272
Agostinho – 21-28, 30, 31, 34, 35, 39, 40, 96, 101, 120, 124, 131, 132, 145-148, 150, 151, 153, 157, 158, 161, 181, 182, 185, 205, 209, 210, 212, 219, 235, 237, 238, 241, 248, 252, 255, 257, 258-262, 267, 283, 284, 296, 297, 300-302, 308, 309, 310, 323, 326, 330, 331, 336, 337, 339, 340, 342, 344, 348, 351, 377, 378, 379, 384, 387, 399-410, 412, 413, 415-418
alegoria – 24, 372, 377, 378
Alípio – 24, 183, 414
alma – 25, 28-31, 40, 42, 46, 47, 50, 55, 58, 60, 61, 63, 64, 65, 71, 76, 82, 84, 87, 96, 98, 104, 109, 113, 115, 126, 128, 129, 131, 132, 137, 138, 141, 153, 155, 156, 161-170, 176-179, 189, 191, 195, 196, 198-200, 216, 224, 237, 244, 245, 251, 253, 263, 264, 272, 274, 275, 278, 279, 309, 311, 315, 317, 319, 320, 321, 323, 335, 336, 339, 340, 341, 342, 343, 344, 345, 346, 347, 349-354, 360, 378, 414-416
Amante e Amado – 273
Ambrósio, Santo – 14, 23, 95, 96, 143, 239, 240, 247, 313, 323, 342, 394, 395, 396, 414
amizade e caridade – 206, 207
amor – 22, 29, 32-34, 40, 41, 56, 82, 84, 87, 88, 94, 104, 105, 107, 108, 110, 140, 197, 241, 242, 244, 247, 248, 255, 256, 268, 272-274, 284-287, 287, 290, 291, 294-298, 303-305, 307, 309, 310, 315, 319, 330, 341, 349, 389, 390, 392, 413, 415-417
analogias – 103
anjos – 74, 81, 88, 113, 116, 117, 132, 140, 238, 286, 302, 311, 315, 320
animais, e ressurreição – 319
Antão do Egito – 24
antipelagianismo – 142
aparência, afirmações a partir da — 186
aprendizado infantil – 356
Aquino, Tomás de – 21, 135, 136, 139, 215, 223, 228, 240, 241
Aristóteles – 30, 78, 118, 119, 124, 125, 126, 127, 129, 200, 239, 283, 287, 288, 366, 368
Armentário – 313

arrogância, e domínio – 287
artes liberais – 97, 98, 155, 189, 338, 340, 348
ascensão – 46, 91, 237, 287, 298, 330, 340
Ático, bispo de Constantinopla – 114, 401
atividades mentais — 197
atividade política, como sintomática – 304, 305
atributos divinos (cf. Deus)
Aulo Gélio – 127, 128
autojustificação – 88, 254, 253
autoridade – 68, 81, 146, 241, 244, 251, 255, 288, 289, 291, 297, 302, 304, 336, 337, 346-348, 351, 352, 354, 378, 380, 388, 395, 401-406, 409, 417, 418
autoridade política – 288, 289, 290, 291, 296, 297, 298
Ayres, Lewis – 13, 29, 91, 94, 106, 107, 109, 110, 144, 155, 422

*Banquete* – 351, 415
beatitude, *beatitudo* – 32, 33, 74, 248, 308, 330
bem-estar humano – 31
bens espirituais, e bem/mal – 139, 140
blasfêmia e interpretação literal – 395, 396
bondade – 28-30, 39, 59, 73, 74, 79, 102, 107, 117, 119, 123, 131, 134, 135, 137, 205, 211, 218, 243, 289, 318, 329, 338, 380, 393
Bonner, Gerald – 260, 266, 423, 426
Brown, Peter – 300, 305, 323, 337, 339, 413, 423
Burnell, Peter – 298, 315, 424

Caim e a Cidade Terrena – 284, 285
canibalismo, e ressurreição – 165
canonização da obra – 405
Capánaga, Victorino – 424, 260
caridade – 32, 34, 104, 205, 218, 269, 272, 274, 278, 307, 310, 329, 374, 389, 390, 393, 394, 412
catálogos manuscritos – 404
Cavadini, John – 28, 103, 109, 424
certeza – 42, 53, 59, 149, 170, 172, 174, 183, 187, 343, 344, 384, 389
ceticismo – 31, 96, 173, 181-184, 186-188, 336, 339, 380
Chappell, Timothy – 32
*cogito* agostiniano – 172, 173, 186, 188
corpo de Cristo – 152, 258, 269, 274- 277, 442
corpo e almas, reunificação de – 311, 312
corpos no céu – 312
cristãos, tornarem-se – 269, 270
Cristo – 30, 60, 65, 67, 76, 88, 91, 92, 99, 109, 110, 144, 145, 146, 149, 150, 151, 152, 153, 154, 155, 156, 157, 158, 240, 246, 258, 259, 260, 265, 267, 269, 270, 273, 274, 275, 276, 277, 278, 330, 336, 346, 400

*Cristo e a sociedade justa* – 152
cristianismo – 23, 39, 40, 42-45, 52, 97, 119, 132, 141, 151, 236, 239, 259, 262, 293, 300, 337, 339, 416
cristologia de Agostinho – 143, 145, 150, 152-155, 157, 158
Cícero – 22, 39, 43, 96, 119, 146, 147, 182, 188, 189, 238, 239, 292, 293, 294, 296, 312, 357, 413, 414, 423
*Cidade de Deus* – 63, 66-68, 70, 75, 102, 119, 152, 236, 240, 242, 245, 247, 284, 286, 287, 296, 303, 307, 312, 405, 406, 410, 411
Cidade Terrena – 242, 286, 287, 290, 303
ciências empíricas – 203
ciência política – 303, 304
Clemente de Alexandria – 260
coerção religiosa – 300
cognição – 60, 169, 170, 181, 270, 344, 345, 349, 375
comércio divino – 269
comportamento político e teoria da escolha racional – 304
composicionalidade semântica – 371, 372
comunicação, processo de – 362
comunhão – 32, 94, 100, 105, 109, 110, 273, 302, 303
*Concordância dos evangelistas* – 151, 152
*concupiscentia carnis* – 345
*Confissões* – 15, 22, 26, 34, 39-41, 42, 43, 45, 46, 49, 50, 53, 55, 56, 59, 60, 87, 113, 116, 124, 128, 145-147, 149, 152, 161, 182, 193, 196, 197, 204, 237, 252-255, 285, 287, 322, 337, 338, 342, 344, 346, 348, 350, 352, 356, 370, 375, 378, 379, 380, 389, 393, 394, 396, 400, 401, 405, 410-414, 416
*Confissões* (Livro 1) – 253, 255, 285, 370, 375, 391, 412
*Confissões* (Livro 2) – 254, 411
*Confissões* (Livro 3) – 254, 337, 411, 416
*Confissões* (Livro 4) – 337, 411
*Confissões* (Livro 5) – 161, 182, 337, 338, 342, 412
*Confissões* (Livro 6) – 204, 337, 342, 411, 414
*Confissões* (Livro 7) – 149, 152, 161, 337, 342, 344, 346, 348, 350, 412
*Confissões* (Livro 8) – 254, 411
*Confissões* (Livro 9) – 348
*Confissões* (Livro 10) – 81, 147, 193, 195, 196, 197, 389, 412
*Confissões* (Livro 11) – 67, 68, 69, 73, 124, 128, 130, 378, 380, 411
*Confissões* (Livro 12) – 75, 352, 378, 380, 393, 412
*Confissões* (Livro 13) – 352, 378, 411, 412
*Confessions, Les* (Rousseau) – 252, 254
conhecimento – 19, 21, 28, 30, 31, 33, 40, 54, 55, 57, 61, 63-65, 67, 69-71, 73, 75-77, 79, 80, 82, 84, 88, 89, 95-97, 101, 407, 102, 109, 119, 123, 142-144, 402, 147, 148, 150, 152, 157, 158, 164, 170-172, 174, 175, 178, 81-207, 216, 222, 225, 248, 252, 254, 270, 312, 321, 335, 336, 338, 339, 342-345, 347-349, 351-354, 369, 388, 391, 392

conhecimento-sabedoria – 158
*consilium* de Deus – 63, 70
Constantino, imperador – 235, 236, 237, 238
contemplação – 24, 65, 85, 97, 106, 109, 110, 157, 163, 181, 339-345, 346, 351, 348, 353, 354, 382
*Contra academicos* – 25, 182, 184, 189, 339
*Contra Faustum Manichaeum* – 122, 240, 241, 301, 302
*Contra os priscilianistas e origenistas* – 317
corrupção – 43, 117, 137, 215, 314
Concílio de Constantinopla – 94
Concílio de Niceia – 26, 94, 235
concupiscência dos olhos – 389
controvérsia donatista – 300
coração como fonte do bem e da maldade – 242, 243
céu – 24, 33, 40, 70, 72, 99, 114, 116, 118, 133, 134, 165, 202, 275, 304, 307-321, 323, 325-331, 343, 349, 380-382, 384
ciclos, teorias dos – 76, 83
contemplação interior – 339, 344, 348, 352-354
corpo espiritual – 311, 316
criação – 10, 28, 29, 58, 60, 67, 68, 70-75, 79, 82, 87, 103, 109, 113-120, 124, 128, 132-135, 141, 188, 200, 201, 258, 263, 264, 316, 317, 319, 320, 225, 366, 377, 378, 381-384
cristianismo niceno – 94-96, 99, 110

Daley, Brian – 94, 110, 143, 144, 147-149, 283, 425, 438
*De beata vita* – 25, 248, 339
*De civitate Dei* (*cf. Cidade de Deus*)
*De consensu Evangelistarum* – 328, 378, 394, 395, 421
*De doctrina christiana* – 51-54, 56, 57, 149, 203, 242, 274, 285, 298, 302, 310, 320, 346, 354, 356-360, 362, 363, 365-367, 369-373, 377, 385, 387, 389-395, 400, 405, 427, 428
*De dono perseverantiae* – 210, 226, 323, 325-327
*De fide ad Gratianum Augustum* – 240
*De fide rerum invisibilium* – 148, 204, 205
*De Genesi ad litteram* – 15, 37, 113, 115, 135,138, 162, 167-169, 189, 378, 309, 421
*De gratia Christi* – 218, 219
*De immortalitate animae* – 25, 164
*De libero arbitrio* – 39, 44, 46-54, 136-142, 162, 186, 188, 189, 192, 194, 419, 200, 210-220, 223, 231, 253, 255, 226, 248, 288, 301, 346
*De mendacio* – 244, 248-251, 364
*De moribus ecclesiae* – 44, 52, 57, 162, 295
*De natura deorum* – 118, 119
*De natura et gratia* – 122, 141, 218-220, 421
*De ordine* – 25, 153, 339-341, 347, 348, 400

*De praedestinatione* – 210, 224, 225, 321, 324, 326, 327
*De quantitate animae* – 161, 162, 169
*De re publica* – 292
*De spiritu et littera* – 120, 221, 222, 224, 225, 327, 396, 421
*De Trinitate* – 15, 59, 60, 107, 108, 109, 115, 144, 149, 152, 153, 162, 164, 167, 169-175, 177, 178, 186, 187, 189, 191, 193, 195-197, 199, 200, 202-204, 206, 248, 264, 270, 271, 274, 346, 356, 374, 405, 420, 423, 425, 427, 428, 430, 435, 438
desconfirmação experimental – 203
Deus 21, 23, 24, 25, 27-29, 32-34, 37, 39-46, 49, 51-61, 63-88, 91-99, 101-111, 113-128, 131-141, 143-153, 155-158, 161-163, 165, 166, 174, 188, 191-193, 195, 202, 210, 211,214, 216-231, 236, 237, 240-243, 245, 247, 248, 252-255, 258-272, 274-276, 278, 284-289, 293, 295, 296, 299, 300, 302, 303, 307-330, 335-342, 344-349, 351-354, 362, 373, 380-384, 387, 389, 390, 400, 405, 406, 408, 410, 411
deidades romanas, abandono das – 292, 293
deificação – 32, 257-269, 271-275, 278, 330
deuses – 51, 66, 67, 69, 85-87, 101, 119, 151, 257, 264-268, 293, 270-272, 274, 275, 278, 321
determinismo – 123, 209, 232
Diabo, e escolha pecadora – 141
*dicibile* – 363, 375
dificuldade, culpabilidade de – 218
divindade – 32, 65, 66, 101, 119, 143, 151, 257, 261, 264, 267, 268, 293, 307, 330, 331, 337, 340, 412
dizível (*cf. dicibile*)
doutrina cristã, Agostinho sobre – 29
doutrina da criação – 58, 71, 133
doutrina da deificação – 261, 273, 275, 278
doutrina do céu (*cf.* céu)
Dodaro, Robert – 98, 144, 150-152, 426
Dolbeau, François – 152, 260, 267, 405
Dolbeau, sermões – 152, 260
dualismo corpo-alma – 30, 161
dualismo psicofísico (*cf.* dualismo corpo-alma)
duas Cidades, ideia das – 237, 303

"ecclesia perfecta", céu como – 33, 307, 308
elementos de contemplação – 339, 340
Elshtain, Jean Bethke – 254, 265-267, 410-412, 426, 439
*Enarrationes in Psalmos* – 105, 147, 162, 199, 269-271, 276, 277, 291, 307, 309-311, 320, 321, 324, 328, 379, 395, 405, 419
Encarnação – 69, 80, 81, 153, 156, 246, 260, 273, 276
entes queridos, depois da morte – 295
Eósforo/Héspero (*cf.* expressões)

epistemologia social – 31, 181, 204
Erasmo – 238
erro por identificação errônea – 176, 177
Esaú – 227, 229, 323
escravidão – 32, 287, 289, 292, 296
escritos de Agostinho – 27, 28, 30, 135, 172, 238, 266, 283, 284, 400, 404, 405, 407, 410, 411
escritos orientados para a ocasião – 148-150
Espírito – 29, 33, 44, 63, 64, 74, 82, 91-95, 98-110, 116, 136, 146, 243, 245, 247, 265, 269-273, 275-278, 313-316, 329, 337, 349, 353, 360, 374, 382, 383, 385, 387, 394-396
Escritos exegéticos – 377, 379
escritos pseudoagostinianos – 34, 407, 409
Escritura – 23, 24, 34, 41, 42, 43, 56, 68, 72, 73, 76, 79, 81, 91, 94, 95, 97, 98, 100, 101, 103, 104, 106-108, 146, 147, 155, 157, 158, 217, 251, 252, 258, 263, 276, 267, 286, 289, 301, 312, 313, 316, 317, 352-354, 362, 371-373, 377, 379, 380, 381, 383, 385, 387-393, 395, 396
espelho – 171, 249, 264, 297, 300
esperança – 25, 267, 307, 310, 313, 328, 329, 330, 341
estado e governo – 288, 289
eternidade e simplicidade – 59
ética – 32, 96, 205, 235, 239, 241, 244, 247, 248, 251, 252, 255, 258, 283, 298, 300-303, 308, 330, 335, 337, 340, 341, 345, 351, 400
ética deontológica – 248
ética de segunda pessoa – 32, 255
estoicismo – 29
estudos de recepção – 402, 403
estrutura do mundo criado – 115
Eunápio – 47, 257
Evódio – 47, 50, 51, 161, 212
exegese e caridade – 383, 384
existência de si – 174, 176
existência, e o Universo – 46
existência, graus de – 117
expressão "eu" – 176
expressões – 56, 117, 149, 175, 176, 317, 355, 384, 392
extromissão da visão, teoria da – 199

face de Deus – 335, 340
Fausto, bispo – 23, 338, 339
fé – 21, 23, 24, 27, 33, 68, 69, 70, 78, 95, 96, 97, 106, 108, 109, 144, 145, 146, 148, 149, 150, 156, 157, 205, 206, 210, 220-227, 229-231, 255, 273-275, 295, 307, 310, 316, 323, 324, 326, 327, 329, 331, 333, 335, 336, 341, 345-349, 351, 352, 354, 371, 373, 380, 388, 392, 395, 401

felicidade e miséria – 76, 80, 85
*felicitas* – 248
fé neoplatônica de Agostinho – 150, 151
Fido (*cf.* teoria do significado) – 33, 355
Filástrio de Brescia – 316
filho de Deus, meios de se tornar – 271
filosofia – 21, 23, 26, 32, 33, 35, 42, 64, 81, 85, 87, 96, 114, 125, 126, 136, 143, 161, 209, 238, 254, 264, 283, 296, 308, 336, 351, 353, 356, 363, 376, 383, 392, 400, 413
filosofia não cristã – 97
filosofia política de Agostinho – 32, 283
*Física* – 118, 119, 124, 126
Fitzgerald, Allan – 14, 30, 143, 257, 307, 425
Formas – 188-194, 197
forma no objeto – 200-202
forma no sentido – 200-202
Formas platônicas – 197
fundamentos eclesiais da contemplação – 352

Gaarder, J. – 413-416, 427
Gálatas – 378
Genserico – 27
Gênesis – 23, 73, 76, 113, 116, 372, 378, 380, 383, 385
glória – 67, 92, 93, 270, 285, 293, 295, 303, 304, 311, 315, 318, 321
governantes cristãos, deveres dos – 299-301
governo e estado – 288, 289
graça – 32, 82-84, 88, 98, 109, 138, 210-212, 214, 216-224, 226, 228-231, 258, 262, 268, 270-272, 278, 308, 321 324, 326, 327, 329, 330, 336, 347, 350, 352, 354, 378
Graciano, imperador – 240
grande troca e tornar-se deuses – 267, 268, 269, 270
Gregório de Nissa – 91, 95, 312, 328
guerra justa – 32, 33, 239, 240-242, 301

habilidades interpretativas – 373
Heráclio – 27
Héspero (*cf.* Eósforo)
Hilário de Poitiers – 95
Hipona – 26, 27
história e *Cidade de Deus* – 286
história política e providência divina – 299
holismo semântico – 372
*Homilias sobre a primeira epístola de João* – 379
*Homilias sobre o Evangelho de João* – 147, 148, 321

*homoiosis* – 261
*Hortêncio* – 22
humanidade – 29, 32, 69, 153, 258, 259, 261, 264-266, 268, 270, 272, 273, 284, 288, 311, 325, 327, 345
humanidade deificada – 259
Husserl, E. – 130, 428, 438

ideias de Epicuro – 70-71, 115, 370
ignorância, culpa da – 218
imagem da adoção – 270
imagem de Deus (*cf.* Deus)
imagem paulina da adoção – 270
imagens agostinianas de deificação – 265-273
imaginação e a alma – 167-169
*imago Dei* – 263, 264
imaterialidade – 161, 167, 177
imortalidade – 31, 39, 85, 164, 272, 303, 307, 309, 310, 314, 320
imutabilidade de Deus (*cf.* Deus)
imutabilidade divina (*cf.* Deus)
impecabilidade, imagens celestiais da – 253, 254
impressões dos sentidos – 198, 199
incompletude humana – 263, 264, 265
incorporeidade, dos objetos inteligíveis – 47, 48
incorruptibilidade – 53, 54, 59, 131, 132, 272, 310
independência ontológica e necessidade – 57
*Indiculum* – 27
infinidades, e significado – 78-80
*In Johannis evangelium tractatus* – 106, 255, 396
intelecto, e o Universo – 46
intelectuais pagãos e Agostinho – 155-157
interpretação espiritualizante – 395
interpretação literal – 114, 394, 395
Ireneu – 266
Itálica – 313

Jacó – 227, 229, 230, 323, 324
jeromanesco, termo – 418
Jerônimo, Santo – 177, 237, 313, 328, 401, 418
Jesus (*cf.* Cristo)
João evangelista – 381, 383
Juliano de Eclano – 401
justiça perfeita – 285

Kenney, John Peter – 14, 33, 339, 353, 429

King, Peter – 14, 31, 33, 34, 181, 190, 204, 355, 359, 429
Knuuttila, Simo – 15, 29, 113, 115, 120, 124, 429
Kripke, Saul – 175

linguagem – 21, 32-35, 81, 92, 98, 100, 104-109, 163, 189, 191, 248, 261-263, 266-268, 270, 274, 275, 278, 286, 333, 341, 355-357, 362-367, 369-371, 373-376, 384, 409, 412
Leibniz, Gottfried – 120
lendo Agostinho – 143-158
Leyser, Conrad – 401, 402, 429
liberdade humana – 123, 322, 323, 325, 327
libertarismo – 209, 212, 215, 221
*libido* – 238, 243-245
*libri platonicorum* – 261, 340
luz, analogia da – 50
livre arbítrio – 15, 27, 31, 209-211, 213, 217, 219-226, 228, 230, 323, 326, 327
livros dos platônicos – 40, 147, 339
Lombardo, Pedro – 410
Lot-Borodine, Myrrha – 259, 430
Lovejoy, A. O. – 121, 122, 430
lucidez moral, e conhecimento de Deus – 353
luxúria (*cf.* sexualidade)

MacDonald, Scott – 15, 28, 39, 193, 209, 213, 220, 429, 430
MacIntyre, Alasdair – 284, 430
Madalena, Maria – 271, 394
Madec, Goulven – 144, 145, 150-152, 324, 426, 430
mal – 17, 21, 23, 30, 43, 44, 57-59, 74, 88, 109, 131, 132, 135, 136, 138, 146, 212, 214, 216, 220, 226, 236, 241, 243, 255, 264, 305, 337, 338, 358, 364, 396, 412
mal moral – 264
mandamento divino – 247, 251, 252, 255
Mani – 23
maniqueísmo – 25, 27, 42-44, 58, 85, 131, 132, 320, 336-339, 342
Mann, William E. – 15, 30, 131, 431
Marcelino – 120
Mário Vitorino – 24, 95
verdades matemáticas – 48, 185, 188
matar – 243, 244, 251
matéria espiritual – 116
Mausbach, Josef – 258, 259, 431
Meconi, David Vincent – 15, 19, 21, 32, 33, 222, 257, 260, 265, 273, 278, 307, 321, 431
Mediador, Deus como – 68, 69, 81, 219
medida, do tempo – 128, 129

Megálio, arcebispo – 26
melhoria no céu – 309, 310, 317
Mente do Pai – 82
mentira – 247-251, 272, 389
*Metafísica* – 119, 125
metafísica – 15, 17, 28, 31, 115, 137, 150, 152, 156, 166, 235, 236, 337
*methexis* – 261
Milbank, John – 284, 432
miséria e felicidade – 76, 80, 85
mito e filosofia – 87
modalidade – 60, 72, 115, 120, 124
Mônica, mãe de Agostinho – 22, 24, 25, 316, 348-352, 415
monismo cosmológico – 57, 58
Moisés – 42, 56, 270, 383-389
morte – 19, 66, 76, 91, 128, 129, 131, 146, 153, 163, 164, 166, 240, 249, 283, 295, 311, 329, 339, 349, 350, 401, 404, 407, 416
Morus, São Tomás – 238
mudança instantânea – 127

natureza divina (*cf.* Deus)
natureza íntima de Deus – 61
naturezas, categorias/hierarquias que abrangem o Universo – 47, 54, 55
naturalismo científico e maniqueísmo – 337, 338
Navígio – 22
Nebrídio – 262
neoplatonismo – 23, 262
Niebuhr, Reinhold – 284, 296, 432
Niederbacher, Bruno – 16, 30, 31, 161, 436
níveis de cognição interior – 344
*Noites áticas* – 127
nova terra, ver Deus na – 308, 312-321
novo céu, ver Deus no – 308, 312-321
Novo Testamento, sobre Deus – 91-94
número, estrutura e verdade – 46

objetos inteligíveis – 47, 48, 49, 193
objetos materiais e bem/mal – 139, 140
O'Daly, Gerard – 63, 115, 126, 127, 129, 161-164, 199, 210, 218, 219, 423, 428, 432
olho da alma – 50, 343
olhos deificados, dos santos – 312
*Opus imperfectum contra Julianum* – 220
Ordem agostiniana – 405
"ordo amorum" – 239, 242, 243, 244, 247
orgulho – 68, 82, 83, 85, 96, 131, 140, 285, 346, 387, 389, 392, 393

Padres gregos e Agostinho – 32, 258, 259
palavras – 21, 83, 99, 102, 106, 147-150, 155, 157, 161, 173, 176, 219, 224, 235, 237, 244, 250, 257, 262, 341, 355, 357, 362, 363, 366-372, 375, 380, 383-385, 387, 388, 391, 393, 396, 399, 403, 411
*Parmênides* – 127
paternidade dual do Pai
Patrício, pai de Agostinho – 22
Paulina – 313
Paulo, São – 24, 65, 66, 67, 83, 92, 150, 238, 263, 266, 274, 289, 323, 329, 378, 388, 389
paz – 241-243, 285, 290, 292, 296, 297, 301, 303, 304, 319
pecado original – 30, 115, 131, 141, 288, 289, 290
pecadora, Lucas – 394
Pelágio (*cf.* antipelagianismo)
pensamento e redenção/reforma – 109
pensamento introspectivo – 373, 374
pequenos reinos – 297
percepção – 67, 75, 95, 128, 139, 163, 171, 182, 185, 195, 199, 200-203, 339, 351, 358
perfeição – 70, 83, 104, 105, 122, 163, 216, 266, 269, 274, 278, 308-310, 318, 320, 330
Perpétua – 22
*perversa imitatio* – 265
*pii* no céu – 320
plano eterno de Deus (*cf.* Deus)
Platão/teoria platônica – 25, 65, 73, 79, 80, 83, 114, 118, 121, 123, 127, 132-135, 188-191, 237-239, 287, 288, 307, 312, 340, 351, 369, 383, 415
Plotino – 42, 96, 116, 117, 119, 121, 123, 129, 188, 191, 195, 200, 270, 307, 312, 339, 351
política (*cf.* atividade; autoridade; ciência; escravidão; filosofia; história; propriedade)
Pollmann, Karla – 16, 34, 256, 399, 401-403, 406, 407, 410, 413, 422, 423, 425, 433, 434, 436
Porfírio – 80, 82, 83, 86, 96, 119, 197, 262, 317, 339, 370
Possídio – 27, 25, 401, 402, 404
predestinação – 33, 308, 321-323, 326, 327
primeiro princípio das coisas – 65
*primum non nocere* – 241
progresso próprio – 84
propriedade – 290, 291
providência e vida de Deus – 24, 307
Pseudo-Dionísio – 260, 261
purificação – 88, 152, 163, 342, 346
Putnam, Hilary – 175

*Quaestiones Evangeliorum* – 378, 420

razão – 335-354
realidades invisíveis – 65, 101
realização, concepção da – 309
recapitulação, linguagem de – 266, 267
recepção do pensamento/obras de Agostinho – 400-402
reconhecer Deus – 62
redenção – 109, 110, 325, 328, 330
relações humanas e governo – 288
*relatio subsistens* – 104
Renascença agostiniana – 405
república, definição de – 150, 151
representação pagã de Cristo – 289
reprodução humana e pecado original – 289
responsabilidade moral (*cf.* ética)
ressurreição – 91, 92, 153, 165, 166, 178, 272, 317
*Retractationes* – 27, 142, 182, 189, 211, 223, 226, 323, 327, 348, 356, 401, 404
reunificação de corpo e alma – 311, 312
Roma – 22, 25, 239, 243, 249, 284, 287, 292-296, 298-300, 303, 326, 415
romanos – 26, 236, 293-300, 303, 304
Romanos, carta de São Paulo – 24, 65, 67, 73, 76, 92, 210, 324, 347, 378
Rousseau, Jean-Jacques – 252-254

sabedoria – 22, 24, 28-30, 33, 39, 43-45, 47-50, 53, 54, 56, 57, 60, 63-65, 67, 69, 70, 74, 81-86, 93, 99, 102, 105, 107, 114, 143, 144, 146, 147, 150-152, 154, 157, 158, 181, 194, 202-204, 251, 298, 308, 335, 348-353, 392
Sabedoria divina – 153, 349
*Sabedoria* de Salomão – 63, 64, 70, 251
sabedoria pagã – 392
sabinas – 293
sacramento da piedade – 278
Salomão (*cf. Sabedoria* de Salomão)
salvação – 91, 104, 110, 146, 152, 154, 157, 217, 259, 261, 263, 266, 267, 270, 319, 325, 326, 328-330, 354, 383, 390, 414
santos – 74, 80, 269, 273, 275, 286, 302, 307, 308, 311-321, 323, 328, 349, 394
*sapientia* (*cf.* sabedoria)
*scientia* (*cf.* conhecimento)
século(s) de Agostinho – 417
Sedúlio Escoto – 410
Segunda Controvérsia Pelagiana – 326
segunda pobreza – 277
semelhanças – 103, 108, 115, 126, 129, 291, 294
semelhança de Deus – 322
semiótica – 355, 357, 375, 400
sensação – 177, 198, 199, 201

*Sententiae* – 197, 262, 410
sentidos externos – 199, 200
seres humanos – 29-31, 33, 34, 44, 47, 54, 68, 75, 78, 82, 88, 100, 102-104, 115, 117, 151, 186, 211, 212, 214, 215, 217-219, 221-231, 285, 288-291, 304, 305, 398, 390, 418
Sermão da Montanha – 378
sexualidade – 32, 34, 163, 244-247, 344
significado – 24, 33, 352, 355-359, 364, 366-372, 391, 403, 412
signos – 34, 355-367, 369, 370, 384, 386, 387, 391, 392
Simpliciano – 147, 323, 324
sociedade, como comunidade de interesse – 292
Sócrates – 125, 151, 195, 200-202, 365
*Soliloquia* – 25, 49, 186, 189, 263, 339, 341, 348
sons codificados – 363
Stothard, Sir Peter — 399, 418, 436
Stump, Eleonore – 16, 19, 21, 31, 39, 209, 212, 213, 215, 230, 256, 283, 436
*substantia* – 172
supremacia divina (*cf.* Deus)
Swinburne, Richard – 161, 175, 436

tempo – 21, 23-31, 43, 46, 47, 55, 60, 63, 67, 69-72, 75- 77, 81, 84, 86, 88, 91, 93-97, 100, 104, 105, 107, 113, 115, 116, 118, 119, 120, 124-131, 133, 135, 140, 143-147, 150, 151, 158, 161, 165, 167, 179, 182, 185, 192, 194, 197, 203, 210, 213, 235, 237, 240, 245, 257, 259, 272, 275, 276, 278, 295, 299, 309, 319, 321, 322, 327, 328, 340, 347-350, 354, 368, 377, 381, 382, 382, 383, 388, 393, 395, 400, 406, 412, 413, 417
tempo fenomenológico – 130
tempo físico – 124
tempo psicológico – 124
teologia – 13-16, 23, 30, 42, 64, 66, 91, 95-97, 99, 110, 124, 143, 145, 146, 149, 158, 228, 230, 236, 266, 283, 285, 308, 337, 339, 387, 400, 402, 410
teoria da escolha racional, e comportamento político – 302, 303
teoria da iluminação – 188-191, 193, 194
teoria da reminiscência – 189-192
teoria das primeiras emanações – 116
teoria do ensino – 148
teoria "Fido"-Fido de significado – 359
teoria exegética – 377, 383, 388, 391, 394
terminologia agostiniana – 410
terra – 33, 40, 70, 72, 99, 114, 116, 118, 133, 134, 165, 202, 237, 277, 289, 308, 312-314, 316-321, 328-330, 343, 349, 350, 358, 380-385, 387, 390, 416
teurgia – 86
*The great chain of being* – 212
Ticônio – 276

*Timeu* – 114, 118, 123, 132-135
Tomás, Santo – 21, 135, 136, 139, 215, 223, 228, 240, 241
tornar-se deuses – 266, 270, 278
transferência – 365
Trindade – 29, 74, 75, 80-82, 91, 96, 99, 107, 108, 110, 188, 240, 270, 273, 411
Tucídides – 239
"totus Christus" – 144, 258, 276, 277

Ullmann, Stephen – 261, 437

Valentim de Adrumeto, abade – 326
Valério, bispo – 26, 27
van Bavel, Tarcísio – 144, 145, 277, 437
vândalos – 27
Veleio – 118
ver a face de Deus – 335
ver Deus no novo céu e na nova terra – 312
verdade – 27, 28, 30-32, 41, 42, 45, 47-50, 52-55, 60, 67, 68, 76, 80, 84-86, 97, 99, 102, 106, 107, 114, 127, 138, 143, 149, 163, 164, 171, 172, 182-185, 187, 190-194, 203, 205, 222, 248, 249-254, 267, 272, 279, 308, 313, 316, 327, 337, 340, 341, 343, 344, 346, 349, 355, 364, 368, 369, 371, 374, 381, 383, 384, 386-389, 393, 400, 408
verdades lógicas sobre o mundo – 184
Vessey, Mark – 418, 435, 438
*Vida de Agostinho* – 27
*Vidas dos filósofos e dos sofistas* – 257
vida e o Universo – 46
vida e providência divina – 307
violência justificada – 299
virtudes, e amor de Deus – 248
visão de Deus – 40, 56, 60, 85, 312, 315, 341, 342
visão em Óstia – 348
visão intelectual – 39-41, 43, 45, 54, 61, 341, 342
verdade imutável – 49, 50, 54, 55, 191
Verdade interior – 388
vida deificada – 265, 271, 279, 329
volição (*cf.* vontade)
Volusiano – 155, 156, 157
vontade humana – 31, 123, 134, 139, 140, 212, 213, 215, 222, 226, 228, 231, 323, 324

Weithman, Paul – 17, 32, 283
Williams, Charles – 235, 438, 235
Williams, Rowan – 144, 153, 154, 379
Williams, Thomas – 17, 34, 39, 377
Woodhead, Linda – 259, 439

Esta obra foi composta em CTcP
Capa: Supremo 250g – Miolo: Pólen Soft 80g
Impressão e acabamento
**Gráfica e Editora Santuário**